本书得到"国家语委语言文字科研优秀成果后期资助计划项目"的资助，项目名称"语言政策规划论稿"，项目编号：HQ135-21。

论语言政策规划

周庆生　著

中国社会科学出版社

图书在版编目（CIP）数据

论语言政策规划／周庆生著 . —北京：中国社会科学出版社，2021. 11
ISBN 978 - 7 - 5203 - 9147 - 4

Ⅰ. ①论⋯　Ⅱ. ①周⋯　Ⅲ. ①语言政策—研究　Ⅳ. ①H002

中国版本图书馆 CIP 数据核字（2021）第 187367 号

出 版 人	赵剑英
责任编辑	王　衡
责任校对	朱妍洁
责任印制	王　超

出　　版	中国社会科学出版社
社　　址	北京鼓楼西大街甲 158 号
邮　　编	100720
网　　址	http://www.csspw.cn
发 行 部	010 - 84083685
门 市 部	010 - 84029450
经　　销	新华书店及其他书店

印　　刷	北京明恒达印务有限公司
装　　订	廊坊市广阳区广增装订厂
版　　次	2021 年 11 月第 1 版
印　　次	2021 年 11 月第 1 次印刷

开　　本	710×1000　1/16
印　　张	30. 25
插　　页	2
字　　数	481 千字
定　　价	158. 00 元

自　序

在国际英语文献中，语言政策和语言规划这两个术语的内涵多有重复，二者可以并用，也可混用，但二者也有一些区别。语言政策制定者多为政府，而语言规划制定者除了政府，还可以是某个群体、某个非政府组织、某个企业单位等。语言规划制定者的内涵要比语言政策制定者更宽广。本书中的"语言政策规划"是"语言政策与语言规划"的简称。

本书是国家语委语言文字科研优秀成果后期资助计划项目的结项成果，项目名称是"语言政策规划论稿"（项目编号：HQ135－21）。本书提出的重要观点包括语言政策理论、语言立法、文字改革、语言规划实践、国际语言政策和中国语言政策演变六个方面。

一　语言政策理论

语言政策分析框架。分析一个国家的语言政策，可以采用多种不同的视角和框架，本书以"国家语言政策是否与该国的民族构成相适应"为出发点，构建语言政策分析框架，包括三大部分：一是语言政策内涵，主要涉及选用官方语言、制定国语规范、语言国际传播、正规教育中的语言教学、非正规教育中的语言教学和语言本体规划这六大领域；二是国家的民族构成，分为同质社会国家、二分国家和多民族国家（或马赛克社会）三类；三是不同类型国家面对不同语言问题，关注不同语言政策领域。同质社会国家关注本国通用语或国语的规范化；一个国力强盛的国家关注语言的国际传播，并投入巨额资金；二分国家优先考虑平等选择两三种官方语言的问题及外语教学；马赛克社会大多专注于研制正字法、编写教材、扫除文盲等语言本体规划问题。

国家通用语言文字共同体。本书在系统描述并解释中国古代通用文字共同体、近现代通用语言共同体形成及演进的基础上，首次提出"国家通用语言文字共同体的概念"，认为国家通用语言共同体是指中华人民共和国成立以来，中国公民在国家倡导、推行、普及普通话的过程中形成的一个社会综合体。党政机关共同体、学校共同体、广播电视共同体、公共服务行业共同体、农村及民族地区共同体是国家通用语言文字共同体五个组成部分，但不限于这五个部分。国家通用语言文字共同体分别是中华民族共同体、中华文化共同体和中国国家共同体的一个构成要素。构建国家通用语言文字共同体理念，可以丰富和完善中华民族共同体、中华文化共同体和中国国家共同体的内涵及话语体系，助力国家通用语言文字的研究、普及和宣传，具有重要的理论意义和实践价值。

语言保护。语言保护指的是政府、社会群体和专家对不同语言状况或环境，采取的不同保护措施，以应对语言生态受到的破坏。具体包括：抢救记录濒危语言资料；科学记录各民族语言、汉语方言及口头语言文化，加工成语言资源数据库；申报传统优秀语言文化遗产，列入"非物质文化遗产代表性项目名录"，或纳入国家级文化生态保护区的保护项目，认定其代表性传承人，传承和传播该语言文化遗产；依法保障少数民族语言的学习使用和发展；依法整治受污染的语言，维护语言健康。

在实现国家工业现代化的进程中，加拿大、澳大利亚、新西兰、美国等国大多实行"先同化，后保持"的策略，长期奉行语言同化政策；20世纪80年代以来，又推出多元文化主义政策，政府拨巨款保护少数民族的语言和文化，试图恢复濒临灭绝的诸少数民族语言，但是效果微忽其微。

在我国实施西部大开发的过程中，我们充分吸取了西方工业化国家的经验教训，在大力推广国家通用语言文字的同时，高度重视汉语方言及少数民族语言文化资源的开发、利用和保护，努力将西部地区经济文化的开发与少数民族语言文化的发展有机相结合，重视民族地区语言文化生态环境的建设。

二　语言立法

语言立法就是从法律上规定某种或某些语言的权利，规定这种或这些语言的使用范围。优先保护推行或规范一种或几种特定的语言，以便在某种程度上解决某个国家某一区域或某个地区的语言问题，这些问题往往是由于语言接触、语言冲突、语言不平等或语言使用混乱而造成的。世界上147个国家的宪法中，设有语言条款的有110个国家。

语言法是一把"双刃剑"。加拿大魁北克省1977年通过的《法语宪章》，是西方世界第一部地方性语言大法，该宪章实施20余年，通过采用民主方式有效缓解了语言冲突和民族矛盾，并未出现魁北克省从加拿大分离出去的格局。苏联1989年问世的《爱沙尼亚苏维埃社会主义共和国语言法》，是东方世界第一部地方性语言大法，该法颁布后两年半，爱沙尼亚加盟共和国就从苏联独立出来，该法成为民族独立的催化剂，曾引起苏联诸多加盟共和国民族分离的连锁反应。可见，我们既不能因为爱沙尼亚利用语言立法促成了民族独立，就一概否定地方语言立法的积极作用；也不能因为魁北克通过语言立法缓解了语言冲突和民族矛盾，就忽略地方语言立法的消极影响。

三　文字改革

中华人民共和国曾经为少数民族进行过大规模的文字创制或文字改革。这是千载难逢的一次"语言试验"，仔细考察该项"试验"过程，评估"试验"成效，具有重要的语言学价值和社会学价值。

制约新创文字使用的决定性因素。国家自上而下大规模地为少数民族创制文字，是在特定社会政治历史背景中发生的，是几千年一遇的政府行为，这种行为具有协调民族关系、发展民族语言文化的重要功能；在创制文字的过程中，选择什么样的文字形式或类型，主要受社会政治因素的制约；字母和正字法的具体设计，主要由语言学家来完成；从总体上讲，民族关系和民族政策是制约新创文字使用的一个决定性因素，国家创制的少数民族文字能否在社会上使用，并不取决于该文字系统设计得是否科学合理，正字法制定得是否完美无瑕，而是取决于国家的民族政策是否发生重大的转变，取决于该文字之外的社会诸因素。

文字改革与社会政治变革相适应。土耳其的文字改革，将原有的阿拉伯字母彻底改换成拉丁字母。中国的文字（汉字）改革，简化了汉字，制订了汉语拼音方案，汉字系统未作彻底改换。中国和土耳其的文字改革都是在经历了翻天覆地的社会革命之后取得成功的。土耳其的文字改革历时 70 多年未出现反复，中国的文字改革成果经历近半个世纪也基本上未出现反复，这跟两国的政治相对稳定是相适应的。

中、苏两国中亚地区文字改换的实例表明，文字改换跟社会政治或地区政治的变迁之间存在一种直接的关联，一次重大的社会政治变迁往往成为文字改换的推动力，一次重大的文字改换也可以看成是国际国内社会政治的一张晴雨表，一种文字系统或字母形式往往还是民族认同、国家认同、政治认同或文化认同的一种标志。

四 语言规划实践

通心语和通事语。在"一带一路"建设中，语言具有先行性、基础性、工具性和人文性的作用。"一带一路"建设拉动了业界和社会对不同层次五大语言人才的需求。国际语言通事，官方母语通心。在"一带一路"沿线地区，真正能在跨国经贸业务中使用的国际"通事"语言，只有英语和俄语等两三种；真正能"通心"的各国本土官方语言，则有 50 多种。

澳门双语规划取向。澳门回归之后，根据"一国两制"原则，中文和葡萄牙文同为澳门的官方语文。中文成为行政机关、立法机关、司法机关用语，体现了"一国"的主权和尊严；葡文可以继续在官方场合使用，体现了对不同政治制度的包容和尊重。二十几年来的实践表明，澳门官方双语政策顺应了历史和时代的需要，取得了相当的成功。今后澳门语言政策和语言规划的发展，有两种取向值得关注。一种是中文的"官语化"、规范化取向；另一种是葡文的国际化取向。

五 国际语言政策

俄罗斯：语言思想制约语言政策。"罗斯化"思想和"俄罗斯化"思想对沙皇俄国、苏联及俄联邦的语言政策，产生过并产生着重要影响。"罗斯化"思想源自东正教，崇尚自然而然的多种语言并存，不主张国家干涉语言使用，具有离心力取向；而"俄罗斯化"思想，否定多语现象，主张建立统一的国语和统一的文化，具有向心力取向。

印度：从语言冲突到语言和谐。印度独立后，引入苏联语言政策模式，规定印地语为国语，其他少数民族语言为地方语言，英语仍可在官方场合使用，但 15 年后，由印地语取代，不得再用。结果该项政策引发了激烈的语言冲突。1967 年达成了一项著名的妥协方案《三语方案》，中学实行英语、地方语言和印地语三种语言教育。印度的语言生活基本恢复平静。

美国：独尊英语，遏制非英语。20 世纪 20—60 年代，英语同化政策，偶尔受到一些挑战，但是从未发生过根本性动摇。美国历史上对非英语文化族体的语言权利采取遏制和消灭的行动，美国法院似乎从来没有把语言权利看成一种独立的权利。

加拿大：用和平手段化解语言冲突。加拿大的英法官方双语制，举世闻名。国家的《官方语言法》（1969 年）采纳个人语言权利原则，承认个人语言使用权利，代表联邦双语使用政策；魁北克省的《法语宪章》采纳集体语言权利原则，承认集体语言使用权利，代表魁北克省法语单语使用政策。二者对立十分鲜明。加拿大政府及各个党派面对激烈的英法语言冲突，尽量做到克制、渐进和软化，避免过激、激进和暴力对抗，在用和平手段解决语言冲突方面提供了范例。

六　中国语言政策演变

"主支分流"的古代语言政策。中国从先秦到晚清两千多年语言政策也具有主体性和多样性的特征，总体来说，汉字统一政策、文字音韵规范政策、佛经翻译政策和汉字传播政策，是中国古代语言政策长河中的主流，这些政策跟中国语言文化中的"大一统"思想和中华文化的先进性包容性紧密相连，跟中国封建社会的统一性、长期性和稳定性相适应。少数民族文字创制推行政策、少数民族"国语""国字"政策和少数民族多语并用政策，是中国古代语言政策长河中的支流，该项政策跟少数民族政权的建立和巩固息息相关，跟语言民族认同、语言民族主义思想相关联。

"多元分立"的近现代语言政策。随着中国的旧民主主义革命和新民主主义革命的开展，从 19 世纪 90 年代到 20 世纪中叶，中国不断兴起的文学革命、社会革命及语文运动等，对政府的语言文字政策产生了重要影响。总体来说，民国时期中国语言政策的特点是"多元分立"，具体表现为国语运动与国语统一政策、国民党的语言同化及有限使用边疆语言政策、伪满洲国的殖民奴化语言政策、共产党的推行新文字政策和尊重少数民族语言政策。

　　"主体多样"的现代语言政策。现代中国语言政策研究分为四个时期。一是形成期（1949—1986 年），国家主要实行文字改革和语言规范政策；二是发展期（1986—2000 年），国家主要实行语言文字规范化标准化信息化政策；三是成熟期（2000—2006 年），主要实行语言立法政策；四是拓展期（2006 年至今），主要实行构建和谐语言生活、语言服务和国家语言能力提升政策。中国语言政策发展有两大动向：一是语言战略贴近国家战略的趋势越来越明显。二是 2006 年之前，中国语言政策的主体性和多样性呈分流状态；2006 年之后，"主题多样"语言政策出现合流。

目　　录

第一部分　语言政策规划理论

第二部分　语言立法

第三部分　文字与政治国别比较

第四部分　语言规划实践

第五部分　国际语言政策与文化

第六部分　中国语言政策流变

第一部分

语言政策规划理论

国外语言规划理论流派和思想[*]

一　引言

　　某一社会中的语言使用问题往往会受到该社会成员的关注或干预。例如，人们抱怨报纸编辑人员的复函语意含混不清，或者倡导进行一种拼写法的改革，或者主张保险规则要用"大白话"来写，或者建议某一社区的教育体制应发挥少数民族语言的作用，或者呼吁有关部门应该培训法庭译员，或者提议某一机构应该研发国际通行术语，或者建议政府应该选定一种或多种官方语言，等等。在社会语言学中，这些事项均被囊括在一个统一的研究领域即语言规划当中。

　　语言规划这个术语是在20世纪50年代后期由美国语言学家豪根引入学术界的①，该术语是指为了改变某一语言社区的语言行为，而从事的所有有意识的尝试活动，"从提出一个新术语到推行一种新语言"②都可以纳入语言规划之中。后来的学者不断修订或改用这个概念，使语言规划的内涵不断扩大，既包括社会整合当中的语言和社会语言，也包括社会整合当中跟语言密切相关的经济和政治。

　　语言学中采用语言规划这个术语，明显受到社会学中"社会规划"这个术语的影响。在现代，社会规划和语言规划的联系是非常紧密的。

---

　　* 原载《世界民族》2005年第4期。

　　① Haugen, E. , "Planning for a Standard Language in Modern Norway", *Anthropological Linguistics*, 1959, 1（3）: 8 – 21.

　　② Haugen, E. , "Language Planning", in U. Ammon, N. Dittmer and J. K. Mattheier（eds.）, *Sociolinguistics: An International Handbook of the Science of Language and Society*, Vol. I, Berlin and New York: de Gruyter, 1987: 627.

例如，挪威的语言规划与扩大社会民主之间的紧密联系就特别引人注目。如果脱离或不考虑160多年来挪威的社会变迁、经济变迁和政治变迁，那就根本没有办法理解现代挪威语的发展。

二 语言规划的维度

在人类社会的历史长河中，语言规划作为一种社会现象，已经存在几千年了，但是作为一个独立的研究领域，不过是近50多年来的事。学者们从不同的维度研究语言规划，其中最著名、最有影响的是语言本体规划和语言地位规划。率先提出并论证这两大规划的是德裔加拿大语言学家海因茨·克洛斯①。他认为应该区分两种不同的语言：一种是作为自主的语言系统的语言；另一种是作为社会制度的语言。以这两种不同的语言观为基础，他进一步划分出：语言本体规划，即关注语言本身或语言内部结构的规划；语言地位规划，系指某一特定社会中，为了改变一种语言或语言变体的使用和功能而付出的种种努力。

（一）语言本体规划

典型的本体规划主要包括以下一些活动：为一种语言的口语设计一种书写系统，从事拼写法改革或文字改革，创造新词术语，出版语法书籍。本体规划的核心是建立统一的语言标准和规范，实现语言标准化。不同种类的语言标准化进程各不相同。语言标准化的不同类型或不同阶段大致分为以下五种：①尚未实现标准化的口语，这种语言只有口语，尚无文字，尚未设计出记录该语言的书写系统。如埃塞俄比亚的盖拉语、莱索托的布蒂语等。②部分实现或尚未实现标准化的书面语，该类书面语主要在初等教育中使用。其特点是语言形态系统和句法系统存在较大的变异。大多数的美洲印第安语都属于这种类型。③新标准语，在教育和行政管理部门使用，但不适宜在科学技术等研究层面使用。如乌干达的卢干达语、南非的科萨语、法国及西班牙的巴斯克语。④古标准语，曾在工业时代之前广泛使用，缺少现代科学技术词汇和语域。如古希腊语、古希伯来语和拉丁

---

① Kloss, H., "'Abstand Languages' and 'Ausbau Languages'", *Anthropological Linguistics*, 1967, 9 (7): 29 - 41.

语。⑤完善的现代标准语，在现代各个交际领域中使用，包括科学技术领域。如英语、法语、德语、丹麦语、现代希伯来语等。

（二）语言地位规划

地位规划旨在为某种语言配置一些新的功能，通过实施规划，使该语言成为教学媒体用语或者成为官方语言等，该规划影响一种语言在社会中所起的作用。

根据语言规划人员的划分，语言在社会中能够发挥的功能有十几种①。具有一定社会功能的语言可以概括为：①官方语言。在全国范围内使用，具有各种政治、文化代表性的法定语言。许多国家的宪法或法规明确规定了一种或多种语言的官方功能。例如，《爱尔兰宪法》规定爱尔兰语和英语共同享有官方的地位。②省区语言。在某一省份或地区使用的官方语言。该语言的官方功能不是全国性的，而是区域性或地方性的。例如，1974 年以来，加拿大魁北克省的官方语言只是法语一种语言，而加拿大国家的官方语言则是英语和法语两种语言。③通用语。也称作更广泛交际语言，是一个国家内部不同语言群体之间使用的一种或多种交际用语。例如，肯尼亚和坦桑尼亚的斯瓦希里语，印度的印地语和英语。④国际语。在外交关系、外贸、旅游等国际领域使用的主要用语。例如，中世纪的欧洲，国际交往使用的主要用语是拉丁语，现今则是英语。⑤首都语言。国家首都附近使用的主要交际用语，如果一个国家的政治权力、社会声望和经济活动都集中在首都，那么，首都语言的功能就特别重要。例如，在比利时首都布鲁塞尔的周围，有些省份的官方语言是荷兰语，有些省份的官方语言是法语，但布鲁塞尔的官方语言则是荷兰语和法语这两种语言。⑥群体语言。主要在某一群体（如某一部落、外国移民聚落成员）中使用的规范的交际用语。例如，在英国，非洲—加勒比移民中使用的牙买加混合语就是一种群体语言。⑦教育语言。某一国家或地区初等或中等教育中使用的语言。例如，挪威初等教育中广泛使用的诸多地方方言。⑧学校课程语言。通常作为中等或高等教育中的一门课程来讲授的语言。例如，法语是德国高级中学中讲

---

① Cooper, R. L. , *Language Planning and Social Change*, Cambridge：Cambridge University Press，1989：99 – 119.

授的一门课程。⑨文学语言。主要在文学作品或主要由学者使用。例如，拉丁语是18世纪之前欧洲文学特别是科学写作的主要用语。⑩教语言。宗教仪式使用的特定语言。例如，伊斯兰教、犹太教在吟诵宗教经文和祷告时使用一种神圣的语言，伊斯兰教使用阿拉伯语，犹太教使用希伯来语。⑪大众媒体语言。报刊、广播、电视等媒体使用的语言。例如，以色列政府明确规定了希伯来语、阿拉伯语等外语的播音时数。⑫工厂语言。在工作场所交际中使用的语言。例如，德国工厂中的主要用语是德语，但是，在特定的生产线上，占优势的语言却是土耳其语、希腊语、意大利语及其他一些移民语言。

语言本体规划和语言地位规划是语言规划人员划分出来的两种不同的概念，但二者之间也存在着紧密的关联。要为一种语言配置一种新的功能，这本属于地位规划，但是该规划往往要求对该语言系统做出一定程度的改进，如研发一种新的文体，创制并规范新词术语等，这又属于语言本体规划。

（三） 语言声望规划和语言习得规划

语言声望规划刻意营造一种有利的心理环境，这种环境对于语言规划活动取得持久成功具有至关重要的作用。假如某种语言必须得在社会上推广开来，可是该语言只是在比较低俗的文化层面使用，而在比较高雅的层面没有什么地位，那么为该语言制定一项声望规划就显得十分必要了。为了改变拟定推行的某一语言的地位，使该语言能够得到全社会的认可，就需要增强该语言的社会声望。从这个意义上讲，语言声望规划通常是语言地位规划的一个先决条件或前提。

在语言习得规划方面，已经有许多致力于语言学习、语言推广和语言普及方面的实例。其中一个著名例证是，一个国家的政府设立类似"英国文化委员会"或德国"歌德学院"的文化机构，并为这类机构提供一定的资助，以便推动本国语言的对外传播。换句话说，就是推动其他国家将本"国语"作为其国的第二语言进行学习。另一个有名的例证是，新西兰毛利语区推行土著语言毛利语，开展毛利语言习得的活动。20世纪80年代初期，大多数毛利儿童已经不懂得他们祖先的语言。语言学家认为毛利语已经成为一种濒危语言。为了挽救毛利语，毛利社区建立了所谓的"语言巢"，社区中还能说毛利语的许多老人志愿到学龄前儿童学校担任护理人，为这些学校中的毛利儿童讲授毛利语。

三　语言规划过程

一般认为，典型的语言规划过程包括"选择""编典""实施"和"细化"四大阶段。现实中的这些阶段可能是相继出现的，也可能是交错出现或按照其他顺序出现的。

在语言规划的初始阶段，总要在可供选择的诸多语言形式或语言变体当中选出一种或几种，然后将选中的语言定为规范语言，予以推广，这是大多数语言规划活动的基础。按照这个思路也可以认为，语言规划是对语言多样性做出的一种合乎规范的回应。

（一）选择

选择是指挑选某种语言或语言变体，以便使其能在一定社会中履行某些特定的功能，如官方功能、教学功能、宗教功能等。一般来说，所挑选的都是最有声望的方言或语言。以现代法语为例，该语言的基础方言是巴黎周边地区所说的最有声望的方言。然而，语言规划人员有时候也谨慎地创造一种合成语，其中融入了多种不同的方言。例如，巴斯克语是法国西南部和西班牙西北部使用的一种跨境语言。该地区原有四种主要的方言，20 世纪 60 年代后期创造了一种统一的巴斯克标准语，把四种方言混为一体。

（二）编典

编典是指为挑选出来的语言创制一种语言标准或语言规范，通常分为三个步骤：第一，文字化，研发一种书写系统；第二，语法化，确定语法规则或语法规范；第三，词化，对词汇进行辨识。编典工作通常由语言学会或语言委员会负责组织管理，编典工作通常由个人完成。

文字化。为没有书面语只有口语的语言创制一种文字，通常面临着种种选择：是采用以词和词素为基础的词符文字，还是采用以音节为基础的音节文字，或者采用以单个元音和辅音为基础的拼音文字？是选用一种现成的书写系统，还是创制一种新的书写系统？

非洲西南部纳米比亚的纳马文，源自莱茵传教协会克努森撰写的一本纳马语识字课本。该书采用拉丁字母拼写纳马语，通过增加一些记音符号来标记纳马语中的吸气音。

俄罗斯东正教教会的主教圣斯特凡采纳了不同的战略。早在14世纪，他就倡导科米语的标准化。科米语属于芬兰—乌戈尔语系，在卡马河与伏尔加河之间的地区使用。圣斯特凡主教精通希腊文和教会斯拉夫文，但是，他并没有采用这两种文字中的某一种来书写科米语，而是另外创造了一种阿布尔（Abur）字母。这使得科米文成为一种独特的文字，从而增强了该民族中各个群体的民族认同感。

文字化还包括对现行文字的修改。20世纪30年代，苏联当局曾以俄罗斯语的西里尔字母为基础，为该国诸多非俄罗斯语言设计过书写系统。此举的目的是要在全国推行一种共同的书写系统，为非俄罗斯民族学习俄语提供方便。不过，苏联解体后，许多东欧国家又将本国的西里尔字母改成了拉丁字母。

语法化。为了减少一种语言在句法以及形态方面出现的变异，需要确定一种标准的语法形式，制定一套规范的语法规则，这是语言规划过程中的一个重要方面，豪根把这种过程叫"语法化"。英语动词第三人称单数的词尾-s，在不同的口语变体中会出现不同的形式变化，例如，She likes him（她喜欢他）和 She like him（她喜欢他），第一句动词 like 后加有词尾-s，这是标准英语的用法；第二句动词后没有添加词尾-s，所以不是标准英语。

词化。为选定的语言或语言变体再筛选出一套适当的词汇，并付诸出版。词化工作旨在排除外来词，通常具有净化语言的倾向。以印度印地语的标准化为例，从波斯语、英语和其他语言借来的常用词，都被源自古梵语的借词及其他适当的词所取代了。

正词法、语法书和词典是编典过程中的三大典型成果。

（三）实施

把在"选择"阶段和"编典"阶段做出的决定变成社会政治现实就是实施。实施包括使用新制定的语言标准出版教科书、报刊和其他书籍，并将该标准语言引入新的语用领域，特别是引入教育体制领域。语言规划中的"选择"和"编典"过程通常由受过语言学训练的人员唱主角，而"实施"过程则由国家来操办。

推行一种新标准的语言或变体语言，还会涉及推行该语言时使用一种营销技术，该技术包括奖励作者使用新标准语出版他们的作品，向公务员发放新标准语使用津贴，甚至刊登广告。以以色列国推广希伯来语为例，以色列建国之前的很长时间，巴勒斯坦地区已经出现了使用希伯来语发布的告示"希伯来人说希伯来语"。后来希伯来语学院向各专门领域发送了该领域使用的术语表，并出版了各领域适用的术语。多年以来，以色列广播电台每日两次广播一分钟讽刺节目，在这个节目中，有两人使用日常话语对话。其中一位指出另一位谈话中的错误，给出书面语或在正式场合惯常使用的规范语言；有时候，则引用该话语在《圣经》中的用法，做出正误选择判断。

"实施"还指从法律上强制执行某种语言政策。加拿大魁北克省的《法语宪章》（101 法案）规定，该省各公共领域一律使用法语。另外，"实施"也指鼓励，而不是从法律上强迫。例如，在西班牙的加泰罗尼亚自治区，鼓励并支持使用加泰隆语，但没有从法律上强制推行。

（四）细化

细化（elaboration）又称"精制"，有时也称"现代化"，是指一种语言经过编典之后，不断地研发新术语和新文体，以满足人们现代生活不断交往和科学技术不断进步的需求。创制并传播新词术语是语言细化的主要方面，丰富和发展一种语言的词汇通常采用多种不同的战略或手段。以西非的豪萨语为例，该语言的使用人口约为 5000 万，豪萨语用来丰富词汇的主要手段有以下几种。

1. 从阿拉伯语或英语中借用

英语：government（政府）→豪萨语：gwamnatì

阿拉伯语：al qali（审判）→豪萨语：àlkaalii

2. 扩大本土语词的意义

"大使"（jàkaadàa）→"重要地方的使者"

"发展"（cîigàba）→"进步，继续"

3. 创制新术语

"直升机"（jirgin samà mài sàukař ūngūlu）→ "像兀鹫那样能升天和降落的点燃的工具","联合国"（Màjàlisǎr Dikìn Duuniyàa）→ "世界上缝合起来的委员会"术语的现代化如同上述"词化"那样,通常具有净化语言的特征。例如,以色列的希伯来语学院规定,在创造希伯来语的新词术语时,新词的词根主要应从希伯来语和闪语中选取,不得从非闪语语言中选用。

对任何一种语言来说,"细化"都是一个不断发展的过程,人类社会中新思想、新概念、新发现的产生是永无止境的,这就要求人们不断创造一些新词术语来交谈、写作和表达新事物。

四　语言规划流派

近一个多世纪以来,国外语言规划研究大致可以分为四大流派,即弹性规范学派、理性选择学派、适应学派、语言治理学派。

（一）弹性规范学派

弹性规范学派主要由欧洲斯堪的纳维亚地区和捷克的语言学家组成,其中比较有名的代表人物是瑞典的语言学家泰格奈尔（Tegnér）、诺勒（Noreen）,丹麦的叶斯泊森（Jespersen）,以及捷克的布拉格派语言学家马泰休斯（Mathesius）和阿夫拉内克（B. Havránek）。

泰格奈尔没有依附当时颇具浪漫主义特色的净化语言的大趋势,而是主张语言是一堆符号,只有"最易于传递、最易于理解"的符号才是最佳符号[1]。诺勒认为,有三种规范理念可供选择,他本人倾向于所谓"合理正确的规范观"[2]。叶斯泊森在描述可取的语言规范时写道:为了不中止语言规范的连续性,在充分保持旧有规范的同时,还应表现

---

① Tegnér, E., "Språk och och nationalitet, Svensk Tidskrift, 1874: 10 – 145", Reprinted in his Ur språkens värld, 1922, 1: 97 – 164.

② Noreen, A., "Über Sprachrichtigkeit", *Indogermanische Forschungen*, 1892, 1: 95 – 157.

出"一定的弹性"①。

经过宗教改革运动之后，瑞典人和丹麦人已经建立起较为完善的语言规范，可是捷克的语言规范正处于草创之中，捷克布拉格派马泰休斯对语言规范的见解跟丹麦叶氏的大致相同，他主张语言规范应该保持稳定，但也要有一定的弹性②。阿夫拉内克则引入了功能变异的概念。布拉格学派的呼声引起了有关当局的关注。

（二）理性选择学派

理性选择学派是国外语言规划领域中的主流学派，有时也被称为"标准学派"或"理想的语言规划学派"。该学派主要由北美语言学家组成，是第二次世界大战后语言学家关注全球语言问题的产物。该学派中最有影响的人物是美国语言学家豪根，他以挪威的个案研究为基础，在 1958 年率先界定了"语言规划"这个术语，提出了一个框架，用以描述语言规划过程。该学派中另一位特别有影响的人物是德裔加拿大学者克洛斯，他所做的语言本体规划和语言地位规划的划分已被学术界普遍采用。

1959 年，美国语言学家弗格森创建的"华盛顿特区应用语言研究中心"，凝聚了一批学者。20 世纪 60 年代，美国召开了几次有关"发展中国家语言问题"及"语言规划过程"的国际会议，推动语言规划成为当时新兴社会语言学浪潮中的一大关注热点。随后，海姆斯和费什曼分别创立了《社会中的语言》（1972— ）和《国际语言社会学学报》（1974— ）杂志，夏威夷"东西方中心"主办的《语言规划通讯》开始发行。

20 世纪 70 年代出版了语言规划系列丛书，内容涉及语言规划问题、语言规划进展、语言规划文献、语言规划组织机构等。另外，还召开过一次有关语言规划进展的研讨会，会后出版了一部重要论文集，论文集中设有决策、编典、实施、评估和北美洲语言规划等章节。该论文集的出版标志着理性选择学派的研究达到了一个新的高度。

---

① Jespersen, O. , *Mankind, Nation and Individual from a Linguistic Point of View*, Oslo, 1925.

② Mathesius, V. , " O požadavku stability ve spisovném jazyce ", in B. Havránek and M. Weingart （eds. ）, *Spisovná čeština a jazyková kultura*, Prague, 1932：14 – 31.

　　理性选择学派认为，社会中使用的语言是可以进行理性、系统的规划的。语言规划的决策程序包括五个步骤：辨识语言问题，开展语言调查；制定规划目标；提供多种可能的解决办法，理性选择其中一种；实施这种办法；评估，将预期目标与实际结果进行比较[①]。

　　关于语言调查，该学派认为，理想的语言规划应该以一个国家深入、全面的社会语言状况调查为基础。可是一般情况下，语言规划人员既没有时间也没有经费去从事大规模的田野工作，他们进行实际语言规划决策时依据的，往往是官方人口普查提供的不完全的信息，或者是其他一些易于进行的较小范围的语言调查资料。

　　另外，采用问卷调查语言状况，也会遇到一些不易克服的问题，例如，问卷的设计基本上锁定了答案的范围，答卷人一般只能从问卷所给的多种回答中选出一种，而且对于同一个问题，在不同的社会文化社区中，会产生大相径庭的多种答案。

　　关于语言规划的定义，该学派认为，政府及政府有关部门是开展语言规划活动的主要机构。可是，现实中的许多语言规划都不符合这种构想，也就是说，实际运作的一些语言规划并不是由政府管理的，而是由语言学院、教会、语言学会、压力集团甚至个人出面操办的。以英语国家为例，许多学者指出，英语中表示男性的代词 he（他）和 men（男人们）可以作为通称，既可表示男性，也可表示女性；而表示女性的代词 she（她）和 women（女人们）却没有这种用法，等等。这些现象表明，英语中存在着性别歧视，因而掀起一场旨在同语言上的性别歧视做斗争的争取女权的运动。该运动具有分散、杂乱的特点，不是一种政府行为，更不可能按照语言规划的"理性选择"模式展开，但是却异乎寻常地取得了成功。

（三）适应学派

　　语言规划中的适应学派主要来自发展中国家，特别是西非诸国，当然并不限于这些国家。其代表人物主要有班博塞（Bamgbose）和顺鲍（Chumbow）等。

---

　　① Rubin and Jernudd（eds.），*Can Language Be Planned? Sociolinguistic Theory and Practice for Developing Nations*，Honolulu：University Press of Hawaii，1971.

适应学派认为，语言规划中的理性选择是一种欧洲中心主义或理想主义的路径，它跟非洲国家语言规划的实际经验格格不入。发达国家的语言规划通常是由政府组织实施的，而非洲大量的语言规划工作却是由非政府机构完成的，几乎没有哪个非洲国家政府制定过明确的语言政策。实际上，许多发展中国家的语言规划，都不是在国家层面，而是在社区层面或基层层面展开的。另外，从大多数的个案研究来看，语言规划的决策及其实施战略，并不是依据社会语言调查资料，而是依据特定的原则制定出来的。因此，该学派提出了一种所谓"适应"路径，或称受环境制约的语言规划①。该学派强调，语言规划必须能够使用切实可行的术语来解释该规划的实践，必须能够兼顾不同类型、不同级别的政府或非政府组织的决策和实施，必须能够兼顾多种不同的规划机制。

（四）语言治理学派

随着语言规划研究范围的扩大，20 世纪 70 年代，一些学者尝试把语言规划放在一个普通社会规划的框架内进行探索。他们认为语言是一种"社会资源"，语言规划是一种决策过程，旨在解决"语言问题"；或者从社会政治的视角讲，旨在解决"交际问题"。因此采用一种"语言治理"的路径②，并从社会经济的视野进行分析。

20 世纪 80 年代末期以来，为了克服将主流语言规划同单一指令性经济挂钩的弊端，语言规划研究领域出现了一种新的转型，即从"规划型"向"治理型"转移。复兴的语言治理学派是"从学术上对人民权力做出的一种反应"，它反对主流派的强制性举措，"承认众多不同的利益竞争"③。在这方面，瑞典裔学者颜诺（Björn Jernudd）和捷克裔学

① Khubchandani，L. M.，"Language Planning Processes for Pluralistic Societies"，in C. Kennedy（ed.），*Language Planning and Language Education*，London：George Allen & Unwin，1983：93 – 110.

② Jernudd，B. H. and J. J. Das Gupta，"Towards a Theory of Language Planning"，in Rubin and Jernudd（eds.），*Can Language Be Planned? Sociolinguistic Theory and Practice for Developing Nations*，Honolulu：University Press of Hawaii，1971：195 – 215.

③ Jernudd，B. H.，"Language Planning from a Management Perspective：An Interpretation of Findings"，in E. H. Jahr（ed.），*Language Conflict and Language Planning*，Berlin：Mouton de Gruyter，1993：134.

者诺伊施图普尼（Jiri V. Neustupny）较有名气。

该学派认为，语言治理是一种过程。"在语言治理过程中，授予特定人员某种权限，以便他们能够发现其所在社区成员潜在遇到或实际遇到的种种语言问题，并能提出系统严谨的解决办法"①。所以，语言治理的中心问题就是要面向广大基层群众，解决大众语言运用中遇到或可能遇到的种种问题。

五 语言规划思想

语言并不单纯是一种交际工具，它还在社会中发挥诸多重要的功能。许多研究个案表明，在制定语言规划的过程中，思想、政治、经济、社会、民族、文化等因素的重要性往往超过语言本身。由于各国的国情及社会历史背景不尽相同，各国的语言规划目标，如从语言净化、语言标准化和语言现代化到语言复兴，从语言保持、语言传播到跨国语言交际等，也不尽相同。

从长远的观点看，语言规划的目标最终是为社会政治目标服务的。语言问题处理得当，能够促进经济发展和社会安定；语言问题处理不当，有可能引发民族问题或社会骚乱。越来越多的学者相信，语言规划实际上就是通过对语言的干预，来解决社会经济、政治问题的一种方法②。

影响语言规划制定的重要思想主要有语言多样化、语言同化思想和语言民族主义、语言纯净化、语言国际化和语言本土化③。

（一）语言多样化

语言多样化倡导多种语言在社会中并存，包括不同语言群体的共

---

① Jernudd, B. H. and J. V. Neustupny, "Multi-Disciplined Language Planning", in D. F. Marshall (ed.), *Language Planning*: *Festschrift in Honor of Joshua A. Fishman*, Amsterdam and Philadelphia: John Benjamins, 1991: 34.

② Weinstein, B., "Language Planning in Francophone Africa", *Language Problems & Language Planning*, 1980, 4: 56.

③ Cobarrubias, J. and Fishman (eds.), *Progress in Language Planning*: *International Perspectives*, Berlin: Mouton Publishers, 1983: 63－66.

存，以及不同语言群体在一种公平的基础上保持并培植他们自己的语言。例如，印度官方承认的 16 种语言，绝大多数都是地区使用的语言，只有英语和印地语是全国使用的语言。比利时没有全国统一的官方语言，地区不同则官方语言也不相同，南部的官方语言是法语，北部的官方语言是佛拉芒语，东部的官方语言是德语，首都布鲁塞尔地区则有法语和佛拉芒语两种官方语言。

许多语言规划理论都认为，文化多元和多语现象是一种社会语言事实。人们应该把多种语言看成是一种资源，语言规划人员应该合理开发、合理利用这种资源，不应该将其视为国家统一和社会经济发展道路上的一种障碍。语言多样化也是可以促进经济发展的。例如，澳大利亚的墨尔本有一家建筑公司，工人大多来自欧洲地中海沿岸国家，分别使用希腊语、意大利语、葡萄牙语和西班牙语，只有来自马耳他的工人使用英语。可是，公司的管理工作只用英语，因而大多数工人无法有效地理解安全规则，生产事故频频发生。为了扭转这种局面，该公司管理部门开始利用工人中自然存在的关系网群体，聘用一些懂得相关语言知识的管理人员，任命来自不同语言群体的人员担任工段长，为相关职业的人员开办英语学习班，结果取得良好的经济效益。

如今，语言规划人员基本上都能正面看待多语现象，并能重视少数民族语言群体的权利和需求，但是，如何证明一个国家特别是发展中国家实行语言多样化政策的合理性，始终是困扰语言规划学者的一道难题。因为一个国家要实施多语政策，就要培养多语师资，培训多语笔译、口译人员，编写多语教材，提供多语广播和多语服务等，这势必会加重国家预算的负担。另外，跟失业人口、住房困难、医疗保健、社会保障等社会问题相比，要证明增加对语言问题的投入比增加对其他社会问题的投入更具有紧迫性，并不是一件轻而易举的事情。

（二）语言同化思想和语言民族主义

语言同化思想认为，人人都应该会说、会用本国或本社区的优势语言。这就造成优势语言的地位更加优越。语言同化是语言规划中最常见的一种模式。18 世纪大革命的法国，在将法国北部的一种法语方言定为"国语"以后，出台了一项语言规划政策，旨在消灭法语方言以及其他语言，要求小学教学全部使用标准法语，操其他方言或语言的人都要学用标准法语，规定标准法语是法国法律的唯一用语。1832年法语学院批准使用的法语正词法规则，也是一项强制性规则。苏联的俄罗斯化是语言同化的另一例证。1938年，苏联的一项法令规定，所有非俄语学校必须将俄语作为第二语言来讲授。1958年颁布的一项法令允许公民自由选择教育语言，但是在各类学校当中，俄语和加盟共和国的国语（民族语）都是强制性的语言。

研究表明，一个国家的多语制贫穷化与该国工业化程度低下之间存在着一种相关关系。有时候，这种关系也被说成是一种产生诱因的关系。因此，人们相信，单语制是社会经济发展进程中具有成本效益的一条路线，语言变异、文化变异和民族变异会阻隔人们的彼此交往，引发社会政治冲突，这些冲突反过来又会阻碍经济的发展。

民族主义通常赞同语言同化思想，因为这样可以保证语言社区的每个成员都能使用占优势的语言。19世纪以来，民族国家思想极大地改变了欧洲地理政治的版图，这种思想顺应了一个民族国家采用一种"国语"或采用一种"官方语言"的趋势。如今在欧洲的40多个国家当中，约185种有记载的语言，其中只有25种享有官方地位。亚洲、非洲、美洲和大洋洲的情况更为复杂，155个国家约有6000种有记载的语言，其中官方语言只有69种。

（三）语言纯净化

语言纯净化与语言同化的思想比较接近，产生的结果也很相似。语言纯净化可以看成对一种语言形式的理想化的情感或理想化的态度。这种理想化的语言通常指书面语言，该书面语与日常口语相脱离，并与特定的审美价值抑或道德价值相联系。这些价值代表了该语言社区的社会思想，并且成为规范。纯净化语言的优势在于可以确保社会认可该语言，可以使得像教育系统等社会机构和语言协会等官方组织能够推行该语言。使用非纯净化的或称非常规的语言会造成许多负面影响，因此不鼓励在公共领域使用这些语言。

语言纯净化的思想是随着欧洲民族国家运动的发展而发展的，民族国家运动的目标就是赋予每个民族（国族）一种独立的国语。

（四）语言国际化

语言国际化是若干前殖民地国家实行的语言规划思想，是指选择一种国外的通用语言作为本国的官方语言或教学用语。语言国际化的思想基础是全盘西化的现代化范式。语言国际化跟语言同化战略是并行共进的，二者比较相像。前殖民地国家特别是非洲许多国家的通用语言都是前殖民地大国的通用语言。例如，非洲加蓬的唯一官方语言是法语，喀麦隆的官方语言是法语和英语。这些国家选择一种或几种国际语言作为本国的国语，其动机主要是：认为国际语言有利于从社会文化、经济、政治等方面同其他国家进行交流，有利于推进本国的现代化，有利于发展本国的对外贸易和科学技术。在一些多语共存的国家当中，由于欧洲语言在该国具有中立的地位，所以选用欧洲语言作为本国的官方语言，这有助于防止民族分离，有助于国家的一体化。然而，对全体公民来说，国家选择一种外语作为本国的官方语言确实是不公平的，但问题是，如果选择本国的一种土著语言作为全国通用的官方语言，又可能对能够使用该语言的那个族群有利，对不能使用该语言的其他族群则不利。

无论如何，从整体看来，非洲一些国家的语言国际化政策并不成功。因为"根据保守的估计，非洲能够使用本国官方语言的人只占20%以下"[1]，能够熟练使用外国语的通常是接受过良好教育的社会上层和中层人士。这又加大了社会的分化，使得掌握官方语言成为社会权力分配的一大基础。另外，该项政策也加剧了本土语言的边缘化和少数化。

纳米比亚采用英语作为本国唯一官方语言是语言国际化的一个新例证。该国使用的语言有20多种，但是，1990年《纳米比亚宪法》只承认英语是官方语言。该项政策首先是在1981年由解放运动"西南非洲人民组织"与"联合国纳米比亚学会"共同起草的一份文件明确规定的。该文件表明，选择一种国际语言的目的是促进国家的统一和对国家的忠诚："引入英语为的是引入一种官方语言，该语言能使人民摆脱同

---

[1] Heine, B., "Language Policies in Africa", in R. K. Herbert（ed.）, *Language and Society in Africa：The Theory and Practice of Sociolinguistics*, Johannesburg：Witwatersrand University Press, 1992：27.

部落的联系，在语言领域创造一个有助于国家统一的条件。"①《纳米比亚宪法》中有关"唯英语"的规定并不是没有问题的，例如，该国人口中懂英语的还不到10%，外加缺少称职的英语教师和适用的教材，英语的普及受到极大阻碍。该国南部阿非利坎语的使用人口固然很多，可是，阿非利坎语没有被定为新独立的国家官方语言，主要是因为该语言与南非的种族隔离政策有关联。

（五）语言本土化

语言本土化是指选择一种或多种本土语言作为主要的交际工具和官方语言。以大洋洲的巴布亚新几内亚为例，该国的官方语言除英语外，还有以土著语言为基础的两种混杂语：托克皮辛语、希里莫图语。非洲马达加斯加的官方语言是法语和马尔加什语，将马尔加什语定为本国的一种官方语言，也体现了语言本土化的思想。1978 年，马达加斯加的一项民族普通教学大纲首次规定，马尔加什语是该国初等学校及部分中等学校的教育用语，法语作为第二语言从小学二年级开始学习。马尔加什语的推行取得了一定的成绩，据1986 年的一项统计，该国马尔加什语的脱盲率达到44%。但也存在两方面的问题：第一，能够熟练使用马尔加什语的人所占比重很小；第二，该语言作为教学语言尚待进一步规范和完善，目前只能在较低层次使用，还不能进入高等教育机构。

有时候语言本土化实践还包括恢复使用传统的文学语言。例如，突尼斯于1976 年将古阿拉伯语定为本国的官方语言，阿尔及利亚于1989 年也将古阿拉伯语定为本国的官方语言。这种选择产生的问题是，现代日常口语和古代书面语严重脱节。

语言本土化思想还反映在文字改革当中。例如，20 世纪20 年代后期土耳其进行文字改革，将沿用五六百年与口语脱节的阿拉伯语和阿拉伯文改换成现代土耳其语和可以拼写土耳其口语的拉丁文。以色列将宗教语言希伯来语复兴为国语，往往被看成是语言本土化的一个极端例证。

---

① Cluver, A. D. de V., "Namibians: Linguistic Foreigners in Their Own Country", in K. Prinsloo, Y. Peeters, J. Turi and C. van Rensburg (eds.), *Language, Law and Equality*, Proceedings of the Third International Conference of the International Academy of Language Law (IALL) held South Africa, April 1992, Pretoria: University of South Africa, 1993: 261－276.

六 小结

语言规划已经走过半个多世纪的路程，学者们对语言规划的认识和分类各不相同，不论是克洛斯提出的语言地位规划和语言本体规划的划分，还是豪根描述的语言规划过程，抑或是颜诺阐述的语言治理理论，在用来描写具体的语言规划个案时，可能非常管用，也可能部分适用，还可能不大适用。目前还没有一种世界各地普遍适用的语言规划理论，因此还十分需要进行不同国家、不同民族、不同地区、不同类型的语言规划个案研究。这些个案研究将是在较大范围内从事理论概括和理论创新的坚实基础。

20 世纪 80 年代之前，许多语言学家曾经怀疑语言能否进行规划[①]；如今语言学家都相信，人为造成审慎的语言变化是完全可能的。但是，这并不意味着语言规划都是可取的，多数人的态度依然是"能做的，未必就是该做的"[②]。语言学家在处理语言规划及语言的相关规定时，总是瞻前顾后，疑虑重重，他们习惯于把语言规划的贯彻实施留给政治家和圈外人来执行。

语言规划的真正目的固然是要改变人们的语言行为和语言态度，可是在长期的规划过程中，未经引导的语言势力却支配了人们的语言行为。语言规划人员必须学会引导这些社会势力进入自己的规划进程。无论如何，语言规划还有很长的路要走，现有的研究成果还不能对语言政策的发展提供有力的解释和指导。语言规划研究领域出现的问题并不仅仅局限于语言方面，还涉及社会、政治、经济、民族和历史等诸多因素。语言规划的跨学科性质，决定了要研究创新一种综合的语言规划理论，还有种种复杂问题及困难需要我们解决和克服。

---

① Rubin and Jernudd（eds.），*Can Language Be Planned? Sociolinguistic Theory and Practice for Developing Nations*，Honolulu：University Press of Hawaii，1971.

② Fishman，J. A.，"Modeling Rationales in Corpus Planning：Modernity and Tradition in Images of the Good Corpus"，in J. Cobarrubias and Fishman（eds.），*Progress in Language Planning：International Perspectives*，Berlin：Mouton Publishers，1983：107 – 118.

语言规划发展及微观语言规划[*]

通常认为，语言规划是大规模的、由政府进行的、国家层面的规划，是对社会说话方式或识字方式进行的变革或影响。语言规划通常包括四个方面：一是有关社会的"地位规划"；二是有关语言本身的"本体规划"；三是有关学习的"教育语言规划"（又称"习得规划"）；四是有关形象的"声望规划"。

一　社会历史背景

语言规划作为一门相对独立的学科，大概是 20 世纪 60 年代发展起来的。语言规划的兴起是与 20 世纪上半叶新兴国家的独立密切相关的，是与社会问题的呼唤紧密相连的。

第二次世界大战以后，一些老牌殖民地纷纷解体，新兴国家，例如，亚洲的印度、印度尼西亚、马来西亚和新加坡，非洲的喀麦隆、坦桑尼亚和刚果等国不断独立。国语及官方语言的选择和推广问题提到国家建设的议事日程上来。各社会群体或族群都希望自己的语言被选中，有时甚至展开激烈的竞争，各国政府不得不对这些纷争做出调解或反应，"语言规划"或"语言工程"正是妥善处理这些语言问题的有效方式之一。另外，第二次世界大战以后，大量移民涌入许多西方国家，造成多民族、多语言和多文化的复杂格局。移民语言地位和语言教育问题，也成为一个亟待解决的社会问题。

＊ 原载《北华大学学报》2010 年第 6 期。

20 世纪 60 年代之前的语言规划研究，凤毛麟角①，1966 年在美国召开了"发展中国家语言问题大会"，从而拉开了世界范围内系统研究语言规划的序幕。1968—1969 年美国福特基金会赞助的设在斯坦福大学的"语言规划过程"项目启动，5 位学者汇集到美国夏威夷"东西方中心"，追踪对比研究 5 个国家的语言规划。这 5 位是弗格森（Charles Ferguson）、费什曼（Joshua Fishman）、拉宾（Joan Rubin）、古普塔（Jyotirindra Das Gupta）、颜诺（Björn Jernudd）。

1969 年初在夏威夷召开了"语言规划过程"国际会议，系统讨论了语言规划和语言选择问题，提出了语言规划的理论框架。

二　基本定义

语言规划这个术语是美国语言学家豪根（Einar Haugen）在 20 世纪 50 年代后期引入学界的。豪根分析了挪威推广"国语"并使国语现代化的活动之后提出，"语言规划"是"为了指导某一非同质言语社区的读者和说者，而准备一套规范的正词法、语法和词典的活动"②。后来，他又认为，语言规划是指为了改变某一语言社区的语言行为而从事的所有有意识的尝试活动，包括"从提出一个新术语到推行一种新语言"③等。此后，学界认为语言规划主要是跟语言内部诸要素相关联的一种活动。

陶利认为，"语言规划是调节并改善现行语言的有条理的活动，或者是创造新的区域语、新国语或新国际语"④ 的活动。语言规划涉及口

---

① Hall，R. A. Jr.，*An Italian Question Della Lingua*，Chapel Hill：University of North Carolina Press，1942；Heyd，U.，*Language Reform in Modern Turkey*，Jerusalem：Israel Oriental Society，1954.

② Haugen，E.，"Planning for a Standard Language in Modern Norway"，*Anthropological Linguistics*，1959，1：8 – 21.

③ Haugen，E.，"Language Planning"，in U. Ammon，N. Dittmer and J. K. Mattheier（eds.），*Sociolinguistics：An International Handbook of the Science of Language and Society*，Berlin and New York：de Gruyter，1987，1：627.

④ Tauli，V.，"The Failure of Language Planning Research"，in A. Gonzalez（ed.），*Language Planning，Implementation and Evaluation：Essays in Honour of Bonifacio Sibayan*，Manila：Linguistic Society of the Philippines，1984：27.

语和书面语的各个研究领域：音系学、形态学、句法学、词汇学和正词法。

拉宾和颜诺则把语言规划界定为"刻意发生的一种语言变化"，这种变化不是自然而然发生的，而是人为的，是"由某些组织机构规划出来的，成立这些组织机构就是要达到改变语言的目的，或者是指导完成这个目的"①。这种界定颇有影响，但也引起诸多语言学家的质疑，相关讨论可参阅《语言可以规划吗?》的论文集②。

后来的学者不断修订或改用这个概念。如今语言规划的内涵已经扩大，既包括社会整合当中的语言和社会语言，也包括社会整合当中跟语言密切相关的经济和政治。

语言学采用语言规划这个术语，明显受到社会学术语"社会规划"的影响。在现代，社会规划和语言规划的联系非常紧密。例如，挪威的语言规划与扩大社会民主之间的紧密联系，就特别引人注目。如果脱离或不考虑160多年来挪威的社会变迁、经济变迁和政治变迁，那就根本无法理解现代挪威语的发展。

传统上，语言规划已被视为在某些说话人的社区中，由政府进行的旨在改变语码使用/说话方式的引人注目的、审慎、面向未来的系统活动。已经公布的语言政策往往会指导或引导语言规划，语言政策由政府或其他权威机构或个人发布。语言政策是实施某种思想、法律、法规、规定并有意取得改变某种语言效果的载体③。语言政策可以用非常正式（显性）的语言规划文件和公告（如宪法、立法、政策声明、教育命令）来实现，这些文件和公告形式可以是象征的，也可以是实在的，还可以用非正式的意向声明（语言、政治和社会的话语）来实现，或者用不明说（隐性）的形式来实现。语言政策（该计划）和语言规划（计划实施）之间的差异对使用者来说，很重要，这两个术语在文献中

---

① Rubin，J. and B. H. Jernudd，"Introduction：Language Planning as an Element in Moderniza-tion"，in Rubin，J. and B. H. Jernudd（eds.），*Can Language Be Planned? Sociolinguistic Theory and Practice for Developing Nations*，Honolulu：University Press of Hawaii，1971：xvi.

② Rubin，J. and B. H. Jernudd（eds.），*Can Language Be Planned? Sociolinguistic Theory and Practice for Developing Nations*，Honolulu：University Press of Hawaii，1971.

③ Kaplan，R. B. and Baldauf，Jr，R. B.，*Language Planning from Practice to Theory*，Cleve-don：Multilingual Matters，1997：3.

常可互换使用。但是确切来说，语言规划所指的社会实践更广泛、更长久，而语言政策则是语言规划进程中更为普通的一种语言政治社会目标。语言规划可以是官方的也可以是民间的，语言政策则是官方的。

三　语言规划小史

"语言规划"这个术语可以用来追溯、体现大多数文明国家的历史，还可预见各发展中国家的未来。如今，这些国家正尝试通过各种努力，构建独立国地位的各种概念，解决在一个无边界的范围内进行更广泛交际的问题。

自从 2000 多年前印度的《巴尼尼语法》问世以来，印度语法学家事实上已经或多或少介入语言规划的有意识的各项活动之中。《巴尼尼语法》试图固定梵文的形式，使其永远都是印度教的工具。古希腊和古罗马的语法学家都曾是语言立法者，他们实际上一直在从事语言规范化工作，经其规范过的语言形式已经经受住了时间的考验。

在中世纪，冰岛的 4 位语法学家曾经为正确拼写古冰岛语提供指南，提出拼写法的一致性标记要以发音为基础。目前尚不清楚这些人员的背后是否有任何规划组织，但可以肯定的是，他们都曾注意到了政府或教堂的需要。

在文艺复兴时代，随着印刷术的运用和宗教改革运动的到来，全社会都在呼唤"净化"近代欧洲土语，特别是语法和词汇。内夫里哈（Elio Nebrija）曾将其第一部西班牙语语法（1492 年）作为"帝国指南"奉献给伊莎贝拉女王，试图提高西班牙的威严。在这个事件中，由于政府最初的政策是鼓励神职人员学习当地话，所以，该部语法没有怎么使用，还受到很多抨击。后来实行去本土化政策，内夫里哈的《语法》才派上用场。

在东欧，公元 9 世纪传教士西里尔（Cyril）和美多迪乌斯（Methodius）的著作至关重要，因为他们创制了一种以希腊文为基础用来拼写斯拉夫语的字母表。该字母表以西里尔字母而闻名，伴随着东正教的传播进入斯拉夫权力所能抵达的地区，如芬兰、波兰、捷克、斯洛伐克及克罗地亚边境。这些地区罗马教占优势，流行拉丁语，各种土话都用拉丁文拼写。丹特（Dante）的 *De vulgari eloquentia*（1304—1305 年）提出了一种语言规划理论。丹特指出，鉴于意大利语地方变异的问题比较麻烦，要有一定的规则来创制新语言，丹特提出两种路径：或者选择一种有声望的方言，如首府在佛罗伦萨的托斯卡纳方言；或者创制一种新语言，它可以是一种混合语，也可以是多种方言相互间的一种妥协。

中古时期，在意大利的托斯卡纳，法国的普罗旺斯、法兰西岛大区、法国西北部、西班牙的加泰罗尼亚、加利西亚、卡斯蒂利亚，葡萄牙，德国的萨克森、巴伐利亚、勃兰登堡、韦塞克斯，英国中部地区、苏格兰、威尔士，爱尔兰、丹麦，瑞典，挪威，冰岛等地区，涌现出种种地方法规。

这些地区的经文抄写员在隐修院、大教堂和法院的保护下，宗教文本能够代代传承，发扬光大，当地的文学生活也欣欣向荣。

建立语言学院，满足统治势力的语言需求。意大利科西莫一世（Cosimo Ⅰ）1582 年在佛罗伦萨建立了一个谷壳学院（Accademia della Crusca），旨在清除意大利语中不规范的"谷壳"。1612 年，该学院出版了一部名为《谷壳学院词汇》的词典，该词典记录的是高度纯洁的意大利语托斯卡纳方言，该方言后来成为意大利语的标准方言。

在贯彻中央集权的政策中，法国天主教的主教黎塞留（Richelieu）将语言学院视为连接巴黎和法兰西岛大区的一个有用的纽带。1635 年颁布的一项法令规定，语言学院应该"尽最大努力开展工作，要为我们的语言制定精确的规则，使其适用于艺术和科学"。著名诗人马莱伯（François de Malherber，1555—1628 年）曾参与过法语的规范工作。沃热拉（Claude Vaugelas）是语言学院的忠实成员，其名著《意见》（*Remarques*，1647 年）将法语的标准化推向高峰。语言学院的第一部词典于 1694 年出版，其正词法于 1835 年成为官方文本。"实际上至关重要的是，提升法语在其他诸语中的地位，使法语具有希腊语和拉丁语在古代世界中所拥有的普适性、卓越性和完美性。"[①]

在语言标准化进程的后期，西班牙（1713 年）、瑞典（1786 年）、匈牙利（1830 年）纷纷建立了自己的语言学院。19 世纪在从事文学教

---

① La Grande Encyclopédie，Paris，ca. 1900：1 – 165.

学的公共学校产生之前，许多国家中的语言规范问题并不突出，19 世纪之后，这些学校多由政府教育部门管理。但是，盎格鲁—撒克逊诸国如英国及后来的美国，拒绝语言学院思想及其他法规形式，将英语的治理置于"个人事业"之中。

斯堪的那维亚的一些国家成立了一系列的学术委员会，"瑞士语言委员会"于 1944 年率先成立，向教育部提过许多建议。北欧委员会联合会议成立于 1954 年，1978 年又创建了一个永久性"北欧语言秘书处"，办公室设在挪威首都奥斯陆，定期出版物有瑞士语的 *Språkvård*（1965—　），丹麦语的 *Nytfra Sprognævet*（1967—　），挪威语的 *Språknytt*（1973—　）和多语种的 *Norden Språkproblemer*。

在东南亚，马来西亚从 1957 年以来，摆脱了英国的统治，将马来西亚语定为国语，拒绝邻国新加坡采纳的多语制。1967 年开始实施一项规划，要使马来西亚语成为主要的教学媒介。1972 年马来西亚一个联合委员会，通过了一项拉丁字母标准系统。

四　语言规划发展阶段

第二次世界大战之后，语言规划究大致分为如下三个阶段[①]：第一阶段，开始于 20 世纪五六十年代。当时的宏观社会政治背景是，亚非许多地区摆脱了西方的殖民统治，建立了新兴独立的国家。新兴国家开始关注语言问题，认为语言问题可以通过规划来解决。语言规划的目标跟国家总目标相关联，效仿西方国家的模式，坚持"一个民族、一个国家、一种语言、一种文化"的理念，认为多语现象往往跟混乱、贫困和落后联系在一起，发达国家都有自己的标准语。用法律形式明确规定本国的"国语"或官方语言，旨在消除由语言多样性所带来的语言交际问题，推崇非殖民化、结构主义和实用主义方法论。

第二阶段，20 世纪 70 年代初至 80 年代末。发展中国家机械模仿西方发达国家的现代化道路，但是，希望中的"经济腾飞""社会发展"和现代化，并未实现。人们开始用批判的眼光来审视过去的做

---

① Ricento，T.，"Historical and Theoretical Perspectives in Language Policy and Planning"，*Journal of Sociolinguistics*，2000，4（2）：196 – 213.

法。反思社会政策和语言政策。该阶段的语言规划开始从单一的以语言为中心的理论，向综合考虑语言应用和各种社会政治因素之关联的理论转移。语言规划的对象也从过去的"语言"变为"语言社区"。对第一阶段语言规划理论的批判和反思，成为催生第二阶段推动语言规划理论的动力。

第三阶段，20世纪80年代中期开始迄今。在建立"世界新秩序"的大背景下，"后现代主义"思想特征越来越凸显，例如，反对基础性，提倡多元性；反对原子性，提倡整体性；反对确定性，倡导不确定性；反对霸权，寻求和谐共存；反对简单性，拥护复杂性，倡导生态观。这种思潮也影响到语言规划。

20世纪90年代以来，在后现代主义思潮的影响下，人们把语言作为一种资源，语言规划已经具有更多尖锐批判的特征，人们特别强调语言规划的生态环境，越来越关注语言濒危和语言消亡问题，关注语言人权问题。人们认为，语言规划不是要消灭语言的多样性，而是要保护这种多样性。语言规划是对语言多样性的一种人工调节。语言规划的目的不再只是解决交际问题，也应考虑其他非交际问题，考虑受众的感受，考虑规划行为对整体语言生态系统的影响。语言规划与社会学、政治学密切相关，应该作为社会规划的一部分。

人们越来越接受这种观点，即语言规划可以在不同层面，即宏观、中观和微观发生。这种焦点的转变，还导致人们重新思考"机构"：谁有权影响这些微观语言政策和规划局面的改变。

在不同的历史阶段，语言规划的重点有所不同。对于一个刚刚独立的国家来说，语言的交际功能和象征功能要比文化功能强，而在一定时期之后，为了长远的可持续发展，国家内部各民族的均衡发展就显得重要了。近半个多世纪以来，语言规划经历了从语言工具观到语言资源观的转变；从结构主义到后现代主义的转变；从单变量系统到多变量系统的转变；从实用主义到语言人权的转变；从语言问题到语言生态的转变；从单纯的语言学领域向社会学、政治学以及其他学科的转变[①]。

---

① 刘海涛：《语言规划和语言政策：从定义变迁看学科发展》，载陈章太等编《语言规划的理论与实践》，语文出版社2006年版，第59页。

五 微观语言规划

（一）语言规划目标框架

语言规划发展成为一个学术研究领域以来，许多学者①提出了他们自己有关语言政策和规划模式的构想，另外一些学者②则界定了语言规划的目标。杭伯格③以及卡普兰和巴尔道夫④明确地构建了一个框架，其中有几个可供选择的概念，它们都有不同的范围和焦点，如双识字连续体（continua of biliteracy）⑤、语言治理（language management）⑥，这些概念是互补的。该框架中的语言治理在法语语境中广为使用。

该框架反映了语言规划本身发生的变化，语言规划是实证经济社会

---

① Cooper, R. L. , *Language Planning and Social Change*, Cambridge: Cambridge University Press, 1989; Ferguson, C. A. , "Language Development", in J. A. Fishman, C. A. Ferguson and J. Das Gupta（eds.）, *Problems of Developing Nations*, New York: Wiley, 1968: 27 – 36; Fishman, J. A. , "Language Planning and Language Planning Research: The State of the Art", in J. A. Fishman（ed.）, *Advances in Language Planning*, The Hague: Mouton, 1974; Haarmann, H. , "Language Planning in the Light of General Theory of Language: A Methodological Framework", *International Journal of the Sociology of Language*, 1990, 95: 109 – 129; Haugen, E. "The Implementation of Corpus Planning: Theory and Practice", in J. Cobarrubias and J. A. Fishman（eds.）, *Progress in Language Planning: International Perspectives*, Berlin: Mouton, 1983: 269 – 290; Neustupny, J. V. , "Basic Yypes of Treatment of Language Problems", in J. A. Fishman（ed.）, *Advances in Language Planning*, The Hague: Mouton, 1974: 37 – 48.

② Annamalai, E. and Rubin, J. , "Planning for Language Code Language Use: Some Considerations in Policy Formation and Implementation", *Language Planning Newsletter*, 1980, 6（2）: 1 – 4; Bentahila, A. and Davies, E. E. , "Language Revival: Restoration or Transformation", *Journal of Multilingual and Multicultural Development*, 1993, 14: 355 – 374; Nahir, M. , "Language Planning Goals: A Classification", *Language Problems & Language Planning*, 1984, 8: 294 – 327.

③ Hornberger, N. H. , "Literacy and Language Planning", *Language and Education*, 1994, 8: 75 – 86; Hornberger, N. H. , "Frameworks and Models in Language Policy and Planning", in T. Ricento（ed.）, *An Introduction to Language Policy: Theory and Method*, Oxford: Blackwell, 2006: 24 – 41.

④ Kaplan, R. B. and Baldauf, Jr, R. B. , *Language Planning from Practice to Theory*, Clevedon: Multilingual Matters, 1997.

⑤ Hornberger, N. H. , "Multilingual Language Policies and the Continua of Bi-literacy: An Ecological Approach", *Language Policy*, 2002, 1（1）: 27 – 51.

⑥ Neustupný, J. V. & Nekvapil, J. , "Language Management in the Czech Republic", *Current Issues in Language Planning*, 2003, 4（2&3）: 181 – 366.

科学范式的产物，该范式在第二次世界大战以后的 30 年内独占鳌头。自 20 世纪 90 年代以来，该学科的批判路径和更加拓宽的学科环境表明，语言生态、语言权利、英语地位和其他非英语语言的关系等问题，已经成为当今至关重要的问题。

（二）框架

显性语言政策是指明确的已规划的语言政策，隐性语言政则指暗含的未规划的语言政策。在四种语言规划中，地位规划是关于社会的规划，本体规划是关于语言的规划，教育语言规划（又称习得规划）是关于学习的规划，声望规划则是关于形象的规划。

表 1 列出的框架认为，显性语言政策和规划实践或隐性语言政策和规划实践可以是 4 种语言规划中的一种。其中每种语言规划都可以在以下两大路径中的一种路径下实现：政策规划路径——着重于形式：着重于基本语言、政策决策及其实施；而培植规划路径——则着重于功能：着重于语言发展和使用的功能拓展。

从这 8 种语言规划视角可以透彻地理解规划人员试图达到的目标，这些目标可以是宏观层面、中观层面及微观层面，宏观目标是自上而下地占优势的目标。但是，该框架中大多数目标都不是相互独立的，政策规划目标通常需要培植规划支持。特定的语言规划问题也可以有许多不同的目标，其中有些目标设置可能是相互矛盾的。

例如，强势外语（如英语）的广泛教学可能会跟地方或地区语言保持目标教学课程相冲突。这些目标通常不能分离实施，也不能作为更大（即使隐性或未声明的）目标的一部分。因此，该框架提出，在实施语言政策和规划中，一些目标可以单独处理，可以渐次移出该框架。例如，教育语言规划"更经常呈现的是非系统、易于其他政策制定和零碎的一面，而不是理性、系统、整合或全面的一面"[1]，因此需要灵活处理。

---

[1] Ingram, D. E., "Language-in-Education Planning", in R. B. Kaplan, et al. (eds.), *Annual Review of Applied Linguistics* 10, New York: Cambridge University Press, 1990: 54.

表 1 语言规划层级知晓目标演变框架

达标路径	政策规划 （关于形式）	培植规划 （关于功能）	层级规划过程和目标					
			宏观		中观		微观	
	目标	目标	目标的知晓					
			显性	隐性	显性	隐性	显性	隐性
生产目标 · 地位规划 （关于社会）	地位标准化 官方化 国家化 禁止	地位规划 复兴 · 复原（restoration） · 复活（revitalisation） · 逆转（reversal） 保持 语际沟通 · 国际 · 国内 传播3						
本体规划 （关于语言）	· 书写化 · 语法化 · 词汇化 辅助语码 · 书写化 · 语法化 · 词汇化	语体现代化 创新（renovation） · 净化 · 改革 · 语体简化 · 术语统一 国际化						
教育语言规划 （关于学习）	政策发展 进入政策 人员政策 课程政策 方法和教材政策 资源政策 社区政策 评估政策	习得规划 再习得（reacquisition） 保持 外语/第二语言 转用						
声望规划 （关于形象）	语言推广 官方/政府机构 压力群休 个人	知识化（intellectual-isation） 科学语言 职业语言 高雅文化语言 外交语言						

资料来源：Baldauf，Jr，R. B.，"Language Planning and Policy Research：An Overview"，in E. Hinkel（ed.），*Handbook of Research in Second Language Teaching and Learning*，Mahwah，NJ：Erlbaum，2005：960。

（三）微观语言规划

1. 微观语言规划和能动性（agency）

微观语言规划指的是商业、社会公共能动性、群体或个人掌控的能动性，制定出能被公认为语言政策的东西，计划利用并开发他们的语言资源；所有这些并不是某些较大宏观政策的直接结果，而是对其自身需要、自身"语言问题"、自身对语言治理的要求所做出的一种回应。

宏观语言规划研究没有明确描绘过能动性的问题，库珀曾将语言规划解释为"哪些行动者试图影响何人的何行为，为了达到何结局，在何条件下，采用何手段，通过何种决策过程，取得何种效果"，将能动性放到行动者如"正式精英、有权势者、反精英、非精英政策执行者"[1]处。哈尔曼[2]则把能动性放在声望规划的推行层面，认为声望规划的推行包括 4 个层面，从宏观到微观依次为：官方推行、能动性推行、压力集团[3]推行和个人推行。宏观语言规划通常假定规划由一组无偏见的规划人员来执行，他们调查语言、社会、政治和教育方面的要求，做出最符合国家利益的决定。由于他们都具有必需的专长，所以他们做出的决定没有什么差异。因此，语言规划能动性在宏观语言规划中并不很重要。

在微观语言规划研究中，能动性的问题非常重要，现有的大量研究已经论证了特定的群体，如教师[4]是语言规划发展中的主要力量。小规模语言规划过程离不开能动性，小规模语言规划工作的执行者就是能动性。

2. 销售服务的微观语言规划

美国洛杉矶银行营业部门的两项研究，可以作为销售服务的微观语

---

① Cooper, R. L., *Language Planning and Social Change*, Cambridge：Cambridge University Press, 1989：98.

② Haarmann, H., "Language Planning in the Light of General Theory of Language：A Methodological Framework", *International Journal of the Sociology of Language*, 1990, 95：120 – 121.

③ 为影响政策或舆论而组织的集团。

④ Ricento, T. K. and Hornberger, N. H., "Unpeeling the Onion：Language Planning and Policy and the ELT Professional", *TESOL Quarterly*, 1996, 30 (3)：401 – 427.

言规划的案例。洛杉矶是全球语种最多的城市之一。20世纪末，研究者①考察了洛杉矶34家银行分支机构的书面业务交往，这34家银行分支机构的服务对象，包括日裔美国人、华裔美国人和西班牙裔美国人等诸多族裔社区。该项研究旨在检测银行承诺的多语使用和服务情况，分析这些银行如何跟那些不说英语的客户进行交往，比较银行推出的双语对照文本（英语文本和非英语文本）翻译情况。另有一些研究者②关注有关国债的材料，西班牙裔美国人社区银行国债百分比要比其他社区都低，即该社区非银行来源的资金使用得更高。

通过上述两项调查，研究者发现银行材料存在三大语言问题：翻译错误；译文不当；译文遗漏。他们的结论是：

> 比较结果表明，就洛杉矶银行来说，为不说英语的客户提供的服务存在重大失误。结论是，银行的经济结果不能跟市场重要部门充分互动。本项研究的发现表明，关于银行书面文件的公司银行政策反映了银行遵守规则，尽管这些政策可能并不十分有效。人们希望，或许可以更完全更能从战略的角度运作银行的语言规划，以便增加少数族裔语言社区的利益，为少数族裔社区提供更有效的服务。③

凯尔潘④指出，翻译人员花费大约45%的时间研究术语，研究微观层面和宏观层面的标准问题。在普通翻译中，有关术语使用方面的研究成果微乎其微。管理人员一般都不大清楚，应该提供精确的文本，开展微观语言规划和术语工作。要给个体译员更多的时间和动力，让其开发优秀的翻译成果。

---

① Kaplan, R. B., Touchstone, E. E. and Hagstrom, C. L., "Image and Reality：Banking in Los Angeles", *Text*, 1995, 15：427–456.

② Touchstone, E. E., Kaplan, R. B. and Hagstrom, C. L., "'Home, Sweet Casa'-Access to Home Loans in Los Angeles：A Critique of English and Spanish Home Loan Brochures", *Multilingua*, 1996, 15：329–349.

③ Kaplan, R. B., Touchstone, E. E. and Hagstrom, C. L., "Image and Reality：Banking in Los Angeles", *Text*, 1995, 15：427.

④ Kerpan, N., "Strong Times or Weak Times for Industrial Terminology"？［Temps forts ou temps faibles pour la terminologie en enterprise？］, *Meta*, 1991, 36（1）：234–239.

3. 制造业的微观语言规划

卡普兰①考察了产业移民工人对语言教学的需求问题。他利用两个多月的时间，会见了产业管理人员、工人、官员和教师，向 291 位工人发放了多语问卷。基于该项研究，卡普兰提出 30 条建议，内容涉及移民和产业语言培训，教师和教材以及语言规划和语言研究等。他强调，这些建议并非蓝图，而是系统提供一种有趣选择的完整的超级市场。虽然其中许多建议并非新提法，但这些建议以往从未付诸实施，主要因为资源不足，背景准备不够，规划不充分。这些建议从某种意义上讲，是对新西兰语言教育的一种挑战。

4. 行政管理的微观语言规划

在个体实践基础上建立组织实践的一个典型案例是"国际海事组织"的微观语言规划。该组织是一个多国组织，由 165 个国家和 3 个协会组成，有 6 种官方语言和 3 种工作语言。该组织的上层政治代表能够使用多种语言，下层代表主要使用英语。该组织的宏观政策框架，固然可以影响微观层面个人的语言实践，但个人的语言实践也能最有效地决定该组织的语言使用。尽管该机构是一个多语机构，然而微观层面的个人语言实践意味着，只有英语才是该组织各个层面都使用的语言。该组织的语言实践使得那些来自英语国家的代表，如澳大利亚、英国或美国的公民，处于只学一种语言的优势，其他代表不得不学习两种或三种语言，真正的公平在这里似乎成了问题。

5. 学校的微观语言规划

新加坡政府和教育部 2004 年进行教育改革，旨在从一种严格的国家体制宏观层面的语言规划体制，向一种更加地方的基于微观层面的体制转移。新加坡国家层面的教育体制的这种变化，造成该国教育体制的全球需要和地方需要之间的二重性（dichotomy），有可能改变地方现实，对某些学生有好处。因此，在学校中，宏观层面规划与微观层面规划连在一起。宏观层面语言规划不仅要求微观层面规划贯彻实施，还要保证能对地方的需求做出回应。因此，不论是宏观规划还是微观规划，都需要对教育政策再作调整，因为政策既是文本也是行为、言辞和行

---

① Kaplan，R. B.，*The Language Needs of Migrant Workers*，Wellington：New Zealand council for Educational Research，1980.

动，要使宏观语言规划得到有效实施，就需要得到个别学校中的微观语言规划的支持。

6. 家庭的微观语言规划

英国曾制定"威尔士语发展"规划，该规划鼓励威尔士家庭提升其子女的双语能力。虽然国家制定了推广威尔士语的政策，但是不同家庭对该政策的执行却大相径庭。该规划提升了家庭双语和社区双语有益的意识，双语有益是一项重要的承诺，它有益于代际传播中的语言保持和语言存活。鉴于推行该项规划的能动性最初驻在"威尔士语言委员会"，该委员会是一家宏观语言政策和规划的机构。"威尔士语发展"规划旨在将那些能动性转移到威尔士语家庭，通过卫生专业人员与创新推广材料相结合，力劝威尔士语家庭成员接纳这些能动性，以便应付自上而下执行政策过程中出现的抵制行为。

一个世纪之前希伯来语复兴之时，在社区和家庭中发生的希伯来语转用现象是微观语言规划中的一个个案。在该规划中，潜在的说话人就是语言规划的能动性，因为没有宏观语言规划及相关的政策机构，所以，微观语言规划能动性就存在于家庭当中。

7. 社区的微观语言规划

英国北爱尔兰地区的爱尔兰语言规划是社区微观语言规划的一个实例。爱尔兰语因跟天主教（与新教徒相比）联系紧密而备受关注，两大教派群体对爱尔兰语的态度一般都是正面的。在政策层面，爱尔兰语既可以是分裂的因素，也可以是统一的因素。在年轻人和上流社会群体中，似乎还存在更普遍的语言复兴问题。语言问题一旦卷入宏观政策层面的政治纠纷之中，就会变得十分危险，因此，制定北爱尔兰的语言规划要以微观层面即地方层面为基础，要适应北爱尔兰特定社区的需要。

在澳大利亚墨尔本的日语社区，日裔双语儿童的父母都有日语背景，儿童在澳大利亚旅居还是永久居住，是影响儿童语言保持过程的主要变量。在微观层面，日裔双语儿童的语言保持是父母和子女共同努力的结果。

国家民族构成与语言政策问题[*]

在人类社会中，语言并不单纯是一种交际工具，语言还具有其他许多重要功能。在制定语言政策的过程中，思想、政治、经济、社会、民族、文化等因素往往比语言因素更重要。由于各国的国情及社会历史背景存在差异，各国的语言政策目标也不尽相同。有的是为了实现语言纯净化、语言标准化和语言现代化；有的是为了达到语言复兴；有的是为了推动语言保持、语言传播；有的是为了进行跨国语言交际，如此等等。

从长远观点看，语言政策的终极目标是为国家政治目标服务的。语言问题处理得当，则可以促进经济发展和社会安定；语言问题处理不当，则有可能引发民族冲突或社会骚乱。越来越多的学者认识到，语言政策实际上就是运用语言干预，来解决社会经济、政治问题的一种手段或方法。

分析一个国家的语言政策问题，可以从多种不同的视角，采用多种不同的理论分析框架。本部分拟从"民族构成"的视角，侧重考察一个国家的语言政策跟该国民族构成之间，是否存在着一种相适应的关系，换言之，一个国家的语言政策是否反映了该国的民族构成。据此，本部分拟讨论以下五个问题：一是语言政策的六大问题；二是国家民族构成的类别；三是同质社会中的语言与民族问题；四是二分国家中的民族分离及官方语言选用问题；五是多民族社会中的语言选择和语言管理问题。

---

* 原载《语言政策与规划研究》2014 年第 2 期。

一 语言政策六大问题

一个国家制定一项语言政策会涉及诸多语言问题，但以下六大语言问题往往被视为国家语言政策的核心问题，或国家语言政策分析框架的重要组成部分。这六大语言问题是：第一，选定并使用官方语言；第二，制定国语规范；第三，语言跨境传播；第四，正规教育体制中的语言教学；第五，非正规教育体制中的语言教学；第六，语言本体规划。上述六大语言问题，除个别有一定关联外，大多都相互区别或相对独立。

（一）选定并使用官方语言

一个国家独立后，面临的首要语言问题，就是确定该国的国语或/和官方语言，规定政府和各种公共事务使用何种语言，规定政府财政及其他资金可以资助何种语言等。世界上许多国家的做法是，选择本国的某种本土语言做国语或/和官方语言，保护少数民族语言权利。

（二）制定国语规范

在语言规划中，"制定国语规范"往往被称作语言的"本体规划"（1995 年）。在这方面有许多著名的实例。例如，挪威在获得独立前的 400 多年内，一直受丹麦人统治，丹麦语一直用做挪威地区的官方语言。1814 年挪威独立之后，选择哪种方言做挪威语的标准语，一直存在两种不同的意见。一种意见认为，应该选用博克马尔语，该语言兼有传统书面挪威语跟城市挪威语的特点，还掺有大量丹麦语跟挪威语的混合成分；另一种意见认为，应该选择诺尔斯克语，该语言比较纯正，以农村挪威语为基础，受丹麦语的影响比较少。长期以来，两派意见争论激烈，互不相让，最后，政府不得不把这两种方言都定为挪威语的标准语。

其他国家的国语规范化取向也各不相同。如印度的印地语是梵语化；巴基斯坦的乌尔都语是波斯语化；土耳其在开国元勋凯末尔时代，土耳其语实行的是纯洁化和现代化；中国是语言文字的规范化和现代化；在马格里布①，因受伊斯兰极端主义者的压力，标准语定为古代阿拉伯语。

（三）语言跨境传播

相对来说，"语言跨境传播"的提法比较中性，而"跨境语言霸权规划"的提法则带有较强的褒贬色彩。在殖民时代，殖民者强迫殖民地国家接受宗主国的语言，如西班牙语、葡萄牙语、法语、英语等，因而产生"西班牙语跨境传播"或"西班牙语霸权规划"的问题；苏联时期，俄语曾在波罗的海和高加索地区传播，苏联解体、东欧剧变后，俄语从东欧地区退出，留下一片真空，德语乘虚而入。种种例证表明，尽管英语走遍全球，地位不断强化，但是，一些大语言似乎都在不屈不挠地向英语世界挺进。

（四）正规教育体制中的语言教学

初等教育、中等教育和高等教育是一个国家的正规教育。在正规教育体制中，语言教学组织政策涉及"语言习得政策""外语教学政策"和"双语教育政策"等。

（五）非正规教育体制中的语言教学

非正规教育体制中的语言教学包括成人教育，特别是职业语言学习②，成人语言技能的保持和使用，旨在使用东道国语言的移民教育，维护保持非官方的遗产语言学校，这些学校可以帮助移民社区的儿童，较成功地实现从移民社区语言向移民居住国语言过渡。

该类还包括制定相关的语言服务条例，提供相关语言翻译和口译服务，以满足那些不能充分掌握工作语言、国家通用语言或地区通用语言的人员的需要。在这方面，如将欧盟所有的原始文件都翻译成24种官方语言，就很引人注目，其工作量十分巨大。

上述成人语言教学问题和语言服务问题，是语言政策制定者最易忽

---

① 即西北非洲的突尼斯、阿尔及利亚和摩洛哥三国。
② Lambert，R. D.，*Implications of the Dutch National Plan for American Foreign Language Policy*，Washington D. C.：National Foreign Language Center，1991.

略的两个问题。

（六）语言本体规划问题

语言本体规划包括规范语言、研制正字法、编写教材和扫除文盲等，这是语言政策的最后一类问题，正在朝着更丰富更独立的方向发展。

二　国家民族构成类别

采用相同的民族分类组合，大致区分出不同类别的国家，进而划分出各类语言政策问题。

（一）民族构成

根据居住在一个国家境内民族语言群体的种类和数量，可将世界各国大致分为以下三类：第一类，同质社会国家。该国绝大多数人口即主体民族人口都使用同一种语言，因此同质社会国家亦称同质语言国家。在这类国家中，也有一些少数民族，人口较少，语种不多，通常处于地理和社会的边缘。西欧和拉丁美洲的大多数国家，外加俄国、美国[①]和日本均可归入这一类。

第二类，二分国家或三分国家。一个国家中，民族语言群体有两三种，人口数量相对均衡，语言地位功能大致相当。例如，比利时、加拿大、瑞士、塞浦路斯、新加坡、捷克斯洛伐克和南斯拉夫均属此类。

第三类，多民族国家或称马赛克社会。国内居住的民族种类繁多，各民族人口的数量都未达到全国总人口的一半以上，各民族均为少数民族，至少有 5 种或 5 种以上，世界上有半数以上的国家属于此类[②]，多为欠发达世或发展中国家。尼日利亚似乎可以视为极端的例证。据统计[③]，该国的语言社区，或语言共同体有 540 个。印度有 100 多种语言，

---

① ［以色列］斯波斯基：《语言政策——社会语言学中的重要论题》，张志国译，商务印书馆 2011 年版，第 48 页。

② Gurr, T. R., *Ethnic Conflict Around the World*, Boulder, CO: Westview, 1994.

③ Braun C. M. B., "A Prognosis for Language Management", in Martin Putz (ed.), *Language Contact and Language Conflict*, Amsterdam: Benjamins, 1994.

《印度宪法》中列出的官方语言达 15 种。《南非宪法》中规定的国语也有十几种。这些国家均属第三类。

（二）各类国家的语言政策问题

从历史的眼光看，上述三类国家在制定和处理语言政策事务时，所关注所强调的语言问题，总体来说，存在着一定的差异。

1. 同质社会国家

该类国家更多关注国语或通用语的规范化，关注本国通用语言或传统语言的纯正化、标准化和编典。例如，挪威和土耳其等国，为了使本国通用语言适宜流行，努力建立了国语标准。爱尔兰更看重历史语言，努力保持并推动了爱尔兰语的发展。

一个国家一旦变得强大起来，开始寻求在世界范围内或在世界某个区域中，获得一定的地位时，该国往往会关注语言跨境传播问题，并为此投入大量资金，以便扩大该国语言的境外影响范围。除了上述前殖民语言的传播，俄语在东欧的传播，东欧用德语取代俄语的种种尝试之外，另一个典型例证，就是第二次世界大战期间，日本在整个东南亚特别是在印度尼西亚强制推广日语，近期以来，又在讲英语的国家努力推广日语。

许多同质国家还关注外语教学问题，并在该领域投入大量资金。

2. 二分或三分国家

该类国家优先考虑的语言问题跟同质社会国家不尽相同。在二分或三分国家看来，头等重要的并不是语言规范化问题，即上述语言政策的第二类问题，而是第一类问题，即在政府和教育体制中使用两三种民族语言的问题，不过，像瑞士和比利时这样的发达国家，也特别重视第四类问题中的"外语教学"问题。

3. 多民族国家或马赛克社会

该类国家大多属于第三世界国家或发展中国家，往往忙于应付本国内部语言多样性事务，不大关注外语教学。更专注于上述语言政策中的第六类"语言本体规划"问题，包括语言的规范化、正字法的研制、教材的编写和扫除文盲。总之，各个多民族国家所关注的语言本体规划问题也各不相同，有的国家关注这一种，有的国家则关注那一种。

三 同质社会中语言与民族问题

（一）语言权利

多年来，所谓"语言权利"问题，即少数民族语言权利的保护和使用问题，业已成为语言规范人员头等关注的一个民族问题。关于语言权利的文献十分丰富，其中，绝大多数都涉及民族语言政策。语言权利理念在许多国家深入人心，许多国际约法也对语言权利及其保护做出具体规定①，其中重要的有《世界语言权利宣言》《欧洲区域语言或少数民族语言宪章》及《保护少数民族框架公约》。许多大学研究中心和系科，如比利时的勒芬大学、荷兰的蒂尔堡大学、加拿大的渥太华大学等，都在关注语言权利保护。欧洲共同体自 1982 年开始设立专项预算，用于推动和保护区域或少数民族语言。1996 年，受欧盟资助完成的《欧洲马赛克报告》指出，语言多样性是一种经济上的机遇，而非传统上所认为的负担，欧盟应当承担相应的职责，保护少数群体的语言。

（二）少数民族和主体民族

随着少数民族语言权利越来越受到普遍关注，一种新观念开始在欧美国家流行，这就是，少数民族政策需要解决语言上的少数民族跟语言上的主体民族或语言上的优势民族之间的等级关系。欧洲学者越来越认识到，把某一少数民族跟另一占优势的主体民族或多数民族，作为一对范畴来考虑非常管用②。其实，这种理念在中国已经流行几十年了，所不同的是，中国学者一般不再把少数民族细分为：语言上的少数、宗教上的少数或种族上的少数等小类。

一项成功的民族语言政策一般都要对所涉及的少数民族做出区分，至少应该分为同质社会中两种不同的民族。以往语言规划所涉及的少数

---

① Council of Europe, *Recommendation on the Educational and Cultural Protection of Minority Languages and Dialects of Europe*, Strasbourg：Council of Europe, 1981；UNESCO MOST, Policy on Linguistic Rights, http：//www. unesco. org/most/ln2pol. htm（accessed 10/12/2014）.

② Phillipson, R. and T. Skutnabb-Kangas, *Papers in European Language Policy*, Roskilde, Denmark：Roskilde University Center, 1995：5.

民族，大多世居独立，拥有自己的家园。语言规划人员遵从他们的意愿，为他们家园中的语言使用和语言教育，做出多样化的规定，且不妨碍更大社会范围内语言政策的执行。

如今许多同质社会特别是移民群体已经或正在发生变化，过去在地域上相对封闭的大分散小聚居的移民群体，现今是多语群体插花散居的社区了。但是，如果简单化、公式化地处理同质社会中的民族语言事务，认为他们除了在人数规模上存在差异，在其他各方面均已整齐划一，那么，则有可能带来诸多不如人意的后果。因地制宜，不搞一刀切，仍然重要。

（三）聚居族群和散居族群

美国现在的聚居族群主要分布在移民迁入之处，但在过去，各族群都被安排在全社会，这样可以使各个族群很快就失去他们的族群语言认同。相对而言，欧洲的传统模式及世界其他地区的诸多模式，则属于聚居族群模式，这些聚居族群倾向于保持他们的语言差异。有趣的是，上世纪末以来，由于特招工人和其他移民的迁入，欧洲开始出现与美国散居族群相接近的模式；而美国，由于大量的西班牙裔移民集中分布在佛罗里达州南部以及美国的西南部，因而出现跟传统欧洲相接近的聚居模式。

（四）保护本土语言，慎对移民语言

随着国际移民的大量涌入，一个国家内使用不同语言和语系的种类也不断增家。根据《欧洲区域语言或少数民族语言宪章》的规定[1]，欧洲委员会成员国初等教育中使用的少数民族语言有几十种，所有这些语言，如巴斯克语、弗里西亚语、布列塔尼语、加泰隆语、威尔士语、萨米语、康沃尔语、罗马尼亚语等，都是世居少数民族长期使用的语言。根据相关政策规定，少数民族语言应作为教学用语或一门课程，在各级教育体系中使用。这类规定可能适合那些聚居的少数民族，未必适合那些分散在社会各地的少数移民群体。

---

[1] 《欧洲地区性语言或少数民族语言宪章》（1992 年），载周庆生主编《国外语言政策与语言规划进程》，语文出版社 2001 年版，第 201—202 页。

按传统观念，同质社会中的本土少数民族语言权利应该受到保护，但是，国际移民模式出现转型，在进入美国公立学校读书的学生当中，约 1/3 在家中不说英语。过去制定政策为的是满足那些边远地区的世居少数民族或小移民群体的需要，现在制定政策则转向与大多数学生和语言新变体有关联的规划事务。哪些族群语言应该进行单独培植，哪些族群语言应该受到政府的保护，诸如此类的选择工作，十分困难。

（五）移民政策终极目标：实现一体化

移民语言的流入已在许多国家引发这样一个问题，政府是鼓励这些移民群体长久保持其语言呢，还是提供一种短期缓冲的机会，使这些语言过渡到并彻底浸没在主体民族的语言社区之中，移民语言政策目标尚不清晰。

许多欧洲国家，因受移民输出国政府的鼓动，起初通常认为，这些迁入者不过是临时来访者或离乡背井者，并非永久居民。随着时间的流逝，一代移民儿童成长起来，他们在欧洲出生，重返自己祖国的可能性越来越小。后来，似乎形成了一种较普遍的共识，对移民的终极目标是实现一体化。接下来，跟移民社区有关的少数民族语言政策也已发生相应变化，从一种面向背井离乡或暂时移民社区的传统语言政策，转向一种缓和移民社区传统冲击的新语言政策，新社会必须完全吸纳这些移民社区中的儿童。

（六）过渡性双语教育和保持性双语教育

美国人认为，移民已经永久居住在美国这个新国家。按照美国人的观念，"双语教育"这个术语一般是指，通过语言垫子或语言拐棍的方式，达到完全掌握主体民族语言的能力。但在一些民族社区，特别是在接近美国西南部和佛罗里达州的处于优势地位的某些言语社区，许多领导人都认为，欧洲长期实行的语言保持目标已在本地出现，或者，从民族语言过渡到英语的时间将是漫长的[①]。各级政府中少数民族权利的支

---

① Tatalovich, R. , *Nativism Reborn? The Official Language Movement in the American States*, Lexington：University of Kentucky Press，1995.

持者跟政府语言政策的制定者之间，意见相左的根本原因就在于，是实行过渡性双语教育政策，还是实行保持性双语教育政策。美国实行"双语教育"政策 30 多年，但在 2002 年废除了《双语教育法》，通过了《英语习得法》，转而实行英语单语教育政策①。

（七）语言民族主义运动

美国联邦法律中并没有规定官方语言，不过，1980 年以来，美国约有 33 个州和地区将英语定为官方语言，其中大多数州通过了英语是本地唯一官方语言的法律，这就是所谓的"唯英语"运动取得的成果。由于美国反移民情绪普遍高涨，这场语言民族主义运动得以迅速扩展。与此同时，在语言专业人员中，又掀起了一场相反的运动，即在全社会普遍推广双语制，但是这场运动对政治论坛没有造成什么影响。

四 二分社会中民族分离及选用官方语言问题

一般来说，二分国家关注的语言政策问题跟同质社会中占支配地位的语言政策问题，是不尽相同的。划分为两三个主要民族的社会，在世界诸国中所占比重并不很大。世界上政治活跃的少数民族约有 400 个②，其中许多活跃民族所在的国家都属于二分或三分国家。在这些国家中，民族冲突往往长期持续不断，给社会带来剧烈的痛苦。

（一）民族分离问题

在民族冲突的研究中，二分社会是否是固有的不稳定的社会？二分社会的政治进程是否最终导致国家分裂？撇开复杂的理论论证，现实中就有著名的例证，如 1947 年印度分裂成两个国家。造成这种分裂的轨迹是：信仰不同宗教的两个民族，关系越来越紧张，情绪越来越敌对。1905 年之前，印度人口较多民族曾对人口较少民族做出一些政治让步，例如，在印度政府和印度选举中，给予少数民族的代表一定的名额，该

---

① 周庆生：《双语教育政策新动向：以美国、澳大利亚和中国为例》，《新疆师范大学学报》2010 年第 1 期。

② Gurr, T. R., *Ethnic Conflict Around the World*, Boulder, CO：Westview, 1994.

名额已超过该民族在民族构成中所占的比例，用以确保印度政府管理机构中少数民族的代表性；建立同质民族的选民区，让少数民族来控制不断增长的社会分配份额，建立一个宽松的联邦，中央政府只是实行有限的政治控制。

印度的二分社会最终还是分裂成两大部分，即印度和巴基斯坦两个国家。但是，巴基斯坦仍然是一个两分社会，由于语言差异，巴基斯坦分为东巴基斯坦和西巴基斯坦两部分，东巴和西巴之间还隔着1000多公里的印度领土。经过一段时间的发展，又出现了政治分离，操孟加拉语的东巴基斯坦脱离了巴基斯坦国，独立成为一个孟加拉国。因此，如今的巴基斯坦只包括原来的西巴基斯坦，而原来的东巴基斯坦已被孟加拉国取代。

（二）官方语言的选择和使用

面向分裂的政治取向长期缠绕着二分国家的语言政策。在比利时、瑞士或加拿大的魁北克，不同民族之间的主要差异是否就是语言，语言政策是否应该规范地遵循政治家所说的协商（consociational）模式，即要按照一套精细的协议、规定来执行语言政策，要相对平等地对待协议中规定的立宪（constituent）语言，在政府的各种事务中，这些立宪语言的代表是均等的，要建立平行的教育制度，使用两三种立宪语言。

二分社会最关注的是上述语言政策中的第一类问题，即官方语言的选择和使用问题。具体来说就是：政府处理公务、任命当选的官员使用哪些语言？司法系统、官方诉讼使用何种语言？军队、警察使用哪些语言？街道招牌、政府控制的传媒等公共领域使用何种语言？二分社会国家通常决定使用两三种民族语言，但是这种官方双语或官方三语的均势，通常需要进行深入细致的谈判才能实现。

（三）新移民社区对传统语言政策的挑战

正规教育中教学语言的选用问题是二分社会关注的另一类问题。二分社会最常实行的做法是，在初等学校、同质社会甚至高等教育机构中，维持一种平行的专门语言的教育体系。欧洲的二分社会国家多由两三个聚居的语言上不同的少数民族构成，这种民族聚居有利于二分社会保持其平等的政治机构和教育机构，在本民族聚居区内实行单语制。但是，如前所述，20世纪末以来，在欧洲二分社会中开始出现与美国散居族群相接近的移民居住新模式，这种新模式对传统聚居区实行的语言政策构成了挑战。

加拿大的魁北克省主要由三大社区所构成，一是说法语的魁北克人，二是说克里语的印第安人，三是遍布魁北克省城市中的移民。在1995年那次著名的全民公决中，魁北克省的分离主义者以微小的票数失去了建立一个分离国家的机会。事后，该分离主义政党领导人十分悲痛地抱怨，来自加拿大其他省区及其他国家的移民以及当地印第安少数民族中的绝大多数人，都投票反对魁北克分离。分离主义者认为，这些移民已经损害了操法语者的利益。同质民族语言社区已经被两大异质语言社区所击败。这次魁北克省的全民公决，清晰地反映了国家利益跟区域利益之间的冲突，反映了占优势的民族语言群体的意愿跟几个语言上的少数民族意愿之间的冲突。人们尚不清楚，假如一个省独立成为一个同质国家，魁北克的语言规划人员会如何对待那些语言上的少数民族。

五　多民族社会中语言选择与管理问题

世界诸国之中，约有一半国家是由五六种或五六种以上民族成分构成的，这其中多数国家诸如欠发达的非洲及印度诸国，均属于马赛克社会。

与同质社会不同，马赛克社会通常不存在一个单独的主体民族语言跟诸多少数民族语言之间的对立。马赛克社会的语言政策，既不像同质社会那样，只涉及一种主体民族的语言；也不像二分社会那样，保持两三种主要语言的相对平等和平衡；而是着眼于处理诸多语言之间的关系，涉及更多的民族和语言。

马赛克社会制定语言政策，更多关注的是"选择官方事务用语、语言本体规划以及语言行政区划"等问题。

（一）官方及教育语言的选择

关于官方语言的选择，大多数马赛克国家不可能将本国所有的语言都选作官方语言和教育语言，特别是像尼日利亚这样的国家，语言总数达四五百种，如果都选为官方语言显然是荒谬的。印度的印度是全球语言多样性最为显著的国家之一，有语言一二百种，其教育系统使用的语言有75种，但是《印度宪法》保护的官方语言只有15种。出于国家一体化建设的需要，还必须在诸多语言中选出一种通用语或族际交际语。

实践中，但凡在前殖民地受过教育的精英使用的交际语通常都是殖民语言，然而，当殖民国家独立后，许多国家都试图用本土语言取代殖民语言。在非洲，这种语言取代不断发生①。东非诸国采用斯瓦希里语作为交际语或通用语已经取得成功。印度全国特别是在达罗毗荼的南部推广使用印地语，《印度宪法》曾试图排除英语的影响，但最终还是放弃了这种尝试，因为英语在印度是教学普及最广的外语，全印度35个邦和属地中，有33个将英语纳入课程范围。

马赛克社会较普遍的做法是，培植发展多种语言而不是一种语言作为交际语或通用语，在国家层面使用两三种民族语言，或者外加一种殖民语言。马赛克国家一般准许在初等教育中，最大限度地使用地方语言，但在中等教育和政府层面，则要换用少数几种"主要"交际或通用语言。除此而外，一些马赛克国家还要求他们的学生成为多语人。要求学校儿童至少要学习两种准国语和一种国家联络语言②。印度的"三语方案"就是这种政策战略的一种例证。

（二）语言本体规划

马赛克社会非常关注语言政策问题中的语言本体规划问题。因为在马赛克社会，许多语言尚未实现标准化，这些语言既没有书面标准，也没有适当的教材，这就意味着，在进行语言选择的同时，还必须对语言本体建设投入大量的财力和精力。发展中国家的语言政策制定者不得不同时研发语言的标准形式，创制文字，推广识字扫盲教育，编写通用的标准化教材，以便更多的民众能够使用这种书面语。

---

① Tengan，A. B.，"European Languages in African Society and Culture：A View on Cultural Authenticity"，in Martin Putz（ed.），*Language Contact and Language Conflict*，Amsterdam：Benjamins，1994：125–137.

② 这是印度学者惯用的术语，与族际交际语同义，特指英语。

语言本体规划的实施拉动了对语言教材和语言师资的需求。在各级教育中，马赛克社会教学语言的选择，跟二分社会一样，必须跟同类竞争者进行激烈的政治谈判。较为可行的办法是实行分类指导，在不同层面的教育系统中，使用不同的教学语言。但是这种做法造成的最大问题是，如何保证学生能够成功地从一种层级升入另一层级，即如何解决学生升学时面临的语言衔接问题。为了解决该问题，一些教育精英在教育系统中同时使用了殖民语言。

（三）语言行政区划

马赛克社会往往把地域上集中的民族跟不同的语言相挂钩。正像同质社会和二分社会那样，马赛克社会的民族语言群体通常也是集中分布在不同的区域。问题是，在哪些区域建立跟集中的民族语言相一致的政治部门。这种做法的好处是，能够在政府和平行的学校系统中反映出语言方面的差异，但也可能带来风险，很可能形成诸多政治势力，他们代表着不同的集团利益，彼此激烈竞争，并导致出现政治僵局。

在这方面，印度是一个很恰当的实例。印度独立之前，英国政府故意从语言上把不同的民族区别开来。在 20 世纪 20 年代之前，领导印度从事独立运动的主要的民族主义政党——印度国大党，就是沿着语言界限组织起来的。印度独立后，从语言上界定各个邦已写入《印度宪法》。当时许多外界观察者都认为，实施这种战略，是导致竞争和国家解体的一大诀窍。但实际上，这种所谓的"分裂倾向"并未得到充分发展。威胁印度国家完整的最主要因素，还不是语言而是宗教。

比利时常被喻为"世界唯一双语之争、语言民族权力之争的角斗场"①。比利时国内的佛拉芒语（荷兰语的一种方言）与法语之间的竞争由来已久，两种语言说话人的人口数量，大致上势均力敌，国家行政区划按语言划分，这在世界上也是独一无二的做法。该国分为北部的荷语区（佛拉芒语区）、南部的法语区（瓦隆语区）两大单语区块，外加首都布鲁塞尔特区，位于南北语言分界线北侧，系法语—荷兰语双语区。更有甚者，政党也按语言划分，最终酿成首相辞职，大选停滞，国

---

① 　Witte, E. and V. H. Velthoven, *Language and Politics*: *The Situation in Belgium in a Historical Perspective*, Brussels: Balans VUB University Press, 1999.

家处于无政府状态达一年半之久。

非洲及世界诸多地区的政治规划人员已敏锐意识到，把语言单位与政治单位结为一体是十分危险的。

（四）语言翻译

从某种意义上看，欧洲大陆也是由大量聚居的民族语言群体所组成，在欧洲化进程中，出现了跨越国家的政治、经济和文化的融合，这种情形跟马赛克社会越来越相像。欧洲各国的语言多样性问题，主要由两种泛欧组织——欧盟和欧洲委员会来处理。

欧盟并无统一的语言政策，欧盟不干涉各成员国的既定语言政策，提倡各国民众使用多种语言，鼓励他们在母语之外至少学会两种语言。

德语是欧盟诸语言中使用人数最多的语言，欧盟成员国中超过半数的民众以德语、英语、法语或意大利语为母语，并且都懂英语。欧盟委员会的内部事务使用英语、法语和德语这三种语言，但是，欧盟语言政策的平均主义取向十分明显。欧盟28个成员国中的24种语言，被定为欧盟的官方语言。欧盟的翻译机构规模庞大，欧盟各种会议及文件都译成24种官方语言。无欧盟官方地位的语言如巴斯克语、布列塔尼语、加泰罗尼亚语、低地德语、康瓦尔语、弗里斯语、加利西亚语、卢森堡语、瓦龙语、威尔士语等，享有的待遇肯定比24种官方语言少。

欧洲委员会不像欧盟那样拥有财政资金，欧委会现有47个（2007年5月）成员国，官方语言是法语和英语，但议会大会也用德语、意大利语和俄语作为工作语言。在欧委会的跨国沟通和跨国会议中，限制官方语言的进程要容易得多。

六　结语

一般来说，同质社会国家的主体民族人口占国家总人口的比重甚高，少数民族人口所占比重很小。同质社会国家往往重视语言的统一性，忽视或轻视语言的多样性，更多关注本国的国语或官方语言的纯洁和规范，关注本国国语的跨境传播。进入后现代，开始关注语言权利和语言保护等问题，保护本土语言，慎对移民语言。

二分社会最关注的是，该国主要的两三种语言的地位及使用功能是不是绝对均等，是不是享有同等的官方语言或国语的地位，是不是在立宪、行政、司法、教育、公共场所、传媒等各个领域同时使用。若稍有差异，则奋力拼争。二分国家的语言政策长期面临着分裂的政治取向。

马赛克社会既不像同质社会那样，存在着单一主体民族语言跟诸多少数民族语言之间的对立，也不像二分社会那样，要保持两三种主要语言的相对平等和平衡，而是要处理诸多语言之间的关系，涉及更多的民族和语言。更多关注的是"选择官方事务用语、语言本体规划以及语言行政区划"等问题。

论中国通用语言文字共同体[*]

把语言元素跟共同体元素放在一起来思考，这可以看成是语言研究向共同体研究的拓展，也可以视为共同体研究向语言研究的延伸。

一 问题的提出

19 世纪中叶马克思在《政治经济学批判大纲》中，论证过语言与共同体的关系："语言本身是一定共同体的产物，同样从另一方面说，语言本身就是这个共同体的存在，而且是它的不言而喻的存在。"[①]

在国际语言学界和社会语言学界，语言共同体（language community）这个术语的出现已将近百年了。语言共同体是指一种能够熟练使用某种语言、方言或语言变体的社会群体，该群体范围可大可小，大可大到一个国家甚至全人类，小可小到一个家庭或者两三个人。较早提出语言共同体概念的，是德国学者福斯勒[②]，尔后，美国语言学者布隆菲尔德[③]和社会语言学者费什曼[④]等，也都做过相关论述。

近年来，语言共同体一下子成为我国哲学、政治学、民族学、文化学等学科关注的一个前沿课题。哲学界提出了"语言和意义的社会建构论"，旨在用"语言、人（语言共同体）和世界"的三元关系取代传统

---

* 本部分内容曾在"中国民族研究社团 2021 年第二届联合学术大会"（7 月 10 日，兰州）上首次报告，后载《云南师范大学学报》2021 年第 5 期。

① 《马克思恩格斯文集》（第 8 卷），人民出版社 2009 年版，第 140 页。

② Vossler, K., *Sprachgemeinschaft und Interessengemeinschaft*, Munich, 1924.

③ Bloomfied, L., *Language*, New York：Holt, Rinehart & Winston, 1933：42 – 56.

④ Fishman, J., *Sociolinguistics*, Rowley, Mass.：Newbury House, 1970：28 – 35.

的"语言和世界"的二元关系①。也就是说，要在传统的"语言—世界"这个二元组合中，引入一个"语言共同体"，变成"语言—语言共同体（人）—世界"三元组合。

政治学、民族学和文化学等界的学者，在讨论中华民族共同体、中华文化共同体和国家共同体的构成元素时，也都提到了"语言共同体"或"共通的语言"这个要素②。然而，有关国家通用语言文字共同体的专论或专著并不多见。

古代中国虽然没有明确提出"国家通用文字"的概念，但是，汉字作为全国统一使用的文字，早在秦始皇实行"书同文"的时代，就已初步确定。此后2000多年，直到清朝覆灭，汉字通用或通用汉字的大格局没有发生根本性转变。

"国家通用语言"作为一种客观存在，也有几千年的历史，从古代的"雅言""通语"到近代的"官话"，出现过许多重要概念。但是，这些概念只能看作不同历史时期社会自然形成的一种既成经验或感知，还不能视为现代意义上的"国家通用语言"。现代意义上的国家通用语言概念，无论是形成还是发展，都跟现代民族国家的建立和建设息息相关。从概念名称上考察，国家通用语言概念的形成和发展，大致经历了国语、普通话和国家通用语三个阶段。

本文旨在描述并解释中国国家通用语言文字共同体的形成及演进过程，并在此基础上，论述国家通用语言共同体的内涵、结构和外延。这种研究对扩大国家通用语言文字的研究视野，加深相关学科学者对中华民族共同体中语言共同体的全面认识，丰富中华民族共同体类型理论的话语体系，提升中华民族的凝聚力，具有重要的理论意义和应用价值。本文只是一个初步的探索，期望得到专家学者的批评指教。

---

① 陈波：《语言和意义的社会建构论》，《中国社会科学》2014年第10期。

② 宁骚：《中文"民族"和中国"各民族"的区别与联系：理解中国族群关系（ethnic relations）的另一个视角》，载马戎主编《族群交往与宗教共处：2007年北京论坛分论坛文集》，社会科学文献出版社2017年版，第133页；冯育林：《从"中华民族"到"中华民族共同体"的概念考察及其建设析论》，《西北民族大学学报》2018年第3期；傅才武、严星柔：《论建设21世纪中华民族文化共同体》，《华中师范大学学报》2016年第5期。

二 古代通用汉字共同体

(一) 通用汉字与通用汉字共同体

1. 国家统一需要文字通用

通用文字是指使用范围更广的文字,德国哲学家莱布尼兹(1646—1716年)曾认为汉字是一种"世界通用文字"(universal characteristics),可用来叙述各种文化之间的交流①。本文使用的通用文字,是指古代中国统一使用的文字,包括秦朝"书同文"中的文字。

文字用以传递信息,文字也可以象征一种权力。统一的国家需要统一通用的文字,统一通用的文字有利于维系国家的统一、文化的统一、社会的稳定和中央集权的政治治理。文字的通用和统一常跟国家的政治统一相关联,文字的异形和分歧常跟国家的政治分裂相伴随。在世世代代培养和打造政治文化精英群体,使其在思想、情感和想象上都属于中国和中华文明,而不是仅仅属于各自出生、居住、生活的农耕社区方面,通用文字发挥了至关重要的作用。

秦始皇统一中国后,实行"书同文"政策,"以隶书统一了全国文字"②,统一了"官府文书、法律文本的格式、程序、文体称谓。"③ 从而为汉字成为全国统一通用的文字奠定了基础。

2. 通用汉字共同体的特性

通用汉字共同体是指,中央及地方政府的官吏、士人阶层以及部分少数民族,具有共同或类似文化背景,在学习使用全国统一通用的文字过程中,形成的一个综合体。通用汉字共同体在历史中国的发生和拓展、构成和延续方面,发生过重要作用。

政治活动共同体、文学创作共同体跟通用汉字共同体大致交叉重合,是通用汉字共同体的一大特性。文学圈子与政治圈子几乎是同一的,有影响的文学家大多又是著名的政治家、思想家或军事家,如孔

---

① 程巍:《语言等级与清末民初的"汉字革命"》,载刘禾主编《世界秩序与文明等级:全球史研究的新路径》,生活·读书·新知三联书店2016年版,第360页。

② 裘锡圭:《文字学概要》,商务印书馆1988年版,第72页。

③ 臧知非:《从里耶秦简看"书同文字"的历史内涵》,《史学集刊》2014年第2期。

子、孟子、老庄诸子，李斯、贾谊、晁错、张衡，曹操、李白、杜甫、白居易、欧阳修、苏洵、王安石、辛弃疾、陆游等。[①] 正如美国学者安德森所说："在中世纪的西欧，拉丁文的普遍性从未与一个普遍的政治体系相重合。这点和帝制时期的中国那种文人官僚系统与汉字圈的延伸范围大致吻合的情形成对比，而这个对比则颇富教育意义。"[②]

3. 通用汉字共同体的国家认同

古代中国国家认同的建立，是以中华通用汉字文化为依托的，如果没有通用汉字文化，就建立不起古代中国的国家认同。通用汉字共同体成员的成长过程也是其逐渐形成古代中国国家认同的过程。

从汉朝开始，汉武帝听从董仲舒的谏言，兴办太学，在宫廷中设置五经博士的官位，推行独尊儒术的文化政策。诗、书、礼、易、春秋五经，从此成为中华民族一致认同的文化经典；记载五经的汉字更加标准、更加统一、更加通用。通用汉字已经成为士人进入官僚阶层的一道门槛。地方文化、王朝文化被弱化被改造，中华文化、大一统文化成为国家的主流文化。

通用汉字承载的中华文化，以其独特的魅力，吸引了中原地区读书人，还吸引了中原文化之外的群体。唐朝诗人温庭筠（约812—866年）在与渤海国王子分别时，写了一首《送渤海王子归本国》诗，其中有"疆理虽重海，车书本一家。盛勋归旧国，佳句在中华"[③]四句。诗中的"车书本一家"说明了车同轨、书同文的统一格局由来已久，渤海与唐朝文化上本来就在一个统一的国家里。[④] 温诗正反映了当时渤海与唐朝的关系，体现了"文字一统，华夷一家"的理念。

（二）官吏共同体

1. 界定

自秦汉以来，中国建立了高度发达的官僚体系，从中央到地方任用

---

① 刘邵峰：《文学重建与民族国家新生：现代文学思潮与主体性批判》，湖南师范大学，博士学位论文，2014年。

② ［美］本尼迪克特·安德森：《想象的共同体：民族主义的起源与散布》，吴叡人译，上海人民出版社2016年版，第41页。

③《全唐诗》卷583，载潘百齐《全唐诗精华分类鉴赏集成》，河海大学出版社1989年版，第23页。

④ 陆锡兴：《汉字传播史》，语文出版社2002年版，第284页。

一批相当数量的官吏，建有一系列完整的官僚制度，处理日常事务，维系整个国家机器的运转。庞大的官吏群体不论是对上还是对下，在处理公文、奏折、政令、诏书、揭帖、咨报等公务时，都离不开通用文字的运用，加拿大学者伊尼斯指出，精妙的文字，对仕宦阶级在管理帝国中的地位提供了强大的支持。①

官吏共同体就是官吏在习读使用通用汉字及其经典、处理通用汉字公务的过程中，形成的一个社会群体/有机体。官吏共同体的成员，在共同诉诸通用汉字进行交流的过程中，相互熟悉、相互依赖、相互认同、相互信任；"在世代文治的实践中，逐渐形成并分享一种对中华文明而不是对某个皇帝或王朝的政治文化忠诚"②。

2. 形成

汉朝开始兴办国家官学，设立研习儒学机构——太学，以及专职研究人员——《五经》博士，主导全国的文化教育和选士。历代太学都注重考试。东汉桓帝永寿二年（156 年），每两年考一次，不限录取名额，以通经多寡授以不同的官职。这种以试取士的做法，打破了世卿世禄、任人唯亲的制度，对于选拔封建贤德之才，具有积极的意义。

在选拔、考核贤德之才的过程中，参选者是否掌握一定的通用汉字运用能力，越来越成为能否入选的一个重要标准。

太学的兴起导致了语言经历了一次标准化普及。在统一汉字的过程中和基础上，培养了一个能熟练使用标准汉字有效交流有关政法军国大事的专业职业群体——官吏。太学机构培训太学生掌握一定的辨识通用汉字字义、字形、字音的能力。其优秀者，通用汉字运用能力相对优秀，可到异乡别地当官任职；其较差者，即使回到故乡故里当吏员，也可为外来任职的官员与本地百姓的交流提供一定的方便。③

汉武帝以后，士人源源不断地流向官场，正式成为国家官僚系统的后备军。《汉书》中，武帝以后立传者共有 188 人，其中士人 150 人，

---

① ［加］哈罗德·伊尼斯：《传播的偏向》，何道宽译，中国人民大学出版社 2003 年版，第 40 页。

② 苏力：《文化制度与国家构成——以"书同文"和"官话"为视角》，《中国社会科学》2013 年第 12 期。

③ 苏力：《文化制度与国家构成——以"书同文"和"官话"为视角》，《中国社会科学》2013 年第 12 期。

约占80%。东汉除部分外戚、宗室因特权入仕外，在选拔官吏时基本上秉持非士不用的原则，不论是察举、征辟，还是特召，都从士人中间选拔。《后汉书》正传中记载的491人中，有407人出身士人，约占83%。① 汉朝太学制度的创立和运转催生了通用汉字官吏共同体。

3. "以吏为师"制度

秦始皇统一中国之后，丞相李斯上书秦始皇"焚书议"，提出"若欲有学法令，以吏为师。"（《史记·秦始皇本纪》）尔后，该提议被秦始皇采纳，"以吏为师"就成为秦王朝推行的一项国家制度。

李斯提议的"以吏为师"，本意是指庶民百姓要跟从官吏学习法令，统一思想和行为。以吏为师成为秦汉时期的国策后，官吏办学，一方面要求官吏首先传授语言文字知识，使学习者具有读写通用汉字的能力；另一方面，要求官吏讲解朝廷的法令，统一学习者的思想和行为。因此，办学的官吏实际上承担着官员和教员的双重职责，发挥着三种重要的作用。他们既是国家政令的执行者，又是通用汉字文化知识的讲授者，还是用皇权意志统一庶民思想的布道者。

两汉以后，以吏为师的功能发生嬗变。太学、官学、博士官专职教授及各种专职教授等开始设立。传授通用汉字文化知识的功能，开始从以吏为师制度中淡出；而用皇权意志统一庶民思想的功能，则历代相传，经久不变。"两汉以后，以吏为师的主要内涵，是社会教化和依法教民两个方面，其主旨是用皇权意志统一民众思想，从而从根本上保障皇权专制的长治久安。"②

（三）士人共同体

士人又称士子、士族、士阶层、读书人等。士人共同体是汉朝以来读书人在习读使用通用汉字经典过程中形成的一个社会群体。该共同体凭借他们共有的通用汉字掌控能力，横向可以沟通当下各地区的读书人，纵向可以连接自古以来的士阶层，"逐渐形成了有关国家认同和合

---

① 孙立群、马亮宽、刘泽华：《士人与社会》（秦汉魏晋南北朝卷），天津人民出版社1992年版，第221—222页。

② 李振宏：《秦至清皇权专制社会说的思想史论证》，《清华大学学报》（哲学社会科学版）2016年第4期。

法性的共识与道统",① 形成了士人的"家国情怀"和"入仕"追求。

1. "入仕"追求

古代学子,首先需要打好辨识通用汉字字义、字形和字音的基础,然后阅读由通用汉字记载的四书五经经典,形成一种"修身、齐家、治国、平天下"的家国情怀,把治国安邦、为世所用、有所作为当作人生理想的最高境界和毕生追求。宋真宗赵恒《励学篇》中"书中自有黄金屋,书中自有颜如玉"两句,描述了"读书考取功名"是士人的绝佳出路的信念,反映了古代中国部分士人热衷入"仕"的心态。唐朝陈会,原出自四川寒门一个卖酒之家,为圆母亲的愿望,发奋读书,终于考中进士,后来官至郎中。唐朝宰相毕諴(802—864 年),家本贫寒,"少孤贫,燃薪读书,刻苦自励。既长,博通经史,尤能歌诗"。②

对学子士人而言,"学而优则仕"的意义还不仅仅是当官,还在于参与全国治理,做官他乡,精忠报国,直至"治国平天下"。但对国家而言,学子士人苦学入仕的追求,成为通用汉字薪火相传的一大推动力。

2. 通用汉字文化传播

中原地区的士人来到南方壮人地区办学,讲授通用汉字文化,搭建中华文化与壮人文化沟通的桥梁,这对通用汉字文化向壮人地区传播,以及壮人地区对通用汉字文化的引入,均具有十分重要的意义。

历史上有许多中原地区的汉族士人被贬谪到边远地区,如白居易被贬到江州,刘禹锡被贬到和州,苏轼被贬到海南岛等。唐代元和十年(815 年),大文豪柳宗元被贬到柳州,但其推广通用汉字文化的热心不减,仍大力兴办通用汉字文化教学,推崇儒学教化,修复当地文宣王庙,助推柳州一带儒风兴盛,"学者道尧、舜、孔子,如取诸左右;执经书,引仁义,旋辟唯诺。"③ 这对当地通用汉字文化的发展,影响颇大,《马平县志》评述道:"自柳侯守是邦,建学宫,崇圣教,稍稍诱以经术、悟以文章,而乔野朴陋,为之一变。"像柳宗元这样热心传授

---

① 魏建国:《中国古代"文字文化形态"政法秩序建构的历程与意义:媒介变迁视角》,《法学评论》2019 年第 5 期。

② (后晋)刘昫:《旧唐书》(卷 177·毕諴传),中华书局 1975 年版,第 4609 页。

③ (唐)柳宗元:《柳侯祠石刻注释》,广西人民出版社 1993 年版。

通用汉字文化的中原士人，为当地的文化开发做出了不同程度的贡献，提升了壮人通用汉字文化的水平。①

（四）少数民族共同体

少数民族共同体是指学习使用通用汉字、具有一定通用汉字文化水平的少数民族群体，例如，清朝皇族学用汉文、金朝女真族墓碑使用汉文等。

1. 清朝皇族学用汉文

17 世纪中期，几十万满人入关建立清朝。在清朝的前七八十年间，皇族宫廷只用满文满语，不用通用汉文，但是为了长期有效地统治全国几亿汉人，通用汉文的学习和使用是难以避开的。从雍正年间开始，清朝皇族宫廷的用语用字出现转型，开始从满文单文转向"满汉合璧"双文。据史料记载，"大连图书馆存放有清宫总管内务府手村的清代诏令、奏章、外国表章、历科殿试试卷等二千零一十五件。内中顺治、康熙年间八百六十一件，皆满文；雍正、乾隆年间的一千一百九十件，皆'满汉合璧'"。②自乾隆之后，满文逐渐为通用汉文所取代。清末的慈禧太后"批阅奏折时不批满文，只批汉文，其满文知识肤浅到几乎不识之程度"。③

2. 金朝女真族墓碑使用汉文

金朝使用契丹大字、契丹小字、女真大字、女真小字和通用汉字五种。通用汉字的社会声望可能更高、社会地位可能更正统，这种判断可以从金朝贵族的墓碑用字得到印证。女真大字创制人完颜希伊的墓碑石中，出现的都是通用汉字，未见女真文字。④金左副元帅、完颜娄室的墓内未见任何文字，但墓前石碑上的"完颜娄室神道碑"，系用通用汉字书写。史书记载，金代的完颜晏"通契丹字"（《金史·晏传》），但其墓中未见契丹字，只见通用汉字。⑤

---

① 卢勋等：《中华民族凝聚力的形成与发展》，民族出版社 2000 年版，第 183 页。
② 滕绍箴：《清代八旗子弟》，中国华侨出版公司 1989 年版，第 69 页。
③ 市川勘、小松岚：《百年华语》，上海教育出版社 2008 年版，第 80 页。
④ 陆锡兴：《汉字传播史》，语文出版社 2002 年版，第 327 页。
⑤ 黑龙江省文物考古研究所：《黑龙江阿城巨源近代齐国王墓发掘简报》，《文物》1989 年第 10 期。

三　近现代通用语言共同体

如前所述，统一的国家需要统一通用的文字，统一通用的文字有利于统一国家的治理和政权的巩固。自秦汉实行"书同文"政策以来，直到清朝末期，汉字一直是中国统一的通用文字。20世纪初，传统封建专制体制被彻底推翻，中华民国随即创立，建立统一的读音标准，推广一种全国通用的国家语言——"国语"，被提上了国家建设的议事日程。

国语是由历史形成或政府规定的一种国家标准语，是全国通用的共同的交际语，也是新中国推行的普通话的前身。民国初期，南京临时政府把统一国语作为开国的重要举措，尔后北洋政府、南京国民政府相继推行了几十年，国语统一和推行工作正式开始启动。

（一）国语共同体

清末民初是一个社会、政治、文化、语言出现大变革大拐点的新时期，实行了两千多年的古代封建专制旧王朝将被推翻，中华民国新体制取而代之；沿用了两千多年无甚变化的汉语文言文将被废弃，以现代汉语口语为基础的白话文取而代之；维持了两千多年的方言分歧格局将被破解，"国语统一"和白话文普及取而代之。

在民国时期的国语统一运动中，政治文化精英建言献策，推动政府相关部门出台相关国语政策；学校师生教学国语课程，采用白话文教材；报纸杂志的作者、记者和编辑推出白话文的文章，广播台站的播音员和电影演员说国语。在国语的学习使用和推行过程中，形成了政治文化精英、学校教育、大众传媒三大主要共同体，这三大共同体是国语建设的主体。

1. 政治文化精英

比较而言，古代中国围绕汉字使用而形成的政治文化精英，与近现代民国时期围绕"国语"使用而形成的政治文化精英，虽然同属政治文化精英，同用汉文汉字，同扬中华文字文化，但是二者依存的社会制度截然不同。另外，古代通用汉字的政治文化精英，参与并推动汉字决策的现象极为罕见，这或许是由于秦汉时期"书同文"的方略已经制定，文字统一的格局已经形成，文字分歧问题已不明显。而近现代特别是民国时期，国语的政治文化精英，参与并推动国语决策的现象却是一种常态。

这里略举两个案例，一个是成功案例，另一个是失败案例，都很典型。

（1）一份早产的绝版《办法案》

清王朝在被推翻之前第二年（1909 年）召开了一个资政院会议，议员江谦建议用"国语"名称替代"官话"名称，将北京语音定为国音标准等方略。1911 年 6 月就在辛亥革命爆发的前夕，清政府学部召开中央教育会议，通过了江谦的《统一国语办法案》（以下简称《办法案》）①，决定在京城成立国语调查总会，各省设分会，调查语词、语法、音韵，审定"国音"标准，编辑国语课本、国语辞典等。《办法案》被当代学者誉为"中国近代史上政府通过的第一个语言规划的文件"②。然而，《办法案》还没有来得及实施，清朝统治就永远退出了历史的舞台。这实在令人感叹，《办法案》堪称是一个在错误的时间、错误的地点出台的一个绝版《办法案》。

（2）白话文进教材

文言文因记载了封建儒家经典，经不变，道亦不变，文言文也千古不变。清末民初，北洋政府政治腐败，社会危机四伏。人们说的是"的么啊啦"，写的却是"之乎者也"。文言文跟口语和白话文，相互脱节，十分严重。变革这种"言文不一"的呼声不断在社会兴起。

1917 年以来，胡适和陈独秀率先在《新青年》打出文学改良和文学革命的大旗，掀起了一场白话文运动。附设在教育部的"国语统一筹备会"③ 于 1919 年成立，并召开第一次大会。刘复、周作人、胡适、朱希祖、钱玄同、马裕藻等提出《国语统一进行方法》的议案，建议

---

① 费锦昌：《中国语文现代化百年记事》，语文出版社 1997 年版，第 22 页。
② 李宇明：《中国语言规划》，商务印书馆 2015 年版，第 195 页。
③ "国语统一筹备会"又名"国语统一筹备委员会"，北洋政府和国民政府时期教育部附设的推行国语的机构。1919 年 4 月 21 日成立。会长张一麔，副会长袁希涛、吴敬恒，会员有黎锦熙、钱玄同、胡适、刘复、周作人、赵元任、蔡元培、沈兼士、黎锦晖、林语堂等，先后共 172 人。

"改学校国文科为国语科"。

中国从清末开始开办学堂、学校。虽然科举制已经废除，但是新式学堂用的课本，还是清朝沿用的文言教科书，到 20 世纪二三十年代才开始改用现代的语体文。①

经过各方面的努力，1920 年 1 月，教育部训令全国"凡国民学校一二年级，先改国文为语体文，以期收言文一致之效。"② 1920 年 4 月，教育部又发一个通告，明令国民学校除一二年级国文科改为语体文外，其他各科教科书，亦相应改用语体文。

用白话文代替文言文，堪称是国语教育的最大成就。政治文化精英共同体在国语教育决策中发挥了重要作用，正如胡适所总结的，国语教育"能推行到这步田地"，是"私人和团体""竭力推行的力量，不是政府的力量。"③

2. 学校教育

学校教育共同体是指学校中的教师、学生和行政管理人员，在学校学习国语、传授国语和使用国语交流的过程中，形成的一个集合体。

西方许多民族国家在"赢得独立之后，学校负责消除地域之间的方言差异，推广单一的'国家语言'，以此作为全国通商以及将国民统一在单一语言共同体的媒介"④。民国初期，学校施行国语教育，遇到了各种各样的阻力和问题，一些地区的新旧教育体系冲突十分凸显，学生在家中缺少使用国语的环境。

（1）广州新旧语文教育碰撞激烈

民国时期的旧教育是指国文教育，即文言文教育；新教育是指国语教育，亦称语体文教育、白话文教育。教育部 1920 年颁发训令，要求全国各地国民学校实行国语教育，习用国音，将一、二年级的国文（文言文）改为语体文（白话文）。

面对教育部的要求，广州市处境窘迫，能够使用国语授课的教师和

---

① 黎锦熙：《国语运动史纲》，商务印书馆 2011 年版，第 163 页。

② 《小学国文科改授国语之部令》，《申报》1920 年 1 月 18 日第 10 版。

③ 胡适：《国语运动的历史》，载《胡适全集第 20 卷》，安徽教育出版社 2003 年版，第418 页。

④ ［英］苏·赖特：《语言政策与语言规划——从民族主义到全球化》，陈新仁译，商务印书馆 2012 年版，第 9 页。

比较实用的白话文教材都极其短缺。除个别学校到北京聘用教师、教育局举办教师国语讲习所外，其他大多数学校包括近千所私塾，仍然沿用旧课程、旧教材，仍用土语授课，用土音诵读。白话文教育与文言文及方言土语教学之间的矛盾冲突十分激烈。①

（2）学生家中缺少使用国语的环境

在公共交通不发达的地区，小学生在学校学习了国语，回到家中，不习惯或不敢跟家人说国语、"撇京腔"。学生的家人普遍不会说国语。学生家长认为国语难听、难懂，在家说国语是忘本，甚至逼迫学生说方言，更不可能自己改说国语了。"做父母的不肯改。要做子弟的先改。一家的人不全改。要一部分人先改。这就是难事。"②

3. 大众传媒

报纸杂志、无线电广播等大众媒体，在推动中国社会从古代向近代转变、从近代向现代转变的过程中，发挥了重要作用，为中国文言文向白话文的转变，为通用语、标准语的确立和传播，奠定了良好的基础。

大众传媒共同体是由报刊白话文作者、记者、无线电国语广播员、电影国语演员等在使用传播国语、统一国语的过程中形成的一个综合体。大众传媒共同体还可以分为两个小类：一是报纸杂志共同体，二是无线电广播共同体。

（1）报纸杂志

报纸杂志读者共同体的形成。民国时期出版的宣传和研究国语的报纸和刊物主要有：《国语月刊》《国语旬刊》《国语周刊》《民国日报》《时报》《时事新报》《申报》《教育杂志》《星期评论》《上海青年》等。这些报刊积极培育读者的民族情感，打造读者的国语认同，践行并推动白话文的发展，从而形成了一个统一的具有一定凝聚力的报纸杂志读者共同体。

白话文作者的"白话"资源来自何方？民国时期，白话诗文作家的"白话"资源来自何方？胡适在20世纪30年代曾自我剖析：

---

① 喻忠恩：《民国初广州国语教育推行难 新旧教育碰撞激烈》，中新网，http://www.chinanews.com/cul/2013/09－17/5293586.shtml。

② 我一：《提倡国语的难关怎样过渡呢?》，《教育杂志》1920年第4期。

我的家乡土话是离官话很远的，我在学校里学得的上海话也不在官话系统之内。我十六七岁时在《竞业旬报》上写了不少白话文，那时我刚学四川话。我写的白话差不多全是从看小说得来的。我的经验告诉我：《水浒》《红楼》《西游》《儒林外史》一类的小说，早已给了我们许多白话教本，我们可以从这些小说里学到写白话文的技能。①

胡适自曝的"白话"资源开发路径，具有相当的代表性。正如其所评估，"那个时代写白话诗文的许多新作家，没有一个不是从旧小说学来的白话做起点的"②。

（2）无线电广播与国语推广

"国家广播电台也发挥了同样的作用，全国民众'一起'收听着国家语境下从国家角度呈现的新闻节目。广播给语言带来了更重要的影响，促进了口头语言的融合。对于某些不愿意放弃地方口音的人们来说，广播至少能保证他们熟悉并且能听懂国家语言的标准发音。1945年以后，电视延续着这一过程。"③

无线电广播通过播音员播音、教授国语、广播演讲、播音剧等节目，推动了国语运动的发展。国语运动为无线电广播播音提供了语言基础，扩大了无线电广播的传播范围。1928年8月，国民党政府在南京建成中央广播电台，其后又在二十多个主要城市建立起一批地方性广播电台。无线电广播推广国语与国家统一进程始终同步进行。

（3）国语推广困难重重

民国时期，由于国家不统一、政府懒政，国语的推广受到很大的影响。国家、社会和家庭尚未形成良好的氛围。确定"国音"标准是国语统一的重要内容。赵元任参与拟定并推广的"国音"，是根据语言理论演绎而成的"人造语音"，推广这种国音，效果很不理想，赵元任不

---

① 胡适：《中国新文学运动小史》，《胡适文集》（第1卷），北京大学出版社1998年版，第130页。

② 胡适：《中国新文学运动小史》，《胡适文集》（第1卷），北京大学出版社1998年版，第130页。

③ ［英］苏·赖特：《语言政策与语言规划——从民族主义到全球化》，陈新仁译，商务印书馆2012年版，第39页。

胜惆怅地说："在十三年的时间里，这种给四亿、五亿或者六亿人定出的国语，竟只有我一个人在说。"① 傅斯年和赵元任因为说"北京话"，甚至遭到家人的斥责和讥笑。②

（二）普通话共同体

新中国成立后，国家的政治、经济、文化和国防出现了空前的统一，但是国家的语言还没有实现完全统一，在不同地区、不同部门、不同行业、不同领域还存在着比较严重的方言分歧，存在着语言交际障碍，这种国家语言的不统一状况已不能适应国家发展的需要，国家国民都迫切需要解决方言分歧和语言交际障碍问题，真正实现国家语言的统一。为此，国家推出了推广普通话的政策。

1. 普通话共同体的形成和发展

（1）早期：八大领域共同体

普通话共同体是指在国家倡导、推行、普及普通话的过程中形成的一个综合体。关于"普通话共同体"这个术语，虽然还没有直接进入政府工作的话语体系，但是有关"普通话共同体"的概念，已经间接出现在政府文件当中。

1956 年由周恩来总理签署、胡乔木起草的《国务院关于推广普通话的指示》（以下简称《指示》）可视为我国普通话推广的顶层设计，《指示》明确提出，要在全国（1）地方学校、（2）部队院校、（3）青年团和工会、（4）广播电台、（5）报社通讯社和杂志社、（6）铁路交通和邮电部门、（7）对外交际翻译、（8）少数民族地区中的相关人员和相关部门这八大领域推广普通话，涉及一二十类人员。③ 这八大领域涉及的人员，既是中国政府早期认定的普通话推广对象，也是普通话共同体的最初构成群体。

（2）中期：城市四大领域共同体

1999 年教育部、国家语言文字工作委员会印发文件，开展城市语

---

① 赵元任：《赵元任语言学论文选》，中国社会科学出版社 1985 年版，第 56 页。

② 赵元任：《我的语言自传》，载《中国现代学术经典：赵元任卷》，河北教育出版社 1996 年版，第 868—869 页。

③ 胡乔木：《国务院关于推广普通话的指示》，载《胡乔木传》编写组编《胡乔木谈语言文字》，人民出版社 1999 年版，第 179—181 页。

言文字工作评估，《关于进一步发挥城市的中心作用，全面推进语言文字工作的意见》提出"城市语言文字工作的重点包括四个方面，即党政机关、学校、新闻媒体和主要的服务性行业"[1]，涉及受过中等或中等以上教育的公民，教师，广电系统播音员、节目主持人，党政机关公务人员，解放军和武警指战员，商业、邮电、文化、铁路、交通、民航、旅游、银行、保险、医院等主要服务性行业人员，车站、机场、火车、飞机、轮船的播音员等。[2]

自此以后，我国的普通话推广工作以城市为中心，打造了普通话的四大共同体，即党政机关共同体、学校共同体、新闻媒体共同体、公共服务行业共同体。

（3）近期：农村和民族地区共同体

2016 年，《国家语言文字事业"十三五"发展规划》提出，中国将启动"国家通用语言文字普及攻坚工程"，"向农村和民族地区攻坚"。在农村地区，以"青壮年劳动力"为重点，在民族地区，以"教师、基层干部、青壮年农牧民"和"少数民族学生"为重点。[3]

如果说世纪之交开展的城市语言文字工作评估，聚焦、形成、壮大了普通话的党政机关共同体、学校共同体、新闻媒体共同体和公共服务性行业共同体，那么，2016 年启动的国家通用语言文字普及攻坚工程，将聚焦、形成、壮大普通话的农村和民族地区共同体，其中，农村地区共同体，主要包括青壮年劳动力，民族地区共同体主要包括教师、基层干部、青壮年农牧民和少数民族学生。

总而言之，中国普通话共同体主要包括以下五个基本组成部分：党政机关共同体、学校共同体、广播电视共同体、公共服务行业共同体、农村和民族地区共同体。

2. 党政机关共同体

党政机关共同体主要是指在推广普通话的过程中，由中国共产党机

---

① 教育部语言文字应用管理司：《城市语言文字工作评估实用手册》，语文出版社 2002 年版，第 12 页。

② 教育部语言文字应用管理司：《城市语言文字工作评估实用手册》，语文出版社 2002 年版，第 11 页。

③ 《国家语言文字事业"十三五"发展规划》，中华人民共和国教育部政府门户网站，http：//www.moe.gov.cn/jyb_ xwfb/s5147/201609/t20160914_ 281054. html。

关工作人员和国家行政机关工作人员形成的一个使用普通话的有序群体。党政机关的政令公文，是传达贯彻党和国家方针政策，公布法规和规章，指导、布置和商洽工作，请示和答复问题，报告、通报和交流情况等的重要工具，在实施领导、履行职能、处理公务时具有特定效力。统一公务用语是现代国家治理中的必然要求。

（1）准确高效履行公务，确保政令畅通

我国是一个多语言多方言的国家，随着社会经济的发展，人员和信息交流日益扩大和频繁，党政机关工作人员也时常需要到异地他乡去任职或履行公务，或在本地接洽来自全国各地的人员，或通过广播电视发表讲话、发布信息，等等，如果使用非国家通用语言，就不易做到上情下达、及时沟通、准确高效，容易产生语言隔阂、交际障碍，直接影响公务活动的质量和效率，严重的甚至会酿成误会或事故，影响或制约国家治理、地方治理的水平。

（2）地方加大推普力度

新中国成立之初，福建、广东两地跟北方等地的语言隔阂，依然十分严重。当时中央领导去福建视察，福建领导还要请翻译协助，才能与中央领导交谈。有些福建相关人员在和外宾会谈时，甚至要经过"福建话——普通话——外语"的双重翻译，才能解决语言障碍问题。

20世纪90年代，广东福建两省经济发达，"推广普通话"也走在了全国的前列。中共广东省省委1992年发布的文件指出：

> 我省是方言普遍流行，差异性很大的省份……相当部分地区的学校教学和社会交际都未能使用普通话。这种状况，不仅和我省在全国的地位不相称，而且不利于我省经济、教育、科技、文化事业发展，不利于改革开放的顺利经行。[①]

广东省委因此不得不用行政手段促行"推普"，命令将普通话作为干部录用晋升，教师职务晋升，师范生毕业分配，服务行业等招收员工的必要条件。并要求电台、电视台逐步减少方言播音时间，增加普通话

---

① 《国家语言文字政策法规汇编》，语文出版社1996年版，第435页。

播音时间。①

海南建省初期，曾发生因方言误会而中断投资洽谈的事情。海南省为此发出通知，要求把推广普通话列为投资环境建设的要素。重庆市副市长号召全市人民积极学说普通话，他说台湾投资商给重庆市提出了十几条改善投资环境的建议，其中第一条就是希望市政府大力推广普通话。② 因此，语言环境是资金得以有效运营的一个不容忽视的外部条件。国家通用语言的普及是其中一个重要因素。

3. 学校共同体

学校共同体是指学校中的教师、学生和行政管理人员，在学习、讲授和使用普通话交流过程中，形成的一个集合体。

"工业化是国家巩固经济的另一因素，同时也是语言统一的重要原动力。盖尔纳（Gellner，1983）提出，工业化发展需要一种全民教育体系，通过全民培训以确保劳动力的基础水平并使之具备适应科技发展与变化形式的灵活机动能力。只有国家才具备这样的能力，任何单个共同体都会因代价太昂贵而不愿实施。因此，教育既是国家事业，也是国家机构。和其他国家机构，如议会、法庭等一样，教育的媒介也是国家语言。"③

（1）学校教育在推广普通话中的作用

学校是推广普通话的基本阵地。学校中的少年儿童处于学习语言文字的最佳时期，同时也是树立国家认同、中华民族认同和中华文化认同的最佳时期。学生掌握了普通话，还可以帮助家长学习提高普通话水平。

表1显示，如果对社会上不同职业学说普通话的最主要途径排序，排在第一位的，都是"在校学习"；排在第二位的，大多是"社会交往"。由此可见，学校在推广普通话中的作用有多么重要。

---

① 市川堪、小松岚：《百年华语》，上海教育出版社2008年版，第189页。
② 袁钟瑞：《话说推普》，语文出版社2004年版，第44页。
③ ［英］苏·赖特：《语言政策与语言规划——从民族主义到全球化》，陈新仁译，商务印书馆2012年版，第37页。

表1　　　　　　　不同职业学说普通话最主要途径的比例　　　　　　单位:%

职业	在校学习	培训班学习	看电视听广播	家里人影响	社会交往
教师	82.90	6.88	5.28	0.80	4.15
教师以外的专业技术人员	70.97	0.94	8.35	2.64	17.10
公务员	68.46	2.29	9.25	2.06	17.94
党群组织负责人	67.57	3.74	8.21	1.52	18.96
企事业单位负责人	60.28	2.82	7.85	2.79	26.27
办事人员和有关人员	66.17	1.09	10.10	2.46	20.18
农林牧渔水利业生产人员	70.00	0.64	14.79	1.36	13.20
商业、服务业人员	65.84	1.06	10.40	2.34	20.36
生产、运输设备操作人员及有关人员	64.87	0.67	9.99	3.16	21.31
不在业人员	63.29	0.87	11.89	4.61	19.34
学生	94.44	0.52	2.40	1.03	1.60

资料来源:中国语言文字使用情况调查领导小组办公室:《中国语言文字使用情况调查资料》,语文出版社2006年版,第134页。

（2）三峡移民:师生应急共同体

受三峡水利枢纽工程影响,重庆需要迁出10万多移民,迁往全国多个省份,但是这些待迁移民只会说重庆话,不会说普通话,一旦迁出,他们将会遭遇语言障碍,难以适应外地生活,难以融入待迁地区。为此,重庆市政府紧急动员巫山、云阳等5个县市的学校师生和官员,进入待迁移民居住地,突击教他们学说普通话。

为了便于纠正待迁移民的乡音,有的跟待迁移民"一对一"互动,有的带唱《大家都说普通话》等歌曲,个别县市甚至动员了400多师生进入待迁移民家中,逐字逐句传授。最终赶在规定时间之内,完成了这场超大规模的速成普通话应急培训。①

---

① 《先学普通话,三峡移民好外迁》,《联合早报》2001年9月11日,转引自苏培成主编《当代中国的语文改革和语文规范》,商务印书馆2010年版,第525页。

（3）玉树地震：双语师生救援共同体

青海省玉树县 2010 年 4 月 14 日发生了里氏 7.1 级地震，受灾 24 万多人，遇难 2698 人。该县居民中，藏族占 94%，大多不懂普通话。这给震后的救援工作带来诸多不便。因缺少翻译，搜救人员无法及时获得准确信息。一些重伤员转到了兰州，兰州医院的大夫大多不懂藏语，医生只能根据经验救治，从而影响了救援效率和治疗速度，甚至会危及伤者的性命。①

兰州军区紧急从西北民族大学，征召了 40 名熟练掌握康巴藏语的优秀师生，赴灾区担任部队翻译，从而化解了许多因语言不通造成的误解和矛盾。②

4. 广播电视共同体

广播电视共同体主要是指从事普通话播音和普通话节目主持等人员构成的一个综合体，其中也包括跟普通话推广相关的编辑、记者、编剧、导演、演员和影视制片人员，还包括一部分长期收视收听普通话广播电视节目的受众。该共同体可以细分为广播共同体和电视共同体两个小类。普通话广播共同体的形成，大致可以追溯到 1956 年，国务院发布推广普通话的指示，要求"全国各地广播电台""用普通话播音"，"举办普通话讲座"，"全国播音人员""必须接受普通话的训练"。③ 这些指示贯彻落实的过程，也是广播共同体形成壮大的过程。

广播电视是国家的喉舌，它可以迅速向全国亿万人民传达宣传党和国家的政策法令；可以全方位展示全国各行各业的新闻、动态和业绩。广播电视共同体中播音员和主持人的日常播音，是一种"一对数亿"人的单向语言传播，"能够潜移默化地让听众观众对国家通用语言文字

---

① 孙春颖、杨书俊：《青海玉树救灾中的语言障碍与语言援助》，载周庆生、侯敏主编《中国语言生活状况报告（2011）》，商务印书馆 2011 年版。

② 《40 名藏语翻译告别玉树返兰》，新浪网，http：//news. sina. com. cn/c/2010 - 05 - 07/000017476045s. shtml.

③ 胡乔木：《国务院关于推广普通话的指示》，载《胡乔木传》编写组编《胡乔木谈语言文字》，人民出版社 1999 年版，第 179—180 页。

产生亲切感、认同感，从而增强国家的凝聚力。"①

广播电视是普通话学习的样板，它可以全天候播送标准规范的普通话节目，为学习者提供优质的普通话环境。广播电视受众，在欣赏普通话节目的同时，还受到普通话环境的熏陶；既获取到各方面的信息，又可即时模仿学习普通话。"回顾百年来语言统一的成就，最为显著的时期应是 20 世纪 80 年代以后的 20 年。这 20 年普通话的普及速度和质量前所未有，其中最主要的原因之一就是广播、电视提供了普通话语音的样板。"②

广播电视的播音员是普通话播音的示范者，是普通话推广政策的宣传者和实践者。广播电视的一部分受众还是普通话规范使用的监督者。

例如，上海《咬文嚼字》杂志社就属于广播电视共同体中的监督者。2009 年，他们组成专家组，批判性审查了该年度 12 部热播电视剧的用语用字情况，最终认定这 12 部热播剧均有语言文字差错。其中差错明显的，计 679 条，每部电视剧平均差错 56 个。具体表现为：

"像"与"象"不分；"侦察"和"侦查"不分；"权力"和"权利"混用；把"一炷香"的"炷"错成"柱"；把"戴眼镜"的"戴"错成"带"；把"挖墙脚"错成"挖墙角"③，等等。

5. 公共服务行业共同体

公共服务行业主要包括商业、邮电、文化、铁路、交通、民航、旅游、银行、金融、保险、医院、电力、信息产业等行业。与其他行业相比，该行业的服务人员大多采用"一对一""面对面"的方式开展工作。他们的社会接触面比较宽，服务对象比较多，服务用语的影响力比较大。

公共服务行业共同体主要是指，该行业的营业员、服务员、售票员、广播员、导游员等工作人员，在学习使用普通话过程中形成的一个综合体。半个多世纪之前，公共服务行业的语言使用，基本上处于一种

---

① 刘子琦：《广播电视播音用语功能规划研究——以普通话和汉语方言为中心》，南开大学，博士学位论文，2013 年。

② 李宇明：《大众媒体与语言》，载李宇明《中国语言规划论》，商务印书馆 2010 年版，第 87 页。

③ 参见《咬文嚼字》新浪博客，http：//blog. sina. com. cn/yaowenjiaozi。

因地而异、因人而异、因业而异的大格局。全国跨地区跨行业行业人员之间的交际，出现隔阂和阻碍。这种状况由来已久，根深蒂固。国家几十年如一日，采取强力措施，用普通话统一全国公共服务行业的工作语言，彻底改变了服务用语不统一的历史旧貌。普通话逐渐成为全行业服务用语的过程，也就是公共服务行业共同体形成并壮大的过程。公共服务行业共同体既是本行业普通话使用的主力军，也是展示城市文明社会风貌的排头兵。

在公共服务行业推广普通话，摆正方言与普通话的位置，处理好方言与普通话的关系，这在大多数情况下都不是问题，但在某些行业、某些企业却成为问题，成为特殊甚至棘手的问题。

例如，杭州市 2006 年出台一个《杭州市客运出租汽车驾驶员服务资格证管理办法》，[①] 要求出租车驾驶员的岗前培训，必须通过"杭州话考试"这一关。该规定难倒了大多数来自外省市的"的哥"，他们大多不会说杭州话，无法通过"杭州话考试"，因而丧失了在杭州开出租的资格。此事引发了激烈的社会争论，某些社会学家认为，该规定含有歧视外地人的意味，属于地方保护主义性质。

再例如，北京南四环外有一家河南风格的饭庄，100 多名服务员都操着纯正的郑州方言迎来送往，颇具特色，名声大作。但同行中有人反对这种做法，认为餐饮业应该按照国家规定提供普通话服务，用方言揽客不可取。该店总经理认为："老北京炸酱面馆的服务员也不讲标准的普通话，而讲老北京方言，很受欢迎。我们经营河南的特色餐饮，为什么就不能讲我们的方言？""有市场我们就得坚持，赵本山不也是用东北话吆喝出名的吗？这应该算是民俗文化的一部分。"[②] 有学者认为，地方特色的餐馆用方言来丰富餐馆的服务内容未尝不可，但前提是应该让顾客听懂你的意思，用方言为顾客服务的时候，最好能用手势来配合，或者最后用普通话解释一下，这样可以使顾客既了解了餐馆的地方文化特色，也能接受你的方言服务。[③]

---

① 孙昌銮：《不懂杭州话不能当的哥》，《北京青年报》2005 年 12 月 16 日。

② 朱伟东、迟国维：《是特色还是无聊噱头？餐馆方言揽客遭顾客非议》，《北京娱乐信报》2004 年 10 月 25 日。

③ 朱伟东、迟国维：《是特色还是无聊噱头？餐馆方言揽客遭顾客非议》，《北京娱乐信报》2004 年 10 月 25 日。

6. 农村和民族地区共同体

农村和民族地区共同体是指在普通话普及过程中，农村地区青壮年劳动力人口，民族地区的教师、基层干部、青壮年农牧民和少数民族学生，因共同学习使用普通话而形成的一个综合体。该共同体伴随着实施"国家通用语言文字普及攻坚工程"和"推普脱贫攻坚计划"而诞生，所以该共同体也是该"攻坚工程"和"攻坚计划"的主要攻坚目标或攻坚对象。该共同体主要由农村共同体和民族共同体两部分组成。

（1）农村共同体

在农村特别是在边远和深度贫困地区，社会封闭，充耳都是乡音土语，听不到普通话的声音。农村青壮年劳动力人口，流动到其他城镇的，大都会说普通话；留守本乡本土的，基本不说普通话。随着国家实施两项攻坚工程计划，农村青壮年劳动力人口学习普通话的愿望迅速攀升。据抽样调查，"有96.9%的被调查者愿意学习普通话，且愿望迫切。外出务工的需要，成为青壮年农民学普通话最重要的驱动力"。[①]普通话农村青壮年劳动力共同体正在形成和壮大。

（2）民族地区共同体

加快民族地区普及国家通用语言文字的进程，不仅关系国家的统一、民族的团结和社会的发展，还关系国家通用语言文字普及率的最终完成。民族地区的教师、基层干部、青壮年农牧民和少数民族学生是构成普通话民族地区共同体的四大基本要素。

民族地区教师的普通话能力和普通话教学水平，直接关系民族地区普通话的教育教学质量，关系到民族学生的普通话水平。据调查，藏区基层很多学校教育基础薄弱，基础设施落后，办学条件恶劣，工作条件艰苦，基础教育师资极度缺乏，偏远地区基本上是"一师一校"。据2007年统计，藏区平均受教育年限不足4年，高中入学率很低。基层大部分青壮年为文盲，就业问题十分严峻。[②]民族地区普通话教学基础薄弱的学校是普通话普及的短板。

---

① 王晖：《推普脱贫攻坚青壮年农牧民普通话培训的实践经验和需求供给分析》，《语言科学》2019年第4期。

② 曹阳：《国家视阈下的藏区农牧民行为研究》，华东师范大学，博士学位论文，2013年。

民族地区的少数民族农牧民因为通用语言掌握不好而带来的语言障碍，影响了他们从第一产业转向第二产业和第三产业的步伐，加重了劳动力市场城乡分割的程度，增高了隐性失业和结构性失业的比率，减缓了城镇化工业化的进程。①

民族地区的基层干部队伍是落实我国民族政策、推动民族地区发展、促进地区和平稳定、联系密切各民族感情的重要力量。基层干部学说普通话，在整个民族地区具有重要表率带头作用。

少数民族学生学好国家通用语言，对于更好地就业、更好地接受现代文化、更便捷地融入现代社会都十分有利。

四　国家通用语言文字共同体的若干理念

（一）通用语及其类别

1. 理念

通用语，顾名思义，是指普遍使用的语言。但是，历史上使用过的"通语"（扬雄《方言》）和"天下通语"（周德清《中原音韵》）等名称，以及近现代从日本引入的"共通语""普通语"（"普通话"）等名称，形式上都跟当代"通用语"名称接近，但在内涵上，还是跟通用语有所不同，这些名称更多用来指称汉民族共同语。

现代通用语（lingua franca）亦称"族际通用语"，是指"讲不同母语的人群之间借以进行交谈的语言。"② 国际上，不同的学者对通用语也有不同的解读，如通用语曾被解读为混杂语/皮钦语（pidgin）、桥梁语、交际语、接触语、辅助语等含义。③

2. 类别

本文采用语言学名词审定委员会（2011 年）对通用语的界定，从地方、国家、区域、全球四个层面，给通用语分类，从而分出地方通用

---

① 吕君奎：《通用语言、小语种语言与少数民族就业问题研究》，《新疆大学学报》2013年第 1 期。

② 语言学名词审定委员会：《语言学名词》，商务印书馆 2011 年版，第 194 页。

③ Knapp, K. and C. Meierkord, *Lingua Franca Communication*, Frankfurt am Main：Peter Lang，2002.

语、国家通用语、区域通用语和全球通用语四种类型。

（1）地方通用语言，是指一个国家特定地区的通用语言。中国某些民族自治地方的工作条例曾规定，该自治地方的自治民族语言，也是该自治地方的一种通用语言。例如，西藏自治区的藏语，也是该自治区的一种通用语言；新疆维吾尔自治区的维吾尔语，也是该自治区的一种通用语言，等等。

（2）国家通用语言，是指现代国家不同民族或族群、不同方言使用者之间，相互沟通时惯常使用的一种语言。该语言为该国国民通晓，兼具国家标准语言、官方语言和国语的功能，相较于其他语言或方言，该语言使用范围更广、使用领域更宽，如中华民国时期的国语、新中国的普通话和国家通用语言。

（3）区域通用语言，是指一种跨越几个国家甚至几个大洲使用的语言。如古代中国周边的朝鲜半岛、日本、越南等国使用的汉语，欧洲、非洲、亚洲、北美洲的许多国家使用的法语等。

（4）全球通用语言，是指一种在世界大多数国家和地区都使用的语言，如英语。目前英语是唯一的一种全球通用语。

（二）共同体与古代通用文字共同体

1. 共同体

共同体是指具有相同背景、相同特征、相同利益、相同目标的人群，在相互交流的过程中形成或组成的一种集合体。共同体可以是相对松散的人群组合，也可以是正式组织机构。而且大小不一，大到跨洲跨国，如"葡萄牙语国家共同体""欧洲共同体"；小到两个人，在一定背景下也可构成共同体。

最早将共同体概念引入社会学的，是德国学者滕尼斯（Ferdinand Tönnies，1855—1936 年）。他认为，共同体是自然发展起来的、对内对外同时发生作用的、现实中的有机联合体；是建立在传统习惯法和共同记忆之上的、由各种相互关系组合而成的综合体。共同体不是其各个组成部分相加之和，而是有机浑然生长的一个整体。"共同体的类型主要是建立在自然基础之上的家庭、宗族里实现的，此外，它也可能在小的、历史形成的联合体（村庄、城市）以及在思想的联合体（友谊、师徒关系等）里实现。""共同体是建立在有关人员的本能的中意或者习惯制约的适应或者与思想有关的共同的记忆之上的。"①

2. 古代通用文字共同体

（1）通用文字的统一和规范

古代通用文字，亦称统一规范的汉字。主要包括两层含义，一是统一汉字形体，从商代青铜器铭文到秦代的小篆，再到秦汉的隶书，再到魏晋以后的正楷，再到唐代以来手写的楷书，几千年来，不断统一和规范，没有发生根本性的改变。二是规范官方文书，秦汉以来的官府文书，法律文本的格式、程序、文体和称谓也都有了统一行文标准。

（2）通用文字特点

通用文字是音节文字，一个字代表语言里的一个音节。但在古代汉语中，通用文字记载的书面语与民众口头说的语言严重脱节，这可能增加了初学者的困难，但在某些国际人士看来，这种"言文分离"的文字，可能还是某种优势，它反映了通用文字还具有超方言性、超语言性或统一性。16世纪一位葡萄牙商人曾描述过不会说汉语的日本人的笔谈情况，"他们可以读写中国语，但不能说，所以与中国人进行笔谈。因为中国人也不会说日本语"②。1815年苏格兰传教士马礼逊在《汉语字典》的序言中提出，"汉语书面语在使中国维系一个统一国家上大有贡献"③。

（3）古代通用文字共同体

古代通用文字共同体是指，中央及地方政府的官吏、士人阶层以及部分少数民族，具有共同或类似的文化背景，在学习使用全国统一通用的文字过程中，形成的一个社会集合体。通用文字共同体主要由官吏共同体、士人共同体和少数民族共同体三部分组成。该共同体在历史中国的发生和拓展、延续和构成方面，发生过重要作用。

---

① ［德］斐迪南·滕尼斯：《共同体与社会：纯粹社会学的基本概念》，林荣远译，商务印书馆1999年版，第ii—iii、52、65、71—72页。

② 转引自戚印平《远东耶稣会史研究》，中华书局2007年版，第169页。

③ 转引自程巍《语言等级与清末民初的"汉字革命"》，载刘禾主编《世界秩序与文明等级：全球史研究的新路径》，生活·读书·新知三联书店2016年版，第354页。

(三) 国家通用语言共同体的内涵与结构

1 内涵

《国家通用语言文字法》第二条规定：国家通用语言是普通话，国家通用文字是规范汉字。[①]

根据本文第三节第二小节对普通话共同体的详细叙述，现将国家通用语言共同体做如下界定：国家通用语言共同体是指中华人民共和国成立以来，中国公民在国家倡导、推行、普及普通话的过程中，形成的一个社会综合体。该共同体主要包括但不限于以下五个组成部分：党政机关共同体、学校共同体、广播电视共同体、公共服务行业共同体、农村和民族地区共同体。国家通用语言共同体分别是中华民族共同体、中华文化共同体和中国国家共同体的一个构成要素。

国家通用语言共同体中的党政机关共同体主要由中国共产党机关工作人员和国家行政机关工作人员即干部和公务员构成；学校共同体主要由学校教师、学生和行政管理人员构成；广播电视共同体主要由普通话播音员和普通话节目主持人构成；公共服务行业共同体主要由该行业的营业员、服务员、售票员、广播员、导游员等工作人员构成；农村和民族地区共同体，主要由农村地区青壮年劳动力人口，以及民族地区的教师、基层干部、青壮年农牧民和少数民族学生组成。

国家通用语言共同体不是想象中的一个虚体，而是客观存在的一个实体。国家通用语言共同体跟国家通用语言之间，是语言使用主体和语言使用对象的关系。国家通用语言可以脱离单个使用者而存在，但不可脱离国家通用语言共同体；假使国家通用语言共同体不存在了，那么，一种具有活力的国家通用语言也将难以存活。

2 结构

综上所述，中国普通话共同体包括以下五个基本组成部分：党政机关共同体、学校共同体、广播电视共同体、公共服务行业共同体、农村和民族地区共同体。如果将前四个共同体整合在城市共同体的名下，中国普通话共同体的结构层次描绘如图 1 所示。

---

① 全国人大教科文卫委员会教育室、教育部语言文字应用管理司编写：《中华人民共和国国家通用语言文字法学习读本》，语文出版社 2001 年版，第 4 页。

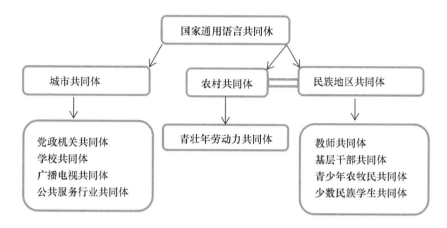

图1　国家通用语言共同体

（四）国家通用语言共同体的外延

一些政治学家、文化学家和民族学家在论证中华民族、中华民族文化共同体或中国国家共同体的构成元素时，都会提到语言要素。

语言共同体是中华民族的组成部分。宁骚在论证中华民族与中国各民族的区别时提出："中华民族（Chinese nation）与中国所有族群（China's all ethnicities）的根本区别，在于前者不仅是一个语言、文化共同体，而且更重要的是一个拥有民族国家主权（national sovereignty）的政治共同体，它通过自己的政府行使主权（sovereignty），从而能够建立起统一的民族市场（national market）、统一的国民经济体系（national economic system）、统一的民族教育体系（national education system）和统一的信息传播体系。"①

共同的语言是中华民族文化共同体的组成部分。傅才武、严星柔在论证中华民族文化共同体时提出："中华民族文化共同体是以共同的语言文字、历史记忆、传统价值观和共同心理特征等为纽带组成的民族文

① 宁骚：《中文"民族"和中国"各民族"的区别与联系：理解中国族群关系（ethnic relations）的另一个视角》，载马戎主编《族群交往与宗教共处：2007年北京论坛分论坛文集》，社会科学文献出版社2017年版，第133页。

化有机体。"①

共通的语言是国家共同体的组成部分。冯育林在论证国家共同体时，提出共通的语言、共同的地域、统一的经济、共有的精神家园和共同的政治这五大构成要素。其中第一大要素，就是"'中华民族'的全体成员因国家通用语言而语言相通"②。

国家通用语言分别是中华民族共同体、中华民族文化共同体、中国国家共同体中的重要组成部分。如果说，国家通用语言是想象中的语言，是构想的虚体，那么国家通用语言共同体则是客观存在的实体。没有国家通用语言共同体，也就没有国家通用语言。从共同体的角度透视，说国家通用语言共同体分别是中华民族共同体、中华民族文化共同体、中国国家共同体的重要组成部分，会更符合客观现实。

五 结语

（一）国家通用语言文字是中华民族共同体的一个组成部分，使用共同的国家通用语言文字是中华民族共同体的一大特征

国家通用语言文字是中华民族共用共通的语言文字，是国家层面的语言文字，兼具国家标准语言文字、官方语言文字和国语国文的功能。中华民族共同体是由 56 个民族组成的一个民族大家庭，是国家层面的大民族，是由共同的国家通用语言文字、共同的生活地域、共同创造中华文化、近代历史共同命运、中华民族共有精神家园、共同团结奋斗和繁荣发展六大要素所构成，"体现出中华民族共同体的共同性特征"③。国家通用语言文字是中华民族共同体一个基本组成部分。使用国家通用语言文字，对外还具有象征国家主权的意义，对内则可增强中华民族共

---

① 傅才武、严星柔：《论建设 21 世纪中华民族文化共同体》，《华中师范大学学报》2016 年第 5 期。

② 冯育林：《从"中华民族"到"中华民族共同体"的概念考察及其建设析论》，《西北民族大学学报》2018 年第 3 期。原文是："'中华民族'的全体成员因国家通用语言而语言相通，以当代中国之完整版图为共谋生存生活之地域，以统一的市场经济作为经济形式，并共居于'中华民族'共有精神家园之内，拥有共同的政治屋顶——中华人民共和国。"

③ 孔亭、毛大龙：《论中华民族共同体的基本内涵》，《社会主义研究》2019 年第 6 期，第 55 页。

同体的凝聚力，增强各民族的中华文化认同和中国国家认同。

（二）国家通用语言文字共同体是中华民族共同体的一个新类型

国家通用语言文字共同体的结构具有"主体多样"的特性，"主体性"表现为该共同体的所有成员不论其母语是何种语言何种方言，都能使用国家通用语言文字。"多样性"表现为该共同体可从城乡、族别和职业行业三种不同的维度，划分出更多的小类。

孔亭、毛大龙在论述中华民族共同体的类型时，提出"中华民族共同体，包括政治共同体、经济共同体、文化共同体、民族共同体"① 四大类型，本文提出的国家通用语言文字共同体，可为中华民族共同体的类型划分，补充一个新类型，从而丰富中华民族共同体的类型理论。

---

① 孔亭、毛大龙：《论中华民族共同体的基本内涵》，《社会主义研究》2019 年第 6 期，第 54 页。

论语言保护[*]

"天地所以能长且久者，以其不自生，故能长生"（《道德经》）。语言有生命，或迟或早都会消亡。但是，如果语言种类灭绝太多，死亡速度发展太快，则会引起语言学家和社会有识之士的恐慌和担忧。

语言学家研究发现，当今世界约 6000 种语言中，约 4% 的语言，由约 97% 的人口使用，而约 96% 的语言，只有约 3% 的人口使用①。百年内，约 90% 的语言将无人再用。语言的多样性将受到严重威胁，语言生态将失去平衡。维护语言多样性，保持语言生态平衡，成为世界语言学界关注的一大焦点。

在社会生活中，"保护"一词往往含有两层意义：一是照看好某人某物；二是使其免受损害或伤害。环境保护旨在改善生活环境，合理利用自然资源，使环境免受污染和公害；野生动物保护旨在拯救珍贵濒危野生动物，使野生动物免遭物种灭绝，生态失衡；文物保护旨在保护保存具有历史、文化、科学价值的历史遗留物，使文物免受破坏或流失；未成年人保护旨在优先保护未成年人的生存、发展、受保护、参与等权益，使未成年人免受侵犯。语言保护旨在抢救记录濒危语言，保存语言资源，传承优秀语言文化遗产，保持语言生态平衡，维护语言健康。

语言保护作为语言规划中颇受关注的一种新理论，是近二十多年来的事。20 世纪八九十年代以来，受后现代主义思潮的影响，国际语言

---

* 本部分曾以《语言保护的原则与措施》为题，在"第三届中国语言资源国际学术研讨会"（2016 年 9 月 22—25 日，长沙）中首发。后载《新疆师范大学学报》2016 年第 2 期，现内容有所增加。

① 《联合国教科文组织关于保护语言与文化多样性文件汇编》，范俊军编译，民族出版社 2006 年版，第 31 页。

学者越来越关注语言濒危、语言消亡、语言生态、语言人权和语言资源问题[1]，为了抢救濒危语言，保持语言生态平衡，国际学者提出了语言保护的理论和实践问题，联合国教育科学文化组织颁发了一系列语言保护的规约和文件。

近十几年来，语言保护的理论研究和实践活动在中国蓬勃开展，特别是 2011 年，中国共产党第十七届六中全会的决定提出了"科学保护各民族语言文字"[2]，《中华人民共和国非物质文化遗产法》规定了非物质文化遗产包括"传统口头文学以及作为其载体的语言"[3]。近些年国家还出台了一系列相关政策和法规，语言保护研究活跃，抢救记录濒危语言和方言的一批成果相继出版。

然而，从学理上研究语言保护的论著尚不多见。语言保护的概念如何界定？语言保护分为哪些种类？语言保护的主体是什么？语言保护的对象具有什么特性？诸如此类的问题，学界或者尚未触及，或者尚未达成共识。对此，本部分试图一一做出回答和论证。

同世界许多国家一样，中国一些少数民族语言的使用人口也在逐年减少，像满语、赫哲语、土家语、畲语、仡佬语、塔塔尔语、鄂伦春语、鄂温克语、裕固语等，已经濒危，还有一些少数民族语言正在衰变之中。一些少数民族成员对母语学习和母语使用的态度也在改变。许多学生家长认为，少数民族学生母语能力的高低，对其升学、择业及参与日后的市场竞争，作用不大，因而放弃母语学习，忽视母语的使用，选择接受汉语教育。有些少数民族家庭则放弃使用本族语，使本族语传承出现断层。

面对语言生态环境出现的种种问题，国家及时出台了保护语言的政策法规。中国共产党第十七届六中全会的《决定》（2011 年）提出了"科学保护各民族语言文字"[4]，中央《关于实施中华优秀传统文化传承

---

[1] 周庆生：《语言规划发展及微观语言规划》，《北华大学学报》2010 年第 6 期。

[2] 《中共中央关于深化文化体制改革推动社会主义文化大发展大繁荣若干重大问题的决定》，中央人民政府网，2011 年 10 月 25 日，http：//www. gov. cn/jrzg/2011 – 10/25/content_ 1978202. htm。

[3] 《中华人民共和国非物质文化遗产法》第二条第一款，中央政府门户网，2011 年 2 月 25 日，http：//www. gov. cn/flfg/2011 –02/25/content_ 1857449. htm。

[4] 《中共中央关于深化文化体制改革推动社会主义文化大发展大繁荣若干重大问题的决定》，中央人民政府网，2011 年 10 月 25 日，http：//www. gov. cn/jrzg/2011 – 10/25/content_ 1978202. htm。

发展工程》（2017 年）要求"保护传承方言文化"①。《国家非物质文化遗产法》（2011 年）规定，非物质文化遗产包括"传统口头文学以及作为其载体的语言"②。《国家民委关于做好少数民族语言文字管理工作的意见》（2010 年）要求，"加强少数民族濒危语言的抢救、保护工作"③。为了贯彻落实这些政策，政府采取了一系列措施，取得了瞩目的成绩。

一 语言保护的概念

（一）已有的概念

迄今，国内外有关语言保护的论著很多，但对"语言保护"概念做出界定的尚不多见。曹志耘《论语言保存》一文大概是我国界定"语言保护"和"语言保存"这两个概念的首篇论文④。该文指出：

> "语言保存"是指通过全面、细致、科学的调查，把语言、方言的实际面貌记录下来，并进行长期、有效的保存和展示。
> "语言保护"是指通过各种有效的政策、措施、手段，保持语言、方言的活力，使其得以持续生存和发展，尤其是要避免弱势和濒危的语言、方言衰亡。
> "语言保存"和"语言保护"是两种不同的观念，也是两种不同的措施。⑤

---

① 《关于实施中华优秀传统文化传承发展工程的意见》，2017 年 1 月 25 日，新华网，ht-tp：//www. xinhuanet. com/politics/2017 – 01/25/c_ 1120383155. htm。

② 《中华人民共和国非物质文化遗产法》第二条第一款，中央政府门户网，2011 年 2 月 25 日，http：//www. gov. cn/flfg/2011 – 02/25/content_ 1857449. htm。

③ 《国家民委关于做好少数民族语言文字管理工作的意见》，国家民族事务委员会网，2010 年 6 月 18 日，http：//www. seac. gov. cn/art/2010/6/18/art_ 142_ 103787. html。

④ 其实，李宇明早在 1998 年已对语言保护做出界定，认为语言保护主要包括两方面："第一是语言保存，即把现有的语言和方言的真实面貌保存下来；第二是语言卫护，即维护民族共同语和族际交际语的规范，引导它（它们）向健康方向发展。"参见李宇明《语言保护刍议》，《中国民族语言学会通讯》（内部期刊）1998 年第 1 期。

⑤ 曹志耘：《论语言保存》，《语言教学与研究》2009 年第 1 期。

这种界定具有较高的科学成分，比较清晰准确地揭示了"语言保护"和"语言保存"这两个概念在保护措施和保护目标方面的区别，但是好像没有阐述二者之间的联系，也没有提到语言保护的主体。实际上，"语言保护"和"语言保存"之间是有联系的，二者之间存在一种上下位关系，或称隶属关系，"语言保存"是"语言保护"各项措施中的一种措施。

瞿霭堂界定了作为非物质文化遗产的语言的保护，提出作为非物质文化遗产的语言保护要在"建立双语制的宏观目标"方面，做好"保障、保护和保存"这三个方面的工作①。该定义把"保障、保护和保存"这三项措施，界定为语言保护的内容，因而比较准确地揭示了语言保护概念的主要内涵，但是此概念似乎也没有涉及语言保护的主体。

方小兵认为，为了降低社会生活变化对语言生态产生的冲击，人类主动采取语言资源保护、语言权利保障等行动，协调语言关系，这些行动的总称就是语言保护②。该定义的长处是揭示了语言保护的目标、保护的主体和保护措施，但也存在一些疑问。例如，该定义认为，语言保护的主体是全"人类"，这种界定似乎有点宽泛，实际上，采取或实施"语言保护行动"的主要是政府、语言群体和专家。另外，该定义列举的语言保护措施或行动，只有"语言资源保护"和"语言权利保障"两项，似乎还不够，其他保护措施诸如濒危语言保护、语言文化遗产保护等均未提及。

戴红亮从少数民族语言保护工作的视角提出，语言保护工作"应以保存语言材料和保障少数民族语言权利为抓手，以重构语言生态环境为重点，充分利用教育、文化、技术和传媒的综合力量，共同发挥语言使用者、专家和政府的共同力量，才能延缓少数民族语言生命周期，缓和语言之间张力，构建和谐的语言生活"③。

该定义界定的是"语言保护工作"概念，还不是严格意义上的"语言保护"定义，但是，二者之间交叉重复的部分很大，因此，该界定蕴含了语言保护概念的许多合理内核。其特色是涉及了语言保护的三

---

① 瞿霭堂：《民族语言文字与非物质文化遗产的保护》，《民族翻译》2010 年第 4 期。
② 方小兵：《语言保护的三大着眼点：资源、生态与权利》，《民族翻译》2013 年第 4 期。
③ 戴红亮：《走整体把握和协同合作的民族语言保护之路》，《民族翻译》2014 年第 1 期。

项措施：保存语言材料、保障语言权利和重建语言生态环境；提到了语言保护的三个主体：语言使用者、政府和专家学者；提出了语言保护工作（也可看成语言保护）的三个目标：延缓少数民族语言生命周期，缓和语言之间张力，构建和谐的语言生活。

（二）本部分提出的概念

为了从理论上提出一个更能适合我国国情的"语言保护"范畴，在考虑借鉴前人研究成果的基础上，本部分尝试将这个概念界定为：

> 语言保护是指为了减少和避免国家或地区因语言濒危、语言资源流失、语言文化遗产失传、语言使用空间萎缩、语言生态失衡、语言健康恶化带来的冲击，政府、语言群体和专家采取的一系列保护性措施，包括：受保护语言的认定、记录、建档、研究、保存、保护、保障、维护、建区、宣传、传承、传播、展示。

关于语言保护的对象。要实施语言保护，首先要明确哪些种类的语言或何种状态的语言需要保护？这就涉及语言保护的对象问题。本定义列举了语言受冲击、受危害的六种状况，这六种状况总体上可以视为语言保护工作的对象。其中，鉴于"语言使用"是语言权利的核心内容，可以换用"语言权利"来表述，这样，语言保护的对象则可概括为濒危语言、语言资源、语言文化遗产、语言权利、语言生态和语言健康六种。

关于语言保护的主体。要实行语言保护，还要明确谁来制定实施语言保护行动或语言保护规划，这就涉及语言保护的主体问题。本定义列举了语言保护的三大主体：政府、语言群体和专家。需要补充说明的是："政府"要分辨主管部门，如教育主管部门、文化主管部门等；还要分出主次，例如，以哪个主要管理部门为主，哪些工作部门协同等。"语言群体"是指某一地区以某种语言或方言为母语的群体。要分地区。"专家"分学科，如语言学家、教育学家、民间文学家、民族学家、法学家等。

关于语言保护的措施。上述定义列举的 13 项，是各类语言保护措施的总和，有关这些语言保护措施的分类，将在后文论述。

二　语言保护的类别

（一）静态语言保护与动态语言保护

从语言形态上，语言保护分为静态语言保护和动态语言保护两种。

静态语言保护也称语言保存，主要包括"语言资源保护"和"少数民族濒危语言抢救和保护"。

"语言资源保护"已列入国家语言文字工作规划，命名为"语言资源保护工程"，由教育部和国家语言文字工作委员会主管，旨在利用现代化技术手段，记录、整理和存储各民族的语言包括濒危语言、汉语方言和口头语言文化。记录保存下来的语言材料是一种语言资源，具有文化承载价值、文化展示价值、科学研究价值和经济开发价值。计划用 5 年时间完成。2015 年度调查 80 个少数民族语言（含濒危语言）点、50 个汉语方言（含濒危方言）点和 30 个语言文化点①。

"少数民族濒危语言抢救和保护"已列入国家少数民族事业"十二五"规划，定名为"少数民族濒危语言抢救和保护工程"，由国家民族事务委员会主管，旨在调查 20 种少数民族濒危语言，出版《中国少数民族语言文字保护丛书》②。

动态语言保护，旨在保护中华民族优秀传统文化中的语言文化遗产，由各级政府文化主管部门负责管理。"语言文化遗产"是指一个民族或族群世代相传的一种非物质文化遗产，是其文化遗产的组成部分，是以人为本，以语言作主要载体的一种传统口头文学表现形式③。该类语言文化遗产要经国家或地方政府文化主管部门批准，在"非物质文化遗产代表性项目名录"中公布，可以认定其代表性传承人，开展各种相

---

① 教育部、国家语委：《关于启动中国语言资源保护工程的通知》，教育部门户网，2015 年 8 月 19 日，http：//www. moe. gov. cn/publicfiles/business/htmlfiles/moe/s7067/201506/188584. html。

② 《少数民族事业"十二五"规划》（国办发〔2012〕38 号），中央政府门户网，2012 年 7 月 12 日，http：//www. gov. cn/zwgk/2012 – 07/20/content_ 2187830. htm。

③ 《中华人民共和国非物质文化遗产法》第二条，中央政府门户网，2011 年 2 月 25 日，http：//www. gov. cn/flfg/2011 – 02/25/content_ 1857449. htm。

关的传承、宣传、教育、媒体、出版、展示等活动。该类另外一些语言文化遗产，作为保护项目，设在了国家级文化生态保护区的保护项目中，如 2007 年设立的闽南文化生态保护试验区将"闽南方言文学"定为该区十大保护项目之一。

（二）科学保护与依法保护

从语言保护的方式上，可以分出科学保护和依法保护这两种主要的类别。

科学保护有狭义和广义之分，焦点在如何解读"科学"一词。狭义科学保护多指实施两个语言保护工程，一个是由教育部和国家语言文字工作委员会主管的"语言资源保护工程"，旨在采用现代化科学技术手段，记录保存语言，建立大规模、可持续增长的多媒体语言资源库。另一个是由国家民族事务委员会主管的"濒危语言抢救与保护"工程，需要解决"濒危语言身份认定、语言濒危标准、濒危语言保护的执行标准、濒危语言调查保护操作规范、濒危语言多媒体数据库开发等科学保护语言的规范与标准问题"①。

广义科学保护是指专家学者对"科学"的解读相对宽泛，有的提出，"语言生活观""语言保护规划"和"语言保护方法"要科学②，有的则提出，要以科学发展观、辩证观③、多视角观④作指导来保护语言，旨在构建"科学保护各民族语言文字"的概念体系。

依法保护又称语言权利保障，旨在通过法律法规及行政措施等手段，保障各民族特别是少数民族享有语言选择上的自由，享有学习使用和发展本民族语言文字的权利。2011 年《中华人民共和国非物质文化遗产法》

---

① 黄行：《科学保护语言与国际化标准》，《民族翻译》2014 年第 2 期。

② 李宇明：《科学保护各民族语言文字》，载周庆生、侯敏主编《中国语言生活状况报告 (2012)》，商务印书馆 2012 年版，第 3—5 页。

③ 张世平认为："对'科学保护'要辩证地理解，尊重语言文字发展规律，了解各民族语言文字和方言的实际情况，有针对性地采取符合实际的政策措施。"参见张世平《中国的语言国情和语言政策》，载丁文楼主编《双语教学与研究》（第八辑上），中国编译出版社 2014 年版，第 56—60 页。

④ 方小兵提出："科学保护语言文字需要从语言资源、语言生态与语言权利三个着眼点出发。这三大着眼点既相互独立，又紧密联系，相辅相成。"参见方小兵《语言保护的三大着眼点：资源、生态与权利》，《民族翻译》2013 年第 4 期。

将语言文化遗产列为保护对象。截至 2013 年底，全国已有 13 个省（自治区、直辖市）出台了非物质文化遗产保护条例或民族民间文化保护条例。

语言权利既包括主体民族的语言权利，也包括少数民族的语言权利，但通常情况下是就"少数民族语言权利而言的"①。国家民族事务委员会 2010 年发布的《国家民委关于做好少数民族语言文字管理工作的意见》第 9 条规定"依法保障少数民族语言文字在相关领域的应用"，第 15 条规定"加强少数民族濒危语言的抢救—保护工作"②。

近年出台的国家相关文件，都对依法保障各民族学习使用和发展语言的权利，提出了明确要求：

> 依法保障少数民族学习使用和发展本民族语言文字的权利。推进少数民族语言文字的规范化、标准化和信息处理。建设中国少数民族濒危语言数据库。③
>
> 加强文化遗产保护宣传，深入实施国家通用语言文字法，大力推广和规范使用国家通用语言文字，依法保护各民族语言文字，推动文化遗产教育与国民教育紧密结合。④

国家在保护和发展少数民族语言文字的同时，也在全国各地（包括民族地区）的公民中推广汉语普通话。"任何个人和组织都不能以保护和发展本民族语言文字为借口，抵触或反对推广、学习和使用国家通用语言文字。"⑤

（三）语言生态保护与语言健康保护

从语言生命状态上，分语言生态保护和语言健康保护。

---

① 郭友旭：《语言权利的法理》，云南大学出版社 2010 年版，第 74 页。

② 《国家民委关于做好少数民族语言文字管理工作的意见》，国家民族事务委员会网，2010 年 6 月 18 日，http：//www.seac.gov.cn/art/2010/6/18/art_ 142_ 103787.html。

③ 《国家人权行动计划（2012—2015 年）》，人民网，2012 年 6 月 12 日，http：//cpc.people.com.cn/GB/87228/18145153.html。

④ 《国家"十二五"时期文化改革发展规划纲要》，中央政府门户网，2012 年 2 月 15 日，http：//www.gov.cn/jrzg/2012－02/15/content_ 2067781.htm。

⑤ 《西藏的发展与进步白皮书》，国务院新闻办公室门户网，2013 年 10 月 22 日，http：//www.scio.gov.cn/ztk/wh/2013/2013dgzgxzwhz/429352/Document/1348863/1348863.htm。

语言生态也称语言多样性、语言环境，是指特定语言与所在族群、社会、文化及地理环境相互依存、相互作用的生存发展状态，是语言和语言文化赖以立足的生命家园。语言的活力、变化、健康和传承都跟其生态环境密切相关。

语言生态保护旨在使现有生存环境中的语言，特别是有重要价值的濒危语言和衰变语言可持续生存发展，避免语言生态系统失衡。迄今我国只建立了文化生态保护区，没有设立语言生态保护区，语言生态保护是通过对国家级文化生态保护区中语言文化遗产的保护来实现的。

语言健康保护也称语言规范使用，旨在维护语言形体的健康，使其免受语言差错、语言暴力、低俗语言、外语侵蚀等方面的污染。

三　语言保护的主体

在语言保护行动中，发挥主体作用的，主要是政府、语言群体和学者。一般来说，政府是主导，语言群体是主角，学者是主力。

（一）政府

我国的语言保护工作，无论是语言资源保护、少数民族濒危语言抢救和保护，还是语言文化遗产保护，均以政府为主导。政府以权力为依托，以其强势地位，自上而下，统辖全局，发挥决策、组织、统筹的作用。居于高层的中央及省部级政府，制定法规政策，主管宏观调控；但越往下，政府参与的程度会越高；到基层，甚至具体组织，直接介入。

目前"语言资源保护工程"由教育部相关部门和国家语言文字工作委员会主管，"少数民族濒危语言抢救和保护工程"由国家民族事务委员会相关部门主管，语言文化遗产保护附加在非物质文化遗产保护之中，由文化部相关部门主管。政府的适当参与是必要的，但不宜进行不适当的干预，特别是如果在认识及措施上出现偏失，则会带来一定的负面影响甚至造成大面积损害，不可不高度重视。

（二）语言群体

语言群体又称语言共同体或语言社区，是指某一地区以某种语言或方言为母语的群体。

语言是一种社会现象，为社会群体共有，而非个人独有。被保护的语言是当地群体使用的语言。当地语言群体在语言保护的大舞台中唱主角。在许多地方，语言群体内部对母语使用的心态，存在差异。有些人对自己的母语充满依恋，感情深厚，但为了改变自己的现实生活境遇，正在放弃或很少使用母语，转而使用一种更实用更通用的语言；有些人更期盼两全其美，既能改变生活，又能传承母语；有些人则对母语使用人数的减少忧心忡忡，全身心投入母语保护的行动当中。

无论如何，在实施语言保护的过程中，要遵循"以人为本""以语言群体为主"的精神，充分尊重语言群体的意愿和情感，发挥语言群体的主人作用，多搞民主协商，不搞强制执行。

（三）专家

专家主要指语言学家、教师和热心人，是语言保护工作中的主力。专家参与语言保护涉及两大事项：一是记录保存语言，具体任务是：培训调查员的语言记录技能、语言读写技能和语言教学技能；编写调查表和调查规范，包括语音、词汇、语法调查项目表，话语录音使用的故事文本以及指定话题，调查中使用的仪器设备、记录规范、技术标准等；拟定濒危语言和方言名录，标注、存储、分析语言数据材料。二是为国家语言政策的制定和完善建言献策。

另外，在实施语言保护的过程中，还应该调动非政府组织、民间社会团体、个体赞助者的积极性，鼓励他们参与语言保护行动。

四 语言保护对象的特性

（一）活态性

语言的活态性是指语言存在的一种正常形态，活态性语言是指有活力有生命力有人使用的语言。跟已经消亡的"死"语言不同，人们保护的语言，即使处于衰变阶段或濒临灭亡阶段，也是由特定语言群体或特定民族使用的鲜活语言。该语言的存在，离不开该语言在家庭、社区、个人领域及公共场合中的使用，一旦无人使用，活态不再，该语言也就寿终正寝。

（二）群体性

语言是进行民族群体识别的一大标志，语言也是民族群体认同的重要载体。要使用并发展本族语，保持本族语的活力，则要依靠该民族的多数成员，发挥其主人的作用，而不能只靠少数或个别人员，也不能指望其他民族的成员。

（三）人文性

语言是文化的载体和媒介，撇开语言，各种非物质文化遗产大多难以独立存在。有的语言是非物质文化遗产的直接媒介，有的则是非物质文化遗产的间接媒介。语言可以反映各种文化内涵，诸如社会经济、思维方式、价值观念、社会组织形态、民族关系等。语言对内能够保持本族文化的稳定性和一致性，对外具有区分他族文化的差异性。一种语言消亡了，以该语言为依托的非物质文化遗产也将难以生存和延续。

（四）地域性

语言的地域性是指语言群体都有一个长期稳定的地理生存空间，该群体又称世居民族或世居族群。从历史传统来看，一个民族或族群特定的生产生活方式、特定的民族文化和社会结构，都是从该民族或族群赖以生存的自然地理环境中培育出来的，民族群体的地理生存空间也是该民族的主要社会空间，该民族或族群的语言保护只有在其地理生存空间中才能有效实现[①]。

（五）传承性

一种民族语言，不论是大语言还是小语言，是衰变语言还是濒危语言，其生命力都是通过该语言的使用群体代代相传而延续的。如果该民族青年家庭成员放弃使用母语，出现母语使用的代际断层，该语言的活力则难以为继。

---

① 范俊军：《少数民族语言危机与语言人权问题》，《贵州民族研究》2006 年第 2 期。

五 语言保护原则

当前，我国开展的"语言资源保护工程"，由教育部相关部门和国家语言文字工作委员会主管；"少数民族濒危语言抢救和保护工程"，由国家民族事务委员会相关部门主管；"语言文化遗产保护"置于非物质文化遗产保护之中，由文化部相关部门主管。这些语言保护工作，至少遵循着"完整性原则、活态原则、固态/标本原则、尊重原则、传承原则"五大原则。

（一）完整性原则

完整性（integrity）原则是指被保护对象在谱系分类、地理分布、濒危状况、调查点多少、规模大小等方面具有整体性和完好性。这是用来评判一个国家语言资源价值和语言资源保存状况的一个重要标准。

"语言资源保护工程"拟于 5 年内，调查中国语言、汉语方言点 1359 个。其中，汉语方言点 935 个，分布全国 31 个省（自治区、直辖市）以及香港、澳门和台湾地区；少数民族语言点 420 个，分属汉藏、阿尔泰、南亚、南岛、印欧等语系，其中一般语言点 310 个，濒危语言点 110 个。中国语言和汉语方言将被系统完整地记录和保存。中国"语言资源保护工程"是人类历史上规模最大的语言资源调查和保护工程。

（二）活态原则

活态（vitality）即有生命力、有活力，活态语言是指有活力有生命力有人使用的语言。该类语言的存在，离不开该语言在家庭、社区、个人领域及公共场合中的使用，一旦无人使用，活态不再，该语言也就寿终正寝。语言保护的要义，在于保持、强化和延缓语言的生命力，延年益寿，延缓衰变。活态原则多用于"优秀语言文化遗产保护"，例如，认定非物质文化遗产代表性项目的代表性传承人、项目纳入国家级文化生态保护区等。

（三）固态/标本原则

与动物植物的标本制作及其保存相类似，语言保存则是利用现代化技术手段，记录、整理和存储语言、方言和口语文化，将其作为该语言、方言或语言文化的样品，长久保存，以便进行展览、示范、教育、鉴定、考证及其他各种研究。活态原则多用于语言保护，固态原则或标本原则多用于语言保存，如"语言资源保护工程"和"少数民族濒危语言抢救和保护工程"中的语言记录和保存。

（四）尊重原则

尊重各民族使用和发展自己的语言文字的自由。尊重相关群体和个人使用汉语方言、少数民族语言和语言文化遗产，反对歧视、歪曲、矮化或贬损。确定语言文化生态保护实验区，还应尊重当地居民的意愿。树立各民族语言文字都是国家宝贵文化资源的观念，充分发挥语言文字在传承和弘扬中华优秀文化中的重要作用，构建中华民族共有精神家园。

（五）传承原则

语言传承（inheritage）可以细分为两个小类：一类是社会大众成员的家庭母语传承；另一类是语言文化遗产传承人的语言文化遗产传承。

家庭母语传承，是指一个民族大多数成员的母语是本族语，该语言在该民族家庭中一代代传递使用，在社区、学校、大众传媒等领域，也不同程度地传播和推行。一种民族语言传承流畅，该语言则会充满活力；如果语言传承受阻或者中断，该语言则会趋于衰变甚至濒危。家庭母语传承畅通，是一种语言或方言保持活力的根本保证。学校开设母语、母方言及其文化课程，开展语言保护教育，对少数民族语言、方言及语言文化遗产的传承，具有一定助推作用。

语言文化遗产传承，是指语言文化遗产代表性项目认定的代表性传承人，所开展的相关活动，如授徒、传艺、交流、宣传、社会公益等。

六 语言保护措施

联合国教科文组织在《保护非物质文化遗产公约》中指出："'保

护'指采取措施，确保非物质文化遗产的生命力，包括这种遗产各个方面的确认、立档、研究、保存、保护、宣传、弘扬、传承（主要通过正规和非正规教育）和振兴。"① 如上所述，"语言保护是指为了减少和避免国家或地区因语言濒危、语言资源流失、语言文化遗产失传、语言使用空间萎缩、语言生态失衡、语言健康恶化带来的冲击，政府、语言群体和专家采取的一系列保护性措施，包括受保护语言的认定、记录、建档、研究、保存、保护、保障、维护、建区、宣传、传承、传播、展示"②。一共列出 13 项。

结合我国当前开展的三大语言保护工作实际，对上述 13 项措施略作增减和调整，大致可以分为以下四大类语言保护措施。

（一）收集整理、建库、展示、编典、宣传——语言资源保存、少数民族濒危语言抢救措施

中国语言资源保护工程和少数民族语言抢救工作，主要采取了收集整理、建库、展示、编典、宣传等措施。具体来说，收集整理汉语方言、少数民族语言和民间口头文化的实态语料和网络语料，建设大规模、可持续开发的多媒体语言资源库，开发语言展示系统，建立当地语言文化资源展示网或体验馆，筹建中国语言文字博物馆，编制和完善中国语言地图集、语言志、濒危语言和方言志等基础性系列成果。宣传语言保护工作，增强全社会的语言资源观念，提高全社会的语言保护意识。

（二）调查、认定、记录、建档——一般语言文化遗产保存措施

"语言文化遗产"是指一个民族或族群世代相传的一种非物质文化遗产，是其文化遗产的组成部分，是以人为本，以语言作主要载体的一种传统口头文学表现形式③。对语言文化遗产跟对其他类型的非物质文化遗产一样，有"一般"和"优秀"之别，国家对一般的"非物质文

---

① 《联合国教科文组织关于保护语言与文化多样性文件汇编》，范俊军编译，民族出版社 2006 年版，第 81 页。

② 周庆生：《语言保护论纲》，《新疆师范大学学报》2016 年第 2 期。

③ 《中华人民共和国非物质文化遗产法》第二条，中央政府门户网，2011 年 2 月 25 日，http：//www.gov.cn/flfg/2011 - 02/25/content_ 1857449.htm。

化遗产采取认定、记录、建档等措施予以保存，对体现中华民族优秀传统文化，具有历史、文学、艺术、科学价值的非物质文化遗产采取传承、传播等措施予以保护"①。

一般语言文化遗产也相应采取认定、记录、建档等措施予以保存。政府相关部门组织的调查，收集语言文化遗产组成部分的代表性实物，整理调查获取的资料，建立档案及数据库，妥善保存，防止损毁、流失。

（三）入录、入区、传承、传播、宣传、展示——优秀语言文化遗产保护措施

如上所述，优秀语言文化遗产是指体现中华民族优秀传统文化，具有历史、文学、艺术、科学价值的语言文化遗产。保护优秀语言文化遗产，主要采取传承、传播等措施。大致可以分为两种情况。

入录即列入"非物质文化遗产代表性项目名录"。有些优秀的语言文化遗产，经国家或地方政府文化主管部门批准，在"非物质文化遗产代表性项目名录"中公布，可以认定其代表性传承人，设立语言文化遗产展示场所和传承场所，展示和传承语言文化遗产代表性项目，开展各种相关的宣传、教育、媒体、出版等活动。

入区即纳入国家级文化生态保护区的保护项目。有些优秀语言文化遗产，作为保护项目，设在了国家级文化生态保护区的保护项目中，如2007 年设立的闽南文化生态保护试验区将"闽南方言文学"定为该区十大保护项目之一。截至 2015 年 2 月国家级文化生态保护实验区已达18 个。

（四）依法行政——语言使用权利保障措施

语言领域中的依法行政或依法保护，又称语言权利保障，旨在通过法律法规及行政措施，保障各民族特别是少数民族享有语言选择上的自由，享有学习使用和发展本民族语言文字的权利。《国家民委关于做好少数民族语言文字管理工作的意见》第 9 条规定"依法保障少数民族语

---

① 《中华人民共和国非物质文化遗产法》第三条，中央政府门户网，2011 年 2 月 25 日，http：//www.gov.cn/flfg/2011－02/25/content_ 1857449. htm。

言文字在相关领域的应用"①。新疆教育部门要求本部门的公务员都要懂得双语。内蒙古、新疆、西藏等地的司法部门持续对法官进行双语培训。

七　余言

西方语言学家曾经感叹，西方发达国家从农业社会转入工业化社会，历经一二百年，甚至二三百年，居然没有留下什么文献，来记录这种"社会转型中的语言使用变化"。后来，国际学者发现，当大量的语言方言濒临灭绝或消亡之际，想回过头来再开展整体性大面积抢救和保存工作，已经来不及了。

中国向工业化、城镇化转型 30 多年，城镇化率已经过半，已有 5 亿农村人口迁入城市。发生如此大规模的人口迁移和如此大面积的语言接触，这在中外历史上，都极为罕见。

联合国教科文组织于 2003 年发布了《保护非物质文化遗产公约》，中国是其中一个重要缔约国；但是，有关语言保护的规约或宣言，迄今未见联合国推出，这种状况正好为中国在语言保护领域的全面崛起带来了机遇。因为，语言濒危和语言消亡尚未在中国大面积发生，中国政府已经及时制定了语言保护政策，实施了世界上规模最大的语言资源保护工程，开展了语言文化遗产保护、少数民族濒危语言抢救和保护工作，尽管还存在一些难以避免的问题，但现有成绩，已经令世界刮目相看。

在语言治理方面，一些发达国家实行"先同化，后多样化"的战略，但"语言多样化"往往流于形式，没有实际意义；中国坚持实行"主体多样"的语言战略②，协调处理大力推广国家通用语言文字与科学保护各民族语言文字的关系，科学保护能落在实处。

以中国语言保护的实践为依托，本部分尝试从定义、类别、主体、特性等方面，揭示"语言保护"概念的丰富内涵，得出以下结论。

---

① 《国家民委关于做好少数民族语言文字管理工作的意见》，国家民族事务委员会网，2010 年 6 月 18 日，http：//www. seac. gov. cn/art/2010/6/18/art_ 142_ 103787. html。

② 周庆生：《语言生活与语言政策：中国少数民族研究》，社会科学文献出版社 2015 年版，第 15—39 页。

语言保护是指为了应对语言生态受到的破坏，政府、社会群体和专家对不同语言状况采取的各种保护措施或治理措施。具体包括对濒危语言，实行抢救记录语言资料，汇集出版；对各民族语言、汉语方言及口头语言文化，实行科学记录并加工成语言资源数据库，进一步开发利用，永久保存；对传统优秀语言文化遗产，实行申报列入"非物质文化遗产代表性项目名录"，或纳入国家级文化生态保护区的保护项目，认定其代表性传承人，传承和传播该语言文化遗产；对少数民族语言，实行依法保障少数民族语言的学习使用和发展；对受污染的语言，实行依法整治，维护语言健康。

人类对生态保护的认识，从没有保护意识到生态保护立法，达到今日的水平，大概用了一个多世纪的时间。我国对语言保护的关注只有十几年，社会对语言保护的看法还存在一定分歧，语言保护的理论和实践还有很长的路要走。

语言政策建议 2001 [*]

一　语言传播政策

世界上许多民族语言如阿拉伯语、西班牙语、葡萄牙语、法语、俄语和英语发展成为一种国际性大语言，并不是一种偶发现象，往往伴随着殖民征服、宗教传播或贸易活动。例如，英语在 1600 年还是一个鲜为人知的小语种，但是由于英国 17—19 世纪在征战、殖民和贸易方面取得了巨大的成功，美国又在第二次世界大战后发展成为世界军事、科技强国，特别是 1950—1970 年，美国政府和个人斥巨资传播英语，终于使英语成为当今世界使用领域最广，使用国家最多的一种特大"国际语言"，今日英语的国际地位已经远远超过了历史上拉丁语在罗马帝国或欧洲的地位。

西方诸发达国家在其综合国力达到一定高度的时候，往往着手制定语言传播政策，并为此投入了大量的资金，其目的是要提高本国语言在国际上的地位，扩大本国语言文化在国际上的影响，进而树立该国在国际上的大国或超级大国的形象。这些国家制定或实行语言传播政策的经验主要有以下几点。

（一）政府重视

美国曾把"语言文化教育"列为该国外交政策中的"第四要素"，

---

　　* 本部分是 2001 年 7 月国家社会科学基金重点项目"少数民族语言政策比较研究"的结项报告《最终成果简介》中的第二节"对策建议"原文，原标题有所改动。该建议曾经呈报政府相关部门，当时提出的制定"语言传播政策"和"语言保护政策"，开展"城市务工人员普通话培训"，解决"经济落后地区的义务教育问题"，后来都不同程度地被政府相关部门采纳。

该国外交政策的其他三大要素是经济、政治和军事。英国则把扩大英语的使用范围作为实现英国海外扩张规划目标的一个重要途径。该规划的三项目标是：支持本国的外交政策；维护并加强联邦和英帝国的关系；促进本国贸易的发展，保护海外投资。

第二次世界大战之后，法国传播法语的动机和对策主要是：抗衡英语在经济、科技领域中的霸主地位，保持并扩大法语在世界上的地位；在原殖民地传播法语，抛弃已往的同化政策，承认多样化的法语标准，尊重当地的伙伴语言，改善诸伙伴语言与法语的关系，以期实现诸语言的功能相互补充。

（二）建立官方组织机构

为了实施语言传播政策，各国建立的组织既有官方的，也有民间的，如社团、教会和私人组织等。著名的官方机构主要有：英国的"英国文化委员会"、美国国务院的"文化关系处"及"美国新闻署"、法国外交部的文化科学技术总司及国民教育部的"国外法语和法国文化教学办公室"、德国外交部对外文化政策司的语言组、日本外交部的"日本基金会"、日本教育部的"国际事务规划处"及"留学生交换处"等。

（三）财政拨款

据统计，英国文化委员会1989年的预算经费是3.21亿英镑。美国1950—1964年在境外语言文化教育的投入为年均2亿美元，接近当时该国军备预算的1/10。法国外交部1987年资助对外法语教学机构的资金为9.98亿法郎，该部文化科学技术关系总司的经费总额为38.59亿法郎。日本外交部日本基金会1989年对外日语教学活动预算总额为14.12亿日元（约1000万美元），德国外交部1988年度用于境外传播德语的拨款为4.46亿马克。

（四）优先考虑的国家和地区

各国政府在传播本国语言的实践中，优先考虑的国家和地区主要是：地理上互为邻邦的国家；与本国的政治经济关系密切的国家；将与本国结为伙伴关系的国家；拥有大量讲本国语社区的国家；具有学习本国语传统的国家。

二　语言保护政策

自从 18 世纪 70 年代英国进行工业革命以来，人类开始从农业社会向工业社会转移，该时期的特点是工业化、城市化、征服大自然，遵奉科学主义。由于一味征服自然，而不考虑子孙后代的资源开发和利用，不考虑人文生态环境的平衡，结果造成诸多弊端，如环境污染、城市交通拥挤、居住条件恶化、犯罪率上升，人与自然完全分离等。工业化社会不得不重新治理生态环境，寻求人与自然的和谐。西方实现工业化走的是"先污染，后治理"的社会发展路子，已经引起我国有识之士的高度警觉，我国许多经济规划人员提出，我国的现代化发展不能重蹈西方工业社会的覆辙，而应"先治理（生态环境），再开发"。

在语言政策特别是少数民族语言政策方面，西方工业化国家大多实行"先同化，后保持"的策略，如加拿大、澳大利亚、新西兰、美国等国，在国家实现工业化的时代曾长期奉行语言同化政策，20 世纪 80 年代以来，又纷纷推出多元文化主义政策，政府拨巨款保护少数民族的语言和文化，试图恢复濒临灭绝的诸少数民族语言，但是效果微忽其微。70 年代以来，随着信息革命、知识革命在世界范围的崛起，知识经济逐渐取代工业经济，人类社会正在从工业时代向知识时代转移，知识时代的主要特点是知识化、网络化、回归大自然，信奉人文主义。

在实施西部大开发的过程中，我们应该吸取西方工业化国家的经验教训，应该高度重视少数民族语言文化资源的开发、利用和保护，尽量使西部地区经济文化的开发与少数民族语言文化的发展能够有机地结合起来，重视民族地区语言文化生态环境的建设。云南省 2000 年讨论制定的《云南民族文化大省建设纲要》反映了该省领导的远见卓识，对我国西部各省或各民族地区均有借鉴意义。

三　城市务工人员的普通话培训

随着中国工业化城市化进程的加快，大量的农村人口将持续不断地涌入城市，据调查许多来自非官话区或少数民族聚居地区的务工人员，初入城市时都遇到过语言障碍，他们跟城市人员无法进行有效的沟通，与此同时还会引发种种心理障碍。

他们迫切希望得到政府的帮助。为此，特建议政府民政部门管理城市流动人口的有关机构，能够设立普通话培训班（在国外，移民局都办有语言学校，帮助移民克服语言障碍），这不仅有效推广了普通话，还大大提高了务工人员的文化素质，提高了他们适应城镇生活的能力，同时也将有效克服务工人员因语言障碍而引发的种种心理障碍。

四 经济落后地区的义务教育问题

根据我国法律的规定，要普及九年义务教育，而美国、日本实行十二年制义务教育，英国和朝鲜为十一年制，但是我国的少数语言地区，特别是草原和山区，受教育的平均年限只有3—6年。当地民族教育滞后的根本原因是办学条件恶劣，人口分散，缺少合格的教师，经济比较落后。要提高这些地区的儿童教育水平，如按常规，得花费巨额资金和很长的时间。但是，如果通过广播、电视、卫星电视地面接收站、互联网等手段，来培养师资，开展远程教育，则有望收到低投入、高效益的结果。

第二部分

语言立法

国外语言立法概况[*]

语言立法就是从法律上规定某种或某些语言的权利，规定这种或这些语言的使用范围。优先保护推行或规范一种或几种特定的语言，以便在某种程度上解决某个国家某一区域或某个地区的语言问题，这些问题往往是由于语言接触、语言冲突、语言不平等或语言使用混乱而造成的。

从功能的角度透视，语言立法大致可以分为官方语言立法、公共机构的语言立法和标准化语言立法三类。①官方语言立法。官方语言一般在立法、司法、行政和教育部门使用的语言，非官方语言往往是指文化、交际、劳工和商贸等非官方部门使用的语言。官方语言立法旨在规定一种或多种语言为国语或官方语言，一般在立法、司法、行政和教育领域使用。该类立法最为普遍。②公共机构的语言立法。公共机构的语言立法旨在规定一种或多种语言为非官方语言，一般在文化、交际、劳工和商贸等领域使用。这种立法不普遍。③标准化语言立法。标准化语言立法旨在规定一种或多种语言在官方或非常专业技术化的领域使用，遵守一定的语言标准。这种立法较少见。

国际上的语言立法，一般采用三种形式。第一种是在一个国家的宪法中设立专门的语言章节或条款，规定一种或多种语言享有的地位以及公民或民族享有的语言权利。第二种是在有关的国际公约中设立专门的语言条款，规定世界范围之内或某一区域（如欧洲、非洲等）之内语言权利的保护、语言使用的领域或者语言享有的地位。第三种是指一个国家专门制定的语言法。现将这三种语言立法形式概述如下。

* 原载《语言与法律研究的新视野》，法律出版社 2003 年版。

一　宪法规定的语言地位和语言权利

在世界各国的语言立法实践中，有些国家如美国、英国、日本、韩国和泰国等，其宪法没有设立语言条款，而其他大多数国家的宪法则设有语言条款。加拿大有位语言法律专家名叫图里，他研究了世界上 147 个国家的宪法，发现其中 110 个国家设有语言条款[①]。

宪法中的语言条款主要包括语言地位和语言权利两个方面。

（一）语言地位

世界大多数国家的宪法，对语言地位的规定不尽相同，大致分为四种：①只规定一种国语或官方语言；②规定两种国语或官方语言；③规定多种国语或官方语言；④既规定一种国家层面的官方语言或通用语言，又规定一种或多种地方层面的官方语言或通用语言。

1. 一种国语或官方语言

世界各国的宪法只规定一种语言作为国语或官方语言，没有涉及其他语言的情况比较普遍（见表 1）。

表 1　　　　　　世界诸国宪法规定的单国语或单官方语言状况

洲	国家	宪法通过的时间	宪法条款	语言地位
亚洲	阿拉伯也门	—	第 2 条	官方语言：阿拉伯语
	阿联酋	—	第 7 条	官方语言：阿拉伯语
	巴林	1973	第 2 条	官方语言：阿拉伯语
	吉尔吉斯斯坦	1993	第 5 条	国语：吉尔吉斯语
	卡塔尔	—	第 1 条	官方语言：阿拉伯语
	尼泊尔	—	第 4 条	国语：尼泊尔语（文字为天城体）
	马尔代夫	1968	第 3 条	官方语言：迪维希语
	孟加拉国	1979	第 3 条	国语：孟加拉语

---

① Turi，Joseph-G.，*Les Dispositions juridico-constitutionnelles de 147 Etats en matiere de politique linguistique*，Quebéc：CIRB，l'Université Laval，1977.

洲	国家	宪法通过的时间	宪法条款	语言地位
亚洲	黎巴嫩	1947	第11条	官方语言：阿拉伯语
	土耳其	1982	第3条	官方语言：土耳其语
	土库曼斯坦	1992	第13条	国语：土库曼语
	乌兹别克斯坦	1992	第4条	国语：乌兹别克语
	叙利亚	1973	第4条	官方语言：阿拉伯语
	亚美尼亚	1995	第12条	国语：亚美尼亚语
	印度尼西亚	—	第36条	国语：印度尼西亚语
	约旦	—	第2条	官方语言：阿拉伯语
	科威特	1962	第3条	官方语言：阿拉伯语
	也门	1978	第4条	官方语言：阿拉伯语
欧洲	奥地利	1929	第8条	官方语言：德语
	摩纳哥	—	第8条	官方语言：法语
	列支敦士登	—	第6条	官方语言：德语
	罗马尼亚	1991	第13条	官方语言：罗马尼亚语
	爱沙尼亚	1992	第6条	国语：爱沙尼亚语
	立陶宛	1992	第14条	国语：立陶宛语
非洲	阿拉伯	1971	第5条	官方语言：阿拉伯语
	阿尔及利亚	1976	第3条	国语和官方语言：阿拉伯语
	达荷美	1964	第1条	官方语言：法语
	象牙海岸	1960	第1条	官方语言：法语
	中非	1961	第1条	官方语言：法语
	利比亚	1977	第2条	官方语言：阿拉伯语
	尼日尔	1960	第1条	官方语言：法语
	加蓬	1961	第2条	官方语言：法语
	多哥	1963	第1条	官方语言：法语
	突尼斯	1957	第1条	官方语言：阿拉伯语
	马里	1960	第1条	官方语言：法语
	摩洛哥	1962	序言	官方语言：阿拉伯语

续表

洲	国家	宪法通过的时间	宪法条款	语言地位
美洲	哥斯达黎加	1975	第76条	官方语言：西班牙语
	委内瑞拉	1961	第6条	公务用语：西班牙语
	厄瓜多尔	1946	第7条	官方文字：西班牙文
	危地马拉	—	第5条	官方语言：西班牙语
	洪都拉斯	1982	第6条	官方语言：西班牙语
	尼加拉瓜	—	第7条	法定语言：西班牙语

资料来源：姜士林主编：《世界宪法全书》，青岛出版社1997年版；董云虎、刘武萍编：《世界人权约法总览》，四川人民出版社1991年版；董云虎、刘武萍编：《世界各国人权约法》，四川人民出版社1994年版；Moatassime，A.，"L'arabe，le francais et les législations linguistiques au Maghreb"，*Universités*，mai 1994：37 – 38；Halaoui，N.，"Les législations de langues en Afrique Noire：une introduction"，*Universités*，mai 1994：39 – 41；Hookoomsing，V. Y.，"Langues et Législations en pays créolophones"，*Universités*，mai 1994：42 – 44。

2. 两种国语或两种官方语言

世界诸国宪法中，规定两种语言作为国语或官方语言的，并不很多（见表2）。

表2　　　　　世界诸国宪法规定的双国语或双官方语言状况

洲	国家	宪法通过的时间	宪法条款	双语地位
亚洲	菲律宾	1986	第6条 第7条	国　　语：菲律宾语 官方语言：菲律宾语、英语*
	哈萨克斯坦	1995	第7条	国　　语：哈萨克语 正式用语：哈萨克语、俄语
	马来西亚	1957	第152条	国　　语：马来语 官方语言：英语
	塞浦路斯	—	第3条	官方语言：希腊语、土耳其语
	斯里兰卡	—	第18条 第19条	官方语言：僧伽罗语 国　　语：僧伽罗语、泰米尔语
	塔吉克斯坦	1994	第2条	国　　语：塔吉克语 族际交际语：俄语

洲	国家	宪法通过的时间	宪法条款	双语地位
亚洲	老挝	1947	第 6 条	国　　语：老挝语 官方语言：法语
欧洲	爱尔兰	1937	第 8 条	国　　语：爱尔兰语 官方语言：第一是爱尔兰语，第二是英语
	白俄罗斯	1996	第 17 条	国语：白俄罗斯语、俄语
	比利时	1873—1891	—	官方语言：法语、荷兰语
	芬兰	1919	第 14 条	国语：芬兰语、瑞典语
	马耳他	1974	第 1 条 第 2 条	国语：马耳他语 官方语言：马耳他语、英语
非洲	马达加斯加	—	第 2 条	官方语言：马达加斯加语、法语
	毛里塔尼亚	1959	第 3 条	官方语言：阿拉伯语、法语
	布隆迪	—	第 21 条	官方语言：布隆迪语、法语
	喀麦隆	1961	第 1 条	官方语言：英语、法语
	乍得	1979	—	官方语言：阿拉伯语、法语
	刚果	1992	—	国　　语：林加拉语、穆努古突巴语
美洲	巴拉圭	—	第 5 条	国　　语：西班牙语、瓜拉尼语 官方语言：瓜拉尼语
	加拿大	1982	第 16 条	官方语言：英语、法语
	海地	1987	第 5 条	通用语言：克里奥尔语（混合语） 官方语言：混合语、法语

注：＊辅助性官方语言：地区语言；提倡语言：西班牙语、阿拉伯语。

资料来源：姜士林主编：《世界宪法全书》，青岛出版社 1997 年版；董云虎、刘武萍编：《世界人权约法总览》，四川人民出版社 1991 年版；董云虎、刘武萍编：《世界各国人权约法》，四川人民出版社 1994 年版；Moatassime, A., "L'arabe, le francais et les législations linguistiques au Maghreb", *Universités*, mai 1994：37 – 38；Halaoui, N., "Les législations de langues en Afrique Noire：une introduction", *Universités*, mai 1994：39 – 41；Hookoomsing, V. Y., "Langues et Législations en pays créolophones", *Universités*, mai 1994：42 – 44。

3. 多种国语或官方语言

世界诸国宪法中，规定三种或三种以上语言作为国语或官方语言的，相对说来，比较少见（见表3）。

表3 世界诸国宪法规定的多国语或官方语言的分布

洲	国家	宪法通过时间	宪法条款	多语地位
亚洲	新加坡	1986	第37条	官方语言：马来语、英语、华语、官话、泰米尔语
欧洲	瑞士	1874	第116条	国语：德语、法语、意大利语、拉丁罗曼语 官方语言：德语、法语、意大利语
非洲	毛里塔尼亚	1992	第6条	国语：阿拉伯语、布拉尔语、索宁克语、沃洛夫语 官方语言：阿拉伯语
	尼日尔	1989	—	国语：阿拉伯语、富尔富尔得语、古尔曼斯语、豪萨语、卡努里语、桑海—扎尔马语、塔马亚语、图布语
	塞内加尔	1984	—	国语：迪奥拉语、曼丁卡语、布拉尔语、塞雷尔语、索宁克语、沃洛夫语
	南非	1996	第6条第1款	官方语言：佩地语、索托语、茨瓦纳语、斯威士语、文达语、聪加语、阿非利坎语、英语、恩德贝莱语、科萨语、祖鲁语
大洋洲	百努阿图	1979	第3条	国语：比斯拉马语 官方语言：比斯拉马语、英语、法语 主要教育语言：英语、法语

资料来源：姜士林主编：《世界宪法全书》，青岛出版社1997年版；董云虎、刘武萍编：《世界人权约法总览》，四川人民出版社1991年版；董云虎、刘武萍编：《世界各国人权约法》，四川人民出版社1994年版；Moatassime, A. , "L'arabe, le francais et les législations linguistiques au Maghreb", *Universités*, mai 1994：37 – 38；Halaoui, N. , "Les législations de langues en Afrique Noire：une introduction", *Universités*, mai 1994：39 – 41；Hookoomsing, V. Y. , "Langues et Législations en pays créolophones", *Universités*, mai 1994：42 – 44；张宝增：《从官方双语制到官方多语制：南非语言政策与语言规划研究》，载周庆生主编《国家、民族与语言：语言政策国别研究》，语文出版社2003年版，第196—221页。

4. 一种国家官方语言或通用语言，一种或多种地区语言（国家单语＋地区语言）

世界各国家宪法中，既规定一种国家推广的官方语言或通用语言，又规定一种或多种特定地区使用的语言，这种规定比较多见（见表4）。

表4　　　　世界诸国宪法中"国家单语＋地区语言"模式状况

洲	国家	宪法通过时间	宪法条款	"国家单语＋地区语言"模式
亚洲	阿塞拜疆	1995	第21条	阿塞拜疆＋其他语言
	中国	1982	第19条 第4条	普通话：全国推广 各民族语言：有使用和发展的自由
	格鲁吉亚	1995	第8条	格鲁吉亚：国语 阿布哈兹语：阿布哈兹地区使用
	印度	1949	第343条 第344条	印地语：联邦官方语言 15种语言：地方邦官方语言
	伊朗	—	第15条	波斯语：国语 地方语言和民族语言：用于部分领域
	伊拉克	1990	第7条	阿拉伯语：国家官方语言 库尔德语：库尔德地区官方语言
	巴基斯坦	1973	第251条	乌尔都语：国语 各省地方语言：可依法使用、发展、讲授
欧洲	西班牙	1978	第3条	西班牙语：国家官方语言 其他语言：可依法定为自治区的官方语言
	南斯拉夫	1992	第15条	塞尔维亚语：全国公务用语 少数民族语言：可依法定为自治区的官方语言
	俄罗斯	1993	第15条	俄语：俄联邦国语 其他国语：各共和国有权自定
	克罗地亚	1990	第12条	克罗地亚语：全国公务用语 其他语言文字：可依法在某些单位使用
	马其顿	1991	第7条	马其顿语：国家官方语言 其他民族语言：可依法在民族自治单位使用
	摩尔多瓦	1994	第13条	摩尔多瓦语：国语 俄语和其他语言：可依法使用
	斯洛文尼亚	1991	第11条	斯洛文尼亚语：国语官方语言 意大利语：该族居住区的官方语言 匈牙利语：该族居住区的官方语言
	乌克兰	1996	第10条	乌克兰语：国语 俄语和其他少数民族语言：得到保护和发展

续表

洲	国家	宪法通过时间	宪法条款	"国家单语＋地区语言"模式
美洲	巴拿马	1983修订	第7条第83条第95条	西班牙语：国语 土著语言：用于土著村社的双语扫盲 外语：可依法用于某些学样
	秘鲁	1979颁布	第83条	西班牙语：国家官方语言 盖丘亚语：依法可作地区官方语言 艾马拉语、其他土著语言：国家文化的部分遗产
	厄瓜多尔	1987	第1条第27条	西班牙语：国家官方语言文化交流用语 盖丘亚语和其他地方语言：地区教育主要用语
	尼加拉瓜	1987	第11条第121条11条	西班牙语：国语 大西洋沿岸村社语言：地区官方用语、母语教育用语
	萨尔瓦多	1983通过	第62条	西班牙语：官方语言 土著语言：受国家尊重、保护在地区使用
	危地马拉	1985通过	第143条第76条	西班牙语：官方语言 印第安语言：用于印第安人社区的双语教学

资料来源：姜士林主编：《世界宪法全书》，青岛出版社1997年版；董云虎、刘武萍编：《世界人权约法总览》，四川人民出版社1991年版。

（二）语言权利

1. 各民族的语言权利

中国1954年通过的《宪法》第3条规定："各民族都有使用和发展自己的语言文字的自由。"《越南宪法》（1992年）第5条也有类似的规定："各民族有权使用本民族的语言、文字。"

《俄罗斯联邦宪法》（1993年）第68条第3款规定："俄罗斯联邦保障俄罗斯联邦各族人民享有保留本族语言，建立学习和发展本族语言条件的权利。"[①] 第26条第2款规定："每个人都享有使用本族语言、

[①] 姜士林主编：《世界宪法全书》，青岛出版社1997年版，第831页。

自由选择交际、教育、学习和创作语言的权利。"①

《白俄罗斯共和国宪法》（1996 年）第 50 条规定："每个人都享有使用本民族语言、选择交际语言的权利。国家根据法律保护选择教育和学习语言的自由。"②

《南斯拉夫联盟共和国宪法》（1992 年）第 45 条规定："保障表达民族属性和文化的自由，以及使用自己的语言和文字的自由。"第 49 条规定："在法院或者在履行公共授权中解决一个人的权利和义务的其他国家机关或组织的审理程序中，保障每个人有使用自己的语言和用自己的语言了解事实真相的权利。"③

《克罗地亚共和国宪法》（1990 年）第 15 条规定："在克罗地亚共和国，所有大小民族的成员都是平等的。对所有大小民族的成员均保障表达民族属性的自由，保障自由使用自己的语言和文字，并保障文化自治。"④

《马其顿共和国宪法》（1991 年）第 48 条规定："共和国保证保护各民族的种族、文化、语言和宗教的特征。""各民族成员有权根据法律规定在初等和中等教育中用他们的语言讲授。在用本民族语言进行教育的学校，也要学习马其顿语。"⑤

2. 少数民族的语言权利

宪法中明文规定保护少数民族语言权利的国家大多分布在欧洲，特别是 20 世纪 90 年代以来修订的宪法，如《匈牙利共和国宪法》（1990 年）第 68 条第 2 款规定："匈牙利共和国参与保护少数民族。保证其集体参与公共生活，保护自己的文化，使用母语，传授母语，以自己的语言使用姓名的权利。"⑥

《保加利亚共和国宪法》（1991 年）第 36 条第 2 款规定："凡母语不是保加利亚语的公民有权在必须学习保加利亚语的同时，学习和使用

---

① 姜士林主编：《世界宪法全书》，青岛出版社 1997 年版，第 827 页。
② 姜士林主编：《世界宪法全书》，青岛出版社 1997 年版，第 739 页。
③ 姜士林主编：《世界宪法全书》，青岛出版社 1997 年版，第 1056 页。
④ 姜士林主编：《世界宪法全书》，青岛出版社 1997 年版，第 948 页。
⑤ 姜士林主编：《世界宪法全书》，青岛出版社 1997 年版，第 1027 页。
⑥ 姜士林主编：《世界宪法全书》，青岛出版社 1997 年版，第 1245 页。

自己的语言。"①

《斯洛伐克共和国宪法》（1992 年）第 34 条第 1 款规定："构成斯洛伐克共和国少数民族团体的公民的全面发展受到保障，特别是与其他少数民族成员一起发展他们自己文化的权利，用他们母语传播和接受信息的权利，参加以民族为基础的组织以及建立和维护教育与文化机构的权利。"该条第 2 款规定："除了学习官方语言的权利以外，根据法律规定的条件，属于少数民族或种族团体的公民还获得如下保障：第 1 项用他们自己的语言接受教育的权利；第 2 项在官方联系中使用他们自己语言的权利。"②

《南斯拉夫联盟共和国宪法》（1992 年）第 46 条："少数民族成员依法享有自己的语言接受教育的权利。少数民族成员享有用自己的语言进行公开报道的权利。"③

《罗马尼亚宪法》（1991 年）第 6 条第 1 款："国家承认并保障少数民族保护、发展和表现其种族、文化、语言和宗教特性的权利。"④ 第32 条第 3 款："保障少数民族人员学习本民族语言的权利，以及用这种语言接受教育的权利，行使这些权利的方式由法律予以规定。"⑤

《乌克兰宪法》（1996 年）第 53 条规定："对属于少数民族的公民，按照法律，保证使用本民族语言培训的权利，或者保证在国立和公共学校或通过民族文化协会研究本民族语言文字的权利。"⑥

《南非共和国一九九六年新宪法》第 6 条第 5 款第 2 项规定："促进并确保尊重由南非各群体使用的所有语言，包括德语、希腊语、古吉拉特语、印地语、葡萄牙语、泰米尔语、特卢固语和乌尔都语；促进并确保尊重南非用于宗教目的的阿拉伯语、希伯来语、梵语和其他语言。"⑦

---

① 姜士林主编：《世界宪法全书》，青岛出版社 1997 年版，第 751 页。
② 姜士林主编：《世界宪法全书》，青岛出版社 1997 年版，第 1155 页。
③ 姜士林主编：《世界宪法全书》，青岛出版社 1997 年版，第 1056 页。
④ 姜士林主编：《世界宪法全书》，青岛出版社 1997 年版，第 987 页。
⑤ 姜士林主编：《世界宪法全书》，青岛出版社 1997 年版，第 989 页。
⑥ 姜士林主编：《世界宪法全书》，青岛出版社 1997 年版，第 1182 页。
⑦ 张宝增：《从官方双语制到官方多语制：南非语言政策与语言规划研究》，载周庆生主编《国家、民族与语言：语言政策国别研究》，语文出版社 2003 年版，第 196—224 页。

二 国际约法规定的语言权利和语言使用

（一）保护少数民族语言权利

联合国大会 1966 年 12 月 16 日通过的《公民权利与政治权利国际公约》（以下简称《公约》）第 27 条规定：

> 在那些存在着种族、宗教或语言上的少数民族的国家中，不得否认该少数人同他们群体中的其他成员共同享有自己的文化、信奉和实行自己的宗教或使用自己的语言的权利。

这条规定已成为国际约法中保护少数民族语言权利的最重要的条款之一。这一思想，在后来的联合国及欧洲议会等组织的有关约法和文件中，不断得到强调和完善。

联合国大会 1992 年 12 月 18 日通过的《关于民族或种族、宗教和语言少数群体的人权宣言》（以下简称《宣言》）规定：

> 第一条　第一款　各国应保护其境内少数群体的存在，保护其民族或种族、文化、宗教和语言上的特征，应创造条件强化这种特征。
>
> 第二条　第一款　民族或种族、宗教和语言上的少数群体（以下称作少数群体成员），有权私下和公开、自由和不受干扰或不受任何歧视地享有自己的文化，信奉并实行自己的宗教，使用自己的语言。

同《公约》第 27 条相比，《宣言》中的第二条第一款的规定更加深刻，本条款用"有权"取代了第 27 条中的"不得否认"，并且指出，这些权利可以在官方和民间自由运用，不受任何干扰或歧视。《宣言》还要求各国积极实现这些权利：

> 第四条　第二款　各国应采取措施，创造有利条件，使少数群

体成员均可表现其特征，发展其文化、语言、宗教传统和风俗，违反国家法律，不符合国际规范的特殊习俗除外。

欧洲委员会 1994 年 11 月 10 日通过的《保护少数民族框架公约》第 6 条第 2 款规定："各缔约国同意采取适当措施，保护那些由于其种族、文化、语言或宗教特性而可能遭到歧视、敌视或暴力或受到此类行为威胁的人。"

（二）尊重儿童或少数民族语言

联合国大会 1989 年 11 月 20 日通过的《儿童权利公约》提出，要"尊重儿童的父母、儿童自身的文化认同、语言和价值观"（第 29 条第 1 款第 3 项），"鼓励大众传播媒介特别注意少数民族儿童或土著居民儿童的语言需要"（第 17 条第 4 项），"应适当注意必须连续培养教育儿童，注意儿童的族裔、宗教、文化和语言背景"（第 20 条第 3 款）。

《保护少数民族框架公约》规定："一个多元、真正民主的社会应不仅尊重每一个少数民族成员的种族、文化、语言和宗教特性，而且应为他们表达、保持和发展这一特性创造适宜的条件。"

（三）提供母语教育

欧洲委员会 1981 年 10 月 16 日通过的《欧洲弱势语言局公告》要求各国政府：

采取步骤，保障从托幼学校到大学的官方课程包含地区性语言和文化。在各级学校的各个年级，提供用地区性语言讲授的课程，尤其强调为托幼学校提供这种教育，旨在保证儿童学会母语。

《宣言》第四条第三款规定：

各国应采取适当措施，在可能的情况下，为少数群体成员提供充分的机会，学习其母语或用母语教学。

《保护少数民族框架公约》规定："少数民族成员有学习其民族语言的权利；有接受母语教育的权利，但不应妨碍官方语言的教育"（第14条）。

（四）语言使用

欧洲委员会1984年4月13日还通过了《欧共体语言使用决议》，该决议重申，各种语言及其所承载的文化都具有内在的价值；人人享有使用母语或选择其他语言进行自由表达的权利；旨在加强欧共体的外语教学，提高教学和翻译的质量；限制英语的使用范围，鼓励多语制和各种语言的平等。

欧洲委员会1992年6月22日通过的《欧洲地区性语言或少数民族语言宪章》（以下简称《宪章》），涉及欧洲各国的教育、司法、公务、传媒、文化、经济、社会生活及境外交际等诸多领域的语言使用。《宪章》"序言"提出："在私人和公共生活中使用地区性语言或少数民族语言是一项不可剥夺的权利"；"强调多文化和多语制的价值"；认为"对地区性语言或少数民族语言的保护和推行，不应损害官方语言"，不应不利于"官方语言的学习"，而应该"根据国家主权和领土完整框架内的民主和文化多样性原则"，为"欧洲建设"做出"重大贡献"。

《宪章》的各个签署国应自行确定本国愿意使用的各语言，按照规定，各国至少应实施《宪章》中的35条（款）。那些不太情愿履行《宪章》某些规定的国家，可宣布某某条款"难以实行"或"不合国情"，或者以少数民族人数"不足"为由，宣布不能使用某条款，也可以宣布"允许"少数民族自行组织自己的语言教育，从而使该项教育的开支由少数民族自己负担。

《保护少数民族框架公约》规定：①承认各少数民族成员有权在私下或公开场合使用其少数民族语言，不应受到干扰（第10条第1款）；②应创造条件设法保证少数民族聚居地区的行政部门使用少数民族语言（第10条第2款）；③在法庭诉讼程序中，应免费为操少数民族语言者提供翻译（第10条第3款）。

三 国家制定的专项语言法

（一）概况

世界上，制定一项全国性语言法的国家并不很多，相反地，在一国之内，不同地区或地方当局制定的语言法或语言条例、决议等却较为多见。根据现有的资料，亚洲诸国制定的语言法主要是：土耳其的《关于接受和使用土耳其新文字的规定》（1928 年）；印度的《官方语言文字法》（1949 年），该法跟其他国家语言法的不同之处是，内容上包括三章 27 项条款，完全可以独立成篇，但未独立，而是作为一个篇章，收入《印度宪法》之中（第十七篇）；哈萨克斯坦的《哈萨克斯坦共和国国内语言法》（1997 年）；中国的《中华人民共和国通用语言文字法》（2000 年）。

欧洲的国家语言法主要有：南斯拉夫的《南斯拉夫关于在联邦立宪和联邦机关工作中实现南斯拉夫各主体民族和非主体民族语言文字平等的宪法原则的决议》（1969 年）；法国的《法语使用法》（1975 年/1994年）；苏联的《苏维埃社会主义共和国联盟民族语言法》；挪威的《萨米语言法》（1992 年）；芬兰的《语言法》（1990 年）。

非洲的国家语言法主要有：塞舌尔的《官方语言法》（1981 年），规定混合语（克里奥尔语）为第一国语，英语和法语为官方语言；阿尔及利亚的《语言法》（1990 年），旨在全面实现阿拉伯语化，但未全部实施。

美洲的国家语言法主要有：加拿大的《官方语言地位和使用法》（1988 年）；美国的《美国本土语言法》（1990 年）。

上述语言法中，《法语使用法》《中华人民共和国通用语言文字法》和阿尔及利亚的《语言法》涉及的主要是该国主体民族的语言；《萨米语言法》、芬兰的《语言法》及《美国本土语言法》涉及的主要是该国的少数民族语言或非主体民主民族语言；此外其他的语言法，主要涉及该国的两三种语言或更多种语言。

哈萨克斯坦、法国和加拿大的语言法，简要概述如下。

（二）哈萨克斯坦

哈萨克斯坦共和国独立之前，据 1989 年苏联人口普查统计资料，哈萨克族占该加盟共和国总人口的 39%，俄罗斯族占 38%。1989 年 9 月该共和国通过了《哈萨克斯坦共和国语言法》，规定哈萨语为该国的国语，俄语为族际交际语。1997 年颁布的《哈萨克斯坦共和国国内语言法》规定，哈萨克语为国语（第 4 条），俄语和哈萨克语可作为同等官方语言在国家机关和地方管理机构中使用（第 5 条）。苏联有 11 个加盟共和国在独立之前通过了各自国家的语言法，其中绝大多数加盟共和国都把其主体民族的语言定为该国唯一的国语，只有哈萨克斯坦和白俄罗斯等少数国家仍赋予俄语一定的法律地位，将俄语定为该国的一种官方语言或族际交际语言。

（三）法国

法国国家对语言的干预，可以上溯到 1539 年。当时弗朗索瓦一世颁布了一项敕令，规定法院文件一律使用法语，不得再用拉丁语。1794 年，国民公会通过一项法律，硬性规定，国家一切公共法律文件必须用法语书写。此后，在诸如公共健康法、民法、国籍法、保险法等各领域的法律文书中，有许多条款都涉及语言。

法国第一部专门以法语使用为目的的法律是 1975 年 12 月 31 日发布的《法语使用法》。该法旨在保护消费者和工薪者的权益，硬性规定商品名称、业务介绍、公共通告、劳动合同、招聘广告等必须使用法语。

1994 年 8 月 4 日法国国民议会和参议院通过的新《法语使用法》，除了沿用 1975 年《法语使用法》中有关公共通告的规定外，还明显扩大了法语的使用范围。新《法语使用法》规定：法语是教育、劳动、交际和公共服务各部门使用的语言，是法兰西共同体各成员国之间的特殊纽带（第 1 条）。

新《法语使用法》的新规定包括：①关于劳动权利：企业内部的规定、协议、《雇员守则和工作手册》等一律用法语书写（第 8 条、第 9 条、第 10 条）。②关于教学：法语应是教学、考试、统考、学位论文和学术论文的用语。外国学校或仅招收外国学生的学校以及从事国际教学的机构除外（第11条第1款）。③关于视听：广播、电视节目、广告信息必须使用法语。外国原版作品、文化庆典活动的传播，或外语教学节目除外（第12条）。④关于参加侨民活动的用语：法国侨民及其他国家侨民在法国组织讨论会、大会和游行，所有参加者均需使用法语，其纲领、计划等原始文件应用法语书写。凡用外语书写的讲话稿及会后散发给与会者或公开发表的文件，要有法语提要（第6条）。

（四）加拿大

加拿大作为一个联邦国家，从其建成之日起就是一个官方双语国家。1867年该联邦政府宣告成立，并颁布《不列颠北美法》，该法第133条规定：在加拿大议会和立法机关中使用双语执行公务。

加拿大由10个省和3个地区组成。在10个省中，魁北克是唯一的一个讲法语者占大多数的省份，其他9省大多数人都讲英语。1969年议会通过了加拿大第一部《官方语言法》。宣布加拿大联邦在公共行政、立法、司法等范围内实行双语制，英语和法语"共同享有同等的地位和平等的权利"。

1988年7月28日通过的《官方语言地位和使用法》取代了《官方语言法》。实际上新法律比旧法律走得更远，例如，《官方语言地位和使用法》序言中提出："加拿大政府致力于提高英语和法语语言少数民族社区的活力，支持这些语言少数民族社区的发展，将其视为加拿大两种官方语言社区的组成部分，并且力促加拿大社会完全承认并使用英语和法语。"

魁北克与爱沙尼亚语言立法比较[*]

不同民族之间的语言冲突往往是政治冲突、经济利益冲突或文化冲突的表现形式。采用语言立法的方式解决或缓和语言冲突，已成为世界上多数国家或地区语言政策的重要内容。

一　引言

加拿大魁北克省 1977 年通过的《法语宪章》（亦称《101 号法案》），是西方世界第一部地方性的语言大法，它在西方曾经引起不同的反响。美国的多数派观点认为，魁北克法语语言权利和语言地位的获得似乎太自由、太过激了。而美国的西班牙人、西班牙的巴斯克人和加泰罗尼亚人则对《法语宪章》兴趣甚浓，他们多将该宪章奉为多语社会获得语言自治权利过程中的终极目标。

1989 年问世的《爱沙尼亚苏维埃社会主义共和国语言法》（以下简称《语言法》）是东方世界第一部地方性语言大法（不是语言条例）。该法的立法原则和主要内容与《法语宪章》大致相同，该法的颁布和实施，在爱沙尼亚的主权化运动中起了举足轻重的作用。苏联其他 11 个加盟共和国受到《语言法》的影响，也相继颁布了各自的语言法。

本部分旨在从语言问题的由来和语言立法的发展，语言法的内容，语言立法的目的、措施和影响这三个方面，描述魁北克和爱沙尼亚的语言立法状况，比较这两个地区在语言立法过程中反映出来的相

* 本部分是提交 1998 年 6 月在山东威海举行的"中国加拿大研究会第八届年会暨学术研讨会"的论文，阮西湖先生对本文提要提出宝贵意见，谨致谢忱! 后载《世界民族》1999 年第 2 期。

似性和差异性。

二　语言问题和语言立法的由来与发展

（一）魁北克语言冲突和语言立法的演变

魁北克是加拿大唯一一个法裔人口占大多数的省份。在魁北克省，法语和英语之间的语言冲突大致可以追溯到 200 多年以前。当时法兰西人是最早到达现今加拿大东部圣劳伦斯河流域定居的欧裔移民，他们在那里建立起一块新法兰西领地。1759 年英国远征军入侵该领地，并于 1767 年签署了《巴黎和约》，从此该领地正式沦为英属殖民地。大批法裔官员、商人、庄园主和教师等纷纷逃离该地，返回法国。法裔居民无论在心理上还是在语言文化方面，均不甘心处于被统治的地位，法、英语言之间的冲突也从此拉开帷幕。

20 世纪头几十年是加拿大工业化和世俗化进程加快的时期，也是把对大英帝国的忠诚看成加拿大爱国主义表现的时期。英语成为同化的有效工具，到 20 世纪中叶，几乎所有的英裔占多数的省份，都制定了各自的语言政策，规定英语是该省的主要语言。在许多省中，英语甚至是唯一的教育用语，而法语只在法裔学校的小学低年级使用。

20 世纪 60 年代以前，魁北克省的语言问题及语言冲突从未成为社会关注的焦点问题；60 年代以来，情况发生了根本性转变，70 年代以来则出现了戏剧性变化。

1960 年，让·勒萨热（Jean Lesage）领导的魁北克自由党在选举中获胜，于是发动了一场"平静的革命"（1960—1966 年），旨在进行经济、教育和社会改革，扩大该省的省权。革命的对象主要是银行、商业、工业和保险业中掌握大权的英裔加拿大人。革命的目标是实现魁北克政治、经济和社会的现代化，使法裔魁北克人真正"成为自己家园的主人"。

魁北克 1967 年 11 月开会通过一项决议，取消英语作为魁北克的官方语言，限制在商业中使用英语。次年，蒙特利尔市郊圣列奥纳德教育局决定，取消一所学校的英语教学，规定所有罗马天主教移民（意大利裔）子女都要进法语学校就读，结果引发了操英语的学生家长与教育当局之间一场激烈的争执。1969 年 10 月魁北克省议会通过了《法语推行法》（63 号法案）。该法重申了《教育部法》（85 号法案，1968 年）的有关规定，即一方面保护语言上的少数人群体选择教学用语的权利，同时要求保证魁北克操英语的儿童或移民学习法语，以便将来能够适应工作的需要。该法还规定，"父母享有选择法语或英语作为自己子女的教育语言的权利"。

1968 年 10 月，魁北克人党宣告成立。该党党纲规定，其奋斗目标是：通过民主渐进的方式争取魁北克的独立，同时与加拿大保持紧密的经济联系。在语言问题上，该党提出三项主张：尊重魁北克英裔成员的语言权利，但法语应成为本省唯一的官方语言；通过立法，使法语成为所有企业的工作语言；政府应对广播、电视、出版等部门进行干预，以便保护法语文化。

1969 年 3 月 29 日，蒙特利尔市的 5000 多名法裔学生上街游行，要求把麦吉尔大学改成法语大学。警察和学生发生了激烈的冲突，6 名警察受伤，37 名学生被捕。1971 年 1 月 18 日，魁北克政府颁布了一项教育条例，规定英语学校应将法语作为第二语言的必修课程。

进入 20 世纪 70 年代后，魁北克推广法语的工作重点开始由教育语言向工作语言转移。1974 年 7 月 30 日魁北克省议会通过了《魁北克官方语言法》（22 号法案）。该法做出的两大突破是：首先，规定法语是魁北克省的唯一官方语言，从而确定了法语文本的地位在英语文本之上；其次，提出了实现魁北克的工作语言法语化的措施，但是这些都是自愿的而非强制性的措施。另外，该法还规定，要设立该法的监察、实施机构。如果小学生的教育用语不是法语，则要采用语言测试的方式，检查他们是否能够熟练掌握所选定的教育语言，对于不能通过测试的学生，则要求他们接受法语教育。

加拿大交通部曾做出规定，航空调度工作可以使用英、法两种语言。1976 年 6 月，魁北克的英裔飞行员和导航员举行罢工，反对在飞机场过多使用法语，以免影响飞行安全。法裔机场人员则提出，只有用法语才能保障安全。这次罢工使加拿大的航空业受到严重干扰，并且产生重大的政治影响，英裔航空人员反对使用法语的行为激怒了法裔魁北克人，结果使魁北克人党的主张赢得广泛的支持。同年 11 月，魁北克人党在选举中获胜。次年，省议会通过了《法语宪章》。

（二）爱沙尼亚语言问题和语言政策的演变

历史上爱沙尼亚曾先后遭到日耳曼、丹麦、德意志、瑞典和波兰的侵占，18 世纪并入沙皇俄国。1919—1940 年爱沙尼亚是独立的国家，爱沙尼亚族占该国人口的大多数。据 1934 年的人口统计，爱沙尼亚人为 99.2 万人，占全国总人口的 88%；俄罗斯人 9.2 万人，占 8%；德意志人 1.63 万人，占 1.4%；瑞典人 7600 人，占 0.7%；犹太人 4400 人，占 0.4%。当时，俄罗斯族是该国最大的少数民族，大多居住在农村。纳尔瓦是最大的俄裔聚居区，俄裔占当地人口的 29.7%。在首都塔林，俄裔只占 5.7%。当时爱沙尼亚的少数民族大多享有较充分的文化自治权利。

爱沙尼亚语是该国的国语，爱沙尼亚语的社会地位较高，使用范围也较广泛。例如，1938 年的《国籍法》曾确立了依据儿童父母的国籍来确定儿童国籍的原则。根据实施细则《关于申请国籍应具有的爱沙尼亚语言条件法》规定，申请国籍者应该：①能够听懂并理解日常语言文本，诸如新闻广播、布告声明等。②能够谈论一定的话题，诸如家庭、工作、闲暇活动和购物。有些话题应具有一定的基础知识，如爱沙尼亚的地理、重大历史事件、文化、民族节日和民族象征等。③能够阅读布告、新闻报道、报纸文章和法规等，并能简要概括其内容。④能够从事简单的写作，诸如填写私人申请表、履历书，在信封上写地址，书写入学申请和求职申请，写委托信，填写标准的表格等。

遵照《苏德互不侵犯条约》和"秘密协定"（《莫洛托夫—里宾特洛甫条约》），苏联于 1940 年 6 月占领了爱沙尼亚、立陶宛和拉脱维亚这三个波罗的海国家。进驻爱沙尼亚的苏联军队达 11.5 万人，爱沙尼亚军队只有 1.4 万人。1940 年 8 月 6 日，爱沙尼亚宣布成为苏联的一部分，名称改为"爱沙尼亚苏维埃社会主义共和国"。

爱沙尼亚并入苏联以后，1 万多人被流放到俄国；大多数用爱沙尼亚文字出版的报纸杂志被停刊，主要信息均通过苏联官方传媒塔斯社和莫斯科广播电台获取；外国出版社一律取缔，少数民族的学校、团体和俱乐部等一概关闭，少数民族的文化自治被废除；苏联斯大林时期的语言政策开始引入。苏联实行高度集权的政治体制，推行大俄罗斯民族主义，反对各种地方民族主义。1958 年苏共中央和苏联政府把俄语定为全国的族际交际语，1961 年苏共二十二大又把俄语定为苏联各民族的第二民族语言，硬性规定非俄罗斯人必须学习俄语，从而使爱沙尼亚人感到本民族的语言文化受到歧视，产生强烈的不满情绪。

第二次世界大战期间，大批爱沙尼亚人和其他非爱沙尼亚人逃到国外。1943 年一大批瑞典人返回祖国，1944 年 7 万爱沙尼亚人作为避难者逃到瑞典和德国，加之战争伤亡和被流放等因素，到 1946 年，爱沙尼亚人已减少了 20 万人，即减少了 1/5，还剩 85.4 万人；作为少数民族的非爱沙尼亚族只剩 2.3 万人，占总人口的 2.6%。

第二次世界大战以后，无论是在俄语学校还是在爱沙尼亚语言教育机构，爱沙尼亚语已经成为一门受歧视、无前途的课程。爱沙尼亚教育部长 F. 艾森对此深感忧虑，为了保持爱沙尼亚语在爱沙尼亚学校中的地位，他断然采取了一些措施，比如，延长中等教育的时间；在以爱沙尼亚族为主的学校中，学制比以俄罗斯族为主的学校长一年；其他各个语言群体一律要用俄语教学，不得使用本土语言。

苏联部长会议于 1978 年 10 月 31 日颁布了第 835 号令，规定要大力提高"民族学校"中俄语教学的数量和质量。随着该文件的贯彻执行，爱沙尼亚共和国内掀起了一个俄罗斯化运动的新高潮。爱沙尼亚共产党领导人和教育部长一律改换为能够流利使用俄语的人。1978 年 12 月 19 日爱沙尼亚共产党中央政治局发布一项秘密政令，即 105 号文件，其中第一条便确定了俄语在爱沙尼亚共和国享有优先权，并宣布俄语是唯一能够积极参与社会生活的工具，要求教师要"教育学生热爱俄语"。

爱沙尼亚部长会议于 1979 年 7 月 8 日颁布了大批政令文件，如《关于幼儿园俄语教学的建议》（第 367 - K 号建议）、《关于进一步改进俄语教学的决议》（第 713 - K 号决议）等。随后，出现了推广俄语的出版物，如杂志《爱沙尼亚学校中的俄语》；歌颂俄语的宣传著作，如《列宁的母语与马克思酷爱学习的语言》。1983 年 4 月 28 日，爱沙尼亚教育部通过了一种新的教学计划，限制使用和讲授爱沙尼亚语，在爱沙尼亚学校中也要优先讲授俄语。

　　几十年来，爱沙尼亚语的社会地位和社会声望在不断下降，爱沙尼亚语的社会功能在不断萎缩。20 世纪 80 年代后期，戈尔巴乔夫实行政治改革，爱沙尼亚的民族主义运动随之高涨。爱沙尼亚的民族精英，一方面，为了争取苏联归还爱沙尼亚的国家主权而谋划；另一方面，则借鉴并吸收了魁北克《法语宪章》的经验和内容，为恢复爱沙尼亚语言与文化的生存权利而积极准备。1988 年 11 月 16 日，爱沙尼亚苏维埃社会主义共和国最高会议通过了一项《主权宣言》，宣布爱沙尼亚语是爱沙尼亚的官方国语，并被写入当年 12 月 6 日的《宪法修正案》中。1989 年 1 月 18 日通过了《语言法》。

三 语言法的内容

（一）魁北克《法语宪章》的主要内容

　　1977 年 2 月魁北克省议会通过了《法语宪章》，该法规定：（1）法语是魁北克的官方语言，在公营或私营部门的交际中，在讨论会上，在工作人员之间，在购物及选择社会服务用语方面，人人享有使用法语的权利，每个受教育者均享有接受法语教育的权利（第 2 章）。

　　（2）法语是立法、司法和法院裁决的语言，是政府机构、民政事务、卫生部门、保健服务、社会服务、学校团体的工作用语和交际用语。政府机构的名称，民政部门的招牌、广告牌和路标一律用法语，在特殊需要的双语招牌中，法语必须写在首位（第 3 章、第 4 章）。

　　（3）法语是劳资关系用语。雇佣通知书、招聘书、集体协议书、劳工协议书、仲裁书、雇员协会与雇员间的书信往来，应使用法语。雇主不得因雇员只懂法语不懂英语而解雇或停聘雇员，不得将非法语语言作为招聘雇员的条件（第 6 章）。

　　（4）法语是商业用语。商品的标签、说明书、合格证，餐厅的菜单和酒水供应单，应使用法语，如果需要，也可兼用一种或多种语言的译文，但译文的字号不得大于法文。另外，商业活动中的职业申请书、订货单、发票、收据、辞呈、招牌、招贴画、商业广告和本省公司的名称应使用法语。如果需要，公司名称也可兼用另一种语言的译文，但译文字号不得大于法文。公司名称不用法文者，将不能获得法人资格。截至 1981 年 1 月 1 日，所有的英语或双语商业招牌都是不合法的（第 7 章）。

（5）法语是教学用语。幼儿园、小学和中学的教学一律使用法语；法语读写能力达不到教育部规定标准的学生，不发给中学毕业证书，土著民族可不受此限。所有移民儿童均应接受法语教育，只有那些在小学阶段在魁北克受过英语教育的父母，才能送其子女进英语学校就读（第 8 章）。

（6）法语是工作用语。凡雇员在 50 人或 50 人以上的公司，5 年之内应实现法语化，应获得"法语化证书"。该证书由法语署签发，以便确保法语在该公司中处于支配地位。应持有"法语化证书"的公司，如未在规定年限内获得，则以触犯法律论处。

（7）法语是地名用语。除少数例外，凡用英语命名的城镇、河流和山脉，一律改用法语重新命名。为此特设地名委员会。

（二）爱沙尼亚《语言法》的主要内容

爱沙尼亚苏维埃社会主义共和国最高会议于 1989 年 1 月 18 日通过的《语言法》规定：（1）爱沙尼亚语是爱沙尼亚苏维埃社会主义共和国的国语（第 1 条）。

（2）国内任何个人，在国家政府、行政管理部门、机关、企业、组织中办事或交际时，有权使用爱沙尼亚语、俄语或其他语言（第 2 条、第 3 条，本法生效后一年内实施）。

（3）各级领导及国家政府、行政管理部门、社会组织、立法系统、社会治安和监察机构的工作人员，医疗人员和记者，服务业、商业、通信、抢险救护服务的工作人员，根据有关规定，要在 4 年内逐步掌握爱沙尼亚语和俄语等语言（第 4 条）。

（4）领导与下属交际时，要使用下属的语言（第 5 条），提供服务者要使用服务对象的语言（第 6 条）。

（5）国家政府、行政管理部门在公文处理、工作会议记录、法令颁布以及与其他单位、企业、组织进行书面交往时，使用爱沙尼亚语；条件不具备的，在规定期限内，可用俄语。与不懂爱沙尼亚语的人交往时，可用俄语或其他语言（第 8—11 条）。

（6）机关、企业和组织的公文、报表、财政文件，与国家政府和行政管理部门的交际，与私人的交际，均用爱沙尼亚语；条件不具备的，在规定期限内，可用俄语（第12条、第15—17条）。

（7）承认全体公民享有使用母语获得普通教育的权利。保障俄语居民获得俄语教育（第1条）。非爱沙尼亚语的托幼机构和学校内部可用母语处理公文，领导和教学、保育人员应掌握该机构的教学、保育用语（第20条）。

（8）保障全国公民获得爱沙尼亚语的教育（第19条），在全国各类职业技术学校、中等专业学校和高等院校，在非爱沙尼亚语的学校和班级，公民有权享受爱沙尼亚语的教育。对未掌握爱沙尼亚语的大学生，要讲授爱沙尼亚语言课程（第21条、第22条）。用爱沙尼亚语撰写科学论文者，应使用爱沙尼亚语进行答辩（第23条）。

（9）优先发展爱沙尼亚语言的文化、大众信息传播、出版物、广播电视、电影和音像制品（第24条）。

（10）民族文化团体可用自己的母语处理公文，印刷出版物、卡片和文件（第25条）。

（11）除个别情况外，地名、人名以及用人名命名的交通工具、楼房设施等名称，使用爱沙尼亚语，且用拉丁字母拼写，亦可按有关规则转写为其他字母（第27—29条）。

（12）卡片、表格、印记、印章、招牌、声明、通知、广告应使用爱沙尼亚文字书写，其译文应排在次要位置，译文字号不得大于爱沙尼亚文。国内生产和销售的商品，其名称及商品信息也应使用爱沙尼亚文书写（第31—33条）。

四　语言立法的目的、措施和影响

（一）魁北克

魁北克的《法语宪章》是西方世界第一部旨在提高地区主体民族语言地位的语言大法。正如《法语宪章》序言中所说，该法旨在确保"法语成为政府和法律部门的用语，同时，又是工作、教育、传媒、商业和各行各业的标准日常用语"，确保法语在与英语的竞争中，能够处于支配或优势的地位。

为了实施《法语宪章》，魁北克政府设立了"法语署""法语委员会"和"监督咨询委员会"三个职能机构。"法语署"负责制定执行省政府关于语言和术语研究与使用方面的政策，指导法语化工作，批准颁发法语化合格证书，主持法语水平测试的命题和有关测试工作；"法语委员会"负责监督语言规划的进程及其执行情况；"监督咨询委员会"的职能是，对不执行语言政策的人员和事件进行处理，必要时提出法律诉讼。

《法语宪章》实施后，引出了一些新的纠纷，魁北克政府又颁布了两项法规，对该宪章进行修订和补充。一项是《法语宪章修正案》（1983年），在部分领域，适当放宽了使用英语的条件；另一项是1989年公布的《招牌法》（178号法案），规定室外所有商业招牌均使用法文，但室内招牌可以兼用英文。

《法语宪章》的实施满足了法裔民族主义者在语言冲突方面提出的要求，从根本上解决了法语作为魁北克官方语言和工作语言的地位问题，对魁北克党的分离主义运动起到一定的促进作用。其直接结果是，英裔魁北克人的法语能力普遍增强，而法裔魁北克人的英语能力则大为降低。据加拿大统计署的调查，1986年英裔魁北克人5—10岁的儿童中，能够使用英、法双语的占42%，而法语社区5—9岁的儿童中，能够使用法、英双语的只有4%；在英裔45—49岁年龄组中，双语者占56%，75—79岁年龄组中，双语者占32%，而法语社区成年人各个年龄组中，双语者的平均数为30%。

另外，大批英裔魁北克人因为要在工作中使用法语而感到很不方便，所以不断迁离魁北克省。1976年英裔魁北克人为79.7万人，占全省总人口的12%，到1991年，下降到66.8万人，所占比例低于10%，也就是说，15年内，平均每年有8600名英裔魁北克人迁往外省。据统计，1981—1986年离开魁北克省的英裔人中，大学生占38%，大学预科及中专生占25%，经理、科学家、工程师和卫生人员占37%。这些人员的离去，无疑会对该省的经济、社会发展带来一定的负面影响，但也为法裔魁北克雇员和劳工提供了大量的就业机会。

（二）爱沙尼亚

爱沙尼亚《语言法》旨在恢复并保持爱沙尼亚语的国语地位和国语权利，削弱并降低俄语在爱沙尼亚社会中的基础和功能，从而实现民族语言国语化的目标。

为了实施《语言法》，爱沙尼亚共和国相继成立了三种机构，负责协调或进行监督。"爱沙尼亚语言中心"成立于 1989 年 3 月 13 日，实际上是一个专门办公室，旨在协调对俄裔学生的爱沙尼亚语言教学。后来又在国家最高会议主席团设立了一个"语言保护委员会"，监督《语言法》的贯彻执行情况。1990 年 8 月，爱沙尼亚政府决定废除所有歧视使用爱沙尼亚语的法令，并于 11 月 23 日成立了"国家语言委员会"，主要负责实施爱沙尼亚的语言规划，检查爱沙尼亚语作为本族语和作为第二语言的使用情况，支持并管理成人对少数民族语言的使用。另外，还负责监督《语言法》的实施，改进语言教学方法，监督并规范人名、地名和新词术语。

20 世纪 90 年代以来，爱沙尼亚处理语言问题的态度越来越强硬。爱沙尼亚语言司司长曾经宣称，允许俄语在爱沙尼亚发挥作用的时代已经一去不复返了。爱沙尼亚初等和中等教育法规定，俄语教学只能在 9 年级之前进行，9 年级以后一律使用爱沙尼亚语。爱沙尼亚还制定了一系列实施《语言法》的举措：使用俄语的企业，不得再用俄语文件，俄语文件不再具有法律效力。依据劳动协议法，公司企业可以解雇国语（爱沙尼亚语）水平不符合要求的工人。一位民族独立党议员宣称，在语言问题上，绝对不能心慈手软，俄罗斯人应当明白，他们的第三代必须爱沙尼亚化。

1993 年初，爱沙尼亚宣布，对于破坏《语言法》的行为实行罚款，罚金 5—200 克朗不等，主要针对使用俄语、英语和汉语招牌的私营企业和公司。

爱沙尼亚《语言法》，在保障国家的语言权利方面取得了长足的进展，在新确定的国语的发展和国语社会功能的发挥方面开拓了广阔的前景，在保护少数民族语言权利方面也迈出了可喜的一步。但是，该法的真正目的，并不仅仅在于调节语言使用群体之间的族际关系，还在于调节该国与俄罗斯之间的政治关系；并不仅仅在于改变主体民族语言在社会生活各个领域中的劣势地位，还在于依据民族或民族语言的属性来变更上层社会中的政治权力。一言以蔽之，该法的深层目的是要为建立独立的主权国家作准备。

在确定国语地位的斗争中，新兴的政治势力借助这种新的社会语言手段来保护自己，并进而获取了政治权力；在争取国家独立的未流血的斗争中，同样凭借"国语"这个最重要的手段，在较短时间内激起了爱沙尼亚族的民族意识，最终获取了国家的主权。从《语言法》的颁布到爱沙尼亚正式宣布独立（1991 年 8 月 20 日），仅有两年半的时间。

由于爱沙尼亚《语言法》在爱沙尼亚分离主义运动中起到举足轻重的作用，该法一经产生，苏联的立陶宛、拉脱维亚、塔吉克、摩尔达维亚（今摩尔多瓦之前身）、哈萨克、吉尔吉斯、乌兹别克、乌克兰、白俄罗斯、土库曼和俄罗斯这 11 个加盟共和国，紧步爱沙尼亚的后尘，在两年内相继出台了各自共和国的语言法，这些语言法均受到爱沙尼亚《语言法》的较大影响。

五　语言立法过程的简单比较

显而易见，魁北克和爱沙尼亚语言立法的客观条件、理论基础、目标内容、实施举措及影响效果等方面，既存在一些共同点，又存在诸多不同点。

（一）语言立法过程中的相似性

1. 行政实体的地位相同

加拿大和苏联都是联邦制国家。魁北克是加拿大的一个省，爱沙尼亚是苏联的一个加盟共和国，二者均为地区性行政实体，同是联邦实体的一个组成部分。

2. 主体民族人口均超过 60%

魁北克和爱沙尼亚在通过各自的语言大法之际，两地主体民族和少数民族人口的比例大致相同。1976 年魁北克即将通过《法语宪章》之时，该省的法裔人口为 498.9 万人，占全省总人口的 80%；英裔人口 80 万人，占 12.8%；其他民族 44.5 万人，占 7.2%。爱沙尼亚 1989 年通过《语言法》时，爱沙尼亚族有 96.3 万人，占该国总人口的 62.5%；俄罗斯族 47.5 万人，占 30.8%；其他民族 10.4 万人，占 6.7%。

3. 构成语言冲突的民族人口关系同属一种类型

魁北克的语言冲突主要在法裔和英裔之间展开。法裔是魁北克省的主体民族或多数派，但在加拿大却是非主体民族或少数派；英裔人在魁北克省内占少数，但在加拿大却是主体民族或多数派。同样地，爱沙尼亚族在爱沙尼亚共和国是主体民族或多数派，但在苏联却是非主体民族或少数民族；俄罗斯族人在爱沙尼亚境内占少数，但在苏联却是主体民族或多数派。也就是说，构成两地语言冲突的双方在人口关系方面具有如下特性：冲突的一方，如果在当地是主体民族，在联邦国家则是少数民族；冲突的另一方，在当地是少数民族，在联邦国家则是主体民族。

4. 主体民族在地域、语言和文化上的认同非常强烈

历史上魁北克曾是一个相对独立的新法兰西领地，后来成为加拿大唯一一个法裔人口占多数的省份；爱沙尼亚曾是一个独立的国家，后来成为苏联唯一一个爱沙尼亚族占多数的加盟共和国，两地主体民族均表现出较为强烈的地域、语言和文化上的认同。

5. 语言立法的理论基础大致相同

为了使本地区主体民族语言获得全部的社会功能，为了使该语言在当地处于支配地位，魁北克和爱沙尼亚的语言大法吸收了西方学者的一些论点作为语言立法的指导原则，这就是：语言功能齐全论：一种语言要得到充分发展，就必须具有全部的社会功能；语言活力论：一种语言社会功能的大小，决定了该语言活力的强弱；双语有害论：社会应该倾向于单语制，双语制或多语制往往给社会语言文化带来负面影响。

6. 语言立法的基本目标大致相同

魁北克《法语宪章》旨在使法语成为魁北克省的唯一官方语言和日常工作语言，通过各种具体的规定，在政府、法律、商业、教育等领域削弱英语的优势地位，确保法语占主导地位。爱沙尼亚《语言法》旨在恢复并保持爱沙尼亚语的国语地位，打破俄、爱双语制度，逐渐将俄语从各个交际领域中排挤出去，最终回到单一国语"爱沙尼亚语"的道路上来。另

外，两地大法所做的规定，均未涉及军队和宗教活动领域。

7. 实施语言大法后产生的共同结果

魁北克《法语宪章》实施以来，该省一大批英裔中产阶级和管理人员，因为不堪忍受工作语言一律使用法语，纷纷迁往外地。这给该省的经济带来一定的负面影响，但同时也为法裔人员填补英裔撤离人员的空缺位置，提供了更多更好的机遇，最终加强了法裔魁北克人的社会经济地位，扩大了法裔魁北克人的就业比例。爱沙尼亚《语言法》实施后，俄语在爱沙尼亚的社会地位一落千丈，爱沙尼亚语成为该国社会生活各个领域中的主要语言。可是，只有15%的俄罗斯人掌握爱沙尼亚语，大多数俄罗斯人都面临着重新学习爱沙尼亚语的困难。另外，随着爱沙尼亚等加盟共和国的独立，俄裔的家庭和亲属之间出现了"国界"的隔阂，大量的俄罗斯人及其他非爱沙尼亚人纷纷迁出爱沙尼亚。

（二）语言立法过程中的差异性

1. 语言地位不同

魁北克的两大竞争语言——法语和英语，同为世界性语言，同为该国的两大官方语言。在爱沙尼亚，俄语事实上处于苏联官方语言的地位，而且也是世界性语言；而爱沙尼亚语则是地方性语言，在苏联处于少数民族语言的地位。

2. 两国的民族政策不同

一个地区的语言政策往往受到所在国民族政策的制约和影响。在不同的历史时期，加拿大曾经推行过不同的民族政策。20世纪60年代之前，主要推行同化政策；60年代以来，则推行官方双语和二元文化政策；七八十年代以来又出台了多元文化主义政策。苏联建国初期曾经实行过民族平等的政策；三四十年代以来，开始推行大俄罗斯民族主义政策，而且愈演愈烈，直到苏联解体。

3. 语言冲突的形式不同

跟爱沙尼亚相比，魁北克省的法—英语言冲突在形式上具有显性、公开和民主渐进的特色；爱沙尼亚的爱—俄语言冲突，相对来说，则具有隐性、内藏和一蹴而就的特征。

4. 语言大法的措辞不同

在对待当地原有优势语言的态度上，魁北克和爱沙尼亚语言大法的措辞存在着明显的差异。魁北克的《法语宪章》措辞强硬，旁若无人，通篇几乎未曾提及"英语"这个字眼儿。而爱沙尼亚《语言法》则显得较为缓和，该法中在爱沙尼亚语言之后多次提到"俄语及其他语言"。

5. 实施语言大法后产生的问题不同

魁北克《法语宪章》中的有关规定，曾引出许多法律纠纷。例如，《法语宪章》第 72 条和第 73 条规定，迁入魁北克的移民，小学阶段在魁北克受过英语教育者，其子女方可进入英语学校就读，否则一律进法语学校。该条引起非法裔魁北克移民的强烈不满，他们状告该项规定违反了加拿大新宪法——《权利与自由宪章》中第 16—23 条的规定，最高法院终于否定了《法语宪章》的有关条款，后来这些条款改为：在加拿大任何地方接受过英语教育的家长，迁入魁北克后，均可送其子女进英语学校上学。

另外，《法语宪章》曾规定，魁北克的商业招牌只能用法语，不得使用英语，这也引起魁北克商业界许多人士的不满，他们状告该宪章违反了加拿大《权利和自由宪章》关于表达自由的有关规定。魁北克省的民族主义者得知法院支持原告后，2.5 万示威者走上蒙特利尔街头，反复咏唱"魁北克属于操法语的魁北克居民"。尽管如此，魁北克政府还是做出让步，于 1989 年通过了一个《招牌法》（178 号法案），规定魁北克室外的商业招牌一律用法文书写，室内的招牌可用双语文，但是同一招牌上的法文字体必须比英文大。

爱沙尼亚《语言法》的有关规定，引出了财政问题和语言本身的问题。《语言法》规定，全国各类学校应开设爱沙尼亚语言课程，教学用语应使用爱沙尼亚语。要执行这些规定，则要有大量的财政资金，用于师资培训、编印课本、教材、词典、参考书、会议手册，举办专修班等，这些经费在短期内根本没有办法解决。

另外，《语言法》还规定，爱沙尼亚语要用于自然科学、技术设计、教育的绝大多数领域；爱沙尼亚语要作为大工业生产、交通、通信中的工作语言。这也面临着相当大的困难。因为长期以来，爱沙尼亚语的社会功能逐渐萎缩，在上述各领域中，爱沙尼亚语的名词术语十分缺乏，要在短期内发展成为像俄语或英语等世界性语言那样拥有丰富的词汇量，几乎是不可能的。

6. 实施语言大法后产生的结果不同

魁北克和爱沙尼亚的语言大法实施以后，分别在两地的政治、经济、文化、教育等诸多方面产生了一定的效果和影响。比较而言，在魁北克产生的经济结果较为突出，在爱沙尼亚产生的政治结果更引人注目。

在《法语宪章》颁布之前，魁北克省所有英裔大公司都威胁说，如果法裔坚持使用其政治权力获取语言利益和民族利益的话，他们就撤离蒙特利尔。当这种威胁失灵之后，许多公司断然迁往多伦多，其中从事管理工作的就有 1.4 万人。1971—1986 年，魁北克共流失 11 万说英语的居民。随着大批受过高等教育的英裔中产阶级和管理人员的迁出，原来由英裔在经济结构中占据的位置，开始由新生的法裔中产阶级和管理人员来替补。

另外，随着法语在魁北克主导地位的确立，法裔工人阶级在进入劳动力市场机会的竞争中开始处于优势地位。此前，魁北克的就业市场均由英裔魁北克人控制，魁北克省只有 1/3 的法裔会讲英语，其他 2/3 不会讲英语的法裔只能被拒之于劳动就业市场大门的外边，《法语宪章》颁布后，这种状况彻底改变了。

如果说 20 世纪 60 年代末至 70 年代中期，魁北克的语言冲突和语言立法具有"语言问题政治化"的倾向，那么爱沙尼亚的语言立法则具有"政治问题语言化"的特征。

爱沙尼亚的民族语言国有化运动，吹响了爱沙尼亚迈向独立的号角，成为爱沙尼亚政治斗争中的一个重要组成部分。在这场斗争中，通晓国语是能够进入权力机构的一个重要条件，新的权力正在转向掌握国语的非共产党人。不通国语既不可能掌权，也不可能登上大学讲坛。有时候衡量标准还要求国语和民族相一致。爱沙尼亚从语言的国有化发展到国家的主权化，再从国家的主权化宣布退出苏联，成为一个独立的国家。从一定意义上说，爱沙尼亚《语言法》之花结出了爱沙尼亚的国家独立之果。

六 结语

魁北克和爱沙尼亚两地的主体民族人口均超过60%，两地的行政实体均属地区级而非联邦级，两地的立法模式都是竞争型而非和谐型，两地的立法效果均在当地的民族主义运动中发挥了重要的作用。

然而，魁北克的《法语宪章》实施了20多年，并未出现魁北克省从加拿大分离出去的格局；而爱沙尼亚的《语言法》颁布仅两年有半，该国就从苏联独立出来。这种现象表明，一个地区的语言立法与分离主义的政治结局之间，没有必然的因果联系。一个地区的语言立法固然可以促进当地分离主义运动的发展，但是，并不一定都能导致分离格局的实现。同样地，一个地区出现的分离格局，也不一定都要事先进行语言立法。苏联15个加盟共和国中，通过语言立法独立出来的共有12个，其他3个均未进行语言立法。因此，语言立法与民族分离之间，似乎应该解释为一种手段和目的的关系，似不应该解释为原因和结果的关系。

魁北克的独立运动没有成功，爱沙尼亚的主权运动一举成功，除了上文所比较的两地之间的差异外，必定还有一些更重要的因素在起作用，比如联邦政权是否解体或者失控，民族矛盾是否升级或者激化，地区经济是否出现严重的危机等。然而，对这个问题的深入分析已经超出了本部分的研究范围。

另外，魁北克的实践经验已经表明，语言立法是通过民主方式缓解语言冲突和民族矛盾的一个行之有效的手段。因此，不能因为爱沙尼亚利用语言立法来达到民族独立的目的，就一概否定语言立法的积极作用。

挪威萨米语言立法[*]

挪威 1990 年通过的《萨米语言法》，是北欧诸国中，旨在保护和发展萨米人语言权利和文化权利的一部国家级行政法令。本文描述挪威萨米语言立法的历史背景，阐释挪威国家的萨米人政策，分析《萨米语言法》的内容，论证该法执行的实际效果，可为我国少数民族语言立法和语言规划提供一定的参考。

萨米人在今北欧地区已经居住了几千年，是当地两大土著民族之一。自 18 世纪和 19 世纪以来，萨米人主要分布在挪威、瑞典、芬兰和俄罗斯的科拉半岛，总人口估计 6 万人，其中挪威 4 万人，瑞典 1.5 万人，芬兰 4000 人，俄罗斯 1500—2000 人。据 1996 年统计，挪威总人口为 436 万人，萨米人约占 0.9%，但在萨米人相对集中的四个市镇，萨米人口略占多数。除了传统的驯鹿业、养殖业和捕鱼业之外，农业、贸易、小工业和服务业也是萨米人谋生的重要来源。

萨米语属于乌拉尔语系芬兰 - 乌戈尔语族的西部语支。属于该语支的还有芬兰语、爱沙尼亚语、立沃尼亚语、维普斯语、莫尔多瓦语、马里语和彼尔姆语等。

挪威的《萨米语言法》1990 年通过，1992 年正式实施。该法的颁布，结束了挪威国歧视萨米语言和萨米文化的旧时代，开辟了一个保持并发展萨米语言和萨米文化的新纪元。

一 萨米社会语言状况

北欧的萨米人大多数居住在挪威，挪威萨米人的语言发展状况影响

---

* 原载《世界民族》2001 年第 2 期，已修订。

其他国家的萨米语言社区。一般认为，北欧四国的萨米语，从斯堪的纳维亚半岛的南部往北再往东，直到俄罗斯的科拉半岛，依次分为九大方言：南萨米语、乌迈萨米语、皮特萨米语、卢勒萨米语、北萨米语、埃纳雷萨米语、斯科特萨米语、希尔汀萨米语、坦尔萨米语。其中，北萨米语、南萨米语、卢勒萨米语的势力较大。

（一）萨米语使用地区

挪威萨米语的使用人数约为 2.5 万人[①]，主要分为三大使用地区，即中心地区、沿海地区和萨米人保留地区。

1. 中心地区

使用萨米语的中心地区包括挪威北部特罗姆瑟省的科菲尤尔，芬马克省的凯于图凯努、卡拉绍克、塔纳、波桑厄尔，和内瑟比。在中心地区，萨米语是人们的日常用语。在芬马克省的中心地区，萨米人是该地的主体民族。跟挪威的其他两大萨米语使用区相比，中心地区萨米语保持得最完好，约有 2/3 的萨米人至少都能懂得一些萨米语。他们主要来自从事传统驯鹿业的家族，萨米语中有关驯鹿传统知识的大量特有词汇，能够在这些家族中代代相传[②]。

2. 沿海地区

沿海地区是另一个萨米语区，主要包括芬马克和特罗姆瑟峡湾区。历史上该地区通行萨米语，现在则通用挪威语。能够大量使用萨米语的都年事已高，一些学校教育仍在使用萨米语。

3. 萨米人保留地区

在萨米人保留地，萨米人分散居住，大多互不来往，挪威语在当地占优势，人们日常交际也不用萨米语，但对萨米语的认同程度却极高。

在沿海地区和萨米人保留地区，有一些自然"岛屿"，如斯孔兰和蒂斯菲尤尔，人们对语言保护趣味甚浓。

---

① Corson，D.，"Norway's Sámi Language Act：Emancipatory Implications for the World's Aboriginal Peoples"，*Language in Society*，1995，24：495.

② Corson，D.，"Norway's Sámi Language Act：Emancipatory Implications for the World's Aboriginal Peoples"，*Language in Society*，1995，24：496.

（二）萨米语言使用领域

从 17 世纪起，萨米语和萨米文，只是在萨米语区传播基督教时才使用。自 1967 年以来，萨米语开始在小学校中讲授。20 世纪末期以来，萨米语作为一种教学用语和一门课程，开始在中学、两所大学和一些师范院校讲授，并印有萨米文的教科书。拥有一定母语读写能力的萨米人正逐渐增多，但从总体来看，大多数萨米人的书写能力主要体现在官方语文方面。

另外，挪威 3 种主要萨米文字的标准规划也取得了长足的进展，萨米语已经得到挪威国家教育系统比较完整的支持，萨米人使用萨米文的能力也在不断提高。自 20 世纪 70 年代初期以来，每年出版 5—10 种萨米文文学书籍。办有两种萨米文报纸，一种萨米文杂志和一种萨米文连环画报。一家戏剧公司创作并演出了 10 多部萨米语的作品。卡拉绍克广播电台用北部萨米方言广播，每天 3 次，每周约 10 小时，内容涉及时事、新闻、音乐点播等。特隆赫姆广播电台则用南部萨米方言，播送一些小节目。一些地方政府还宣布，在服务工作中要更多地使用萨米语。有关健康和社会福利的几部法律及信息传单也都译成了萨米文。

不论在萨米人还是非萨米人的心目中，萨米语的社会地位确实提高了不少，当然还远没达到"高雅"语言的高度。政府还出台政策，奖励那些懂得萨米语、使用萨米语的非萨米人，但是，大多数非萨米人仍然缺乏学习萨米语的热情。

二 萨米语言立法背景

（一）挪威早期对萨米人的殖民主义同化政策

加拿大的一位律师道格拉斯·桑德斯教授，在应邀向挪威最高法院发表有关萨米人与挪威国家关系的意见时指出："挪威国家与萨米人之间的关系，从来源上看是殖民主义的。"[1] 这种见解切中了问题的实质。当今萨米人跟当地殖民者后代、财团、国家之间发生的一些冲突，部分

---

[1] Sanders，D.，*An Opinion to the Supreme Court of Norway*，Mimeo，1981.

可追溯到挪威早期的殖民主义政策。

　　萨米人跟芬兰人及说日耳曼语系者之间的接触长达千年之久。1381—1814 年，挪威由丹麦统治，1905 年之后转由瑞典统治。北欧诸国和俄罗斯在一系列的贸易、掠夺和传教的远征进程中，兼并或分隔了萨米人的土地。1751 年和 1826 年曾划定边界，从此以后，这些国家宣称拥有这些领土和水体。

　　17 世纪开始，萨米社会出现重大转型。萨米语区传统上进行的有限度的萨米语言文字化以及教育正规化的活动，被国家支撑的教会运动所取代；萨米社会传统的打猎、捕鱼、放牧驯鹿经济，被农业耕作、经济交易、国税金制度、工资经济所取代。外来人在萨米语区兴建村落，使得教会和国家的影响范围越来越巩固①。19 世纪所谓的社会达尔文主义提供民族歧视的借口。语言也成为剥夺萨米人享有重要资源的一种借口，如 1902 年的《土地法》规定，只有能用挪威文阅读和写作的人才可享有土地买卖权。

　　挪威主体民族对萨米人的态度时有变化，同化或保存的论述时有起伏，但总趋势和总结果是同化。挪威国曾发动过一场系统的战争，反对萨米文化和萨米语言达 100 年，其他国家则根本不承认萨米人的存在。

　　1700 年以前，挪威国对萨米人的政策是无序的。1710—1720 年，成立了"萨米语布道团"，第一任领导人是托马斯·冯·韦斯滕，他极力主张在教育和传教工作中使用萨米语。他去世后，人们又对萨米语采取敌对的态度。19 世纪 20 年代，一位牧师 N. V. 施托克弗莱特在萨米人中积极工作，出现了重新支持萨米语使用的形势，印制了许多萨米文书籍，培训了许多萨米语教师。

　　1850 年中期以来的 100 年，是萨米语的严冬季节，国族政治的影响强化了民族同化的政策。国家的政策是要教萨米人学挪威语，最终目的是让挪威语成为国家唯一的教育语言。因此，一直到 20 世纪 50 年代，萨米语始终在许多学校门外徘徊②。由于民族主义的兴起，萨米语再次受到挪威政府的压制。当时年轻的挪威国刚刚成立，大量的萨米人

---

①　Brenna, W., The Sámi of Norway, 1997, http：//odin. dep. no/odin/engelsk/norway/history/032005 – 990463/index-dok000-b-n-a. html.

②　Brenna, W., The Sámi of Norway, 1997, http：//odin. dep. no/odin/engelsk/norway/history/032005 – 990463/index – dok000 – b-n-a. html；Corson, D., "Norway's Sámi Language Act：Emancipatory Implications for the World's Aboriginal Peoples", *Language in Society*, 1995, 24：495.

和克文斯人从芬兰迁入挪威，"一个国家一种文化"的挪威民族主义精神无法忍受这些"外来者"，国家不惜采用一切手段来实现"挪威化"的目的。例如，付给教师额外津贴，鼓励他们出色完成"挪威化"任务。国家禁止将土地出售给这些萨米人，他们未能熟练掌握挪威语，不能每天都用挪威语。萨米人曾进行过顽强抵抗，但是这种抵抗无济于事，萨米人认识到，能在萨米人土地上繁荣发展的，只能是挪威语和挪威文化，而不是萨米语和萨米文化。

1940 年挪威爆发了战争，挪威的非萨米人和萨米人并肩作战，反对德国侵略者。挪威人目睹了自己的家园遭受异族破坏的情景，亲自经历了异族的统治，而且是在文化领域的统治。当时国际上提出了人权问题。第二次世界大战结束后，挪威废除了歧视性的旧法律，采取了一项新的萨米人的政策，从而结束了挪威最严重的歧视萨米人的政策。

从此以后，萨米人中产生了一种新的意识，他们成立了种种萨米人组织，设法影响政府对萨米人采取的政策，为萨米人的语言权利、教育权利和文化权利而展开积极的斗争。20 世纪六七十年代出现了做出新的决议的趋向。比如 1967 年在实验的基础上，萨米语在一些小学校中使用了。1969 年的《小学教育法》承认萨米儿童享有接受萨米语教育的权利，但是，尚未做出具体的重大决策。

（二）政治危机和语言立法

第二次世界大战以后的民族运动始于 20 世纪 60 年代。1980 年挪威爆发了一场政治危机，当时挪威的水资源能源局决定，在北部的阿尔塔河河道开发水力发电，修筑水坝，淹没阿尔塔河流域的萨米村落。该决定引发了一场大规模的抗议行动。萨米人跟环保运动者联合起来，在首都奥斯陆的议会前组织了示威、绝食、占据政府办公室等一系列抗议活动[1]。一些萨米人和其他示威者，甚至用链条把自己拴在水坝附近的石山腰上，企图阻止修建水路，但结果还是失败了。这场冲突的结果导致挪威成立了"萨米人权利委员会"。

---

[1]　Brenna, W., The Sámi of Norway, 1997, http://odin.dep.no/odin/engelsk/norway/history/032005 – 990463/index-dok000 – b-n-a.html.

后来成立的挪威萨米议会认为，该冲突事件"让挪威人认识到'土著权利问题'并非仅仅发生在遥远的国外"①。

"萨米人权利委员会"由不同地区和不同利益集团的 18 位代表组成。该委员会主要处理一般政治性问题、挪威萨米议会问题和一些经济问题。卡斯滕·史密斯为首任（1980—1985 年）主席。1984 年该委员会提交的第一份报告《论萨米人的合法地位》②，内容极广，学术性极强，标志着挪威萨米人政策进入了一个新时期。

根据《论萨米人的合法地位》报告的建议，挪威于 1989 年选举产生了萨米人议会。《挪威宪法》第 110 条，被修正为："政府当局采取必要的措施，使萨米人能够保护并发展他们的语言、文化和社会生活。这是义不容辞的。"

1980 年成立的"皇家萨米文化委员会"，在 1984 年的报告中，提出了萨米语言立法的问题。根据这项提议，萨米语和挪威语应该地位平等，在一定地区应该同为官方语言。在这些地区，萨米语应该享有最高的地位，在跟政府相关的活动中，人们应该有权使用萨米语。另外，所有萨米人均应享有接受萨米语教育的权利。"作为第一语言的萨米语"在该报告中频频出现。

1980 年挪威议会通过了一系列法律修正案，以加强挪威萨米语在官方领域中的使用。《挪威萨米人法》（1987 年 6 月 12 日第 56 号法案）规定"挪威的萨米人群体可以保护并发展他们的语言、文化和社会生活"。《小学与初中教育法》（1969 年 6 月 13 日第 24 号法案），增加了一段新内容，取代了更早的那一段。《法院法》（1915 年 8 月 13 日第 5号法案）增加了法院使用萨米语的规定。

"文化委员会"起草的《萨米语言法》③（草案），经过多年的讨论修改，1990 年获得国会通过，1992 年 3 月起实施。

---

① Sámediggi, Legal and Historical Background, 2002, http：//www, samediggi. no/default. asp? selNodeID = 195&lang = no&docID = 1419.

② NOU, *Om samenes rettsstilling*, Norges Offentlige Utredninger, Avgitt til Justisdepartementet 15, juni, Universitetsforlaget, Oslo, 1984：18.

③ NOU, *Samisk kultur og utdanning*, Oslo, 1985：14.

（三）国际民族运动和语言立法

20 世纪 50 年代，当萨米人以北欧为基础成立他们的组织时，就讨论了萨米人的语言问题。1965 年在基律纳举行的北欧萨米人大会再次讨论了《萨米语言法》的问题。1971 年在耶利瓦勒举行的第七届萨米人大会成立了一个萨米语言工作组，起草了一部北欧国家通行的《萨米语言法》。该工作组于 1974 年并入永久性的"萨米语言委员会"。从这一年开始，北欧萨米人研究所语言与文化研究室作为该委员会的一个处开始运作。

20 世纪 70 年代后期，语言立法的趋向是为北欧每个国家设立一部《萨米语言法》，而不是为所有的北欧国家设立一部通用的《萨米语言法》。另外，联合国《国际民权与政治权利公约》第 27 条也对挪威的萨米语言立法产生了积极影响，该条被理解为硬性规定了特别优待萨米少数民族的诸项义务。

三 《萨米语言法》的依据和内容

（一）《萨米语言法》的原则

"保持并发展萨米语"和"满足社会各领域的需要"，是《萨米语言法》的两大立法原则。1988 年《挪威宪法》第 110 条明文规定，"政府有义务营造权利环境，以便萨米人能够保护并发展其族源、文化、和社会生活"[1]。

挪威萨米文化委员会 1959 年公布的报告提出，萨米语的保持和发展决定了萨米人的前途。在萨米文化委员会提出的制定《萨米语言法》的理据背后，有一些共同的原则。起草该法案的议会委员会曾多次强调，语言是萨米文化中的核心要素，萨米人作为一个民族的存在依赖于萨米语的保持和发展。这项原则已经获得议会批准。因此，该法的理论基础并不仅仅是为了满足实际的需要，例如，个人在法庭或政府办公室交谈时必须能够听得懂。在考虑文化保护和文化发展的综合目标时，来

---

① http：//odin. dep. no/odin/engelsk/norway/system/032005-990424/index-dok000-b-n-a. html.

自各个方面的反对意见，特别是来自法律系统和公安部门的反对意见，就显得无足轻重了。

另外，该法做出的诸多规定，当然应该满足社会生活诸多领域的实际需要。萨米语使用者的利益已经以一种自由自在的方式，在许多领域予以考虑。为了使拒绝提供萨米语服务能够找到法律依据，曾经有人提出一些奇谈怪论，但是大趋势十分清楚，萨米语的黑暗时期已经过去，国家将平等对待不同民族的公民。

（二）《萨米语言法》的内容

1. 立法目的

正如《萨米语言法》序言所说，该法旨在使挪威的萨米人得以保护和发展自己的语言、文化和生活方式。该序言的另外一段还提出，根据该法第 3 条的有关规定，萨米语和挪威语的地位平等。该法保障公民享有一定的使用萨米语服务的权利，硬性规定政府机构有相应的义务，使用萨米语口语和书面语进行交际，并用萨米语为萨米人发布信息。

2. 适用地区

在芬马克郡和特罗姆斯郡的 6 个地方政府之中，萨米语的地位稳固，被定为行政用语。这六个社区是凯于图凯努、卡拉绍克、塔纳、内瑟比、波桑厄尔和科菲尤尔。该法在这些地区应用最广。政府机构（地方、郡或国家机构）和地区政府机构（郡或国家机构）是否为某类地区服务将决定这些机构的职责，该类地区全部或部分包括上文规定的萨米行政区中的议会。

《小学与中学教育法》涉及"萨米语区"，但跟上述"行政区"显然不尽相同。《法院法》提到最北部的特罗姆斯郡和芬马克郡，特别提到居民的语言权利。本法没有云及领土的限制，据认为本法适用于所有的公民，适用于各种特定情况中限定的那些人。

（三）个人语言权利和政府机构的义务

1. 在萨米语行政区

如果某一公众成员开始用萨米语交谈，那么地方当局则要用萨米语回答（若跟离开办公室执行职务的公务员打交道时，则不适用本条）。

其权力包括全部或部分行政区的地区政府机构在收到某一公众成员的萨米语书面申请时，同样也要用萨米语答复。除了一些特例外，国王可以扩大他对其他政府机构的责任。官方通告特别是面向行政区人员的通告，应使用萨米语和挪威语这两种语言。行政区中政府机构用来交往的官方信件，应使用萨—挪双语。

2. 在法院

司法权全部或部分限于行政区范围之内的，适用以下规定。任何个人有权使用萨米文发布带有附件的文书、书面证据或其他递呈。如果法院欲将该递呈传给另一方，法院则应将其译成挪威语。经另一方同意，可不必翻译。如果法律程序准许使用口头陈述而不用书面递呈的话，任何个人有权使用萨米语跟法院进行接触。如果该法院根据职责要求需用文字记下该陈述时，做出该陈述的个人可以要求使用萨米文记录。

在法院，任何人均有权说萨米话。如果诉讼者不说萨米语，法院则应委派或批准某位口译来协助处理。当诉讼的某一方提出这种申请时，法庭庭长可以决定诉讼语言使用萨米语。如果诉讼语言是萨米语，法庭庭长可以决定法庭记录用萨米文。法院应为将萨米文记录翻译成挪威文做好准备。当某一方提出使用挪威语时，法庭记录则应使用挪威文，然后再译成萨米文。

3. 公安机关和检查机关

在为全部或部分属于行政区管辖的某个地区服务时，适用以下规定。在机关办公室审讯时，任何个人有权说萨米话，任何个人有权使用萨米语提出口头报告或上诉状。

对于行政区中地方和地区的健康福利机构，任何想用萨米语来保卫自己利益的个人，均有权使用萨米语。任何个人均有权在行政区的挪威教堂教区内，用萨米语在教堂从事宗教仪式活动。如果行政区内的地方或地区政府机构需要其雇员掌握萨米语知识，这些机构中的雇员则有权带薪离职去习得萨米语。获取该权利的条件是，雇员获得这种教育之后，则应为该机构工作一定的时间。

4. 在芬马克郡和特罗姆斯郡

在这两个郡的"监狱服务部门"，同狱犯人相互之间及跟家属之间有权使用萨米语。他们还有权用萨米语向监狱当局提出口头上诉通知。

5. 在"萨米语区"

"萨米语区"的儿童有权接受使用或全部使用萨米语的教学。从七年级开始，学生可自行决定上哪种语言课。接受使用或全部使用萨米语教学的学生，在八年级和九年级可以免修书面挪威语或新挪威语这两门课中的任何一门课程。

6. 在一般地区

有关萨米人全部或部分特殊利益的法律法规，一律译成萨米文。地方议会在听取地方教育委员会的意见后决定，母语是萨米语的儿童九年应全部使用萨米语讲授，而母语是挪威语的儿童则把萨米语作为一门课来讲授。使用或全部使用萨米语的教学计划也适用于萨米语区以外有萨米人背景的学生。学校中，母语是萨米语的学生有 3 个或 3 个以上时，则可以要求萨米语作为一门课来讲授，要求全部使用萨米语来讲课。任何个人均有权听讲萨米语课程。国王可以发布有关实施该条款的细则。

（四）对实施《萨米语言法》的监督

1. 控诉

如果某家政府机构不遵守《萨米语言法》第 3 条的规定，那么直接受到影响者则可以控告该机构。当这种控告涉及地方或郡级机构时，该郡郡长有权受理这种控告。全国性萨米人组织以及跟全部和部分萨米人有一定联系的政府机构，在受到影响时，也有权提出控诉。个人在未受影响的情况下也同样适用。

2. 萨米语言委员会

应成立萨米语言委员会。该委员会成员由萨米人议会委任。保护和发展萨米语，就语言问题向公众和当局提出建议和帮助，向人民讲明他们的语言权利，为萨米人议会和政府撰写有关萨米语言地位的年度报告，这些都是该委员会的职能。

四 《萨米语言法》的效果和影响

（一）萨米语的使用地区明确，使用范围扩大

该法从根本上扩大了萨米语的应用范围，最突出的是萨米语开始在

法院和公安部门使用。

尽管在原则上萨米语跟挪威语是平等的，但实际上，无法保证这两种语言完全平等。对领土使用的限制是最强有力的限定。萨米语在全国各地享有的权利不尽相同。支持在全国范围使用萨米语的一般性规定少得可怜。在大多数情况下，萨米语的权利只限于少数几个郡，限于"萨米语区"。只有在行政区，这些规定才适用于各个领域。然而，即使在行政区内，地方当局对于该法的实施，仍有广泛的自主权。请注意，在六个地方当局，特别是在波桑厄尔和塔纳，人们对萨米语的使用颇为不满，切勿指望各地都会忠实执行该法的规定。

撇开教育条款，该法实际上适用于北部萨米区。吕勒萨米人和南部萨米人已不属于该行政区。政府和议会都认为这两个地区的大多数萨米人已完全掌握了挪威语所以不再增拨资金。

1. 萨米语在地方政府使用

该法给地方当局特别是给郡一级的地方政府带来一些主要变化。一些当局做了大量工作，启用口译，翻译文件，雇人时充分考虑其萨米语水平。这些都是当局主动做出的决定，但在郡一级，实际上根本无法这样操作。萨米语在郡和地方当局这一级只是偶尔使用。

该法规定，要赋予议会一定的权利，决定萨米语和挪威语同为行政管理用语，这条规定将结束一种怪现象，即一切都要译成挪威语，即使与会者都说萨米语。除非在萨米人行政区，在其他地区，要维护这种权利恐怕不大可能。

用萨米语回答的权利将会阻止一种无法无天的行为。例如，某校某个学生，曾用凯于图凯努①的语言给一位资深法官写信，该法官回答说："用挪威语写！"大多数地方议会都认为用萨米语回答是首要的义务，但是地方议会不可能泡在萨米语的交际之中。实际上萨米语口语已经广泛使用，在这方面不会出现什么大变化。该法要求用萨米语翻译法律和法规，这在实践上并不是什么新东西，从一定程度上讲，地方政府长期都在坚持这种翻译，但是该法强化了这方面的工作。

---

① 凯于图凯努属于芬马克郡，85％的居民使用萨米语。

2. 萨米语在法院、公安、监狱中使用

该法对法院和公安部门产生了重大影响，因为以往没有取得实质性的经验，萨米语未曾在这些领域应用，因此这些领域对新法律的抵抗也最强烈。在获悉该法内容时，司法部的反对意见最大。新法实施后，在个人案例中，如果一方提出要求，法院则需雇用口译。该法已做出明确的规定。犯人用萨米语跟其家属交谈的权利是一种人权，承认这种权利由来已久。奇怪的是，特罗姆斯郡和芬马克郡的法律对这种权利进行限制。当人们询问跟该法有关的议会委员会，犯人的这种权利在挪威的某些地区是不是不适用时，该委员会的人员避而不答。

（二）萨米语传统适用领域

1. 健康和社会福利

在健康和社会福利方面是否使用萨米语，该法未做正式规定。萨米人布道团曾反对增加萨米语的使用。该布道团迄今仍在支配北方许多萨米人委员会中的护理家庭和老人家庭。萨米人委员会的工作人员享有一定的权利保障，要比使用萨米语跟病人交谈更重要。

2. 教堂

通过口译，萨米语在教堂中长期广泛使用，没有发生过大的变化。实际上教堂中不断使用萨米语，特别是内地芬马克的教堂。一个世纪以来许多教区中的牧师都被强迫学习萨米语。该法最易于在教堂事务中执行，因为牧师使用萨米语由来已久，他们掌握多种语言。

3. 小学和初中

该法关于使用或全部使用萨米语教学的规定，没有给现状带来重大变化。该法规定，将萨米语作为一门课程来讲授是充分的，但是无权将萨米语作为各门课程的教学用语。然而，该规定曾被解释为儿童享有各门课程完全使用萨米语讲授的绝对权利。这种权利只适用于"萨米语区"的萨米人，早期曾对这种权利进行过区域性限制，现在有些含混不清。

父母在把子女送入萨米语作为一门课程来教的学校之前，通常必须确定其所在的社区是否属于"萨米语区"。另外，该法现在适用于萨米语区的所有儿童，并不仅限于萨米儿童。该法的较早文本曾限制了萨米语使用者的权利。现在这种权利得到扩大显然是一种进步。

该法规定，儿童是否想把萨米语作为一门课程或者作为七年级的一种教学用语来学习，这由他们自行决定。在此之前，父母才有做出这种选择的权利。教育中母语的选择权是一种重要的权利，该法对此含混不清，表明立法者并不认为萨米语在教育环境中具有同等重要的价值。

萨米人多年以来一直致力于建立一种机制，在教育中使用萨米语，对萨米儿童来说是如此基本，对生活在萨米地区所有的儿童来说是如此必要，以至于不可能选择萨米语以外的语言。换言之，萨米语应该成为必修课。现在已出现一种情况，萨米语言委员会决定萨米语应该成为各校中的必修课，但挪威语使用者反对这项决定。行政长官会发现，没有合法的机构来监督执行萨米语作为一门必修课的规定。该法规定，委员会当局有权履行萨米语教育的义务。

学习许可权是绝对必要的，因为整个地方政府的萨米语熟练程度，特别是萨米书面语的熟练程度，极不适应工作的需要[①]。在需要熟练使用萨米语的各个机构都应该行使这种权利，而不能只在"行政区"的一些机构运用。相关地方政府已设法增强了当前教育系统和地方政府使用萨米语的能力，但是，不宜包括吕勒地区萨米人和南部萨米人。

（三）其他

迄今为止，为了获得口译，人们常说自己需要"语言帮助者"，其中，最需要口译的，通常是那些以不懂另一种语言为荣的人。该法都是一些最一般的规定，无须证明某人是否是萨米人，也无须证明其理解萨米语是否有困难。除了教育，该法的规定适合每个人。这是该法非常进步的一个方面。

另外，该法没有规定，相关机构在委派工作时，应优先录用懂得萨米语的人。相关机构如需要职员熟练掌握萨米语，则应将萨米语的熟练程度定为一种决定性的资格，将其作为综合能力的一部分，但该法并未对此做出相应规定。

---

① Gaup J., *Guovttegiclalasvuohia Sis-Finnmarkku Sami suohkaniin* [Bilingualism in Sami Councils in Inner Finnmark], uovdageaidnu: SamiInstituhtta, 1991.

五 结语

《萨米语言法》是对宪法新条款的贯彻执行，是对国际法中有关少数民族诸条款的解释。《萨米语言法》符合《国际民权与政治权利公约》第 27 条规定，符合国际语言组织（ILO）第 169 号有关土著部落的公约。挪威批准了该公约。

从多方面透视，挪威现在似乎可以视为处理土著和少数民族事务的开拓者。虽然该法并不是欧洲唯一的一部语言法，但该法阐述了挪威在萨米人环境中采取的主要举措。挪威议会委员会注意到，欧洲其他许多少数民族在合法保护其语言方面，要比挪威萨米人强得多。在芬兰，《语言法》从 1992 年 1 月 1 日生效。芬兰《语言法》保障所有萨米人均享有平等的语言权利，不论他们来自挪威还是瑞典。在瑞典，该问题已在一个有关萨米人的事务委员会中讨论过，但跟挪威和芬兰相比，尚未取得什么进展。

《萨米语言法》现已成为挪威萨米语的基本法律原则。另外一部截然不同的有关官方文件中地名的法律，明确涉及萨米人的姓名，制定了官员处理萨米人姓名的一些规则。其中主要的一条是现行的姓名仍然继续使用，译名和忽略名（ignoring name）则不准再用。这些规定对于保持萨米人的语言和文化具有极为重要的意义。

现今的问题并不是为权利而斗争的大问题，而是如何实施《萨米语言法》的问题。起步并不很顺利。广而言之，有关语言培植和术语的工作尚未展开，擅长萨米书面语的人才为数太少。教育系统尚未花费一定的时间和财力进行装备，以应付所面临的新挑战。

另外，不可否认的是，这些新规定已经迈出了很大的一步。它们将推动萨米语在公共管理中的使用，可望在萨米语的发展方面取得真正重大的成果。

保护一种语言的最好方式就是真正使用这种语言。这将从根本上提高萨米语的地位。该法的规定离充分实现该法的目标还有一定距离。换言之，宪法中规定的萨米语能否保持和发展的问题尚无法确定。但是可以肯定的是，政治上已经取得了进展，国家议会特别是萨米人议会都强调，经过一定时期努力，取得有益的经验之后，就有理由进一步扩大该法的实施。人们期望，必须拨给足够的资金用来实施该法。

《萨米语言法》当然还有一些不足，但是，当人们试图在语言立法跟实际可能采取的行动之间进行平衡时，完全可以断定，该法中的种种规定已经非常接近实际取得的结果。

美国、澳大利亚和中国双语教育法规新动向[*]

一　引言

（一）三组术语

1. 两个概念

在中国，"双语教育"这个术语，多指"民汉双语教育"，或称"少数民族双语教育"，在国际学术界，也是这种用法，主要用来指少数族裔语言与官方语言的教育。但近期以来，中国汉语和外语界越来越多地用该术语指称"外汉双语教育"。由于外语特别是英语在中国并不是官方语言或通用语言，本部分中的"双语教育"主要是前一种用法。

2. 两种政策

在国际学术界，经常用到两种政策分析用语，即"显性双语教育政策"，指正式颁发的法律、法规、文件等，以及"隐性双语教育政策"，指没有明确的法律、法规、文件，实际执行的政策显性双语教育政策。

3. 两种政策思想

本部分常提到的两种政策思想，上升到哲学高度，就是"一元论"和"多元论"。跟"一元论"相似或相近的说法有同化论、国家一体化、国家主义；跟"多元论"相似或相近的说法有多元文化主义、语言文化多样性、多语多文化论。

（二）解题

近十年来，世界上许多国家，如北美洲的加拿大，亚洲的印度、新

＊ 原载《新疆师范大学学报》2010 年第 1 期。

加坡，非洲的南非等国实行的双语教育政策或多语教育政策，没有发生明显的变化，但是，欧洲的比利时出现了双语政治化取向，瑞士出现了多语冲突，美国和澳大利亚的双语多语教育政策发生了重大转向。本部分拟以美国、澳大利亚和中国为例，进行描述。

之所以选择这三个国家，从民族政策上看，三国具有代表性，美国是"大熔锅"政策的典型代表；澳大利亚是"多元文化主义"的典型代表，20 世纪 80 年代澳大利亚是西方国家中第一个提出该项政策的国家；中国则是"多元一体"政策的代表。从显性双语教育政策和隐性双语教育政策上看，三国具有特殊性，美澳两国在这两方面均发生重大变化，中国在显性政策方面无大变化，其隐性政策则处于变化之中。

二 美国：从《双语教育法》到《英语习得法》

美国的《双语教育法》从 1968 年正式颁布，到 2002 年宣布废止，历时 34 年，在"而立之年"寿终正寝。美国的双语教育政策可谓出现重大拐点，引起学界广泛热议。

（一）《双语教育法》的立法背景

20 世纪 60 年代，民权运动席卷全美，美国国会通过了《民权法》和《人权法》两项法案。在这种社会历史背景下，来自讲西班牙语诸州以及讲法语诸州的参议员及国会议员提出立法动议，并获国会批准，1968 年约翰逊总统签署了《双语教育法》（*Bilingual Education Act*），全称是《中小学教育法Ⅶ》（*Title of Ⅶ Elementary and Secondary Education Act*）美国的公民权和人权。

（二）废除《双语教育法》的起因和过程："反双语教育"运动

1. 运动序幕：家长抗议校方事件

1996 年加州洛杉矶第九街小学发生一起"家长抗议校方事件"，60 多位西班牙裔移民家长涌进学校，把孩子领走，抗议学校没有教会孩子英语，事件持续两周，矛头直指双语教育，从此拉开美国"反双语教育"运动的序幕。

2. 运动发展

一位亿万富翁，名叫翁兹（Ron Unz，一译"温茨"），是硅谷软件经销商，成功利用了洛杉矶发生的这起"家长抗议校方事件"。他自筹资金，在加州发起全民请愿活动。请愿书要求"所有儿童都通过英语教学来接受教育"，这成为日后著名的《227 法案》。

3. 主要理据

该法案依据的主要理据是：①双语课程效果未达标。新移民（非英语移民）一般都渴望较好地掌握英语，以便能够更好地在美国生活、读书和工作，因为英语程度的高低，关系到学生的工作前途和生活质量。但是，双语课程没有达到预期的效果，没能成功提高学生的英语水平，直接影响了非英语移民学生的求学、工作前途及生活质量。②教学用语比例相左。传统观点认为，对于母语是非英语的孩子，教师使用学生母语的比率至少应占全部教学语言的75%，但是，美国教育部的一项研究表明，教师使用学生母语的比率最多不得超过全部教学语言的25%，否则，会影响学生英语水平的提高。③倡导采用英语沉浸式课程。加利福尼亚州的一项实验表明，在把双语课程改为英语沉浸式课程后，学生的考试成绩上升了40%。

4. 运动目标：通过《227 法案》

该法案要求所有公立学校取消双语教育，并使全体英语不佳的学生接受一年的沉浸式教育，然后过渡到全英语班级，接受主流教育。

5. 运动结果：废除《双语教育法》，通过《英语习得法》

1998 年加利福尼亚州以公民投票方式，61% 赞成，通过了 227 号提案。随后亚利桑那州和马萨诸塞州也相继通过类似的法案。2002 年 1 月 8 日，小布什总统签署了一项联邦政府的公共法律《不让一个孩子掉队法》（*No Child Left Behind*），即《英语习得法》（*The English Language Acquisition Act*），废止了《双语教育法》。

（三）影响废除《双语教育法》的主要因素

2001 年"9·11"事件爆发后，全美国家主义、国家安全意识空前高涨。

1. "文明冲突论"抬头：担心西班牙语对英语构成威胁

布热津斯基曾预言美国的人口危机：到 2050 年……欧洲人的比重会从 60% 下降到 40%。现在西班牙语已经成为美国事实上的准官方第二语言，这让许多人回想起 19 世纪德语对英语的威胁。社会流行着一种见解，1965 年之后涌入的拉丁美洲裔移民，可能会加速美国的社会分裂，形成英语和西班牙语两大语言对立，造成盎格鲁文化和拉丁文化两大文化对立。美国西南部的四个州（加利福尼亚州、得克萨斯州、亚利桑那州及新墨西哥州）与墨西哥接壤，搞不好会成为美国的"魁北克"。

2. 价值观："唯英语"运动持续发展

20 世纪 60 年代以来，美国掀起"唯英语"运动，此时的英语不仅仅是一种语言范畴，还是盎格鲁—撒克逊文化的一种标志。主流意识认为，美国是一个基督教国家，信奉基督教价值观，只能使用英语一种语言，传承欧洲文化遗产。

三 澳大利亚：从多元化语言教育回归一元化语言教育

（一）多元化语言教育政策（20 世纪 70 年代至 90 年代末）

1972 年澳大利亚工党上台后，开始追求社会公正，实行多元文化主义政策。

1. 显性政策代表：《国家语言政策》（1987 年）

受联邦政府委托，语言政策专家白郎克（Joseph Lo Bianco）主持制定了《国家语言政策》（*National Policy on Languages*）报告书，于 1987 年 6 月由内阁会议批准实施。这是澳大利亚历史上第一部明确的官方语言政策，是"澳大利亚教育中最具影响的文件之一"。该政策支持资助少数族裔社区语言教育、土著语言教育、英语母语教育、英语作为第二语言教育、英语作为外语教育。

2. 亚洲"优先语言"教育

1994 年澳大利亚政府联合会签发了一份《澳大利亚学校中亚洲语言学习的国家战略》，其目标是帮助公办学校和非公办学校，推动学习四种亚洲语言，即汉语、日语、印度尼西亚语和韩语。从 1994—2002

年底，政府斥资 2.08 亿澳元资助该政策。

（二）一元化语言教育政策（20 世纪 90 年代以来）

政府发布《澳大利亚语言：澳大利亚的语言和读写能力政策》（1991 年）白皮书，以"国家利益"为唯一取向，反复强调英语读写能力的主体地位及其在经济建设中的重要作用，强调第二语言学习应多于社区（移民）语言学习，强调语言（英语）的经济价值，旨在提高国家在国际经济中的竞争力，取代上述《国家语言政策》（1987 年）。

（三）相关社会制约因素

1. "脱欧入亚"战略对亚洲"优先语言"教育的影响

20 世纪 70 年代中期以后，英国加入欧洲共同体市场，澳大利亚失去了可靠的原料和初级产品市场，但亚洲地区人口众多，劳动力低廉。出于国家安全和经济发展的需要，澳大利亚制定"脱欧入亚"战略。随着澳洲与亚洲之间商业贸易比重的增加，外贸经济对亚洲语言的需求也越来越大。

2. 国家经济竞争力与英语读写水平

政策制定者担心，如果公民整体的语言水平下降，那么国家的经济竞争力就会受到较大影响。亚洲一些新兴工业化国家，由于教育取得成功，其经济竞争力十分强劲。澳洲重新强调英语的主体地位，旨在提高国家在国际上的经济竞争力，而不是重申国家的团结和英国文化的传承，重新回到一元化语言教育政策时代。

四 中国：社会转型中的双语教学

（一）双语教学政策的正式提出（1991 年）

中华人民共和国成立至 1980 年之前，中国政府文件中只使用"民族语言教学"这个术语。1980 年以来，文件中开始出现"民族语文和汉语文教学"，这个术语的内涵，实际上跟"双语教学"没有多大区别。

在面向全国的文件中，正式使用"双语教学"这个术语的是 1991年《国家民委关于进一步做好少数民族语言文字工作的报告》，其中规定"招收少数民族学生为主的学校，有条件的应当采用少数民族文字的课本，并用少数民族语言讲课，在适当年级增设汉语文课程，实行双语文教学，推行全国通用的普通话"。

（二）人口流动对朝鲜族双语教学的影响

1. 朝鲜族及其人口流动

朝鲜族是一个移民民族，192.38万人（2000年），主要聚居在吉林省延边州，其先民大多是一二百年前从朝鲜半岛迁入的。在改革开放之前，中国朝鲜语区的朝语教育体制非常成功，往往被全国其他少数民族，特别是南方少数民族视为楷模。

近二三十年来，随着中国城市化进程的不断扩展，朝鲜族流入内地及沿海发达地区20多万（1997年），占该民族总人口的10%，这个比例与全国其他各民族相比都是最高的。这种自发的大规模的人口流动，有效地促进了朝鲜语区经济的发展，但是，也对朝鲜语区的朝鲜语文教育带来了一定的冲击。

2. 朝鲜族"残缺家庭"学生比例激增

在延边地区，对于那些父母一方或双方出国、父母一方或双方亡故及父母离异的家庭，通常称作"残缺家庭"。据一项抽样调查，朝鲜族中小学"残缺家庭"的大量涌现，延边朝鲜族小学生和初中生中，残缺家庭比例甚至超过五成①。这直接导致朝鲜语教育事业严重受挫。

3. 朝鲜族学校数量大量减少

延边自治州内的朝鲜族小学校由1990年的228所减少至2000年的92所，减幅达46.6%。和龙市是自治州内朝鲜族人口最密集的地区，20世纪80年代末，该市有148所朝鲜族小学，到2002年已经锐减50%②。

（三）分配制度改革、家长择校动机转变对蒙古族双语教学的影响

随着中国改革开放的深入发展，中国社会正在经历从传统的计划经济向社会主义市场经济的过渡。普通高等院校的教育政策也在从"免费

---

① 蔡美花：《延边朝鲜族中小学教育现状调查研究》，《东疆学刊》2004年第4期。
② 蔡美花：《延边朝鲜族中小学教育现状调查研究》，《东疆学刊》2004年第4期。

上学，国家分配"向"交费上学，不包分配"的方向转变。在这种急剧变迁的社会文化大环境中，内蒙古自治区的双语教学，特别是"保持型双语教学计划"受到了较大的影响，实行该项教学计划的蒙古族中小学学校数和在校学生数出现了戏剧性的变化（见图1和图2）。

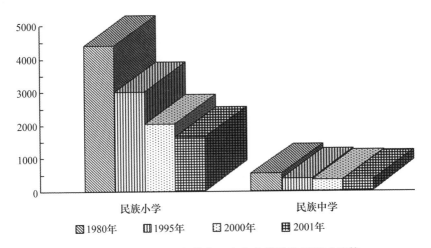

图1　1980—2001年内蒙古民族中小学学校呈锐减趋势

资料来源：乌兰图克：《内蒙古自治区民族教育最突出的问题、其产生的原因及对策》，《民族教育研究》1997年第2期，以及笔者的调查。

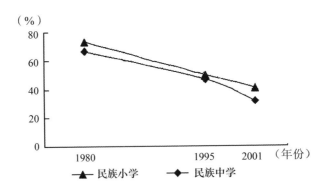

图2　1980—2001年内蒙古民族中小学在校生呈锐减趋势

资料来源：乌兰图克：《内蒙古自治区民族教育最突出的问题、其产生的原因及对策》，《民族教育研究》1997年第2期，以及笔者的调查。

（四）原因分析

除了上文所说的社会经济制度变迁和教育政策改革的因素外，至少还有以下因素。

1. 招生制度变革

20世纪末，全自治区大专院校的招生总数比原来扩大了许多，但是，保持型计划的蒙古族毕业生，因为受到其自身外语和汉语水平的限制，一般只能报考国家计划内有指标的院校，几乎没有什么人，能够作为委托生或自费生考入高校。因此，保持型学生占全区高校学生的比例，逐年减少，一般为6%—7%。

自治区之外的大专院校，不招收没有外语成绩的考生，区内院校的大多数专业，也不招收没有外语成绩的考生，这类考生一般属于保持型双语教学计划的学生。他们的专业选择十分狭窄，他们能够报考的高等院校只能是自治区内设有蒙古语授课专业的院校，这些专业为数不多，一般包括，师范、蒙药、农牧、财经等，而其他大量的专业，如理科、工科、经济、政治、法律等，均不招收保持型计划的学生。

2. 毕业生录用机制的改变

保持型计划的大专毕业生，就业面临困境。在计划经济时代，保持型计划的毕业生大多数可以分配到，但是，自从普通高等院校实行"交费上学，不包分配"以来，保持型双语教学计划毕业生的就业空间越来越小，以往可以接纳该类毕业生的单位如报社、电台、民族出版社、蒙古语文教学及科研单位等，已经满编，有的甚至已经超编，这些单位经过压缩，即使可以挤出一点名额，也用于招收学过外语，会用电脑，而且汉语水平较高的毕业生，可是，保持型计划的毕业生在这些方面的基础和能力普遍比较薄弱。

3. 儿童和家长择校动机的转变

在从计划经济向市场经济体制过渡的进程中，少数民族中小学校数和在校学习蒙古语的学生数，如前所述，均比20多年前有较大幅度的减少。长期以来，已有越来越多的蒙古族学生，自愿选择进入汉族学校就读了。蒙古族儿童的这种选择，或者是得到了其家长的支持，或者是在其家长的授意下做出的。这种现象一方面反映出蒙古族对急剧变迁的社会文化环境的一种调适，另外也暴露出传统的保持型双语教学计划，越来越难于满足广大蒙古族儿童对学习并掌握汉语及外语的需求，蒙古族儿童及其家长的择校动机正在向功利主义或工具主义转变。

五 结语

（一）关于"双语教育"政策取向

从历史发展的线索来透视，美国和澳大利亚两国"双语教育"政策取向，似乎在遵循一种"单双之道，一张一弛"的原则。

美国在 20 世纪中期之前的一二百年，基本上实行"单语同化"政策，1968—2002 年的 30 多年实行了"双语教育"政策，2002 年之后迄今，又转而实行英语单语教育政策。

澳大利亚在 20 世纪初至 60 年代末的 60 多年内，实行的也是"单语同化"政策，20 世纪 70 年代至 90 年代末的二三十年间，实行了"多语教育"政策，20 世纪 90 年代末迄今，则实行英语单语教育政策。

（二）关于政策"拐点"的主要社会制约因素

教育具有上层建筑的性质，任何国家的教育都是受国家意识形态的影响，为维护国家体制服务的。制约美国废除双语教育法的主要社会因素是：文明冲突论、国家安全意识和价值观，美国自认为面临西班牙语言和文化的威胁；但是，在澳大利亚，任何一种语言文化均无法对英语构成威胁，制约澳大利亚发生政策转型的主要社会因素是："脱欧入亚"战略和提高国际经济竞争力。

在中国的民族区域自治法、教育法以及面向全国的相关文件中，有关"双语教学"政策的条款或规定均未发生大的变化，但在隐性双语教育政策方面，不同民族不同地区出现了一些差异，其社会制约因素主要有：社会向市场经济转型、高校分配制度变化、民族人口流动、家长择校动机转变等，特别是市场经济的发展，使得少数民族儿童及其家长的择校动机发生重大转变，越来越多的少数民族自愿进入汉语学校，希望加强汉语的学习。双语兼通的人才，要比只懂民族语不懂汉语或者只懂汉语不懂民族语的单语人才，更具有竞争力。

中国地方语言政策法规状况报告 2005[*]

这里用"政策法规",来概括法律、法规、规章、政策文件或规范性文件等,可以很好地跟政府及其相关部门的习惯用法接轨,更有利于这些部门的相关人员阅读语言政策法规既包括语言法律、语言法规、语言规章及语言规范性文件,也包括其他法律、法规、规章及规范性文件中有关语言问题的条文。这里引用的语言政策法规是从政府相关部门的互联网站上下载的,出处随文夹注。

一　基本情况

2005 年由省(直辖市、自治区)一级人民代表大会常务委员会颁布的语言法规有三个,分别是辽宁省、吉林省和上海市实施的《中华人民共和国国家通用语言文字法》(以下简称《国家通用语言文字法》)的具体办法,是对《国家通用语言文字法》及其他相关法律条文的细化和补充,具有鲜明的地方性和可操作性。

除此之外,有关语言文字使用和规范的政策规章还散见于国务院行政部门的规章文件以及省(直辖市、自治区)政府的文件之中。具体内容涉及广播影视用语、司法用语、社会用字、普通话水平测试和培训、少数民族双语教学等方面。

(一)国务院行政部门关于语言文字的文件和规章

2005 年国务院行政部门发布的涉及语言文字的文件和规章主要有

＊　原载周庆生主编《中国语言生活状况报告 2005》(上编),商务印书馆 2006 年版。原标题略有改动。

五个，按文件发布的先后顺序，依次为：3 月 16 日国家广播电影电视总局发出的《广电总局关于加强电视节目字幕播出管理的通知》①，9 月 10 日，国家广播电影电视总局发出的《广电总局关于批转中国广播电视协会〈中国广播电视播音员主持人自律公约〉的通知》②，10 月 8 日，国家广播电影电视总局发出的《广电总局关于进一步重申电视剧使用规范语言的通知》③，10 月 28 日教育部发出的《关于贯彻落实〈中共中央国务院关于进一步加强民族工作加快少数民族和民族地区经济社会发展的决定〉做好民族教育工作的通知》④，11 月 4 日最高人民法院制定的《法官行为规范（试行）》⑤。

（二）地方语言文字法规

2005 年我国省（直辖市、自治区）一级语言文字法规共颁布三个，即 5 月 28 日辽宁省第十届人民代表大会常务委员会第十九次会议通过的《辽宁省实施〈中华人民共和国国家通用语言文字法〉规定》（2005 年 8 月 1 日起施行）⑥，9 月 14 日吉林省第十届人民代表大会常务委员会第二十二次会议通过的《吉林省国家通用语言文字条例》（2005 年 11 月 1 日起施行）⑦，12 月 29 日上海市第十二届人民代表大会常务委员会第二十五次会议审议通过的《上海市实施〈中华人民共和国国家通用语言文字法〉办法》（2006 年 3 月 1 日起施行）⑧。

（三）地方政府关于语言文字的文件

2005 年 1 月 19 日山西省教育厅和山西省语言文字工作委员会发出《关于建立山西省语言文字工作视导员队伍的通知》⑨，1 月 20 日山西省

---

① 国家广播电影电视总局，http：//www. sarft. gov. cn/manage/publishfile/35/2745. html。
② 国家广播电影电视总局，http：//www. sarft. gov. cn/manage/publishfile/35/3282. html。
③ 国家广播电影电视总局，http：//www. sarft. gov. cn/manage/publishfile/35/3329. html。
④ 中华人民共和国教育部，http：//www. moe. edu. cn/edoas/website18/info17053. htm。
⑤ 法律图书馆网，http：//www. dffy. com/faguixiazai/xf/200511/20051128105537. htm。
⑥ 中国沈阳普法网，http：//www. sypf. com/flsw/dffg/lnsfg/lnfgk/005. htm。
⑦ 中国吉林网，http：//www. chinajilin. com. cn/2004jilinnews/doc/2005 - 09 - 19/3963. htm。
⑧ 上海市语言文字网，http：//www. shyywz. com/page/jsp/showdetail. jsp？con = ywgz&id = 2175。
⑨ 山西语言文字网，http：//www. sxyw. cn/zhengcefg/zcfg_ main02. asp？pageno =1。

教育厅和山西省语言文字工作委员会发出《关于建立山西省语言文字监督员队伍的通知》①，3 月 22 日辽宁省人民政府发出《辽宁省人民政府关于深化改革加快发展民族教育的意见》②，9 月 12 日新疆维吾尔自治区政府发出了《关于进一步规范社会用字的通知》③，9 月 30 日浙江省人事厅、教育厅和省语言文字工作委员会联合下发了《关于在全省公务员中开展普通话培训考核工作的通知》④，11 月 23 日广西壮族自治区教育厅、农业厅和语言文字工作委员会下发了《关于做好我区农村进城务工人员普通话培训工作的通知》⑤。

二　特点分析

（一）地方语言法规中的特色条款

1. 《上海市实施〈中华人民共和国国家通用语言文字法〉办法》

《上海市实施〈中华人民共和国国家通用语言文字法〉办法》（以下简称《办法》）在坚持上位法理的基础上，紧密结合上海实际，贴近上海出现的新情况新问题，坚持既规范又鲜活的立法原则，明确规定了各级政府及相关管理部门的执法职责，首次引入城管力量监察管理语言规范工作，规定了国家机关、学校教育、新闻媒体、公共服务行业是推广普通话和推行规范汉字的重点领域，首次将规范网络语汇行为写入地方性法规，制定了重点人员普通话和汉字应用水平的要求，以及对语言文字工作的评估、设立相关测试机构等方面的要求，以便建立稳定而长效的国家通用语言文字使用的管理机制。

（1）网络语汇不能进入政府文件和教科书

网络语言不能进入课堂，不能进入文件，不能进入报刊，网络语言的使用不要走出网络。《办法》第十四条规定："国家机关公文、教科书不得使用不符合现代汉语词汇和语法规范的网络语汇。新闻报道除需

---

① 山西语言文字网，http：//www. sxyw. cn/zhengcefg/zcfg_ main02. asp？pageno =1。

② 中国辽宁网，http：//www. ln. gov. cn/communique/govfiles/govfiles/37_ 38983. htm。

③ 新疆语言文字网，http：//www. xjyw. gov. cn/han/zhengcefagui/%5B2005%5D159 she-huiyongzi. htm。

④ 中国语言文字网，http：//www. moe. edu. cn/edoas/website18/info17302. htm。

⑤ 广西语言文字网，http：//www. gxedu. gov. cn/yywz/news/xxdt/20051213162503. htm。

要外，不得使用不符合现代汉语词汇和语法规范的网络语汇。"这是国内首次将规范网络语汇行为写入地方性法规。同时也意味着"美眉"（妹妹、美女）、"稀饭"（喜欢）、"粉丝"（英语 fans 的汉语读音，意指追随者）、"酱紫"（"这样子"的合音）、"PK"（Player Kill 的缩略，电脑游戏中的对决、比试、较量）这些词汇将与上海的政府文件、教科书"绝缘"。

（2）繁体字、异体字标牌应和规范汉字标牌并用

《办法》第十二条规定：符合《国家通用语言文字法》的规定，用繁体字、异体字书写的名称牌不宜单独摆放，还"应当在适当的位置配放规范汉字书写的名称牌"。

（3）外语不得单用，应加汉语注释

《办法》第十五条规定："汉语文出版物、国家机关公文中需要使用外国语言文字的，应当用国家通用语言文字做必要的注释。公共服务行业以规范汉字为基本的服务用字。招牌、告示、标志牌等需要使用外国文字的，应当用规范汉字标注。"第十一条规定："在上海销售的商品包装、说明、招牌用字，必须使用规范汉字。"这意味着在上海销售的外国商品的标牌、商品包装、说明、招牌等不得单独使用英文，必须以中文或中英文对照的形式出现在顾客面前。

2.《辽宁省实施〈中华人民共和国国家通用语言文字法〉的规定》

（1）公共场所名称等不得单独使用外文，不得仅用汉语拼音

《辽宁省实施〈中华人民共和国国家通用语言文字法〉规定》（以下简称《规定》）指明：企业的名称、牌匾、广告及其在境内销售的产品包装、说明（第六条）、公共场所和公共设施名称标志（第十条）应当使用规范汉字，不得单独使用外国文字，不得仅用汉语拼音（第七条）。

（2）地名不得用外文译写

《规定》第十条：自然地理实体名称，行政区划名称，居民地名称，各专业部门使用的只有地名意义的台、站、港、场等地名标志，应当使用规范汉字，并可以标注汉语拼音，不得使用外国文字。

（3）广告用语不得使用篡改原义的成语

广告中时常可以见到：宣传颜料用"好色之'涂'"，网吧的名字取为"一网情深"。"语言规定"第九条指明：这种利用同音字、谐音

字篡改成语原义的广告语言将被禁用。

3. 《吉林省国家通用语言文字条例》

（1）规范病历、处方、体检报告用字

《吉林省国家通用语言文字条例》（以下简称《条例》）第十三条第八款明确规定，"病历、处方、体检报告"应当使用规范汉字。这意味着医生写"天书病历"、开"天书处方"将不再是一种书写习惯的问题，而是一种违反当地语言法规的行为。

（2）普通话测试范围适当扩大，相关人员的测试标准适当提高

《条例》将公共服务行业中从事解说、话务、讲解、导游等特定岗位人员纳入普通话测试范围，要求达到二级甲等水平（第十八条第四款）。将中等高等院校学生也纳入测试范围，要求达到三级甲等水平（第十八条第五款）。比照国家语委等部门制定的部门规章，《条例》相应提高了吉林省国家机关工作人员的普通话测试标准，要求国家机关工作人员要达到二级乙等水平（第十八条第三款）。

（3）规定公共服务使用普通话

《条例》第十二条第二款规定"商业、邮政、电信、公路、铁路、民航、水运、旅游、餐饮、娱乐、网络、医疗、银行、保险、证券、房地产以及其他直接面向公众服务的行业的公共服务"应当使用普通话。

（二）其他规章文件中的语言使用和语言规范条款

1. 广播电影电视用语

（1）规范电视剧用语

2004 年 10 月，国家广播电影电视总局曾发布《关于加强译制境外广播电视节目播出管理的通知》，要求停播用地方方言译制的境外广播电视节目。各级广播电视播出机构一律不得播出用地方方言译制的境外广播电视节目。2005 年鉴于电视剧使用方言的问题增多，国家广电总局于同年 10 月发出《关于进一步重申电视剧使用规范语言的通知》，重申以下三点要求：电视剧的语言（地方戏曲片除外）应以普通话为主，一般情况下不得使用方言和不标准的普通话；重大革命和历史题材电视剧、少儿题材电视剧以及宣传教育专题电视片等一律要使用普通话；电

视剧中出现的领袖人物的语言要使用普通话①。

（2）控制电视节目字幕错别字

鉴于一个时期以来，一些电视节目字幕错别字增多的问题，国家广电总局于2005年3月发出《关于加强电视节目字幕播出管理的通知》，要求各级电视播出机构采取有效措施，制定明确的控制电视节目字幕错别字的指标，并将其纳入工作绩效考核。同时还要配备专门人员，加强电视节目字幕的校对和把关，使电视节目字幕的校对把关程序化、制度化。明确责任，奖优罚劣，进一步强化对电视节目字幕的播出管理。

（3）规范播音员、主持人的语言使用

为了进一步提高播音员主持人队伍的职业素质，规范他们的职业行为，国家广电总局于2005年9月发出《关于批转中国广播电视协会〈中国广播电视播音员主持人自律公约〉的通知》，要求播音员主持人以推广普及普通话、规范使用通用语言文字、维护祖国语言和文字的纯洁性为己任②；不模仿地域音及其表达方式，不使用对规范语言有损害的口音、语调、粗俗语言、俚语、行话，不在普通话中夹杂不必要的外语，不模仿港台话及其表达方式③；不用方言词语、文言词语、简称略语或生造词语④。

2. 司法用语

规范法官庭审用语。为了规范法官在司法审判和业外活动行为，最高人民法院颁发了《法官行为规范（试行）》，其中第三十条规定："当事人使用方言或者少数民族语言（一）诉讼一方只能讲方言的，应当准许；他方表示不通晓的，可以由法官或者书记员用普通话复述。（二）使用少数民族语言陈述，他方表示不通晓的，应当为其配备翻译"。

---

① 国家广播电影电视总局，http：//www. sarft. gov. cn/manage/publishfile/35/3329. html。

② 第九条 以推广普及普通话、规范使用通用语言文字、维护祖国语言和文字的纯洁性为己任，自觉发挥示范作用。参见国家广播电影电视总局，http：//www. sarft. gov. cn/manage/publishfile/35/3282. html。

③ 第十条 参见国家广播电影电视总局，http：//www. sarft. gov. cn/manage/publishfile/35/3282. html。

④ 第十一条 不断加强语文修养，用词造句要遵守现代汉语的语法规则，语序合理，修辞恰当，不滥用方言词语、文言词语、简称略语或生造词语。参见国家广播电影电视总局，http：//www. sarft. gov. cn/manage/publishfile/35/3282. html。

3. 社会用字

针对新疆门牌、印章用字比例失调、翻译不准确、排列不规范等问题，新疆维吾尔自治区政府发出的《关于进一步规范社会用字的通知》，公布了门牌文字的颜色、字体、文字排列方式、民族文字和汉文在圆形印章中的位置等规范标准。

4. 普通话水平测试和培训

（1）开展公务员普通话培训考核

浙江省人事厅、教育厅、省语委联合下发的《关于在全省公务员中开展普通话培训考核工作的通知》规定，1960 年 1 月 1 日以后出生的公务员，通过培训原则上要达到普通话三级甲等以上水平，其中山区、海岛及农村乡镇等长期使用方言的公务员可放宽至三级乙等。达不到相关要求的，由各地、各单位负责组织针对性培训。培训考核工作从 2005 年下半年开始，至 2008 年底结束。

（2）对农村进城务工人员进行普通话培训

广西壮族自治区教育厅、农业厅和语言文字工作委员会联合发出《关于做好我区农村进城务工人员普通话培训工作的通知》，主要事项有：坚持免费的原则，所需经费由培训组织机构负责筹措；重点培训从事家政保健服务、商业营销、社区服务、餐饮旅游服务等与口语关系密切的专业（工种）的进城务工人员，有效加强其普通话会话能力；县级职业学校（职教中心）应成为当地进城务工人员普通话培训的主要基地，职业学校对农村进城务工人员开展普通话培训量要占当地引导性培训总量的 70% 以上。各地教育主管部门要把农村进城务工人员普通话培训成效作为考量农村职业学校的一项重要指标①。

（3）建立语言文字工作视导员队伍

为了加强对语言文字工作的管理和普通话水平测试质量的监督，山西省教育厅和语言文字工作委员会发出了《关于建立山西省语言文字工作视导员队伍的通知》，决定分别在省语委和市语委建立一支语言文字工作视导员的队伍，视导员的主要职责是：检查巡视所辖行政区域内的语言文字规范化工作，提供指导性建议和改进意见；监督指导各普通话

---

① 广西语言文字网，http：//www.gxedu.gov.cn/yywz/news/xxdt/20051213162503.htm。

水平测试站的各个环节上的工作；指导并参与普通话水平测试及相关科学研究。

（4）建立语言文字工作监督员队伍

为了有效监督公共交际用语和社会用字状况，完善语言文字工作的监督机制，山西省教育厅和省语言文字工作委员会联合发出了《关于建立山西省语言文字监督员队伍的通知》，决定分别在省、市、县三级语言文字工作委员会建立语言文字监督员队伍，监督员的主要职责是：依据国家和省颁布施行的相关法律、法规、规范、标准和政策，监督检查本行政区域内国家通用语言文字的使用情况；记录并核实不符合国家通用语言文字规范的用语用字情况；对不按照国家通用语言文字的规范和标准使用语言文字的当事人提出批评和建议；向语言文字工作委员会的办事机构和其他有关部门报告监督检查情况。

5. 少数民族双语教学

（1）搞好"双语"教学和科研，积极推广普通话

为了贯彻中央民族工作会议精神，教育部发出《关于贯彻落实〈中共中央国务院关于进一步加强民族工作加快少数民族和民族地区经济社会发展的决定〉做好民族教育工作的通知》，要求各级教育行政部门，要因地制宜搞好"双语"教学及科研开发，建立健全省级少数民族汉语水平考试（MHK）机构，大力宣传、广泛推广全国通用的普通话，继续做好民族文字教材建设工作（第五条）；要积极培养一支"下得去、留得住、用得上"的少数民族师资队伍，尤其是"双语"师资队伍（第六条）。

（2）大力推进少数民族中小学"三语"教学

为了适应民族地区经济和社会发展的需要，加快民族教育的发展步伐，辽宁省政府发出《辽宁省人民政府关于深化改革加快发展民族教育的意见》，制定了一整套推进少数民族中小学"三语"教学的新举措：

> 7. 使用少数民族语、汉语、外语（以下简称"三语"）3 种语言文字授课的蒙古族、朝鲜族等民族小学实行七年制，把延长一年的学制纳入义务教育计划，第一学年主要学习本民族语言。

> 12. 积极创造条件，从小学三年级开设外语，与普通中小学同

步实施信息技术教育，到 2010 年，争取开课率达到 100%。有条件的地区和小学可以提前开设外语和信息技术课程。为了鼓励少数民族学生学用本民族语言，高等院校和中等专业学校招生时，对用民族语授课的少数民族考生提供与授课用语相一致的试卷，并在总分上加 10 分录取，对自治县的其他少数民族考生加 5 分录取。

14. 要把"三语"教学教材建设列入教育发展规划，把民族文字教材建设所需经费列入教育经费预算，资助民族文字教材的编译、审定和出版，民族文字教材逐步向民族中小学免费供应。省财政部门要逐年保证民族文字教材亏损补贴专项经费。①

三　问题和建议

（一）相关法律法规的协调与衔接问题

2005 年全国许多城市出现街道名称"一名两拼"的问题。所谓"一名两拼"，就是指街道名称写在地名牌上，用汉语拼音标注；写在交通指示牌上，则用汉语拼音夹英文或全用英文标注（见表 1）。

表 1　　　　　　　　　　北京路名"一名两拼"举例

路名	路牌（汉语拼音）	交通指示牌（汉拼＋英文/全英文）
建国门外大街 东三环	JIANGUOMENWAI DAJIE DONGSANHUAN	JIANGUOMEN Outer St. （汉＋英） E. 3rd Ring Rd. （全英）
建华南路	JIANHUA NANLU	JIANHUA South Rd （汉＋英）
日坛路 西单北大街	RITAN LU XIDAN BEIDAJIE	Temple of Sun Rd （全英） XIDAN North St. （汉＋英）

资料来源：周庆生：《建外大街：一名多拼 亟待规范》，《中国社会报》2005 年 8 月 27 日第 7 版。

同一街名在不同的标牌中，使用不同的标注形式，这就使得不识汉字的外国人深感困惑，他们搞不清楚，这两种不同形式的街名标注的是

---

① 中国辽宁网，http：//www. ln. gov. cn/communique/govfiles/govfiles/37_ 38983. htm。

同一条街道，还是两条不同的街道？造成这种混乱的一个重要原因，就是国家相关法律法规条文存在着分歧。

《国家通用语言文字法》第十八条，国务院《地名管理条例》第八条，都明文规定，用《汉语拼写方案》拼写的地名是中国罗马字母形式的统一规范。2003 年民政部转发河北省人民政府《关于进一步规范使用汉语拼音拼写标准地名的通知》进一步明确规定，设置交通指示标志、公共交通站牌等，必须使用标准地名；拼写标准地名，必须使用汉语拼音字母，不得使用英文及其他外文。

1999 年由国家质量技术监督局发布的国家标准 GB 5768—1999《道路交通标志和标线》，规定道路交通标志"根据需要，可并用汉字和其他文字。当标志上采用中英两种文字时，地名用汉语拼音，专用名词用英文"①。附录中举例"××街道"英文形式是"×× street"②。

上述两种规定不一致，管理部门也不一致，结果人为造成城市街名、路名拼写中大面积成系统的混乱。建议国家语委是否能出面协调，或者请有关领域的人大代表或政协委员参与解决这个问题。

人事部、教育部、国家语言文字工作委员会 1999 年 5 月 12 日联合发出《关于开展国家公务员普通话培训的通知》③，该通知第二条明确规定："1954 年 1 月 1 日以后出生的公务员达到普通话三级甲等以上水平；对 1954 年 1 月 1 日以前出生的公务员不作达标的硬性要求，但鼓励努力提高普通话水平。"通知要求各地各部门结合公务员的业务实际，制定长期规划，开展普通话培训工作，逐步将普通话作为考核公务员能力水平的一项内容。但是 2005 年 4 月 27 日第十届全国人民代表大会常务委员会第十五次会议通过的《中华人民共和国公务员法》④，虽然设有公务员的条件、录用、考核、培训等十八章，但是没有一章一节涉及对公务员普通话水平的要求、培训及考核等事宜，甚至全篇就没有出现过一次"普通话"这个术语。为此建议今后修订该法时，是否能够增

---

① 国家质量技术监督局：《中华人民共和国国家标准：道路交通标志和标线》（GB 5768—1999），中国标准出版社 1999 年版，第 1 页。

② 国家质量技术监督局：《中华人民共和国国家标准：道路交通标志和标线》（GB 5768—1999），中国标准出版社 1999 年版，第 154 页。

③ 中国语言文字网：政策法规，http：//www.china-language.gov.cn。

④ 法律图书馆网，http：//www.dffy.com/faguixiazai/xf/200504/20050428150743.htm。

补普通话培训方面的内容。

（二）完善法律法规体系问题

1. 汉语国际传播问题

在全国推广普通话和规范汉字方面，我们已经有一套完整有效的政策法规体系，但在国际汉语传播方面尚有很多不足。如中国行销世界各地的出口产品，其名称和说明书几乎都不使用汉语，这等于中国自动放弃在世界传播汉语的机会和权利，为此，建议政府相关部门制定相关政策法规，干预这种不正常的"弃权"行为。

2. 公示语英译的规范问题

公示语是指公开面向公众的告示、指示、提示、警示中的文字及图形信息。随着国际化大都市建设步伐的加快，汉英双语公示语标牌越来越多。现在的情况是，公示语中英译失误的问题比较严重，让只懂英语的人看了之后，或者不知所云，或者产生曲解、误解，例如：

民族园（Racist Park）：英文指种族主义公园，带有种族歧视，宜改为 Ethnicities Park。

小心坠河（Carefully Fall Down to the River）：会被曲解成"仔细坠入河中"宜改为 Look out！

警务工作站（Police Affairs Station）：外国人会不知所云，宜改为 Police Station。

宾客止步（Guest go no further）：逐字翻译，不合英语习惯，宜改为 Staffs Only。

语言的使用反映了一个民族的文明程度。公示语中英译失误的问题更会直接影响一个国际化大都市的国际形象。但是，这类问题却成为我们语言文字工作中的一个盲点，迄今为止，还没有看到着手解决此类问题的法规、规章或文件。这类问题由哪家机构管理？依据什么来管理？社会关注的热度似乎也不是特别高。建议还是由语言文字工作主管部门出面，或协同相关部门来抓一抓这个问题。

（三）法律的执行问题

《国家通用语言文字法》涉及行政司法、教育、新闻出版、广播电影电视、服务行业及公共设施等诸领域的用语用字问题，这些领域中的各级国家行政机关及其工作人员是语言法的执法主体，但是语言法在某些机关工作人员中的知晓度并不高，有法不知，有法不依，人治大于法治的现象依然存在。

《国家通用语言文字法》的规范对象主要是政府公务员、大众传媒、公共场合的用语用字，对此必须坚持强制性，必须依法执行；但是对于个人的语言文字使用，则应采取灵活性，只能引导，不能强制执行。

第三部分

文字与政治国别比较

文字改革与社会革命：中国与土耳其比较[*]

20 世纪 50 年代中国在进行文字改革的时候，国内学者傅懋勣将"文字改革"分为两个小类，一类叫"文字改进"，即在原有文字基础上加以改进；另一类叫"文字改换"，就是让原有文字逐渐退出使用的领域，彻底改换成一套新字母和新正字法，最终目的是用新文字取代老文字[①]。

20 年后国外学者费什曼认为，这种"文字改换"，也可以称作"文字创制"，因为要重新设计一套新的字母系统[②]。笔者采纳傅懋勣的说法，认为"文字改革"可以包括"文字改进"和"文字改换"，但不包括"文字创制"，文字创制和文字改革是两个互不包容的概念。

历史上，有些国家的文字改革与该国同时发生的社会革命有直接的关系，如苏联、土耳其、挪威、越南和中国；有些国家的文字改革则与该国的社会革命无关，如捷克文、罗马尼亚文、爱尔兰文、东欧犹太人使用的依地文、非洲的豪萨文、西南太平洋群岛的新美拉尼亚文等。

本部分旨在描述中国和土耳其在文字改革方面所取得的成功经验，论证中土两国文字改革取得成功是与两国当时进行的翻天覆地的社会革命紧密相关联的，同时也是与两国的社会历史环境相适应的。

---

* 原载《语言规划的理论与实践》，语文出版社 2006 年版。

① 傅懋勣：《民族文字创制和改革研究工作中的几个问题》，载贵州省民族语文指导委员会编《苗族语言文字问题科学讨论会汇刊》（内部印发），1957 年版，第 222 页。

② Fishman，J. A.，"The Sociology of Language：An Interdisciplinary Social Science Approach to Language in Society"，in Fishman，J. A.（ed.），*Advances in the Sociology of Language：Vol. 1，Basic Concepts，Theories and Problems：Alternative Approaches*，The Hague：Mouton & Co，1976：359.

一　土耳其的文字改革与凯末尔革命

（一）社会历史背景

土耳其处于东西方文化的交汇点。土耳其人自称突厥，发源于阿尔泰山一带。土耳其是个多民族国家，突厥人占 80% 以上，库尔德人约占 15%，其余为高加索人、亚美尼亚人、希腊人、阿拉伯人和犹太人。

历史上，突厥人使用卢尼克文字。随着对伊斯兰教的接纳，公元 10 世纪开始接触阿拉伯文，到 13 世纪，突厥人最终放弃了卢尼克文，转而接受阿拉伯文。13 世纪以后，阿拉伯文成为突厥人的通行文字，并且一直沿用了六七百年。20 世纪初期，土耳其进行文字改革之后，阿拉伯文最终被拉丁字母文字取代。

土耳其历史上的语言使用比较复杂。塞尔柱王朝的官方语言是波斯语，1277 年 5 月 5 日，穆罕默德·贝曾颁布一项法令，规定土耳其语为该国的官方语言，但在文学界和学术界，人们仍然崇尚并使用阿拉伯语和波斯语。17 世纪之后，纯土耳其语不断受到排挤，阿拉伯语和波斯语借词大量充斥于土耳其文学语言之中，土耳其的书面语言实际上成了这三种语言的混合语。土耳其书面语和口语的脱节现象十分严重。

最早提出将土耳其语的阿拉伯字母改为拉丁字母的，是阿塞拜疆的阿礼阿享道天（Mirza FethAli Ahondof），高加索人，1857 年提出这种主张，但是，并未获得满意的结果[①]。19 世纪下半叶，又有人提出过阿拉伯字母土耳其文的多种修订方案，但是这些"修订方案"未获得任何结果。土耳其文的拉丁化改革问题一直被搁置到 1922 年。

（二）凯末尔革命

1919—1934 年，"土耳其之父"穆斯塔法·凯末尔（1881—1938 年）领导了一场社会革命，由一系列改革所组成，又被称为"凯末尔革命"，旨在推动土耳其政治、经济和社会生活全面实现现代化。

---

① 加菲洛什鲁：《土耳其共和国的文字改革情况》（原载《拉丁字母的世界采用》，法文版，1934 年版），载中国文字改革委员会第一研究室编《外国文字改革经验介绍》，宁榘译，文字改革出版社 1957 年版，第 125 页。

凯末尔的政治制度改革，废除了素丹制，建立了土耳其共和国，从而实现了从君主立宪政体向共和政体的转变。世俗化和社会生活改革，废除了伊斯兰教习惯法，撤销了执行神法的法庭，使土耳其人民摆脱了宗教法的束缚，获得了现代世俗化的生活环境①。文化教育改革，关闭了教会学校，取消了宗教课程，严格实行强制性义务小学教育②，改变了土耳其长期受制于神权、落后愚昧的状况。1927 年通过了一项街道名称土耳其语化的法令，1928 年 5 月通过了放弃阿拉伯数码，使用拉丁字母数码的法令。

（三）文字改革

1. 拉丁化还是阿拉伯化？

20 世纪 20 年代初期，随着凯末尔革命的全面展开，土耳其文字改革问题也越来越引起人们的关注。

千百年来，土耳其语都是用阿拉伯字母拼写的。土耳其语言中有 8 个元音，可是，阿拉伯字母中没有表示元音的符号，所以只能用辅音符号来拼写这些元音，既不方便，也不科学，不利于儿童识字学习。因此主张阿拉伯文必须彻底改用拉丁字母，否则无法提高人民大众的文化水平。

尽管用阿拉伯字母拼写土耳其语存在种种弊端，但是，人们还是不愿放弃使用阿拉伯字母。伊斯坦布尔的《傍晚报》1926 年 3 月开展的一项调查表明，绝大多数参与者都表示不愿放弃使用阿拉伯字母，如果将阿拉伯字母的土耳其文改换成拉丁字母，人们则会担心数百年来的文化遗产将被搁置，传统精神文化也将就此脱节。因此主张简化土耳其文字中的阿拉伯字母，以便消除人们在学习上的许多不便利因素③。

2. 成立"语言委员会"

根据议员提议，1928 年 5 月举行了议会会议，成立了一个由 6 人组成的"语言委员会"，下设文字、语法和词典三个分会，研究土耳其语

---

① 彭树智：《东方民族主义思潮》，西北大学出版社 1992 年版，第 259 页。

② 董正华：《土耳其现代化道路的基本特点——以凯末尔改革为重点》，载罗荣渠主编《各国现代化比较研究》，陕西人民出版社 1993 年版，第 351—352 页。

③ 索原：《土耳其的文字改革》（原载日本《语言》1937 年第 1 期），载中国文字改革委员会第一研究室编《外国文字改革经验介绍》，文字改革出版社 1957 年版，第 141 页。

采用拉丁字母的最佳方式。

3. 凯末尔的作用

凯末尔总统分别于 1926 年 8 月和 11 月发表过两次有关文字改革的谈话，这两次谈话对土耳其实行拉丁化的文字改革，起到了决定性的作用。8 月 9 日晚，凯末尔在其官邸谈到，我们丰富的语言应该用新土耳其文（拉丁字母）书写，我们必须从数个世纪以来表达愚昧思想，无法相互理解，无法正确表达思想的文字符号中解脱出来。我想这一愿望近期内能够实现。从 8 月 9 日起，凯末尔到各地巡视，每到一处都挂起黑板，亲自讲授新文字。11 月 1 日，凯末尔所做的第二次关于文字改革的演讲，阐述了拉丁化新文字的优越性以及政府采纳新文字的决心：

> 我认为，作为国家进步之基础的先决问题，首先在国民的读书写字方面，该废除那种徒费脑力的旧文字，而代之以新文字。土耳其人决心要采用一种新文字，一种能够适应我们的优美高贵的语言的新文字。这就是拉丁化新文字。依靠拉丁化，我相信人们用很小的努力，很短时间的学习，就能够从文盲状态中解脱出来。
>
> 拉丁字母适合土耳其语，而且不论村社老幼，读起来写起来都能够一样容易，这是明明白白的。经国民会议通过后，采用拉丁化的土耳其文字作为法定的公用文字，这件事情本身就表明国家进步达到了一个重要阶段。①

4. 文字立法和教育立法

土耳其国民议会于 1928 年 11 月 3 日正式颁布了《关于接受和使用土耳其新文字的规定》②。该项法令共有 11 条，主要内容包括：但凡使用阿拉伯字母老土耳其文的地点和场合，一律采用拉丁字母的新土耳其文；自规定公布之日起，全国各机关团体企事业单位必须接受用土耳其新文字书写的文件；自 1929 年 1 月 1 日起，用土耳其语撰写的书籍一

---

① 索原：《土耳其的文字改革》（原载日本《语言》1937 年第 1 期），载中国文字改革委员会第一研究室编《外国文字改革经验介绍》，文字改革出版社 1957 年版，第 140—141 页。

② 罗西：《土耳其共和国的文字改革情况》（原载《拉丁字母的世界采用》，法文版，1934 年版），载中国文字改革委员会第一研究室编《外国文字改革经验介绍》，宁榘译，文字改革出版社 1957 年版，第 136—137 页。

律用新文字出版；公私诉讼记录、国家行政事务、法律书籍、规章训令、民政登记使用阿拉伯字母老文字可沿用到 1930 年 6 月 1 日；土耳其各学术机关和教育机构必须使用新文字，教材禁用阿拉伯文老文字。

为了在全体人民中普及新文字，政府于同年同月 11 日颁布了国民学校令，制定了全面推行新文字的具体措施，主要内容包括全国各地开设国民学校，讲授新文字。大总统任国民学校校长兼教务长，国民议会议长、各部部长、总参谋长等任国民学校干事。16—40 岁的男女公民均为讲习班学员。听课免费。各类学校、教堂、寺院、官厅、俱乐部、沙龙、咖啡店等便于人员聚集的地方，均可用作教室。教员由小学教师担任，不够时由中学以上职员补充，任用受过教育的人。偏远地方，派遣巡回教师。各地方官可规定本法令的实施细则。

新文字法令颁布后，街头的招贴、广告、牌匾等一律改成新文字，如果仍用老文字，警察就会出面，命令其撤回或用油漆涂改。对于不遵守法令的人，政府给以严厉的制裁。1929 年，有三位军人，因涉嫌诽谤新文字教育而被捕，结果判处一人一年徒刑，另外两人无罪释放。1928 年底到 1929 年，绝大多数土耳其人都积极投身到拉丁化新文字的学习热潮之中。不论公共场所、家庭还是街道，到处都是学习拉丁化新文字的人们。

（四）文字改革的成就、意义和影响

文字改革进一步增强了土耳其人民的民族意识和爱国热情，土耳其在现代化的进程中并没有泯灭自身的特性。

土耳其废止阿拉伯字母老文字，采用拉丁化新文字后，只用几年时间，就获得了巨大的成绩。在文字改革以前，土耳其人口中的文盲达 90%，改用新文字之后两年，原来目不识丁而现在可以阅读报刊的，已有 250 万人，这个数目几乎是改用新文字以前懂得土耳其老文字（阿拉伯字母）人数的 3 倍[①]。

土耳其的文字改革将传统的阿拉伯字母全部改换成拉丁字母，彻底抛弃了传统的阿拉伯语借词和波斯语借词，利用纯土耳其语的根词，来

---

① 索原：《土耳其的文字改革》（原载日本《语言》1937 年第 1 期），载中国文字改革委员会第一研究室编《外国文字改革经验介绍》，文字改革出版社 1957 年版，第 145 页。

创造新词或吸收西方词汇，其意义主要表现为：割断了土耳其文化跟传统的伊斯兰文化之间的源远流长的联系，有利于摆脱阿拉伯宗教哲学的束缚和影响；有利于传统文化向现代文化特别是西方文化的转变；有利于儿童的学习和成人扫盲。

土耳其的文字改革，正像教育改革、政治改革、社会生活改革、宗教改革、妇女解放那样，是实现从神权政治国家走向世俗民主政体过程中的一个重要步骤。它开启了东方伊斯兰国家废除阿拉伯字母，采用拉丁字母的先河，对后来许多国家的拉丁化运动均产生过重要的影响。

在现代文字改革史上，土耳其的文字改革具有鲜明的彻底性和稳定性，历时 70 多年未出现反复，这与该国的政治相对稳定是相适应的。半个多世纪以来，除了 1946 年土耳其实行多党制，20 世纪 80 年代初，实行自由化和外向化的经济政策外，其他各项基本政策基本上遵循了凯末尔的主张。土耳其的文字改革实践证明，文字改革跟社会政治密切相关，文字改革得以长期保持稳定是以社会政治或基本国策的稳定为基础的。

二　中国的汉字改革与社会文化革命

自西汉初期以后，汉字的形体结构基本上固定下来，开始走上"方块字"的发展道路，此后两千多年，除了汉字字形产生了一些变体，汉字的性质没有发生任何改变，汉字始终是中国的通用文字。官方没有推出过改革汉字的措施，民间也没兴起过改革汉字的运动。汉字长期处于一种超稳定的状态之中。

自从 1840 年清朝在鸦片战争中失败后，中国开始沦为殖民地、半殖民地和半封建的社会。随着中国的旧民主主义革命和新民主主义革命的开展，中国的汉字改革进程始终跟社会历史进程紧密相随，各个时期的汉字改革运动始终跟当时的政治文化运动密切相关，从 19 世纪 90 年代到 20 世纪 80 年代的近百年间，中国国内不断掀起具有一定规模影响的汉字改革运动，如切音字运动、注音字母运动、国语罗马字运动、拉丁化新文字运动等。

（一）毛泽东的新民主主义理论及文字改革思想

毛泽东早期的文字改革思想是在中华人民共和国成立之前，在论述新民主主义文化的特点时提出来的，这就是："文字必须在一定条件下加以改革，言语必须接近民众，须知民众就是革命文化的无限丰富的源泉。"① 以上论述表明，文字改革的目的是普及大众文化，使文化真正为工农大众服务。

（二）拼音方向的文字改革和民族形式的字母方案

1952 年 2 月马叙伦在"中国文字改革研究委员会"成立大会的讲话中，传达了毛泽东主席对文字改革工作的指示："文字必须改革，要走世界文字共同的拼音方向；形式应该是民族的，字母和方案要根据现有汉字来制定。"②

跟 20 世纪 40 年代的文字改革思想相比，毛泽东此时的指示已有两个进展：第一，具体指明汉字改革要走拼音化的道路，即汉字要改成拼音文字；第二，具体指明新文字的字母要采用民族形式，即采用汉字笔画式字母。在汉字改革中，毛泽东主张采用民族化的字母而不是拉丁化或斯拉夫化的字母形式，大概是出于以下三个方面的考虑。

1. 从文化革命理论透视

汉字笔画式字母具有汉民族的形式，符合上述新民主主义文化的第一特性"民族性"，因此具有"反对帝国主义压迫，主张中华民族的尊严和独立"③ 的意义。

2. 从苏联的经验透视

十月革命后，苏联也开展过文字拉丁化运动，但是到了斯大林时期，又将绝大多数有文字民族的拉丁化文字改换成与俄文一致的斯拉夫字母形式。也就是说，在斯大林时代，苏联已经抛弃了字母形式拉丁化的原则，转而采用俄罗斯化或斯拉夫化原则。1950 年，毛泽东在苏联访问期间，曾经跟斯大林讨论过文字改革问题。毛主席回到北京，指示

---

① 《毛泽东选集》（第 2 卷），人民出版社 1991 年版，第 708 页。
② 张朋、费锦昌：《文字改革 30 年记事（初稿）》（一），《语文现代化》1980 年第 4 期。
③ 《毛泽东选集》（第 2 卷），人民出版社 1991 年版，第 706 页。

中国文字改革研究委员会研究制订民族形式的拼音方案①。另外，胡乔木的回忆也证实了斯大林曾经跟毛泽东谈论过中国的汉字改革问题，"这件事的起因是毛主席同斯大林的谈话，斯大林提出汉字太难认，是否可以搞一个民族化的拼音方案，不一定照别国的字母来设计"②。

3. 从国内实践透视

当时解放军用注音字母进行识字教学，获得了成功，另外，有些专家也主张汉语拼音方案应采用民族形式，即汉字笔画字母。

毛泽东要求民族形式的拼音字母要比注音字母更简单，根据毛泽东的指示，中国文字改革研究委员会在1952—1954年的3年中，集中大部分力量，研究拟订过多种民族形式的拼音方案。

（三）汉语拼音方案：最终采用拉丁字母

1954年12月，"中国文字改革研究委员会"改组为"中国文字改革委员会（以下简称文改会）"，直属国务院。1955年10月文改会拟订出6种汉语拼音文字方案草稿，其中属于汉字笔画式的4种；属于国际通用式的两种：包括拉丁字母式一种，斯拉夫字母式一种。这些草稿曾分发给当时（10月15—23日）在北京举行的"全国文字改革会议"的代表们，征求意见。

拟订民族形式即汉字笔画式的拼音文字方案，是在贯彻执行毛泽东主席的指示；拟订拉丁字母方案，则可以满足进行文化交流、科技学习时在名称符号方面的需要；拟订斯拉夫字母方案，一方面是因为当时内蒙古的蒙古族已将蒙古文改换成斯拉夫字母的"新蒙文"；另一方面全国学习俄语的人数在不断增多，熟悉俄文字母的也越来越多③，当时中苏结为友好同盟，苏联专家谢尔久琴柯也曾多次建议汉语拼音方案采用俄文字母④。

---

① 周有光：《回忆拼音方案的制订过程》，载《新时代的新语文》，生活·读书·新知三联书店1999年版，第195页。

② 胡乔木：《胡乔木回忆毛泽东》，人民出版社1994年版，第23页。

③ 黎锦熙：《汉语规范化基本工具的决定（从注音字母到〈汉语拼音方案〉）》（原载《北京师范大学学报》1956年6月创刊号），载黎锦熙《汉语规范化论丛》，文字改革出版社1963年版，第84页。

④ 叶籁士：《关于文字改革的几个问题》，《语文现代化》1981年第5期。

全国文字改革会议结束后，文改会主任吴玉章向毛泽东主席报告，"民族形式方案搞了三年，难以得到大家满意的设计"①，"文字改革委员会的多数委员不同意汉字形式的方案，另外，社会上很多人也都倾向于采用罗马字母，毛主席和周总理这才下定决心，决定采用罗马字母即拉丁字母的汉语拼音方案，放弃汉字形式的方案"②。后经政治局讨论，中共中央于 1956 年 1 月 27 日做出《关于文字改革工作问题的指示》："中央认为，汉语拼音方案采用拉丁字母比较适宜。"③

经过长期的争论和徘徊，汉语拼音方案终于采用拉丁字母而不是汉字笔画式字母或斯拉夫字母，这是有一定的社会历史原因的。100 多年来许多知识分子不断学习欧美的语言和文字，吸收西方的科学和文化，中国文化不断跟西方文化融合，不断迈向跨越国界的社会主义新文化。拉丁字母在中国已经拥有一定的基础。在这种历史条件下，国际形式的拉丁字母价值取向开始逐渐超越民族形式的汉字式字母取向。"这里有一个非常明显、非常有力的理由，就是这样的字母在世界上通行比较方便。采用其他形式的字母，很难取得各方面都能满意的、使用起来比较合理、比较可行的结果。"④

（四）汉字改革的重大决策：将拼音文字方案改为拼音方案

文改会主任吴玉章在 1955 年"全国文字改革会议上"做报告，阐明了我国文字改革的方向和方针：

> 我国人民已经有了文字改革的明确方向和目标。毛主席在 1951 年指示我们："文字必须改革，要走世界文字共同的拼音方向。"毛主席又指示我们，汉字的拼音化需要做许多准备工作；在实现拼音化以前，必须简化文字，以利目前的应用，同时积极进行各项准

---

① 周有光：《回忆拼音方案的制订过程》，载周有光《新时代的新语文》，生活·读书·新知三联书店 1999 年版，第 197 页。

② 胡乔木：《胡乔木谈语言文字》，人民出版社 1999 年版，第 278—279 页。

③ 国家语言文字工作委员会政策法规室编：《国家语言文字政策法规汇编》（1949—1995 年），语文出版社 1996 年版，第 8 页。

④ 胡乔木：《胡乔木谈语言文字》，人民出版社 1999 年版，第 279 页。

备。这是文字改革的正确方针①。

当时很多人还认识不到，汉字的拼音化要做许多准备工作的意义在何处，但日后的实践越来越清楚地表明，现阶段汉语还不能改用拼音文字来书写，原因之一就是，全国通用的普通话还远远没有普及，方言分歧现象还十分严重。

全国文字改革会议之后，文改会拼音方案委员会拟订了一份"汉语拼音文字方案初稿"，在听取了一些个人和重要部门的意见之后，又对初稿做了一定程度的技术性修改，并将初稿标题中的"文字"二字删除，改为"汉语拼音方案草案"，于1956年2月由文改会公开发表，征求意见。经过进一步的修正审订后，国务院于1957年12月11日正式公布了这个拉丁字母的《汉语拼音方案》。

1958年2月11日，《汉语拼音方案》获得全国人民代表大会批准，开始在全国小学教学中使用，并在字典、词典的注音、产品型号标记、辞书条目排序、书刊索引、计算机汉字编码输入、视觉通信、无线电报、聋人手指字母等领域广泛推行。另外，汉语拼音还是少数民族创制文字的共同基础，是拼写中国人名、地名和汉语的国际标准。

无论如何，《汉语拼音方案》毕竟是用来为汉字注音和推广普通话的一种辅助工具，还不是替代汉字的拼音文字。汉字在历史上有过不可磨灭的功绩。"汉字要改为拼音文字，是有不少困难的。由于中国方言复杂，在采用拼音文字方面有某些困难；同时单字词的同音字很多，同音的词也不少。这种拼音文字不能很快实现。必须在具备了一定的条件以后才能实现。"②"当前文字改革的任务是：简化汉字，推广普通话，制定和推行汉语拼音方案"③，而不是制定拼音文字。40多年来的实践证明，这种政策是符合中国的国情的，并且取得了很大的成绩。

---

① 吴玉章：《文字必须在一定条件下加以改革——在全国文字改革会议上的报告》，载吴玉章《文字改革文集》，中国人民大学出版社1978年版，第101页。

② 胡乔木：《胡乔木谈语言文字》，人民出版社1999年版，第85页。

③ 《周恩来选集》（下卷），人民出版社1984年版，第280页。

三 简单比较

把文字改革放在一个社会历史和跨国比较的架构中进行研究，也许可以获得一些仅仅从语言文字的视角进行研究所无法获得的见解和认识。在社会历史背景、社会革命、文字改革等诸多方面，中国和土耳其之间的差异性远远多于相似性。这也许是中土两国文字改革采用不同字母取向的一个重要原因。

（一）社会历史背景

就主体民族而言，土耳其的突厥人是一个移入民族，是从中亚的阿尔泰山一带，迁移到西亚的小亚细亚地区的；中国的汉人则是一个世居民族，世世代代居住在东亚的中国本土，并且不断跟其他民族融合，人口遍布全中国。

就地理文化而言，土耳其地处亚洲西端，是横跨欧亚的东西方文明文化的交汇点，早期建立的是希腊文明，中近期改为伊斯兰文明；中国地处亚洲东部，是儒家文明文化的发源地。

就政治历史而言，土耳其在历史上曾多次遭异族入侵，建立的重要政权主要有西台王国、马其顿王国、拜占庭帝国和奥斯曼帝国等。突厥人建立奥斯曼帝国之前，希腊文明和罗马文化占主流；奥斯曼帝国之后，伊斯兰文明占主流。在中国，各代封建王朝兴替延绵两千多年，虽有几次异族入侵，但儒家文明长期占主导地位，没有中断或被其他文明文化所取代。

就宗教和语言而言，中亚的突厥人在进入今土耳其领地之前，原本使用卢尼克文字，进入土耳其之后，改信伊斯兰教，改学改用阿拉伯文，13世纪阿拉伯文已经成为突厥人的通行文字，沿用了六七百年。14世纪以后，波斯语和阿拉伯语是官方语言及书面语言，土耳其语用于非官方和口语、口语、书面语脱节严重。

中国自唐朝以来，儒道佛三教虽然被尊崇为国教，但儒教长期占主导地位。佛教的传入，并没有出现用梵文取代汉文的结果，而是将梵文译成汉文。汉字是儒道佛三教的记载工具。在中国主流文化的历史发展当中，从未发生改换汉字的状况，汉字沿用了几千年。元朝的蒙古文，清朝的满文，虽曾拥有官方语言地位，但未在全国通行开来。

近几百年来，汉语书面语和口语越来越脱节。

（二）社会革命

土耳其的凯末尔革命（1919—1934 年）是一场由凯末尔领导的资产阶级民主革命，对政治制度、经济、世俗化、社会生活、文化教育和文字等进行改革，以便全面实现现代化。凯末尔被称为"土耳其之父"。

中国的新民主主义革命（1919—1949 年）是一场无产阶级领导的、人民大众的、反对帝国主义、封建主义、官僚资本主义的社会革命，旨在建立新民主主义的政治经济和文化。毛泽东在新民主主义革命中发挥了重要的领导作用，是新中国的缔造者。

（三）文字改革

就早期的文字改革而言，土耳其没有发生什么运动，只是开展过字母取向的论证，即拉丁化还是阿拉伯化的论证。相对中国而言，土耳其文字改革的准备阶段并不长久。中国则开展了一系列运动，如切音字运动、注音罗马字运动、白话文运动、国语罗马字运动、拉丁化新文字运动等。中国文字改革的准备阶段相对较长。

关于革命领导人的文字改革思想，土耳其的凯末尔发表过两次重要谈话，明确主张坚决实行拉丁化的文字改革。中国的毛泽东则是在一篇论文中提出，文字必须改革，言语必须接近民众[①]。

在立法和相关决策方面，土耳其于 1928 年颁布了《关于接受和使用土耳其新文字的规定》。中国文字改革举措非常谨慎，字母的取向，最终从民族形式字母转变为拉丁字母；拼音文字方案最终改为拼音方案。

（四）文字改革的特性

中土两国文字改革的不同性/差异性主要表现为，土耳其具有"彻

---

① 《毛泽东选集》（第 2 卷），人民出版社 1991 年版，第 708 页。

底性"，即将传统的阿拉伯字母，全部改换成拉丁字母，这种改换隔断了土耳其文化跟传统伊斯兰文化之间源远流长的关系，有利于摆脱阿拉伯宗教哲学的束缚和影响，有利于儿童学习和成人扫盲。

中国则具有"稳妥性"，中国的汉字改革没有将汉字系统改换成拉丁字母系统，因而保持了中国文化跟传统文化或跟传统儒家文化的联系。另外，汉语拼音方案的使用，有利于弥补汉字无法发挥的作用，有利于跟国际接轨，同时也有利于汉字的注音和普通话的推广。

四　结语

中土两国文字改革的实例表明，当一个国家的社会制度处于重大变革之际，尽管一些知识分子和政治家都主张实行文字改革，但二者的视角或出发点不尽相同。一些知识分子往往会在很大程度上，把国家的落后归因于本国传统文字的落后，因而主张用一种新文字取代老文字。在一些有眼光的政治家们看来，进行文字改革可以推动更广泛的社会大变革，有利于实现国家的政治目标，有利于国家的现代化和一体化。

文字创制与国家建设：中华人民共和国
与苏联成立初期比较*

为没有书写系统的语言创制一套文字系统，往往涉及字母设计、社会使用、社会需要、社会接受等诸多方面的问题。许多语言学家研究文字创制的问题，往往只分析语言内部重要的技术性因素，如字母形式、正字法、新词术语基础方言标准音和语言规范等，往往认为，一种文字系统内部的不一致现象越少，一种新文字设计得越合理越科学，就越容易被社会所接受，越容易在社会上推广开来。

但是，国内外许多实例表明：一些设计完美的文字，并没有被社会接纳，或付诸运用；而有些存在"语音歧义"被认为不完备的文字，也能长期在社会上通行。在此，笔者丝毫无意淡化语言文字规范化和字母设计科学化的重要性，只不过是想说明，一种新创制的文字系统的内部是否存在语音歧义或不一致的现象，会对一个社会能否接受该文字系统产生一定的影响，但不会产生决定性的影响。本部分试图论证，能对社会接受一种新文字产生决定性影响的，不是新文字本身完备与否，而是该文字之外的社会诸因素。

本部分拟从国家政治建设和文化教育建设的视角，比较中华人民共和国与苏联成立初期，为帮助本国少数民族创制新文字而制定的政策和规划及其实施情况，探索文字创制的客观规律和新创文字的本质。

一 苏联：创制拉丁化文字

（一）苏联的社会文字状况

苏联是世界上民族最多的国家之一，据 1926 年的人口普查资料，

* 原载《民族语文》2002 年第 6 期，内容有所增加。

苏联有大小民族 126 个，其中俄罗斯族是主体民族，7779.1 万人，占总人口 1.47 亿的 52.9%，其他 100 多个少数民族占总人口的 47.1%。

在 1917 年的十月革命之前，俄国的文字状况大致可以分为以下七类：斯拉夫字母文字，如俄罗斯文、白俄罗斯文、乌克兰文等；拉丁字母文字，如波兰文、立陶宛文、拉脱维亚文、爱沙尼亚文、劳兰文、摩尔达维亚文等；阿拉伯字母文字，如乌兹别克文、阿塞拜疆文、哈萨克文等；蒙文字母文字，如布利亚特文、卡尔梅克文；古典希伯来字母文字；其他形式的文字，如亚美尼亚文、格鲁吉亚文；以斯拉夫字母、阿拉伯字母或其他字母为基础的胚胎文字。另外还有许多语言没有文字。

在俄罗斯帝国时代，文盲的分布非常广泛。据 1912 年的统计，在撒马尔干省，土著居民儿童中，只有 0.9% 的人上过学校，在费尔干省，只有 0.5% 上过学校，阿塞拜疆的文盲高达 98.5%①。

（二）民族政策与文字创制

民族政策的一项重要任务就是创制新文字，改革老文字。

在沙俄时代，由于沙皇政府长期推行大俄罗斯沙文主义政策，限制使用民族语言，摧残诸多民族文化，致使东部边区的人民大众长期处于愚昧无知政治落后的状态，俄国境内特别是边远地区的非俄罗斯民族，对俄罗斯族产生了一种强烈的隔阂感和不信任感。

苏联共产党认识到，"为了在俄罗斯中央和边区之间建立紧密而牢不可破的联系，首先必须消除帝俄时代说不同语言、属于不同民族的居民对俄罗斯中心地区和整个俄罗斯民族的不信任"②。苏联共产党还认为，苏维埃政权建立后，面临的最危险的敌人是人民的愚昧无知。为了消灭人民的愚昧无知，则必须在边区进行普及教育，发展地方的民族学校、民族戏院、民族文化馆，提高人民大众的文化水平。

1921 年 3 月通过的俄共（布）第十次代表大会决议，被认为是列

---

① ［苏］杰舍里也夫：《苏维埃时代苏联各族人民新创文字的语言的发展》（原载《语言学问题》1957 年第 5 期），载中国语文杂志社编《少数民族语文论集》（第二集），陈伟译，中华书局 1958 年版，第 50 页。

② ［苏］谢尔久琴柯：《关于创立民族文字和建立标准语的问题》，刘涌泉、阮西湖等译，民族出版社 1956 年版（内部发行），第 26—27 页。

宁的民族政策的伟大纲领。该决议提出，要大力帮助非俄罗斯族人民提高经济和文化水平，以使他们赶上走在前面的俄罗斯中心地区。该决议明确规定了党的四项工作任务：在民族地区建立苏维埃国家制度；发展并巩固当地人的法院、行政、经济机关，这些机关使用本民族语言，熟悉本地居民的生活和心理；发展使用本族语的报刊、学校、剧院、俱乐部事业及一般文化教育机关；广泛建立并发展使用本族语的普通教育和职业教育训练班及学校网，加强培养本地的熟练工人和各方面的党务工作管理人员[①]。

"苏联文化革命的任务，以及实现列宁斯大林民族政策的任务，首先都需要消除苏联各民族的文盲，因为这个缘故，也就需要给苏联很多没有文字的民族创立民族的文字，同时还需要改进一些难学的古体文字。"[②]

（三）字母选择取向：拉丁化

为原无文字的少数民族创制一种新文字，面临的首要问题是，选择什么样的字母形式作为新创文字的基础，如前所说，俄罗斯族是苏联的主体民族，按常理，似应选择书写俄罗斯文字的西里尔字母或称斯拉夫字母，作为苏联新创文字的首选字母。但是，在事实上，选择的是拉丁字母，这种选择并不仅仅是出自纯语言文字学上的考虑，而是由诸多社会政治因素所决定的。

在苏联建国初期，选择什么样的字母形式是一个很敏感的问题。如前所述，由于沙俄政府推行大俄罗斯主义政策，苏联的民族关系比较复杂，各族人民对俄罗斯人民及俄罗斯语言文化的不信任依然根深蒂固，非俄罗斯民族对于任何具有俄罗斯化倾向的言论或行为都保持着高度的戒心，苏维埃政权是否重蹈沙皇统治者民族政策的覆辙，广大非俄罗斯民族正拭目以待。苏联当局清楚地认识到，在苏维埃政权尚未巩固，当局的民族政策尚未取得广大非俄罗斯民族的信任和认同的条件下，如果

---

① 中国社会科学院苏联东欧研究所、国家民族事务委员会政策研究室编译：《苏联民族问题文献选编》，社会科学文献出版社 1987 年版，第 45 页。

② ［苏］谢尔久琴柯：《关于创立民族文字和建立标准语的问题》，刘涌泉、阮西湖等译，民族出版社 1956 年版（内部发行），第 28 页。

提倡采用跟俄文相一致的西里尔字母来为其他非俄罗斯民族创制新文字，这无疑会引起诸多非俄罗斯民族的强烈反感或反对。

例如，1929 年乌兹别克教育工作者第二次会议的报告仅仅因为提议，对乌兹别克语言的特殊语音，如果无法用适当的拉丁字母符号来表示，则可以采用西里尔字母符号，结果"遭到全体代表的激烈反对"。波里瓦诺夫教授在评述这个事件时指出，由于反俄罗斯情绪强烈得"还像过去一样，至少可以说，要采用西里尔文字方案必将是一个幻想"①。当时的地方报纸也时常提出，俄文很容易让人联想起往日的俄罗斯化政策，但是"拉丁字母就不会使人有这种感觉"②。

另外，苏联当时还流行着世界革命的口号，由于能够成为全世界较广泛使用的文字的，只有拉丁字母文字，在列宁看来，采用拉丁文字具有文化革命的意义，因为"拉丁化是东方伟大的革命"③。

（四）拉丁字母文字的创制进程

1. 文字创制的三个阶段

从十月革命开始到 1926 年，是拉丁化新文字的草创阶段。1917 年雅库特族曾创制过一套以国际音标为基础的文字方案，该方案曾遭到许多人的反对，仅在该自治共和国的学校和出版中使用，对苏联其他民族的文字创制工作没有造成什么影响。1921 年阿塞拜疆人首创拉丁化文字方案，以此取代原有的阿拉伯文字，从而开启了苏联文字拉丁化运动的先河。该时期，各民族新文字的创制工作自行实验，互不为谋。

1926—1929 年，是实行统一拉丁字母的时期。1926 年苏联新突厥文字中央委员会成立，其任务是在全苏各突厥民族中宣传并普及拉丁化新文字。1929 年该委员会改名为全苏新文字中央委员会，负责设计除

① ［美］温纳：《从 1920 年到 1941 年间苏联中亚细亚突厥族的文字改革问题》，《斯拉夫与东欧评论》1952 年第 76 期，另载中国文字改革委员会第一研究室编《外国文字改革经验介绍》，宁榘译，文字改革出版社 1957 年版，第 79 页。

② ［苏］吉尔科夫：《论东方的文字改革》，《新东方》1925 年第 10—11 期，另载中国文字改革委员会第一研究室编《外国文字改革经验介绍》，宁榘译，文字改革出版社 1957 年版，第 79 页。

③ 莫斯科苏联对外文化协会报告：《苏联的文字拉丁化发展概述》（1934 年），载中国文字改革委员会第一研究室编《外国文字改革经验介绍》，宁榘译，文字改革出版社 1957 年版，第 123 页。

北方诸小民族以外的所有民族的新文字。该委员会制定了一套新的统一的突厥字母表（见表1）。

表1　　　　　　　　　　　统一突厥语字母表

新字母		音值	新字母		音值	新字母		音值	新字母		音值
A	a	a	Ю	ю	[γ]	O	o	o	V	v	v
B	b	b	H	h	h	°	θ	[œ]	X	x	[x]
C	c	c [ʧ]	I	i	i	P	p	p	Y	y	[y]
Ç	ç	ʤ [ʤ]	J	j	[j]	Q	q	[q]	Ƶ	ƶ	z
D	d	d	K	k	k	R	r	r	Z	z	ž [ʒ]
E	e	e	L	l	l	Ṣ	ṣ	s	b	b	[i]
ə	e	[ə]	M	l	m	S	s	š [ʃ]			
F	f	f	N	n	n	T	t	t			
G	g	g	Ņ	ņ	[ŋ]	U	u	u			

资料来源：〔美〕温纳：《从1920年到1941年间苏联中亚细亚突厥族的文字改革问题》（1952年），宁榘译，载中国文字改革委员会第一研究室编《外国文字改革经验介绍》，文字改革出版社1957年版，第83页。

该字母表完全由拉丁字母组成，没有增加任何与字体分离的、区别发音的符号（字行上的和字行间的）。该字母表的运用原则主要是：各种文字应以拉丁字母为基础；每一个字母不应有两种不同的读法；一个音位不应该用两种或更多的方法标记；一个音位不应该用两个或更多的字母表示；不同语言中的同一个音位应该用一个相同的字母表示①。

到1930年，全苏已有35个民族采用拉丁字母，其中27个使用的是统一拉丁字母，8个使用的是非统一的拉丁字母，这8个民族主要分布在北高加索山区和阿塞拜疆等地②。1930—1932年，是拉丁化新文字创制的高潮阶段。在苏联的127个民族中，有40多个是在十月革命后首次有了本民族的文字。

---

① 〔苏〕谢尔久琴柯：《关于创立民族文字和建立标准语的问题》，刘涌泉、阮西湖等译，民族出版社1956年版（内部发行），第46页。

② 莫斯科苏联对外文化协会报告：《苏联的文字拉丁化发展概述》，《拉丁字母的世界采用》，巴黎，法文1934年版，另载中国文字改革委员会第一研究室编《外国文字改革经验介绍》，宁榘译，文字改革出版社1957年版，第114页。

2. 北高加索山区的文字创制

1923 年在毕提高尔斯克城召开了北高加索第一次山区民族教育会议，详细讨论了为山区各部族创立大众的、民族文字的问题。大会通过了卡巴尔达、奥塞梯印古什（与车臣人同）和卡拉沙赫夫诸民族的拉丁化字母方案后，当即便在现实生活中使用。

1928 年在马哈奇—喀拉城召开了一次大型科学讨论会，会议讨论通过了为塔吉斯坦山区几个最大民族语言，如阿瓦尔语、列兹金语、拉克语、库慕克语和纳盖伊语等，制定的统一的字母。1931—1932 年，为塔吉斯坦的塔巴萨兰人和北高加索的阿巴津人创制了拉丁文字。1934—1935 年又为查胡尔人和乌金人创制了文字。

3. 北方诸民族的文字创制

1932 年 1 月在列宁格勒举行了一次发展北方各民族语言文字的全苏讨论会。会上审查通过了为北方诸民族创制的 14 种新文字：萨阿姆文、纳纳茨文、曼西文、坎底文、谢尔库普文、凯特文、埃文基文、埃文尼文、那乃文、乌德文、卢拉维特兰文、诺莫兰文、涅夫赫文、尤伊特文。会上还通过了创制四种方言文字的决议，它们是：伊铁里门文、勘察达文、阿留特文、乌南冈文。其中，谢尔库普人只有约 1500 人，凯特人只有约 1400 人，乌德人有约 1300 人，伊铁里门人约 1500 人，阿留特人仅有 350 人[1]。

4. 散居犹太人的文字创制

1928—1929 年，全苏新字母中央委员会为境内的犹太人——卡拉依姆人创制了文字，当时计约 7000 人，其中 4000 人住在克里木，其他的散居乌克兰各地。另外，散居各地山区的犹太人也创立了文字，约有 2 万人，分布在卡巴尔达、格罗兹尼、塔吉斯坦和阿塞拜疆等地。还为居住在克里木的约 6000 犹太人、中亚的约 1.8 万犹太人，散居中亚城乡各地的犹太人创立了文字[2]。

---

① ［苏］谢尔久琴柯：《关于创立民族文字和建立标准语的问题》，刘涌泉、阮西湖等译，民族出版社 1956 年版（内部发行），第 74 页。

② ［苏］谢尔久琴柯：《关于创立民族文字和建立标准语的问题》，刘涌泉、阮西湖等译，民族出版社 1956 年版（内部发行），第 74 页。

5. 西伯利亚及其他地区的文字创制

1931—1933 年，全苏新字母中央委员会为散居在西伯利亚西部的库满金人创立了文字，他们共有 6300 人，且熟练掌握俄语。另外为跟塔吉克族有亲缘关系的舒格南人（约 1.2 万人）和鲁山人（约 7500 人）创制了文字。1928—1929 年，为爱索尔人创制了文字，约有 6000 人，其中部分散居南高加索，后又在苏联各城市中居住。

（五）文字创制的成就、影响和失误

1. 成就

回顾历史，苏联创制并使用拉丁化文字的过程，是跟民族教育和识字教育紧密相连的。大多数新创文字已经进入小学教育和识字教育之中。1921—1940 年，苏联接受过识字训练的约有 6000 万人，其中大部分属于该国的落后地区。乌兹别克、土尔克明尼亚等共和国革命前是文盲充斥的地方，到 1939 年识字人比重已达到 78%—83%，当时全苏联的总平均数为 87.4%，这说明苏联各地区的识字水平已经很接近了，列宁于 1919 年签发的扫除文盲的命令已经基本上实现了。

另外，在各级民族自治地区，进行民族语言教学的学校迅速普及，1938—1939 年学年，乌兹别克的学校就使用 22 种少数民族语言进行教学。另外，用少数民族语言编写的初级读本和教科书，以及用民族语言出版的其他书籍也急剧增加。据统计 1936 年，用各种民族语言出版的书籍达 99 种，除俄语外的各民族语言书籍的印数达1.08 亿册。[①]

随着文盲的消灭，全民政治教育水平和文化水平的提高，苏联的文化革命任务基本上完成了。在这场文化革命中，文字创制具有重要的政治意义和文化教育意义。

2. 影响

作为一个国家的政府，为 40 多个大小民族创制拉丁化文字，帮助这些民族提高教育文化水平，这不仅是苏俄历史上的第一次，而且在人

---

① ［苏］阿尔帕托夫：《苏联 20、30 年代的语言政策：空想与现实》（1993 年），陈鹏译，《民族译丛》1994 年第 6 期。

类文字创制史上也是极为罕见的。苏联在创制拉丁化文字方面取得的成功，对周边许多国家产生过大小不同程度的影响，其中影响最深刻最全面而且最持久的恐怕还是中国，详见下文第二小节。

3. 失误

创制拉丁字母文字中的一大失误，就在于不应该为那些人口极少（一般指几百人或二三千人）、居住分散、普遍会操双语或多种语言的小民族创制文字①。

因为他们在本民族内部很少用本族语交际，他们的家长更愿意让自己的子女学习第二语言，特别是那些在语词方面跟本族语接近的较大语言，而不是学习本族语。如塔吉斯坦的安多人、吉亚人等，大多让自己子女选学以阿瓦尔语为基础的新文字，而布杜格人、克来兹人和希纳卢格人则让子女选学阿塞拜疆新文字，阿塞拜疆语已经成为他们的第二语言。

（六）拉丁化新文字的厄运

20 世纪 30 年代中期，苏联当局做出决议，将北方各民族的文字创制改为使用西里尔（斯拉夫）字母，从此吹响了用俄字母取代拉丁字母的进军号，到 40 年代初期，除少数几个拥有悠久历史的拉丁字母老文字外，其他绝大多数拉丁字母文字均改为西里尔（俄文）字母。

如前所述，从字母设计的科学性和合理性来讲，苏联新创制的拉丁字母是相当完备的，但是后来又为什么要把这几十种较完备的拉丁字母文字改换成西里尔字母呢？政府部门为什么要大力开展一场所谓文字"西里尔化"的运动呢？笔者认为，最主要的原因是，苏联的民族政策发生了重大转变，以斯大林为首的苏共领导，开始全面推行一种大俄罗斯主义政策，在字母文字方面则表现为西里尔化。

---

① ［苏］杰舍里也夫：《苏维埃时代苏联各族人民新创文字的语言的发展》，《语言学问题》1957 年第 5 期，另载中国语文杂志社编《少数民族语文论集》（第二集），陈伟译，中华书局 1958 年版，第 52 页；［苏］哈纳札罗夫：《苏联现代语言过程和语言共同体展望》，《社会科学》1982 年第 6 期，另载方允臧、何晓因译，《民族译丛》1984 年第 1 期；［苏］谢尔久琴柯：《关于创立民族文字和建立标准语的问题》，刘涌泉、阮西湖等译，民族出版社 1956 年版（内部发行），第 73—75 页。

二 中国：创制拉丁字母文字和斯拉夫字母文字

（一）中国社会文字状况

中华人民共和国是一个统一的多民族多语言多文字的国家。根据1953 年全国人口普查统计，中国已识别的民族共有 39 个，人口总数为5. 78 亿人。其中汉族 5. 43 亿人，占全国人口总数的 93. 94% ；少数民族为 3401 万人，占全国总人口的 5. 89%。在少数民族地区，西藏的少数民族占该地区总人口的 100% ，新疆的少数民族在该地区占 93. 01% ，青海的少数民族占 50. 95%①。从全国来看，少数民族人口所占比重并不算大，但是在西藏、新疆和青海，少数民族实际上已成为当地的多数民族。另外，从全国来看，少数民族居住的地区已占全国总面积的50% 以上②，而且大多分布在中国的边疆地区，因此民族地区的稳定和团结，直接关系到新政权的稳固和发展，关系到国家的长治久安。

中华人民共和国成立初期，根据罗常培和傅懋勣③的共同研究，少数民族的文字状况分为以下四类：有通行文字并已有相当数量读物的民族有 9 个——藏族、蒙古族、维吾尔族、哈萨克族、朝鲜族、俄罗斯族、锡伯族、乌孜别克族和塔塔尔族；有通用文字而缺乏新读物的民族有 5 个——傣族、景颇族、傈僳族、佤族和拉祜族，都分布在云南省；原有文字但不通用或不大通用的民族有 4 个——满族、彝族、纳西族和苗族；没有文字的民族有壮族、部分地区的苗族、侗族、瑶族、布依族、土族、赫哲族等。

（二）国家建设与文字创制

1. 国家政治建设与文字创制

中华人民共和国刚刚成立的时候，在少数民族聚居的一部分地区，人民政权还不是很巩固。由于历史上的统治者长期实行民族压迫政策，

---

① 郝文明主编：《中国民族工作五十年》（1949—1999 年），民族出版社 1999 年版，第725—727 页。

② 国家民族事务委员会办公厅编：《少数民族情况统计资料》（1949—1959 年），内部资料，1959 年，第 1 页。

③ 罗常培等：《国内少数民族语言文字的概况》，中华书局 1954 年版，第 38—43 页。

少数民族和汉族之间还存在着很深的隔阂。少数民族对新成立的人民政府还持有一定的疑虑。各民族社会中尚存在着原始公社制残余、奴隶制、封建农奴制或封建地主制等政治经济制度，国家要对这些民族进行社会改革（亦称民主改革）和社会主义改造，使各民族都能走上社会主义道路，这就需要相互沟通情感，取得少数民族的信任理解和支持，从而真正建立起平等、团结和互助的社会主义民族关系，并最终实现社会改革和社会主义改造的大目标。中国共产党在民主革命时期实行的"尊重和发展少数民族语言文字"的政策，曾经赢得中国少数民族对共产党的欢迎和支持，苏联为少数民族创制拉丁字母文字的成功实践，也曾赢得苏联少数民族对苏维埃政权的信任和支持。因此，是否可以这样认为，在一个新政权特别是共产党政权建立的时期，新政府为少数民族创制文字，是有利于取得少数民族的信任和支持，有利于发展一种平等团结的民族关系的。

2. 国家文化建设和文字创制任务

1949 年 9 月 29 日通过的《中国人民政治协商会议共同纲领》专门就新中国的民族政策做出 4 条原则规定，其中第 53 条明确规定"各少数民族均有发展其语言、文字、保持或改革其风俗习惯及宗教信仰的自由。人民政府应帮助各少数民族的人民大众发展其政治、经济、文化、教育的建设事业"①。因为只有各少数民族的落后状态逐步得到改变，才能逐步实现诸民族事实上的平等。

国家正式提出创制文字任务的文件是 1951 年 2 月 5 日《政务院关于民族事务的几项决定》（以下简称《决定》），《决定》第五项规定：在政务院文化教育委员会内设"少数民族语言文字研究指导委员会"，其任务是"指导和组织关于少数民族语言文字的研究工作，帮助尚无文字的民族创立文字，帮助文字不完备的民族逐渐充实其文字"②。同年 12 月，中央民委主任李维汉在论述"发展各民族的政治、经济和文化"时，特别强调："有一个迫切的问题，即帮助尚无文字而有独立语言的

---

① 中共中央统战部：《民族问题文献汇编》（1921 年 7 月—1949 年 9 月），中共中央党校出版社 1991 年版，第 1290 页。

② 史筠：《民族法律法规概述》，民族出版社 1988 年版，第 246—247 页。

民族创造文字的问题，希望同志们提出意见，供中央考虑此项问题时参考。"①

在中华人民共和国成立初期，百废俱兴，国家能把少数民族文字的创制工作纳入议事日程，并且把它作为一项紧迫的任务来抓，除了出于国家政治建设的考虑外，还有文化建设的意义，因为国家真心实意要帮助各少数民族尽快发展本民族的文化，以便缩小不同民族在文化水平方面的差距，从而实现事实上的平等。但是许多民族还没有自己的文字，这对民族地区开展普及教育，有效学习科学技术，提高民族文化水平都是极为不利的，是不可想象的。当时担任政务院民族语言文字研究指导委员会委员的罗常培先生认为，国家帮助尚无文字的民族创立文字，这项举措"为兄弟民族的文化建设事业提供了保证"②。

（三）字母选择取向：从多元并存到定于一尊

1. 拉丁字母和斯拉夫字母并举

1951 年政务院文化委员会下属的"少数民族语言文字研究指导委员会"成立时，中国科学院语言研究所向委员们提交了一份《中国少数民族拼音文字试行文字初稿》（以下简称《初稿》）。后经多次讨论修改，以备拟制各少数民族拼音文字时参考。《初稿》包括三种文字方案，第一种和第二种均为拉丁字母文字方案，所不同的是第一种以国际音标为原则，第二种则较多参照了北方话拉丁化方案③，第三种以俄文字母为基础，同时参考了以斯拉夫字母为基础的新蒙古文和新哈萨克文等。

关于各种方案的采纳，《初稿》的原则非常灵活："大家可在这几种形式中选择一种，或以一种形式为基础，而再融合别的形式的长处，或直截了当地采用国际音标，或另外创制一种新的形式，或因各族语言

---

① 李维汉：《统一战线问题与民族问题》，人民出版社 1982 年版，第 517 页。

② 罗常培：《为帮助兄弟民族创立文字而努力》，载罗常培等《国内少数民族语言文字的概况》，中华书局 1954 年版，第 12 页。

③ 简称"北拉"，系中共党员瞿秋白等跟苏联汉学家共同研制，经 1931 年 9 月 26 日在海参崴召开的"中国新文字第一次代表大会"通过，全称为《中国汉字拉丁化的原则和规则》，因为是以汉语北方话为标准制订的，所以又称"北方话拉丁化新文字方案"。

的情况不同，而分别采用两式或三式。"① 但是，所提供的字母选择方案一是拉丁字母，再就是斯拉夫字母（或俄文字母）。

2. 南方采用拉丁字母，北方采用斯拉夫字母

到 1956 年底，我国南方少数民族已经创制了壮文、布依文、彝文、苗文（包括各种方言文字）等 7 种拉丁字母文字。我国内蒙古则创制了 1 种斯拉夫字母的达呼（斡）尔文字方案②。为什么我国南方的少数民族创制文字都采用拉丁字母，而北方则采用斯拉夫字母呢？傅懋勣 1955 年 12 月 6 日在全国民族语文科学讨论会上所做的大会报告中，曾经宣布：

> 在汉语拼音文字拟订以后，在我国南部和西南部各民族中新创立的文字，最好用汉语拼音文字的字母形式，因为这些民族语言一般受汉语的影响较大；在汉语拼音文字方案没有公布以前，可暂时用拉丁字母形式。在我国北部、东北部、西北部和苏联、蒙古人民共和国有联系的民族可按照民族自愿，采用俄文字母形式，以便于和邻国语言相同的民族取得联系③。

傅懋勣 1956 年再次重申了这一原则：

> 新蒙文、维吾尔文、哈萨克文、柯尔克孜文、乌孜别克文、塔塔尔文、锡伯文、达呼（斡）尔文，由于考虑到同蒙古人民共和国和苏联有关民族的密切联系或同我国邻近民族相互间的联系，都是以俄文字母为基础的文字。但是我国的其他少数民族，由于同拉丁字母的文字关系较为密切，或人民群众对拉丁字母的形式较为习

---

① 中国科学院语言研究所拟订：《中国少数民族拼音文字试行方案初稿》，内部铅印，1951 年，第 2 页。

② 据《人民日报》1956 年 12 月 29 日第 7 版报道，12 月 20—27 日在呼和浩特召开了内蒙古自治区达呼（斡）尔语文工作会议，通过了达呼（斡）尔文字方案（草案）、推行达呼（斡）尔语文工作的五年规划和 1957 年推行达呼（斡）尔文字工作的计划。

③ 傅懋勣：《帮助少数民族创立、改进和改革文字工作的情况和问题》，《语言研究》1956 年第 1 期。

惯，将以拉丁字母为字母基础来创制文字①。

3. 拉丁字母地位的确定及其制约因素

1957 年底，经国务院批准的《关于少数民族文字方案中设计字母的几项原则》明确规定："少数民族创制文字应该以拉丁字母为基础。"② 这意味着，采用拉丁字母而不是斯拉夫字母，已经成为中国尚无文字的少数民族创制本民族文字的一项基本原则。能对采用拉丁字母原则产生重要制约作用的社会政治因素大概有以下三个。

第一，汉语拼音方案的制定。这是影响文字字母选定的一个最根本最主要的因素。20 世纪 50 年代初，中国兴起一场轰轰烈烈的文字改革和文字创制运动，提出：文字必须改革，要走世界文字共同的拼音方向。③ 这里的"文字"主要是指"汉字"，但对少数民族文字的创制和改革同样具有指导意义。既然汉字都要走拼音化的道路，那么其他民族的文字，特别是需要新创制的文字更应该坚持这个方向。可是，在选择字母的问题上，汉语始终举棋不定，直到 1955 年 10 月，汉语拼音方案草稿仍有 6 套，其中属于汉字笔画式的有 4 套，拉丁字母式和俄文字母式的各为 1 套④。

尚无文字的少数民族要求创制本民族文字的心情非常迫切，要等到汉语拼音方案制订之后，再创造本民族的文字，是根本不可能的。根据毛主席指出的走拼音化的大方向，到 1956 年底，南方七八个民族创造了拉丁字母的文字，北方一个小民族创造了斯拉夫字母的文字。1957年汉语拼音方案（草案）公布后，少数民族立即达成共识，将拉丁字母定为今后各民族创制文字的基础，到 1957 年底，南方共创制了十几种拉丁字母文字。

---

① 傅懋勣：《创制和改革少数民族文字的重要意义和工作情况》（原载《人民日报》1956 年 12 月 16 日），载贵州民族语文指导委员会编《布依族语言文字问题科学讨论会汇刊》，1957 年版，第 180—181 页。

② 国家民委办公厅、政法司、研究室编：《中华人民共和国民族政策法规选编》，中国民航出版社 1997 年版，第 312 页。

③ 吴玉章：《文字必须在一定条件下加以改革——在全国文字改革会议上的报告》（1955年），载《文字改革文集》，中国人民大学出版社 1978 年版，第 101 页。

④ 吴玉章：《关于当前文字改革工作和汉语拼音方案的报告》（1958 年），载《文字改革文集》，中国人民大学出版社 1978 年版，第 151 页。

第二，资深精英的意见（或观点）。1949 年 8 月 25 日，吴玉章给毛泽东主席写信，就当前的文字改革工作提出三条原则，其中两条涉及拼音文字的字母选择问题：中国文字应改成拼音文字，并以改成罗马字的，也就是拉丁化的拼音为好，不要注音字母式拼音和日本假名式拼音；各地方、各民族，可以拼音文字拼其方言或民族语①。毛泽东主席立即将吴玉章的信送交郭沫若、沈雁冰、马叙伦 3 人审议。8 月 28 日 3 人在给毛主席的复信中，就吴玉章的来信提出五点意见，其中有两点涉及拼音文字的字母问题：赞成中国文字改革走拉丁化的拼音方向；赞成少数民族文字拉丁化②。

1949 年 10 月 10 日，中国文字改革协会在北京成立，少数民族文字创制和文字改革是该协会的三大工作任务之一。沈雁冰、郭沫若、马叙伦等任常务理事，吴玉章任常务理事会主席。他们在少数民族创制文字，字母选择问题上的观点，无疑会对字母的实际选择产生重要的影响。

第三，苏联创制拉丁化文字的经验。1952 年王均撰文，提出应重视吸取苏联创制拉丁化文字的先进经验，文章介绍说，苏联"在党和政府的领导下，语言学家们曾为 40 个只有语言而没文字的少数民族设计了文字，编了语法和字典。苏联的东方和北方，许多落后的民族，第一次有了自己的文字和学校；建立了强大的印刷事业，发行了大量民族语言的报章杂志，发展了各民族的科学文学和艺术"③。1954 年，政务院批准了帮助尚无文字的民族创立文字问题的报告，罗常培撰文指出："苏联为各少数民族创立文字的经验是咱们学习的榜样。"④

同年 10 月，苏联语言学家、俄罗斯共和国教育科院通讯院士谢尔久琴柯教授应邀来北京，为中国科学院语言研究所的研究人员和中央民族学院及北京大学的教师和研究生，系统讲授了有关苏联各民族文字创

---

① 王均主编：《当代中国的文字改革》，当代中国出版社 1995 年版。

② 罗常培等：《国内少数民族语言文字的概况》，中华书局 1954 年版，第 13—14 页。

③ 王均：《吸取苏联先进经验研究少数民族语文》，《中国语文》1952 年 12 月号，另载罗常培等《国内少数民族语言文字的概况》，中华书局 1954 年版，第 24 页。

④ 罗常培等：《国内少数民族语言文字的概况》，中华书局 1954 年版，第 13—14 页。

制史的问题，历时一个学年①，并结合中国的具体情况，帮助解决了不少文字创制和改革工作中的实际问题。

1958 年傅懋勣撰文，系统介绍了苏联不同历史时期发展民族语言的情况和解决民族文字问题的经验，文章指出："从革命成功到 1936 年，这 19 年是苏联民族文字拉丁化的时期。新创制的文字都以拉丁字母为基础，大部分旧字母形式的文字实行了拉丁化，甚至有些原来已经用俄文字母的民族文字也转用了拉丁字母。"②

（四）文字创制的进程

20 世纪 50 年代，中国创制少数民族文字大致经历了"草创试点"和"全面铺开"这两大阶段。

1. 草创试点阶段（1951 年 2 月至 1955 年 12 月）

提出任务，建立机构。如前所述，1951 年 2 月中央政府下发文件，布置帮助少数民族创制文字的任务后，于当年 10 月在政务院文化教育委员会成立了"少数民族语言文字研究指导委员会"。邵力子任主任，陶孟和、刘格平任副主任，罗常培任秘书长。

拟定文字方案初稿，先期个别实验。在中国科学院语言研究所所长罗常培的主持下，1951 年 11 月，该所拟订了一份《中国少数民族拼音文字试行方案初稿》，如前所述，表中列出了三套方案，其中两套系拉丁字母，一套系俄文字母，供创制新文字者选用，另外附有国际音标、北方话拉丁化方案及注音符号对照，使用起来非常方便。中央民族访问团西南分团、西康省（今四川省一部分）西昌专区军事管制委员会和彝族彝文工作者，历时 4 个月，于 1951 年 3 月 5 日完成了西康（后来的凉山）彝族拼音文字的设计工作。

引进苏联专家，传授工作经验。1954 年 10 月苏联语言学家谢尔久琴柯应聘来到北京，担任中国科学院语言研究所和中央民族学院的顾问，蒙古语专家托达耶娃一同来华。1957 年 7 月任满回国。

---

① ［苏］谢尔久琴柯：《关于创立民族文字和建立标准语的问题》，刘涌泉、阮西湖等译，民族出版社 1956 年版（内部发行），第 9—144 页。

② 傅懋勣：《苏联民族语文发展的情况和解决民族文字问题的经验》，《科学通报》1958 年第 10 期，另载傅懋勣《傅懋勣先生民族语文论集》，中国社会科学出版社 1995 年版，第 242 页。

2. 全国铺开阶段（1955 年 12 月至 1958 年 12 月）

制定工作规划。1955 年 12 月 6—15 日中科院语言研究所和中央民族学院在北京联合召开民族语文科学讨论会，后来常被称为"第一次民族语文科学讨论会"，会议提出了民族语文工作的初步规划，建议在两三年内，普遍调查全国少数民族语言，帮助那些需要创制或改革文字的民族确定文字方案。

开展语言大调查。1956 年 4 月，中科院和中央民委共同组织中科院语言研究所、中央民族学院、各地民族语文机构及其他有关单位的 700 余人，组成 7 个调查工作队，分赴 16 个省（自治区），历时两年多，一共调查了 40 多种民族语文的结构及使用情况，为创制和改革文字提供了科学依据。这是中国历史上进行的第一次如此大规模的语言调查。

创制文字方案。20 世纪 50 年代中国创制少数民族文字方案状况（见表 2）。

表 2　　　　　　　20 世纪 50 年代中国创制的少数民族文字方案

民族	文字方案名称	字母形式	方案通过（公布）时间	批准使用情况
壮族	《壮族文字方案（草案）》	拉丁字母	1955 年 12 月 10 日广西壮族自治区人民政府公布	1957 年 11 月 29 日国务院第 63 次会议讨论批准
布依族	《布依族文字方案（草案）》	拉丁字母	1956 年 11 月 4—7 日布依族语言文字问题科学讨论会通过（贵阳）	1957 年 7 月中央民族事务委员会批准实验推行
苗族	1.《苗族（东部方言）文字方案（草案）（湘西苗文)》 2.《苗族（中部方言）文字（草案）（黔东苗文)》 3.《苗族（西部方言）文字方案（草案）（川黔滇苗文)》 4.《苗族（北部方言）文字方案（草案）（滇东北苗文)》	拉丁字母	1956 年 10 月 31 日至 11 月 7 日苗族语言文字问题科学讨论会通过（贵阳）	1957 年 7 月 29 日中央民族事务委员会批准试验推行

续表

民族	文字方案名称	字母形式	方案通过（公布）时间	批准使用情况
彝族	《新彝文方案（草案）》	拉丁字母	1951 年 2 月 2 日发展彝语文座谈会（西昌专署）提出	—
	《凉山彝族拼音文字方案（草案）》	拉丁字母	1956 年 12 月 18—24 日彝族语言文字科学讨论会通过（成都）	1957 年 10 月中央民族事务委员会批准试验推行
黎族	《黎族文字方案（草案）》	拉丁字母	1957 年 2 月 11—17 日黎族语言文字问题科学讨论会通过（海南岛通什）	1957 年 6 月文字方案报中央民族事务委员会，1958 年后停止使用
傈僳族	《傈僳族文字方案（草案）》	拉丁字母	1954 年提出文字方案，1957 年 3 月 16—27 日云南省少数民族语言文字科学讨论通过（昆明）	1956 年中央民族事务委员会确定试验推行
纳西族	《纳西族文字方案（草案）》	拉丁字母	1957 年 3 月 16—27 日云南省少数民族语言文字科学讨论会通过（昆明）	1957 年中央民族事务委员会批准实验推行
哈民族	1.《哈尼族（哈雅方言）文字方案（草案）》 2.《哈民族（碧卡方言）文字方案（草案）》	拉丁字母	1957 年 3 月 16—27 日云南省少数民族语言文字科学讨论会通过（昆明）	1957 年中央民族事务委员会批准实验推行
佤族	《佤族文字方案（草案）》*	拉丁字母	1957 年 3 月 16—27 日云南省少数民族语言文字科学讨论会通过（昆明）	1957 年中央民族事务委员会批准实验推行
侗族	《侗族文字方案（草案）》	拉丁字母	1958 年 8 月 18—23 日侗族语言文字问题科学讨论会通过（贵阳）	1958 年 12 月 31 日中央民族事务委员会批准实验推行
达斡尔族	《达斡尔族文字方案（草案）》	斯拉夫字母	1956 年 12 月 20—27 日达斡尔语言文字工作会议通过（呼和浩特）	—

注：＊原名称为《佧佤文字方案（草案）》。

资料来源：应琳、高宝珍：《建国三十年民族语文工作纪要》，《民族语文》1979 年第 4 期；民族图书馆编：《中华人民共和国民族工作大事记》（1949—1983 年），内蒙古人民印刷厂 1984 年版；黄光学主编：《当代中国的民族工作》（下），当代中国出版社 1993 年版；任乌晶：《哈尼文试验推行工作调查报告》（内部刊印），中国社会科学院民族研究所 1994 年版；陈丹：《侗文试验推行工作调查报告》内部刊印，中国社会科学院民族研究所 1995 年版；温都苏：《佤文试验推行工作调查报告》（内部刊印），中国社会科学院民族研究所 1994 年版等。

（五）文字创制的成就、意义和难题

1. 成就

设立语文工作机构。为了保证少数民族文字创制工作的正常开展和试验推行，到 1959 年全国成立的少数民族工作机构当中，跟文字创制直接有关的有 11 个（见表 3）。

表3　　　　　20 世纪 50 年代创制过文字的少数民族语文工作机构

机 构 名 称	所 在 地
1. 中国科学院少数民族语言研究所	北京
2. 内蒙古自治区历史语文研究所	呼和浩特
3. 达籲尔语文工作委员会	呼和浩特
4. 广西壮族自治区壮文工作委员会	南宁
5. 云南省少数民族语文指导工作委员会	昆明
6. 云南怒江傈僳族自治州傈僳文字研究委员会	碧江
7. 湘西土家族苗族自治州推行苗文指导委员会	吉首
8. 贵州省民族语文指导委员会	贵阳
9. 四川省民族语文工作指导委员会	成都
10. 凉山彝族自治州彝文推广委员会	昭觉
11. 海南黎族苗族自治州黎族苗族语文研究指导委员会	通什

资料来源：国家民委办公厅：《少数民族情况统计资料》（1949—1959 年），1959 年，第 162—163 页。

壮文、彝文推行情况。壮文是我国唯一经国务院批准正式推行而不是试验推行的一种新创文字。自 1956 年 1 月在广西武鸣建立桂西壮文学校以来，到 1958 年初，该校共举办了 3 期壮文训练班，每期半年到 8 个月，共培训了壮文工作干部和扫盲教师 2984 人；百色、宜山两专区培训了 730 多名语文工作干部；各县壮文学校分两期培训了 29006 名农村基层扫盲人员，总计共培训了 32720 人[1]。

---

[1]　广西壮族自治区壮文工作委员会：《壮文推行情况简介》，提交第二次少数民族语文科学讨论会论文，第二次少数民族语文科学讨论会秘书处印，1958 年，第 1、10 页。

拉丁字母的新彝文自 1951 年 2 月提出后，即开始在西昌（今四川凉山）地区试验推行，"截至 1952 年 4 月底，已有 2693 人学会了这种新文字，并出版了新文字读物 6 种，连同特制的新文字描红贴和信纸、信封，共计印刷了 8.03 万份。……此外，还编著了大小凉山彝语会话 14 课，计彝文 1.37 万字"①。

民族出版机构及新文字出版物。1957—1959 年，出版少数民族新创文字读物的出版社相继成立，计有 5 家（见表 4）。

表 4　　　　　　　　　　出版新创文字读物的民族出版机构

机构名称	成立时间	文字种类	所在地
广西民族出版社	1957 年 5 月	壮文	南宁
贵州民族出版社	1958 年 1 月	苗文、布依文、侗文	贵阳
四川民族出版社	1957 年 10 月	藏文、彝文	成都
云南民族出版社	1957 年 8 月	傈僳文、哈尼文、佤文、傣纳文、傣仂文、景颇文、拉祜文	昆明
湘西人民出版社	1959 年 1 月	苗文—汉文	—

资料来源：国家民族事务委员会办公厅编：《少数民族情况统计资料》（1949—1959 年），内部资料，1959 年，第 133—134 页。

据不完全统计，在这些民族出版社中，1957 年 11 月至 1960 年 10 月广西民族出版社编译出版了壮文课本和通俗读物等 200 多种，计 1400 万册②。1959—1962 年贵州民族出版社出版侗文课本、词典等 5 种，2 万册③。1960—1965 年云南民族出版社出版的新傈僳文读物 34 种，计 14 万册④。

---

①　罗常培：《关于少数民族语文工作的报告：自 1950 年 7 月至 1952 年 4 月》，《科学通报》1952 年第 7 期，另载罗常培等《国内少数民族语言文字的概况》，中华书局 1954 年版，第 95—96 页。

②　中国科学院民族研究所少数民族语言研究组：《我国少数民族创造、改革文字工作的情况和初步经验》，中国科学院民族研究所 1962 年版，第 1—2 页。

③　［加］麦克康奈尔主编：《世界的书面语：使用程度和使用方式概况》（第 4 卷第 1 册），拉瓦尔大学出版社 1995 年版，第 108 页。

④　［加］麦克康奈尔主编：《世界的书面语：使用程度和使用方式概况》（第 4 卷第 1 册），拉瓦尔大学出版社 1995 年版，第 290 页。

2. 难题

（1）"五项原则"① 的适用问题

1956 年 10 月，南方诸少数民族及中国科学院少数民族语言研究所的有关专家，在贵阳举行了"民族文字字母形式问题讨论会"，会议达成两点共识，其中很重要的一点就是，新创制的拉丁字母文字应该尽可能跟汉语拼音方案保持一致②。这种共识反映出少数民族与汉族的关系十分融洽，同时也反映出少数民族对汉语汉族乃至整个中华民族的认同。这次会议既有重要的学术意义，还具有一定的政治意义。以这次会议达成的共识为基础，会后形成了著名的"五项原则"③，常被简称为"字母一致"原则④或"求同存异"原则⑤。当时的背景是，汉字要进行改革，要走"汉语拼音化"的方向。后来，国家的语言文字政策进行调整，汉字改革不再是国家语言文字工作的首要任务，1986 年以后也不再提"汉语拼音化"的方向⑥。在相当长久的时期内，规范汉字将是国家的法定文字。在这种形势下，"五项原则"是否还适用？少数民族再创制文字如何跟汉语汉文取得一致？是否还应坚持拉丁化的"字母一致"的原则？有学者提出一种新思路，即仿照汉字设计方块文字，该字的字形和字义与汉字相同，但语音按民族语来读，这样既能实现言文一致，又能解决本族语内部的分歧，还有利于汉语文的学习⑦。然而，如果按照这种思路，调整国家的文字创制政策或五项原则，具体应该如

---

① 全称为《关于少数民族文字方案中设计字母的几项原则》。

② 傅懋勣：《创制和改革少数民族文字的重要意义和工作情况》，《人民日报》1956 年 12 月 16 日，另载贵州民族语文指导委员会编《布依族语言文字问题科学讨论会汇刊》，1957 年版，第 181 页。

③ 傅懋勣：《我国少数民族创造和改革文字的问题》，《民族研究》1979 年第 1 期。

④ 傅懋勣：《汉语拼音方案为兄弟民族文字的字母设计奠定了共同的基础》，《光明日报》1957 年 12 月 22 日，另载傅懋勣《傅懋勣先生民族语文论集》，中国社会科学出版社 1995 年版，第 221 页。

⑤ 傅懋勣：《少数民族创制文字在字母设计上和汉语拼音方案求同存异》，《民族语文》1983 年第 1 期。

⑥ 刘导生：《新时期的语言文字工作》，载全国语言文字工作会议秘书处《新时期的语言文字工作——全国语言文字工作会议文件汇编》，语文出版社 1987 年版，第 24 页。

⑦ 清格尔泰：《解决民族文字问题的一个途径》，《民族语文》1991 年第 4 期；清格尔泰：《民族文字与汉字》，《汉字文化》1992 年第 1 期；戴庆厦、贾捷华：《对民族文字"创、改、选"经验教训的一些认识》，《民族研究》1993 年第 6 期。

何调整？是否会引出新的问题？会引发哪些问题？凡此种种，真要解决，难度颇大。

（2）文字声望不高的问题

少数民族文字创制后，"实验推行工作时起时伏，断断续续，很不景气，文字在群众中的影响很小，学习过的人只占民族总人口的百分之一、二、三"①。"另据壮、布依、侗、傈僳、纳西、佤、苗7个民族8种文字1979—1988年成人教育人数调查统计，总共有8.2万人达到脱盲水平，只占这些民族15岁以上人口的0.6%。"② 中华人民共和国成立后创制新文字的诸少数民族中，掌握新文字的人数不多，使用新文字的层次不高，推行新文字的时间不长，这种状况，使得新创文字很难获得较高的声望。而且，在上述各民族中，都有一些本民族的领导干部和知识分子对推行新文字持怀疑态度。这就更加增大了推行新文字的难度。

（六）拉丁字母新文字的困境

20世纪50年代后半期，少数民族的文字创制工作尚处于高潮之际，国内外的政治气候风起云涌，该项工作处境艰难。1957年下半年至1958年，少数民族地区普遍开展了整风和反对地方民族主义运动。在民族语文工作中出现了一股"语言融合风"。云南刚刚创制的哈尼族碧卡方言文字被取消了，原因是"一个民族创造两种文字对民族团结不利"③。1959年3月西藏发生全面武装叛乱，此后，外国势力不断挑起对民族地区有一定影响的重大事件。印度军队在中印边界全线发动大规模进攻，中国不得不进行自卫反击战。1959年以来大多数新创文字相继停止试行，到1966年，壮文也不再使用了。这种状况大致持续到20世纪70年代后期。

---

① 道布：《关于创制少数民族文字问题的几点反思》，《三月三·民族语文论坛专辑》2000年第1期。

② 黄行：《提要》，载《我国少数民族语言文字使用与发展问题研究》（内部研究报告），中国社会科学院民族研究所，1989年，第3页。

③ 戴庆厦等：《中国少数民族语言文字应用研究》，云南民族出版社1999年版，第109页。

三 比较和结论

（一）相似点

1. 社会政治背景

中苏两国的共产党都是唯一的执政党，都以马克思列宁主义理论为指导，都走社会主义道路，都是在一场深刻的社会革命取得胜利，新政权刚一建立就开始进行文字创制工作的。

2. 国家的民族政策

中苏两国都实行"民族平等和语言平等"的政策。

3. 创制文字的原动力

中苏两国创制少数民族文字，原动力不是来自民间，也不是来自宗教团体或地方政权，而是来自中央政府，中央政府在资金并不充足的条件下，为创制少数民族文字投入了大量的人力、物力和财力。

4. 文字创制的目的或目标

中苏两国创制少数民族文字的目的或预期目标大致相同，一方面，通过创帮助少数民族创制文字，取得少数民族对主体民族的信任，改善并建立新型的社会主义的民族平等关系；另一方面，通过创制少数民族文字，提高该民族的文化教育水平，帮助少数民族发展本民族的语言文化，改善少数民族教育文化落后的状态。

5. 字母选择和设计的原则

一是两国都坚持以拉丁字母为基础的原则；二是共同坚持音位标准。

6. 重要意义

中苏两国帮助少数民族创制文字，这在维护和发展少数民族语言人权方面做出了重要的贡献，跟西方国家相比，至今也找不到他们曾在这个方面做过哪些引人注目的建树。

（二）不同点

在少数民族创制文字的过程中，苏联是先创国，中国是后创国，中国当然要学习借鉴苏联的经验，两国的共同现象肯定会增加许多。但是，两国的国情及文化背景并不完全等同，因此，在创制文字方面，必然会出现一些不同特点。

1. 是否坚持"一族一文"的原则

在苏联，一个民族只创制一种全民族统一的文字，不创制方言文字。中国有些民族，因语言内部方言分歧太大，以及其他一些原因，一个民族可创制两种方言文字，如哈民族；甚至创制四种方言文字，如苗族。

2. 是否坚持新创文字跟主体民族文字"字母一致"的原则

在苏联，新创文字一律采用拉丁字母，而主体民族文字——俄文采用的则是西里尔字母（或称斯拉夫字母），二者之间截然不同。在中国，新创文字基本上采用拉丁字母，主体民族文字虽然是汉字，但汉语拼音方案用的是拉丁字母，新创文字跟汉语拼音方案的字母基本一致。

3. 新创拉丁字母文字的数量和经历的时间不同

在苏联，创制拉丁化文字经历了近 20 年，涉及 40 多个民族，占全苏大小民族总数的近 1/3。在中国，文字创制经历了近 10 年，涉及 10 多个民族，约占当时全国民族总数的 1/4。苏联初创拉丁字母文字，民族不分大小，有的小民族只有几百人也创制文字，但实践证明，效果并不好。中国吸取了苏联的教训，创制拉丁字母文字的民族，人口至少也在 10 万人以上。

4. 用新文字扫盲的效果不同

在苏联，用新创拉丁文字扫盲取得了较理想的效果，脱盲率至少都在 50% 以上。在中国，新创文字扫盲的效果跟苏联相比，尚有很大的差距。这其中，未必只是文字本身的问题，恐怕还有其他非文字的社会因素在起主要的作用。

（三）结论

第一，文字不仅仅是记录语言的一种符号，在一定的社会历史条件下，文字和政治紧密相关。第二，创制文字具有协调改善民族关系，发展民族语言文化的重要功能。第三，国家自上而下地大规模为少数民族创制文字，是在特定社会政治历史背景中发生的，是几千年一遇的政府行为。第四，国家政权的支持是大规模创制新文字的强大推动力。国家要设立相应的工作机构，并提供充足的人力和资金保证。第五，在创制文字的过程中，选择什么样的文字形式或类型，主要受社会政治因素的制约；字母和正字法的具体设计，主要由语言学家来完成。第六，从总体上讲，民族关系和民族政策是制约文字使用的一个决定性因素。

上述中苏两国的实例表明，国家创制的少数民族文字能否在社会上使用，并不取决于该文字系统设计得是否科学合理，正字法制定得是否完美无瑕，而是取决于国家的民族政策是否发生重大的转变。

文字改换与社会政治变迁：
中苏两国中亚地区透视[*]

本部分旨在阐述 20 世纪中苏两国中亚地区文字改换的发展历程，分析两国进行文字改换的动因和目的，论证两国进行文字改换的政治意义。

一 中亚社会历史背景

（一）中亚时空范围

中亚地区有史以来甚至在史前时期，就不断发生政治社会变革和文化变革。汤因比认为，草原也像海洋那样，可以"作为传播语言的工具"①。中亚大平原确实有利于语言传播和贸易发展，同时，也有利于异族入侵，宗教流传和文化扩散。本部分所用"中亚"的空间范围包括，从里海东岸到中国西北部，从伊朗高原北部到西西伯利亚平原南端。中亚文字改换的时间，苏联是从 1917 年到 1953 年；中国则从 20 世纪 50 年代中期到 20 世纪 80 年代中期。

（二）中亚历史文化演变轨迹

据考古学家和人类学家的研究，中亚最早的居民是古欧罗巴人。青铜器时代，一部分亚利安人部落迁至中亚，并在中亚居住下来，这部分人是上古中亚的主要居民。

---

* 原载《中国社会语言学》2005 年第 1 期。

① ［英］汤因比：《历史研究》（上）（1956 年），曹未风等译，上海人民出版社 1966 年版，第 234 页。

古代中亚处于欧亚大陆四大文明的包围之中，这四大文明是：中华文明、印度文明、两河埃及文明和古希腊罗马文明。丝绸之路成为沟通东西方文明的必经之路。公元 3 世纪以来，祆教、摩尼教和景教相继在中亚流传，并东传至中国，但影响最大的是发源于印度的佛教。至 10 世纪，伊斯兰教在中亚占据统治地位，中亚南部基本上实现了伊斯兰化。1000 年来，任何其他的宗教都无法动摇或取代伊斯兰教在中亚的优势地位①。

公元 6 世纪初，突厥部在阿尔泰山南麓兴起，建立了一个突厥汗国，其疆域最广时，东起辽水，西达里海，整个中亚都在突厥部的统治之下。历史上的许多民族，如黠戛斯（吉尔吉斯）人，原先并不是"突厥人"，后来被突厥化了②。公元 10 世纪，中亚的突厥化和前述伊斯兰化同步进行。

公元 13 世纪，蒙古人征服中亚，中亚居民中的蒙古人种大量增加，中亚大部分地区逐渐突厥化。1731 年沙俄开始征服哈萨克，到 1891 年整个中亚并入俄罗斯帝国的版图。俄罗斯人跟古代中亚的征服者一样，都是从中亚北部入侵的；所不同的是，古代入侵者是游牧"蛮族"，其文明程度比被征服者低，而当时的俄罗斯人已经进入近代资本主义社会，其经济文化发展水平，远远超过了中亚本土居民。

千百年来，中亚地区流行过多种不同的文字，许多文字的传播都跟某种文化或文明势力有联系。大多数文字起源于亚洲的边缘地区，然后传入内地。直到现代，中亚文字的传播方向仍然是从西部、南部传到东北部。在中亚流传的文字中，真正由中亚土著创制并流传至今的尚不多见。现今流传最为广泛的字母体系是阿拉伯文，其次是蒙古文。阿拉伯文跟伊斯兰教联系密切，蒙古文则与佛教紧密相关。

（三）阿拉伯文

阿拉伯文是 3—4 世纪，北方阿拉伯人采用奈伯特字母记录阿拉伯

---

① 潘志平、王智娟：《鸟瞰中亚宗教民族之历史与现状》，《西北民族研究》1994 年第 2 期。

② ［苏］巴托尔德：《中亚突厥史十二讲》，罗志平译，中国社会科学出版社 1985 年版，第 33 页。

语而发展起来的一种文字，到 6 世纪已基本定型。7 世纪初，阿拉伯人穆罕默德（570—632 年）创立了伊斯兰教，并用阿拉伯文记录了《古兰经》。8 世纪初，阿拉伯人凭借其武力建立起一个阿拉伯帝国，其疆域西起大西洋的比斯开湾，东至印度河和中国边境，横跨非、亚、欧三大洲的大片土地。伊斯兰教和阿拉伯文也随着阿拉伯人的军事征服而逐渐向西传播。根据《古兰经》的规定，该部圣典不得翻译成其他语言，也不能用其他文字或文体抄写。因此，被征服的民族不得不全盘接受战胜者的语言和文字。

在 14 世纪后半期即蒙古人帖木儿统治时代之前，中亚的许多突厥人还在使用回鹘文，此后，阿拉伯字母文字越来越流行。到 19 世纪以后，中亚信仰伊斯兰教的所有操突厥语的民族和所有操伊朗语的民族，都采用了阿拉伯字母文字①。

阿拉伯文在中国新疆各地区的传播并不完全一致。10 世纪后半期以前，新疆地区曾通行回鹘文。此后，随着伊斯兰教的传入，新疆南部的喀什地区开始使用阿拉伯字母文字，并产生用阿拉伯文撰写的巨著《突厥语大词典》。到了 14—15 世纪，阿拉伯文传入新疆的哈密、吐鲁番及河西一带，并逐渐取代了当地使用的回鹘文。

　　　　在语言和文字方面，前一时期两种书面语（北部以回鹘文为代表的书面语和南部以阿拉伯字母文字为代表的书面语）并存的局面，让位给统一的近代维吾尔书面语，也即通常我们所说的老维吾尔文（也称察合台书面语）②。

伊斯兰教传入哈萨克地区的时间要比传入维吾尔地区晚，约在 13 世纪下半叶，哈萨克族先民逐渐采用阿拉伯字母来拼写自己的语言，但是哈萨克书面语的形成却是 19 世纪下半期的事，其标志是产生了哈萨克族大诗人阿拜（1845—1904 年）和哈萨克文报刊《草原报》和《呐

---

① Henze, P., "Politics and Alphabets in Inner Asia" (1956), in Fishman, J. A. (ed.), *Advances in the Creation and Revision of Writing Systems*, The Hague：Mouton, 1977：373.

② 耿世民：《维吾尔族古代文化和文献概论》，新疆人民出版社 1983 年版，第 54 页。

喊》等①。

由于阿拉伯字母系统无法准确描写元音，所以并不适合用来记录突厥诸语言，但从另一个角度来看，阿拉伯字母的这种缺陷也是一大优点，因为它意味着突厥诸语言的书面语可以忽略方言上的差别。中亚诸突厥语言改用阿拉伯字母后，促进了突厥文化跟阿拉伯文化的沟通和吸收，有利于中亚诸突厥语言借用并吸收波斯语和阿拉伯语的新词术语，扩大了波斯义化及阿拉伯义化在整个中亚地区的影响。

（四）蒙古文

在统一蒙古的历史上，蒙古族曾使用回鹘文拼写自己的语言。1204年成吉思汗征服了近邻乃蛮部之后，采用了乃蛮部使用的回鹘文。这就是后人所称的回鹘式蒙古文②。

1269 年元世祖忽必烈命国师八思巴创制"蒙古新字"，即所谓"八思巴字"。这种拼音文字大多数跟藏文字母相同或相似，少数新造字母也以相应的藏文符号为基础③。蒙古新字于公元 1272 年推行，因使用不便，1310 年又重新改用回纥字母，制成所谓加利加（Kalika）蒙古文，以便更确切地表达佛教经文。14 世纪，加利加字母是蒙古帝国的法定文字④。

经过几百年的使用后，蒙古文产生出两种地域变体。一种是中国新疆蒙古族使用的托忒文，1648 年以蒙古语卫拉特方言为基础，在原蒙古文基础上改进而成。另一种是布里亚特蒙古文，以西伯利亚南部蒙古语布里亚特方言为基础，18—19 世纪在蒙古文基础上创制而成，主要用于苏联的伊尔库茨克和外贝加尔地区。

二　苏联中亚地区两次文字大改换

十月革命后，苏联曾掀起两次文字改革运动：1920—1936 年的字

---

① 耿世民：《哈萨克族的文字》，《民族语文》1980 年第 3 期。
② 道布：《回鹘式蒙古文》，《中国史研究动态》1981 年第 12 期。
③ 照那斯图：《论八思八字》，《民族语文》1980 年第 1 期。
④ 周有光：《世界文字发展史》，上海教育出版社 1997 年版，第 241 页。

母拉丁化运动以及 1939—1954 年的所谓"西里尔（斯拉夫）化"运动。两次运动，除了进行文字改换外，还要进行文字创制，本文只讨论文字改换问题，至于文字创制，另文论述。

（一）第一次文字改换：将阿拉伯字母改换成拉丁字母

1. 文字改换的目的和意义

1917 年苏维埃政权建立后，苏联政府宣布，要尽快提高各民族的文化水平，但是，使用阿拉伯字母体系无法实现这一目的，因为阿拉伯字母是"资产阶级的产物"，阿拉伯字母具有"浓厚的宗教色彩"。多年来阿拉伯字母体系仅仅掌握在资产阶级和伊斯兰传教士的手中，是影响劳动群众、宣传宗教迷信的工具，绝大多数人民并不能较容易地掌握它。而拉丁字母是群众普遍愿意接受的一种新字母体系，它易读、易写，有利于群众的学习。建立这种新体系可以提高群众的文化水平，可以"作为阶级斗争的团结武器"①。

20 世纪二三十年代在苏联中亚开展的文字改换工作，特别是将阿拉伯字母改换成拉丁字母的工作，还具有重要的政治意义，它可以使十月革命后成长起来的苏联中亚地区一代新人，远离传统的阿拉伯文读物，可以有效防止中亚穆斯林受苏联南部的伊斯兰国家，特别是当时正在进行民族革命的土耳其等国的当代报刊的影响，从而切断苏联中亚民族跟外部伊斯兰世界的文化联系。

2. 文字改换引起的争论

1922 年位于里海西海岸的阿塞拜疆共和国人民委员会主席纳里曼诺夫提议，采用拉丁字母新文字。从此，该共和国掀起了一场热烈的辩论，不久即遍及苏联的突厥语区。

反对采用拉丁字母的多为阿訇和小知识分子，他们认为：阿拉伯字母是《古兰经》使用的字母，在伊斯兰世界已经根深蒂固。如果废除阿拉伯字母，将使伊斯兰教信徒处境艰难，他们很可能会断然冒险，并

---

① ［德］勃朗：《关于苏联的文字改革情况》（1934 年），载中国文字改革委员会第一研究室编《外国文字改革经验介绍》，宁榘译，文字改革出版社 1957 年版，第 99—100 页。

且自认为犯下了违反真主和宗教的罪恶①。他们提出，拉丁字母并不完全适合记录突厥语言，因而建议改革现行的阿拉伯字母，创造一些阿拉伯字母的元音符号和区别符号，以此代替拉丁字母②。

支持采用拉丁字母的人士则认为：拉丁字母文字可以给伊斯兰教世界带来便利，可以促进东西方的文化交流，伊斯兰教世界需要一种国际字母。拉丁字母是国际性的，亚洲、非洲许多有教养的伊斯兰教信徒都懂拉丁字母。阿拉伯字母"几乎没有元音……字母要依其在词里的位置而有特殊形式，文字是从右向左写，而数字则从左向右写，以致在同一情况使用时，十分困难"③。

3. 突厥语诸民族的文字改换：用拉丁字母替换阿拉伯字母

最早用拉丁字母替换阿拉伯字母的是阿塞拜疆共和国，该共和国政府于1923年正式公布了拉丁字母新文字，同时规定拉丁字母新文字跟阿拉伯字母老文字并用，到1924年新文字将正式转为法定文字。1926年2—3月，第一次突厥学会议在巴库召开，大会承认拉丁字母比阿拉伯字母优越，建议诸突厥民族采用拉丁字母。会后不久，苏联中央执行委员会宣布成立"全苏新突厥字母中央委员会"，总部设在巴库。

1927年该委员会在巴库召开了第一次全体会议，制订了一套"统一突厥语字母表"，以普通拉丁字母为基础，另有一些带有附加符号的拉丁字母，以满足所有突厥语的语音上的要求。这套字母表设计合理，切实管用，1928年土耳其采用的拉丁字母与该字母系统几乎完全一样。

该会议提出"统一的突厥语字母"这一概念，还具有一定的政治文化意义。其目标是：尽可能实现苏联突厥语使用者使用统一的非阿拉伯

① ［苏］奥格鲁：《新突厥字母全苏中央委员会第四次大会速记报告书》，宁榘译，巴库1929年版，第19—20页，转引自中国文字改革委员会第一研究室编《外国文字改革经验介绍》，文字改革出版社1957年版，第77—78页。

② ［美］温纳：《1920年到1941年间苏联中亚细亚突厥族的文字改革问题》（1952年），载中国文字改革委员会第一研究室编《外国文字改革经验介绍》，宁榘译，文字改革出版社1957年版，第77页。

③ ［苏］沙克塔丁斯基：《论阿拉伯字母的改革》，《各民族的生活》1922年第4期，转引自中国文字改革委员会第一研究室编《外国文字改革经验介绍》，文字改革出版社1957年版，第78页。

文字，切断苏联国内伊斯兰民族跟国外阿拉伯世界的文化联系，增进国内各民族之间的相互沟通和了解，树立同心同德的意识。会议结束后，旋即开始在中亚推行拉丁字母新文字，但是推行工作并不顺利，拥有阿拉伯字母传统的许多共和国，都面临着本国阿拉伯文使用者的激烈反对。

1928—1929 年，苏联开展了反对"泛突厥主义"、反对"苏丹崇信狂""大易卜拉欣主义"等各种"资产阶级民族主义"变种的斗争，当时仍然坚持使用经过有限改进了的阿拉伯字母的各共和国均遭到镇压①。与此同时，在中央各共和国，几乎所有的城市学校都开始引入拉丁化新文字，并且训练出一批新教师在乡村推行新文字。吉尔吉斯共和国除了俄罗斯初等学校一年级和专为俄罗斯人设置的扫盲课程外，其他所有学校的课程一律使用拉丁文讲授。哈萨克斯坦共和国中央执行委员会于 1928 年 12 月宣布，拉丁字母为法定的字母②。

1929 年 8 月 7 日，全苏中央执行委员会和人民委员会联合发布了一项《关于苏联使用阿拉伯文各民族使用新拉丁字母的法令》，对那些仍在使用阿拉伯文的民族，强制命令使用拉丁字母新文字，其中有关条文如下：

第一，责成苏联所有国家机构和全苏团体，在使用突厥语文时，特别是印制政府法令时，一律采用新突厥字母。

第二，建议苏联中央人民出版局停止使用阿拉伯字母印刷，所有新出版物及再版物一律采用新突厥字母。

第三，建议所有高等教育机关……自下一学年年初起，开始采用新突厥字母。

第四，责成有关部门（内务和贸易人民委员会）对新字母的印刷设备、打印机等的输入给以便利。

---

① ［苏］阿尔托夫：《苏联 20、30 年代的语言政策：空想与现实》（1993 年），陈鹏译，《民族译丛》1994 年第 6 期。

② ［苏］巴甫洛夫编：《哈萨克斯坦十年（1920—1930）》，阿拉木图 1930 年版，第 297 页，转引自中国文字改革委员会第一研究室编《外国文字改革经验介绍》，文字改革出版社 1957 年版，第 86—87 页。

第五，禁止输入阿拉伯字母的打字印刷材料……①

1930 年，苏联中亚的哈萨克、乌兹别克、土库曼、鞑靼、卡拉卡尔帕克和吉尔吉斯等突厥语大民族都推行拉丁字母新文字了，居住在苏联的维吾尔族约有 10 万人换用了拉丁字母新文字。塔吉克人则于 20 世纪 20 代末期就使用了拉丁字母新文字。苏联中亚地区全面改用"统一突厥拉丁字母"的工作于 1930 年正式完成。

4. 布里亚特人、图瓦人及东干人（汉人）的文字改换

历史上布里亚特人爆发过泛蒙古主义情绪。布里亚特知识分子曾积极跟蒙古国的喀尔喀蒙古族建立起更亲密的关系。20 世纪 20 年代末期，布里亚特共和国开展拉丁化运动时，许多知识分子都强调布里亚特语与蒙古国喀尔喀蒙古语的相似之处，结果引发了 1932—1933 年的危机和俄罗斯人的干预。

1931 年，在莫斯科召开了一次蒙古语言文字专门会议，会上最终解决了卫拉特（喀尔玛克）人和布里亚特人用拉丁字母改换其使用的传统蒙文字母的问题。会上有人还提议：蒙古人民共和国最好也用拉丁字母取代直写的蒙文字母，但是该提议没有实行②。

图瓦人的方言口语属于突厥语，其书面语和官方语言则用蒙古语和蒙古文。俄罗斯人在为图瓦语设计拉丁字母新文字时，以含有大量俄语混合词的混合方言为基础，这样可以防止图瓦人向亲蒙古的方向发展③。1930 年，图瓦自治共和国颁布了改用拉丁字母的法令，9 个月后，出版了图瓦文、蒙古文的双语文《真理报》，此后，拉丁字母的图瓦文在该共和国全面推行。

19 世纪下半叶，中国的西北回民起义失败后，三批回族先后迁往中亚，分别居住在今吉尔吉斯斯坦、哈萨克斯坦和乌兹别克斯坦，共约

---

① ［美］温纳：《1920 年到 1941 年间苏联中亚细亚突厥族的文字改革问题》（1952 年），载中国文字改革委员会第一研究室编《外国文字改革经验介绍》，宁榘译，文字改革出版社 1957 年版，第 88—89 页。

② ［苏］谢尔久琴柯：《关于创立民族文字和建立标准语的问题》，刘涌泉等译，民族出版社（内部发行）1956 年版，第 49 页。

③ Henze, P., "Politics and Alphabets in Inner Asia"（1956）, in Fishman, J. A.（ed.）, *Advances in the Creation and Revision of Writing Systems*, The Hague：Mouton, 1977：379.

10 万人。他们当时说的是陕西话和甘肃话，1924 年被正式界定为"东干"。

1927 年东干人在"小经"的基础上，设计了一个阿拉伯字母表，并创办了报纸《学生》。1929 年"全苏新突厥字母中央委员会"研制了拉丁字母的东干文，并编出第一本《东干识字课本》。1932 年创办了拉丁字母东干文的《东火星》报，主要发表东干作家和诗人的作品。1932—1938 年，在吉尔吉斯斯坦和哈萨克斯坦出版的东干文教科书有 30 种，计 10 万册。到 1937 年，在吉尔吉斯和哈萨克这两个共和国的东干人中，脱盲率已达 70%，而在 1926 年东干人的识字率仅为 8.6%[①]。

（二）第二次文字改换：用西里尔字母取代拉丁字母

西里尔字母（Cyrillic alphabet）是公元 9 世纪中叶，由传教士西里尔（Cyril）创制，译有《圣经》和其他经书，为信仰希腊正教的斯拉夫民族所采用。该字母又称"俄文字母"或"教会斯拉夫字母"，俄语、保加利亚语等斯拉夫语的文字系统都来自西里尔字母。

苏联第二次文字改换是将第一次改成的拉丁字母再改换成西里尔字母。1935 年 6 月 1 日苏联中央执行委员会主席团做出了《关于把北方各民族的语言改为西里尔字母的决议》，因为北方各民族刚刚创制新的拉丁字母文字，尚未来得及推广，从北方改起，可能比较容易。但是大多数民族新一轮的文字改换工作均未启动，全苏新文字中央委员会反对操之过急，并且批评了在卡巴达尔—巴尔卡尔进行的文字改换试验。

1. 第二次文字改换的原因

据苏联援华专家谢尔久琴柯[②]的介绍，苏联用俄文字母取代拉丁字母主要有五个方面的原因。第一，俄文字母具有巨大的文化政治意义。马克思、恩格斯、列宁、斯大林及许多重要的社会政治文献，苏联各时期的优秀文学作品，苏联先进的科学技术论著都是用俄文出版的。第二，沙俄时代形成的各民族对俄罗斯族的不信任感已经消除了。俄罗斯

---

① 丁宏：《东干文化研究》，中央民族大学出版社 1999 年版，第 132—135 页。
② ［苏］谢尔久琴柯：《关于创立民族文字和建立标准语的问题》，刘涌泉译，民族出版社（内部发行）1956 年版，第 77—82 页。

民族在共产党的领导下，帮助其他民族建立起自己的国家，帮助他们发展其经济和文化。不同民族之间的不和睦和不同语言之间的不平等已经不复存在了。第三，在书写和教学方面，俄文字母比拉丁字母优越。第四，消除俄文和其他非俄文字母在书写上的不一致，消除各少数民族学校中少数民族语教学跟俄语教学不一致的现象。第五，推行拉丁字母文字曾带来一些弊端，这就是使俄文处于苏联各民族人民文化生活之外，疏远了俄罗斯族跟苏联其他各民族之间的联系，不利于俄语俄文的学习和推广，加大了各民族学习俄语俄文的困难，无法满足各族人民迫切希望掌握俄语和俄罗斯文化的需要。

2. 民族大清洗与文字大改换

20 世纪 30 年代，苏联爆发了大清洗运动，一大批少数民族干部受到迫害，他们被扣上"资产阶级民族主义者"的罪名。1937—1938 年，随着民族大清洗的开展，文字改换工作也在中亚诸共和国中全面铺开。1938 年 3 月 13 日苏联共产党（布）中央委员会和苏联人民委员会做出《关于民族共和国和州立学校必须学习俄语的决议》，该决议被认为是苏联实行新的俄罗斯化语言政策的标志①。

到 1941 年，中亚的突厥诸语、塔吉克语、阿尔泰地区的突厥语、布里亚特和卫拉特蒙古语都改用西里尔字母了。图瓦人也再次改用了西里尔字母。1941 年蒙古人民共和国曾开展过改用西里尔字母的讨论，但是，直到 1946 年才最终改换成功。

1936—1938 年，当拉丁字母东干文的正字法最后确定下来的时候，拉丁文字西里尔化的工作正在中亚诸民族中全面展开。后来由于第二次世界大战爆发，直到 1952 年改换拉丁字母东干文的工作才被提到议事日程之上。根据苏联科学院主席团的指示，苏联科学院东方学研究所在这一年成立了一个创制俄文字母东干文的委员会，龙果夫任委员会主席，桑席耶夫、谢尔久琴柯以及东干人卡里莫夫、杨善新、宗娃子和十娃子等任委员。该委员会决定以甘肃方言作为东干族

---

① ［苏］阿尔帕托夫：《苏联 20、30 年代的语言政策：空想与现实》（1993 年），陈鹏译，《民族译丛》1994 年第 6 期。

标准语的基础①。

1953 年初东干俄罗斯字母方案制订出来，后经讨论修订，正式公布。1955 年东干人十娃子和杨善新编写了新东干文识字课本。1957 年原阿拉伯字母东干文报纸《东火星》报在停办 20 年后，又以新文字、新报名《十月的旗》复刊，该报是东干语言文学发展的重要阵地②。

三　中国新疆及内蒙古的三次文字大改换

中华人民共和国成立后的 30 多年内，我国新疆和内蒙古地区少数民族的文字改革变动较大。新疆地区出现过三次文字大改换，第一次是将少数民族原有的阿拉伯等字母改换成斯拉夫字母，第二次是将斯拉夫字母改换成拉丁字母，第三次是将拉丁字母又改回到阿拉伯等字母。内蒙古地区出现两次大改换，第一次是将蒙古文改换成斯拉夫字母，第二次是废弃斯拉夫字母恢复使用蒙古文。

（一）第一次字母大改换：斯拉夫化

1. 社会历史背景

中华人民共和国成立后，"文字改革"在国家的政治生活中占有重要的地位。汉字要走拼音化的道路，少数民族文字改革采用什么字母，是拉丁字母，还是斯拉夫字母？20 世纪 50 年代中期，新疆和内蒙古地区的少数民族文字改换，最终选择了斯拉夫字母，这种选择是有着直接的社会历史背景的，是受到诸多社会因素制约的，特别是跟当时的国际国内政治，跟中苏两国的友好关系紧密相连。

从民族交往来看，新疆地区跟苏联接壤，内蒙古地区跟蒙古国接壤，两地区跨境而居的少数民族占有很大比重，中国国内少数民族跟境外同名称民族的交往十分密切。苏联突厥语诸民族的文字一律换用了斯拉夫字母，蒙古国的文字也换成了斯拉夫字母，这对新疆地区突厥诸民族和内蒙古地区的蒙古族，在字母改换的选择上，产生了一定

---

① ［苏］谢尔久琴柯：《关于创立民族文字和建立标准语的问题》，刘涌泉等译，民族出版社（内部发行）1956 年版，第 122 页。

② 丁宏：《东干文化研究》，中央民族大学出版社 1999 年版，第 136—140 页。

的影响。

从国家政治关系来看，中华人民共和国成立后的这六七年，是中苏两国关系最亲密的时期。早在中华人民共和国成立前夕，毛泽东就提出了著名的"一边倒"方针：

> 一边倒，是孙中山的四十年经验和共产党的二十八年经验教给我们的，深知欲达到胜利和巩固胜利，必须一边倒。积四十年和二十八年的经验，中国人不是倒向帝国主义一边，就是倒向社会主义一边，绝无例外。骑墙是不行的，第三条道路是没有的①。

当时以美国为首的帝国主义阵营对中国实行孤立和封锁，中国要冲破帝国主义的封锁和禁运，迅速恢复和发展国民经济，只能从苏联及其他社会主义国家那里获得各种援助。

1954 年苏联语言学家谢尔久琴柯和蒙古语专家托达耶娃来到中国后，积极参加中国少数民族文字的创制和改革工作。他们积极建议，新疆地区的少数民族文字改用斯拉夫字母，蒙古地区改用新蒙文（也是斯拉夫字母）。新疆和内蒙古地区的文字系统如果换用斯拉夫字母，还将有利于加强社会主义阵营之间的沟通和联系。当时中国实行的"一边倒"政策及苏联专家提出的具体建议，都对新疆、内蒙古两地的少数民族决定将原有文字改换成斯拉夫字母产生了非常重要的影响。

2. 新疆地区

根据 1953 年全国第一次人口普查统计资料，新疆总人口为 487.36 万人，其中维吾尔族 360.76 万人，占总人口的 74%；汉族 33.21 万，占 6.8%。另外，哈萨克族 50.64 万人，柯尔克孜族 7.09 万人，蒙古族 5.83 万人，锡伯族 1.27 万人，俄罗斯族 2.22 万人，塔吉克族和乌孜别克族 1.36 万人，塔塔尔族 0.69 万人，满族 0.12 万人，达斡尔族 0.20 万人②。

中华人民共和国成立之际，新疆突厥语各民族使用的文字均为阿拉

---

① 《毛泽东选集》（第 4 卷），人民出版社 1991 年版，第 1472—1473 页。
② 新疆维吾尔自治区民族事务委员会编：《新疆民族辞典》，新疆人民出版社 1995 年版，第 888 页。

伯字母。1949 年以后，在新疆尚未进行第一次文字大改换之前，维吾尔文曾经进行过一定的改进。1951 年 5 月在苏联的阿拉木图召开过一次维吾尔族语文会议，会议通过了一套以阿拉伯字母为基础的新维吾尔文拼音方案①。会后出版了《维吾尔文学语言在阿拉伯字母基础上的简明正字法》。在此基础上穆合木德·再依德于 1951 年拟订了一个《维吾尔文学语言简明正字法》。1954 年 5 月 1 日，新疆人民政府会议通过了这一正字法，并决定在全省全面推行这一正字法②。1954 年哈萨克文也做了一定的改进，同年 7 月新疆人民政府第 136 次行政会议通过了《改革哈萨克文字母表和正字法规则（草案）》，决定普遍使用该规则。柯尔克孜族在 20 世纪三四十年代曾使用阿拉伯字母的柯尔克孜文，但是从未出版过柯尔克孜文的书籍。1955 年 7 月新疆维吾尔自治区政府颁发了《柯尔克孜语正字法规则》。

中华人民共和国成立后，新疆进行的第一次文字大改换是在 1956 年敲定的。同年 8 月在乌鲁木齐市召开了一次新疆民族语言文字科学讨论会，确定了新疆有独立语言又有独立文字的 9 个民族的文字工作方针。突厥语族诸语的文字改换一律以俄文字母为基础，具体做法略有不同。乌孜别克族和塔塔尔族人口少，且居住分散，这两个民族使用的语言跟苏联同名称的语言相同，因而决定直接采用苏联的乌兹别克文和鞑靼文；哈萨克族和柯尔克孜族比较聚居，分别建立了自治州，他们的语言跟苏联同名称的语言也基本一致，所以决定这两个民族也分别采用苏联的哈萨克文和吉尔吉斯文。另外，从中亚地区看，维吾尔族主要分布在中国，苏联维吾尔文字母和正字法不大切合中国的实际，中国维吾尔文虽然采用俄文字母，但不直接采用苏联维文方案，中国维文另行设计自己的文字方案③。

1956 年 12 月，新疆政府人民委员会第十三次会议，听取了艾斯提关

---

① 李森：《维吾尔文字的改革问题》（1953 年），载罗常培等《国内少数民族语言文字的概况》，中华书局 1954 年版，第 62 页。

② 艾尔肯·阿热孜：《试论历史上新疆地区和维吾尔文字的发展》，载中央民族大学突厥语言文化系、中亚学研究所编《突厥语言与文化研究》，中央民族大学出版社 1996 年版，第 81 页。

③ 傅懋勣：《创制和改革少数民族文字的重要意义和工作情况》，《人民日报》1956 年 12 月 16 日。

于自治区语言科学讨论会议的说明后，通过决议，改革维吾尔、哈萨克、蒙古、锡伯、乌孜别克、塔塔尔等民族的文字，帮助无文字的民族创立文字。1957 年 2 月 9 日《新疆日报》公布了维吾尔、哈萨克、蒙古、柯尔克孜、锡伯五个民族以斯拉夫文字为基础的新文字方案（草案）。

新疆第一次文字大改换的目的，按照谢尔久琴柯①的说法，大致有五条：第一，如果新疆诸突厥语民族仍使用改进了的阿拉伯文字母，不再作进一步的改换，那么，这些民族的文字就会落得既跟苏联使用俄文字母的诸突厥语民族相隔绝，也跟那些仍在使用没有改革的阿拉伯文的民族相隔绝。第二，由于这种字母上的隔绝，新疆各族人民就需要另造一套特殊的印刷设备。第三，如使用改进了的阿拉伯字母，则不利于利用苏联跟新疆有关民族相同或相近的语言出版物。第四，欧洲和亚洲的突厥语民族，除土耳其外，其他诸多民族，现在都使用斯拉夫字母文字。第五，新疆诸民族如果采用斯拉夫字母，将有利于新疆各族人民直接利用苏联相关民族语言的重要书籍及大量的科学教育参考书籍；这将有利于新疆民族文化事业的建设和发展。

3. 内蒙古地区

如前所述，蒙古人民共和国将该国使用的蒙古文改换成以斯拉夫字母为基础的新蒙古文工作，开始于 1941 年，完成于 1946 年。1947 年中国内蒙古自治区成立后，自治区党政领导就很关心并提倡学习新蒙文，举办了一些新蒙文学习班，在《人民知识》和《新内蒙古》等蒙文刊物上介绍新蒙文的知识，出版了新蒙文的识字课本、正字法等书籍。1951 年还在海拉尔和乌兰浩特的蒙古小学中试教过新蒙文，并在一些地区用新蒙文扫盲。新蒙文在内蒙古已经有了一定的影响。

中华人民共和国成立后，新蒙文在内蒙古自治区的学习、研究和重点推行工作一直在进行。

中蒙两国人民经济文化合作关系的建立和发展，蒙古人民共和国的先进文化和发展了的语言文字，对于我国蒙古民族语言文字的迅速发展，曾给予了并且现在仍给予着巨大的良好影响，这样更发

---

① ［苏］谢尔久琴柯：《关于创立民族文字和建立标准语的问题》，刘涌泉等译，民族出版社（内部发行）1956 年版，第 10—11 页。

展了它的一致性①。

　　为了适应已经到来的文化建设高潮的需要，内蒙古自治区人民委员会于1955年7月举行第三次会议，讨论了采用以斯拉夫字母为基础的新蒙文问题，并通过了《关于推行新蒙文的决定》（以下简称《决定》）。《决定》指出："内蒙古自治区为了使文化教育事业得到迅速发展和普及，应该采用这种新文字。"②

　　同年5月下旬，中国科学院少数民族语言研究所筹备处和内蒙古自治区人民委员会、内蒙古文字改革委员会联合在呼和浩特召开"蒙古语族语言科学讨论会"，苏联专家谢尔久琴柯出席会议并做了发言。额尔敦陶克陶③代表内蒙古文字改革委员会在会上宣布了今后全面推行新蒙文的计划，争取在1959年以前，即用4年时间基本完成推行新蒙文的工作。具体步骤是：1956年上半年训练扫盲专职教员，1956年暑期以旗为单位，集中训练小学新蒙文师资。1956年下半年开始用新蒙文扫盲，小学新生均采用新蒙文授课，高小和中学增添新蒙文语文课，干部文化补习学校中的蒙文课也一律用新蒙文讲授。从1957年开始，公文告示逐步用新蒙文代替旧蒙文，各级有关部门应有计划训练干部。出版工作从1956年起，每年蒙文出版物中新蒙文应占20%，到1960年，除古典文献外，所有出版物一律使用新蒙文。1956年8月2日，内蒙古自治区人民委员会又发出《加强领导大力开展蒙族干部的新蒙文学习运动的指示》。

　　在论证用蒙古国的新蒙文取代中国的旧蒙文，在中国推行新蒙文的好处时，苏联专家谢尔久琴柯④列举了三条：第一，中国的蒙古族换用新蒙文，马上就会得到蒙古人民共和国用蒙语和苏联用布里亚特语大量

---

　　①　额尔敦陶克陶：《为进一步贯彻党的使用与发展民族语文政策而奋斗——九年来内蒙古自治区使用与发展蒙古语文的总结及今后全面推行新蒙文的意见》，蒙古语族语言科学讨论会秘书处1956年版，第7页。

　　②　内蒙古自治区人民委员会：《关于推行新蒙文的决定》，《内蒙古日报》1955年7月21日第1版。

　　③　额尔敦陶克陶：《为进一步贯彻党的使用与发展民族语文政策而奋斗——九年来内蒙古自治区使用与发展蒙古语文的总结及今后全面推行新蒙文的意见》，蒙古语族语言科学讨论会秘书处1956年版，第9页。

　　④　[苏]谢尔久琴柯：《关于创立民族文字和建立标准语的问题》，刘涌泉等译，民族出版社（内部发行）1956年版，第257页。

出版的一切社会政治、文学艺术和科学教育的书籍。第二，中国将会很容易建立起最新的印刷技术的物质基础。如果向苏联提出要求，苏联很快就会向中国提供必要的排字机、单字排印机和其他现代印刷机，还可供应最新最完备的俄文字母键盘打字机。第三，如果中国蒙古族采用拉丁字母，将会人为地把中国蒙古人跟那些在社会政治、国民经济和文化方面已经达到高度发展阶段的蒙古人隔离开来。

（二）第二次字母大改换：拉丁化

1. 社会历史背景

1953 年斯大林逝世，赫鲁晓夫上台之后开展的反斯大林运动，对中国产生过不利的影响。随着时间的推移，中苏之间的裂痕越来越大。为了应付这种局势，中国自 1958 年起就确定了自力更生为主争取外援为辅的方针。1957 年下半年以来，在少数民族地区普遍开展了整风和反对地方民族主义运动。①

2. 少数民族文字字母设计的基本原则

1957 年之前，少数民族文字字母设计没有形成统一的原则。南方民族文字除两种傣文外，基本上以拉丁字母为基础，北方则以斯拉夫字母为基础。1956 年在贵阳召开了"民族文字字母形式问题讨论会"，确定了南方拉丁字母文字的设计原则，就是尽可能跟汉语拼音方案的字母取得一致。

1957 年 7 月，在青岛召开了民族工作座谈会。国家民委文化教育司和中国科学院少数民族语言研究所（1962 年并入民族所）的有关专家研究了青岛会议的精神后，提出今后少数民族创造文字或改革文字时，一律采用跟汉语拼音方案相同的字母形式，不再采用其他字母形式。同年 12 月，国务院批准了《关于少数民族文字方案中设计字母的几项原则》②。

1958 年周恩来总理在《当前文字改革的任务》中指出：

---

① 黄光学主编：《当代中国的民族工作》（上），当代中国出版社 1993 年版，第 127、155 页。

② 国家民族事务委员会文教司：《为正确贯彻执行党的民族语文工作方针而奋斗》，《民族研究》1958 年第 3 期。

如果几十个民族大家各搞一套字母，这不仅对于各族人民之间的互相学习和交流经验是个障碍，而且印刷、打字、电报的设备势必各搞一套，对于各民族今后在文化教育方面的发展极其不利。许多兄弟民族都表示这样的愿望，就是要同汉族在字母上取得一致，以便于交流文化、学习汉语和吸收汉语的名词术语。

汉语现在既然决定采用拉丁字母作为拼音字母，那就应该确定这样一条原则：今后各民族创造或者改革文字的时候，原则上应该以拉丁字母为基础，并且应该在字母的读音和用法上尽量跟汉语拼音方案一致①。

3. 第二次文字改换状况

在国际国内政治关系发生变化的条件下，特别是国务院批准《关于少数民族文字方案中设计字母的几项原则》后，内蒙古自治区人民委员会于1958年3月召开全体会议，通过了《关于停止推行新蒙文，继续大力学习与使用旧蒙文的决定》，同时还决定，将"蒙古文字改革委员会"改为"蒙古语文工作委员会"。3月25日《内蒙古日报》发表社论《立即掀起学习与使用旧蒙文的高潮》。

1959年11月24日至12月11日，新疆维吾尔自治区第二次民族语科文科学讨论会在乌鲁木齐举行，会议建议废除自治区现行的以阿拉伯字母为基础的维吾尔文和新哈萨克文老文字，采用以汉语拼音方案为基础的新文字。同年12月17日，自治区人民委员会第八次会议通过了《关于公布维吾尔、哈萨克新文字方案》的决议。这两种文字方案（草案）于1960年3月21日在《新疆日报》公布。

1964年3月新疆第三届人民代表大会第一次会议通过了关于改革维吾尔、哈萨克文字的决议。这两种新文字方案，于同年10月经国务院批准，并于1965年1月在新疆正式推行。

1976年8月新疆维吾尔自治区革命委员会做一步作出决定，停止使用维吾尔文、哈萨克文老文字，全面使用维吾尔文、哈萨克文新文字。从1960年维吾尔文和哈萨克文新文字开始进入小学校起，到1979

---

① 《周恩来选集》（下卷），人民出版社1984年版，第288页。

年年初，学过新文字的中小学毕业生已近百万，在校生也有一百多万。另外新文字还用于成人扫盲，并逐步在自治区党政机关的公文、报刊和图书中使用①。

（三）第三次字母大改换：民族化

1. 社会政治背景

1978 年底，中国共产党十一届三中全会决定从 1979 年起，把全党工作的重点转到社会主义现代化建设上来。从此，中国的民族工作得到全面恢复和发展。

1980 年 6 月，新疆伊斯兰教协会（以下简称伊协）恢复活动，在乌鲁木齐市召开了第二次代表大会。从 1980 年 6 月到 1982 年 5 月，新疆 1800 多名宗教界人士分别被补选为各级人民代表、政协委员和伊协、自治区伊协委员。到 1983 年，新疆已陆续开放了 1.2 万座清真寺，信教群众开始过上正常的宗教生活。凡此种种，都恢复并增强了中国共产党在少数民族中的威信，弥合了汉族和少数民族在团结方面的裂痕②。

该阶段的特点是：党的民族政策、宗教政策和统战政策重新恢复，民族工作和宗教活动得到全面恢复，民族文化和传统文化在人们心目中的价值和地位也随之得到回归和提升。另外，在中国拉丁化的文字改革进程中，汉字并没有改换成拉丁字母文字，只是制定了拉丁化的汉语拼音方案，简化了一部分汉字。汉字仍在继续使用。中华人民共和国成立初期创制的拉丁字母四川彝文使用一段时间后，最终被规范彝文所取代，1980 年国务院正式批准了四川省上报的《彝文规范方案》③。拉丁字母的柯尔克孜文在使用了近 20 年之后，于 1979 年经新疆维吾尔自治区党委批准，停止使用。柯尔克孜族恢复使用阿拉伯字母老文字④。

2. 恢复使用老文字

正是在这种社会政治背景之下，1982 年 9 月 13 日新疆维吾尔自治区第五届人民代表大会常务委员会第十七次会议通过了《关于全面使用

---

① 杨正旺：《新时期的民族语文工作》，第三次全国民族语文科学讨论会筹备工作小组办公室，1979 年，第 36 页。

② 黄光学主编：《当代中国的民族工作》（上），当代中国出版社 1993 年版，第 166 页。

③ 周庆生：《规范彝文理论实践价值评估》，《民族语文》1993 年第 4 期。

④ 《新疆日报》1979 年 12 月 13 日第 1 版。

维吾尔、哈萨克老文字的决议》（以下简称《决议》），《决议》规定：

> 几年来的实践证明，在全区推行维吾尔、哈萨克新文字的条件尚不成熟，而新、老文字长期并行，不利于维吾尔哈萨克民族教育、科学和文化事业的发展。会议决定：废止自治区五届人大常委会第二次会议原则通过的《关于继续推行维吾尔、哈萨克新文字和同时使用维吾尔、哈萨克老文字的决定》的决议，在全自治区全面使用维吾尔、哈萨克老文字①。

《决议》还规定："在全面使用老文字以后，新文字仍可作为一种拼音符号予以保留，并在必要场合使用。同时，对新文字继续进行研究，使其不断完善。"②

四　小结

综上所述，中苏两国中亚地区的实践证实，文字改换与社会政治变迁之间存在着一种直接的关联：一场重大的社会政治变迁往往成为文字改换的推动力；同样地，一次重大的文字改换也可以成为国际国内社会政治生活的晴雨表。文字改换进程跟社会政治进程紧密相随，文字事件跟政治事件密切相关。因为一种文字系统或一种字母形式不仅仅是记录语言的符号工具，往往还是民族认同、国家认同、政治认同或文化认同的标记。

---

① 国家民委办公厅、政治司、政策研究室编：《中华人民共和国民族政策法规选编》，中国民航出版社 1997 年版，第 1191 页。

② 国家民委办公厅、政治司、政策研究室编：《中华人民共和国民族政策法规选编》，中国民航出版社 1997 年版，第 1192 页。

第四部分

语言规划实践

人文奥运和语言规划*

　　2008 年北京举办的奥运会，将突出绿色奥运、科技奥运和人文奥运这三大主题。"人文奥运"，作为奥运会举办城市刻意奉行的一种理念，是 20 世纪 90 年代才提出来的，但作为一种权威或公认的定义，迄今尚难见到。无论如何，人们似乎相信，人文奥运跟欧洲文艺复兴时期的人文主义，跟奥林匹克运动的宗旨和奥林匹克精神，跟中国传统文化中的"天人合一"思想，都有相通之处，但在具体解读时，很可能是仁者见仁，智者见智。

　　笔者认为，人文奥运主要是指，北京举办奥运会要以人为本，要反映一种人文精神。这种精神讲人权、讲人格、讲人品、讲人性，倡导提高人的整体素质，突出对少数群体和弱势群体的人文关怀，弘扬人与自然的和谐，寻求历史与现实的结合，体现多元文化的共存。例如，北京残疾人和盲人占全市总人口的比重并不是很大，在北京申办奥运会期间，市政府还是拨巨款，将城市主要街道都改建成无障碍街道和导盲街道，从而极大地方便了残疾人和盲人的出行，这项改建工程充分体现了对残疾人和盲人的人权关怀；又如，北京新近建造的许多公共厕所都设置了儿童坐便器和婴幼儿置放台，从而极大地方便了儿童和携带婴幼儿妇女的使用，这种公厕充分体现了对妇女和儿童的人权关怀，当然也反映了人文奥运的理念。

　　跟上述道路障碍及公厕障碍问题相比，语言障碍涉及的国家数量和人口规模要大得多，涉及的城市行业和社会层面要宽广得多。解决语言障碍问题，既可以为奥运会提供一个良好的语言环境，同时也是北京实

---

　　* 原载《清风明月八十秋：庆祝王均先生八十诞辰语言学论文集》，吉林人民出版社 2002年版。

现"现代化国际大都市"战略目标的一个重要标志。

一 语言障碍问题

汉语（普通话）虽然是世界上使用人口最多的一种语言，但是把它作为国家的通用语言或官方语言，还只是限于中国和新加坡这一两个国家。北京更是一个单语社会，大多数北京人还不能直接用外语跟境外人员进行沟通。

试想，到 2008 年北京举办奥运会之际，将有数十万外宾来到京城。根据新近几届举办过奥运会的城市统计数据，各届来访的境外人员平均为 20 多万。2008 年进入北京的境外人员暂且按 20 万人估算，因食宿旅行购物等方面的需要，这批来宾即使平均每人只接触 5 位北京人（扣除重复统计的人数），他们接触北京人的总数也将达到 100万人。

当这些外宾在运动场上情不自禁地向北京观众问好或抒发自己的情感时，当他们在马路上向警察或行人问路时，当他们向出租车司机述说自己要去的地点时，当他们在旅游景点或商店遇到麻烦而请北京人帮助时，如果大多数北京人都无言相对，或不知所措，不知如何跟人交流，不知如何向来宾提供必要的帮助或服务，在这种情形下，我们设身处地地想一想，他们怎么可能不对北京的语言环境留下一些遗憾呢？

早在北京申办奥运会期间，国外体育界的有关人士就曾对北京的语言环境表示过担忧，认为北京存在着语言障碍的问题。2001 年在北京举行的世界大学生运动会是对奥运会的一次演练。大运会提供的翻译服务语言有 43 种，服务工作主要由志愿者承担。其中，大语种的翻译还是相当出色的，但是一些小语种则出现了语言障碍问题，许多信息无法准确无误地从一方传递到另一方，主要原因是一些译者缺乏所译语言的社会文化知识和体育专业知识。

大运会结束后，国外一家媒体就此评论道，北京要办好奥运会，消除语言障碍已经成为亟待解决的一个问题了。

二　语言规范问题

（一）外文导向标识牌

外文导向标识牌中的外文运用问题，在我们看来，是一个不容小视的窗口问题，因为这些标识牌不仅仅标示了某一方向，往往还象征着北京的文明程度和人文水平。特别是，当某位外宾看到北京某一标识牌上的英文使用不规范或不得体时，往往会捧腹而笑，这会使得首都北京在外宾心目中的美好形象一落数丈。

有位外籍华人①曾经留意观察了从首都机场到长安街的 160 公里长的路段，发现其中存在这种那种问题的英文路标竟达 50 多处。例如，在机场高速路上，经常出现的提示牌"保持距离"，英文本该用 Keep Distance，但实际用的是 Keep Space（保持空间）；从四环路到机场路的一个入口处，指示牌上标写的是"机场方向"，英文本该用 To the Airport，但却用成 Direction of Airport，这是一种典型的中文直译；四环路上的指示牌"紧急停车道"，英文中原本有一个专用名词 Shoulder，但这里却直译成两个词 Parking Lane（停车车道）。

（二）人名拼写

在国际比赛中，我国运动员服装上的人名拼写，真可谓五花八门，亟待规范。比如，假定某位运动员名叫李光华，按照规范，这个名字应该拼成 Li Guanghua，但是，印在他服装上的则是 Guang Hua Li（光华李）或者是其简称形式 G. H. Li，这种名在前，姓在后的拼写方式，不符合我国的人名拼写规范。有的甚至写成 Kong Hua Lee 或其简称形式 K. H. Lee，这种拼写，除了颠倒了名和姓的次序外，还用了一种英式规则来拼写名字和姓氏，没有使用我国规范的汉语拼音拼写规则。

其实，国家早就制定了中国人的人名拼写规则，根据"名从主人"的国际惯例，中国人的人名，先拼姓，后拼名，一律按照汉语拼音的规则来拼写，中国人出境护照上用的就是这种拼写规则。在国际比赛中，

---

① 　卜平：《北京英文路标令人捧腹》，《文汇报》（香港）2001 年 8 月 13 日。

我国运动员人名拼写的混乱现象如果得不到及时纠正，将会直接影响中国国家队的正规性、统一性和权威性形象。

上述种种语言问题是在申办举办奥运会过程中引发出来的新问题，它涉及的并不仅仅是一两个部门，业已触及北京社会的诸多方面，如不及时解决，有可能成为影响 2008 年奥运会全局的一个大问题。解决这些语言问题的一个有效途径就是，从北京的实际问题出发，借鉴国外的有关经验，成立相应的语言机构，制定北京的语言规划。

三　语言规划

（一）成立语言机构

为了解决奥运会的语言障碍及语言规范等问题，建议在奥运会组委会或市政府有关部门，成立一个"语言规划办公室"，就"外语的选择、英语的地位、英语教育、成人英语教育、语言使用规范、文明礼貌用语、语言服务、汉语传播、语言翻译"等事项，做出具体的规划。

（二）选择外语语种

世界上独立的国家只有一二百个，独立的语言却有五六千种。从不同的视角，区分出世界诸语言的重要程度，排出先后顺序，是做出有关决策的一个重要依据。例如，以英语作为官方、半官方或通行语言的国家有 45 个，以法语作为官方、半官方或通行语言的国家有 30 个，西班牙语国家有 21 个，阿拉伯语国家也是 21 个，俄语国家 7 个，葡萄牙语国家 6 个，以上 6 种语言实际上涵盖了 130 个国家（其中有些国家使用两三种语言，略有交叉）。

（三）确定英语地位

20 世纪六七十年代，新加坡的经济正处于腾飞时期，国家的语言政策做了重大调整，将新加坡建国以来实行的"多语并用"政策，调整为"英语＋母语"的双语政策，以适应把新加坡建设成一个"开放的国际大都市"的需要。当时，西方发达国家正在进行第二次世界大战后的第一次产业调整，西方发达国家正在把一些劳动密集型产业向发展中国家转移。新加坡李光耀政府抓住这个机遇，调整了本国的经济发展战略，重点发展出口工业，把国内产品推向国际市场，并以此带动外贸、金融和旅游等部门的发展。新加坡推行偏重英语的双语政策，为的是使国家能够具备一定的国际竞争优势，"因为英语已经成为国际商业、外交和科技的语言。没有它，新加坡今天不会有全球多家大型跨国公司和200多家数一数二的国际银行在这里营业，国人也不会那么轻而易举地接受电脑和互联网"①。

鉴于北京举办奥运会和中国已经加入世界贸易组织，英语在北京社会生活中的作用越来越重要，市政府还专门成立了"市民讲英语活动"的组织机构，但是，要避免该项活动流于形式，确保该项活动的持续开展，英语的地位似乎应该重新评定。面对新奥运、新北京、新形势，社会呼唤，英语应该成为第二公务员语言、第二商务语言、第二服务行业语言、第二教学语言及高等院校的第二校园语言；应该实行"普通话＋英语"的双语制。

（四）英语教育

全市小学从一年级起，开设英语课，适当增加英语口语训练的课时；高中阶段，有一定比例的课程用英语讲授，高中毕业生能用英语进行日常会话；大学开设第二外语；研究生应成为三语人，即汉语＋英语＋×语（第二外语）。尽快解决中小学校英语师资数量不足和素质不高等问题。

（五）成人英语教育

大力开展成人英语教育，把成人英语教育纳入市民素质教育之中，把英语水平作为岗位选用人才的一个条件，在相关行业实行外语考试合格持证上岗制度；建立社会公共英语培训机制，由教育部门跟有关部门合作，制定各类专业技术人员英语水平测试标准，编制培训计划和教材；大力开展市民学英语活动，北京电视台和广播电台除开设专门的英语频道外，还应开办多种英语教学频道，重点播放公务员英语、商务英语、服务行业英语、交通警察英语、出租车司机英语、大中小学教师教

---

① 李光耀：《经济腾飞路——李光耀回忆录》，外文出版社2001年版。

学英语等方面的节目；通过定期举办学英语电视大赛、市民英语文艺会演等形式，不断把北京市民学讲英语的活动推向高潮。

（六）语言使用规范

北京各主要路段上的英文路标和英文指示牌，确实有必要来一次全面系统的大检查，彻底查出路标英文使用中的种种问题，确保路标英文的得体和规范，以维护首都北京及人文奥运的美好形象。问题是，检查英文路标主要依据什么标准？对于检查出来的英文使用中的问题，市交通管理部门能否认可？是否同意更正？诸如此类的问题，必须提前做出适当的规划、协调和安排。跟国家体育总局的有关部门沟通，尽快纠正运动员人名拼写中的混乱现象。

（七）文明礼貌用语

大力倡导社会交往应多多使用"你好""对不起""感谢""再见"之类的礼貌语言。"礼多人不怪"，频繁使用礼貌语言，将有利于营造一种温馨和谐的人际关系，有利于塑造说话者的文明形象；在应该使用礼貌语言的场合而没有使用，那就有可能引发不必要的人际冲突。特别是在公共场合，公务员或服务人员是否多用礼貌语言，也是一个城市文明程度的一种标志。政府部门及窗口服务行业要率先采取有效措施，确保本系统的人员频繁规范使用礼貌语言。

（八）语言服务

认真选择为奥运会提供语言翻译的语种及其志愿翻译人员，提前对志愿者进行必要的业务培训；尽量提供多语种的电话服务；提供盲文和哑语服务。

（九）筹建语言文字博物馆

北京已有100多个博物馆，但是，还缺少一个语言文字博物馆。

趁着举办2008年奥运会的大好契机，在人文奥运和北京历史文化名城的建设中，语文博物馆的筹建工作似乎应该提到议事日程上来。国家语委、国家民委语文室、中国社科院语言所及民族所、北京各高校中文系如果能赞助一些资金和有关物品，港澳台和海内外华裔语言学家及企业家如能捐献一些经费，筹建语文博物馆的资金似应没有太大的问题。

（十）汉语传播

采用多种不同形式，利用举行重大文艺演出和体育赛事的机会，举办各种式样的普通话学习班，为一切来京参加文体活动、旅游观光但又愿意兼学汉语普通话的境外人员，包括香港人和澳门人，提供优质便利的学习服务。北京电视台应定期举办国际汉语辩论大赛，定期举办面向在华汉语留学生的汉语歌曲演唱会。

（十一）设立多文种标牌

奥运会期间，建议在首都机场、奥运村、各主要比赛场馆设立一些多文种的标牌，标牌上写一些欢迎、喜庆或者反映奥运精神的词语，标牌除了使用中文外，最好还有英文、法文、西班牙文、阿拉伯文、俄文和葡萄牙文，假如出席奥运会的有160个国家，使用这6种外文的意义在于，世界上将有80%的国家的运动员或新闻记者，一下飞机就能看到他们本国的官方、半官方或通行的文字，其功效是，一种亲切感和满意感会先入为主，一种平等感和受尊重感将会油然产生。

另外，如能在奥运村的穆斯林餐厅挂上几块阿拉伯文的语录牌，在拉丁美洲国家的居住地，布置一些西班牙文和葡萄牙文的牌匾，这些牌匾既能反映我们对诸多非英语国家文字的理解和尊重，也能反映出我们对多元文化的崇尚，有利于赢得世界上大多数国家的运动员和教练员对北京人文奥运的赞美和认同。

（十二）提供多语种翻译

众所周知，奥运会开幕式和闭幕式的影响力是极其巨大的，往往会吸引全世界数十亿人观看。如果时间允许，奥运会开幕式上的开幕词和闭幕式上的闭幕词能够翻译成上述六种语言，或者因时间所限，只将开幕词和闭幕词中的一段话翻译成上述六种语言，这种多语翻译的特殊功效是，会引起世界上大多数国家观众的强烈共鸣和震撼。

主流媒体应慎用字母词[*]

语言总是随着社会的发展而发展。在我国实行改革开放的新时期，经济全球化的影响不断扩大，国际交流日益频繁，字母词进入汉语的数量不断增加，字母词的使用范围正在拓宽。无论是在科学、技术、网络、学术及对外交流等领域，还是在民间个人特别是白领青年当中，越来越多的使用者们认为，字母词未经汉化就直接在汉语中使用，既可以使语意表达更加快捷、简明、醒目、方便，也可以显示一种洋气、鲜活、轻松、时髦的风尚，从而使汉语变得更加多姿多彩。

就中国的非主流媒体语言或非官方语言而言，字母词的大量涌入是一种自然现象，是一种非官方行为，字母词完全可以通过自然选择自我调节的方式，求得自身的发展和完善，学者大可不必对其说三道四或妄加干预。但是，在面向大众、面向全民的主流媒体以及有关的窗口服务行业，单独使用字母词而不加任何汉字注解，至少会引发三个方面的问题：有可能损害国家或政府的形象；会人为制造出一些新的语言障碍；有可能导致消费者的误解，引起不必要的纠纷。

一　字母词与国家政府形象

国内许多企业事业组织都有自己的英语名称，这些名称适用于国际交往，不适宜在国内大众场合使用。虽然英语已经成为我国第一重要的外国语言，但毕竟还不是我国的官方语言。在国内大众场合，国内企事业组织的名称只冠以英语的缩写形式——字母词，而不标注汉语汉字，

＊ 原载《科技术语研究》2004 年第 2 期。

是会带来诸多问题和负面影响的。

例如，中央电视台是中国国家电视台，设有 14 个电视频道，除了第 9 频道是英语频道外，其他 13 个均为汉语普通话频道，13 亿国人是中央电视台的主要观众。《中华人民共和国国家通用语言文字法》第十四条规定，广播、电影、电视"应当以国家通用语言文字为基本的用语用字"。可是，中央电视台的台名只用字母词 CCTV（China Central Television），不用汉语汉字。殊不知，一个国家的法定语言或官方语言，就像这个国家的国旗和国徽一样，是国家主权和尊严的象征，同时也是国家身份和民族认同的重要纽带。字母词在中央台的单独使用，无疑会使国人的自尊心、自信心、国家的形象、国家语言文字法的威严受到一定程度的冲击。

受中央电视台的影响，中央教育台、北京电视台、天津电视台、云南电视台、河北电视台和西藏电视台的台名也都只用字母词，不标注汉字，分别记作 CETV、BTV、TJTV、YNTV、HEBTV 和 XZTV。其中，Beijing（北京）的简称本应写作 BJ，但在北京台的台名中，却写作 B；Hebei（河北）的简称本应写作 HB，但在河北台的台名中却写作 HEB。这两家电视台的台名拼写也不规范。

面对这些本身也不尽规范的字母词，广大电视观众在挑选频道时，又怎么能不感到困惑、茫然和不方便呢？对于那些用汉字标注台名的其他许多电视台，如江苏、内蒙古、吉林、山西、陕西、四川、新疆、湖北等，真是一目了然，非常方便，不必进行文字符号的转换就可以直接选择电视频道。

用字母词标示电视台的台名，并不仅仅出现在电视媒体中，报刊中也时常可见。如《北京晚报》的一则标题"CCTV《每周质量报告》揭出山西调包'牛'肉"[①] 中的"中央电视台"就写成 CCTV。

另外，北京正在筹建一个商务区，其英文缩写是 CBD，可是在北京的各主要报纸媒体中，只用字母词 CBD，极少使用汉字词"商务区"。例如，"多中心，指在市区范围内建设 CBD、奥运公园、中关村等多个综合服务区"[②]。这种用法既影响了政府及主要媒体的形象，也给广大

---

① 《北京晚报》2004 年 2 月 16 日第 34 版。

② 《北京晚报》2004 年 2 月 16 日第 16 版。

读者带来困惑和混乱。

二 字母词和语言障碍

主流媒体单独使用字母词，往往会使大多数读者无法确定这些字母词的确切含义，从而人为地在读者和媒体之间设置一道语言障碍。

从写作和编辑的角度来看，一个企事业组织的名称，特别是那些不知名的机构名称，第一次在一篇文章中出现时，都要使用全称，同时注明该全称的缩写形式，然后再直接使用该缩写词。这种表达方式既简单明了，又不会使读者感到误解或茫然，因此一直是国内外媒体自觉遵循的一条通则。可是近期以来，我们的一些媒体在报道中只用字母词，即英文全称的缩写形式，不用全称和汉字注解，例如：

"在英国 UMIST 大学从事访问研究半年"①
"根据 WTTC 的世界权威研究报告显示"②
"比如在 IBA 等世界知名的计算机企业中"③

上引三句中的字母词 UMIST、WTTC 和 IBA，原文均未做出具体注解。这三个词对英语国家的多数读者来说，都很难做到"望文生义"，更何况我国的广大读者，恐怕更会感到一头雾水，不知所云了，即使查阅《新英汉词典》及相关工具书，如《最新 IT 术语现用现查》，也无法找到这些字母词的确切含义。

有些字母词虽然指称某种新技术、新事物或新概念，但是它们的汉语译名可以从英汉词典中查到。作者或编辑在使用这类字母词时，若能夹注汉译名称，将会给国内广大读者带来很大的方便，可是，我们的一些新闻媒体却不然，使用字母词时，只列英文不注中文，结果是人为地在广大读者面前，设置了一道语言屏障。例如：

---

① 《光明日报》2004 年 2 月 9 日第 B2 版。
② 《光明日报》2004 年 2 月 23 日第 B2 版。
③ 《光明日报》2004 年 2 月 12 日第 A2 版。

"在发达国家开展 OEM 业务或兼并重组当地知名品牌拓展市场"①中的字母词 OEM 指称什么，原文只字不提，经查字典，该词是 Original Equipment Manufacturer 的缩写，译为"初始设备制造厂"，指从其他厂商买进配件再生产出如计算机系统等复杂设备的厂家。

"专业服务上将提供生物制药中试、农业生物技术、PCR 检测等服务"②中的字母词 PCR 是什么意思，原文也未提及，查证后，该词是 Polymerase Chain Reaction 的缩写，指"聚合酶链反应"。

"从而通过自身的 SMTP 引擎向所获取的邮件地址发送邮件"③中的字母词 SMTP，是 Simple Mail Transfer Protocol 的缩写，是"简单邮件传送协议"的意思。但原文未作任何交代。

"CDMA 三期工程竣工后，全省基站总数达到 6000 个"④中的字母词 CDMA（Code Division Multiple Access），意指"码分多址"。原文也未加说明。

面对以上引述的这些字母词，只有英文字母没有汉字注释，广大读者又怎能不感到无所适从呢？

三　字母词与民事纠纷

在服务部门，单独使用字母词，也会导致消费者的权益受到损害，例如，2003 年上海机票上只印了字母词，致使乘客走错了机场，引发出一场不必要的司法纠纷。上海原本只有一个"虹桥机场"，自从"浦东机场"启用后，上海就有了两个机场。上海机票上分别用字母词 PVG 和 SHA 来指称"浦东机场"和"虹桥机场"，没有注明这两个机场的汉字名称，不少购买了从浦东机场起飞班机的乘客，还是按照老习惯来到虹桥机场乘坐飞机，结果错过了航班起飞的时间。

相关律师认为，机票上只印字母词 PVG 和 SHA，不使用汉字，旅客无法明确判断该字母标示的是虹桥机场还是浦东机场，可以说，航空

---

① 《光明日报》2004 年 2 月 20 日第 A4 版。
② 《光明日报》2004 年 2 月 11 日第 A3 版。
③ 《北京晚报》2004 年 2 月 23 日第 50 版。
④ 《光明日报》2004 年 1 月 16 日第 B2 版。

公司侵犯了乘客的知情权。相关学者认为，并不是每个人都懂得英文字母的含义，所以机票上必须用汉字标明机场名称，这样才能方便乘客。如果只用字母词，还是对本民族语言的不尊重。上海作为一个国际化大都市，要有国际流行的语言和标志，但是决不能抛弃本民族的语言。

四 字母词的使用范围和原则

对于字母词的使用，既不能一概否定，也不能任其蔓延，使用时应该遵循必要的原则和规范。笔者认为，在主流媒体及官方领域，字母词的使用应该遵循严格的借词原则和规范。

第一，对于外来的新术语新概念新事物，凡是能翻译出来的，一般就不要借用，比如，禽流感（Bird Flu）就不宜使用字母词 BF 来表示。

第二，对于译名比较固定，不宜产生其他不同译名的，如"中央情报局"，其缩写形式宜用"中情局"，而不宜使用 CIA（Central Intelligence Agency）；"北大西洋公约组织"的缩写形式宜用"北约"，不宜用 NATO（North Atlantic Treaty Organization）；同理，"世界贸易组织"的缩写形式宜用"世贸"，不宜用 WTO（World Trade Organization）。

第三，中国企事业组织的名称一律不用字母词（参见《中华人民共和国语言法》第十四条第四款）。在非主流媒体及非官方领域，字母词的使用规范可以放宽，甚至可以不加干预。

北京奥林匹克运动会语言环境建设报告[*]

本报告旨在以人文奥运理念及语言和谐思想为指导，以营造文明化规范化国际化大都市语言环境为目标，以中英双语/多语使用为原则，以《中华人民共和国国家通用语言文字法》为准绳，研究北京奥运会的语言规划问题。报告综合采用实地调查、文献分析、重点访谈等方法，从北京 2008 年奥林匹克运动会（以下简称奥运会）赛事小环境和北京社会人文大环境这两个方面，调查研究北京语言环境状况，分析并纠正北京公共场所双语标识中的语用错误和不规范问题，借鉴以往奥运会的相关经验，向第 29 届奥运会组织委员会（以下简称北京奥组委）、北京市民讲外语活动组织委员会、国家体育总局及其他相关部门，提出 2008 年北京奥运会语言环境建设的对策和建议。这种研究，既可以为奥运语言规划研究，提供一个难得的实例；也可以为举办一届有特色、高水平的奥运会，为建设北京国际化大都市，做出一定的对策上的贡献。

本课题经国家语委科研规划领导小组办公室批准，于 2005 年 3 月正式设立，并得到北京市语言文字工作委员会的资助和指导。本课题的部分研究成果已经向北京市奥组委、北京市民讲外语活动组委会、北京市政府相关部门汇报，我们反映的许多问题已经得到及时整改，我们提出的一些建议已经被相关部门所采纳。

限于人力和资金，本课题只能研究北京奥运会语言环境建设中的一些主要问题，不可能面面俱到，系统完整。研究成果包括一份总报告《北京奥运会语言环境建设报告》和 6 份分报告：《北京奥运会语言服

---

* 原载《中国社会语言学》2007 年第 2 期。

务研究报告》《北京奥运会场馆设施标识系统研究报告》《北京奥运会中国运动员人名拼写问题报告》《北京市双语交通指示牌调查报告》《建国门外大街"一名多拼"亟待规范》和《北京市旅游景区、涉外饭店及标志性建筑双语标识问题报告》。

一 基本情况

北京 2008 年奥运会的目标是"举办一届有特色、高水平的奥运会","高水平"主要表现在 8 个方面①。其中，高水平的体育场馆设施和竞赛组织工作，高水平的开幕式及文化活动，高水平的媒体服务和良好的舆论评价，高水平的志愿者队伍和服务，高水平的交通组织和生活服务，以及高水平的城市文明形象这 6 个方面，都和语言环境建设息息相关。

北京奥运会赛事语言小环境的建设工作主要由北京奥组委负责。奥组委自 2001 年 12 月成立迄今，已经相继发布了北京 2008 年奥运会会徽、北京 2008 年残奥会会徽、北京 2008 年第 29 届奥运会吉祥物、北京 2008 年奥运会体育图标、北京 2008 年奥运会文化活动标志、北京 2008 年奥运会环境标志、北京 2008 年奥运会志愿者标志、北京 2008 年残奥会吉祥物、北京 2008 年奥运会、残奥会主题口号。同时，还在北京奥组委官方网站上发布了中英法 3 种文字的北京地图及奥运术语。凡此种种，都为北京奥运会赛事小环境建设做出了重要贡献。

北京奥运会语言大环境的建设工作主要由北京市民讲外语活动组织委员会来抓。该组委会于 2002 年 4 月在北京市政府成立，主抓两大事项，一是开展市民讲英语活动，再就是规范和普及全市公共场所中英文双语标识工作。

几年来，该委员会定期主办"中国人唱外国歌电视大赛"、举办外语活动周、外语游园会、商务英语大赛、行业英语大赛、社区英语角、乡镇学习班等活动，激发市民学习外语的热情，提高市民英语学习和交流的水平，为市民创造了良好的外语学习环境。到 2005 年底，北京市

---

① 第 29 届奥林匹克运动会网站，http://www.beijing2008.cn/76/16/column211671676.shtml。

的外语人口已经超过 410 万人，占常住人口的比例接近 30%①。2005 年 5 月北京市民讲外语活动组委会办公室开展了"北京市公共双语标识规范活动"。2006 年北京市质量技术监督局批准并公布了北京市地方标准《公共场所双语标识英文译法》，包括《通则》《道路交通》《旅游景区》《商业服务业》《体育场馆》《医疗卫生》6 个部分②。这是全国第一个公共场所双语标识英文译法地方标准。这些标准的发布和实施，将为规范北京市公共场所英语标识提供必要的依据，对彻底整治目前北京市公共场所标识英文译法的混乱局面，对提升北京国际化大都市的文明形象，对成功举办一届有特色、高水平的奥运会都有非常重要的意义。

二 问题分析

（一）中国运动员人名拼写混乱

多年来，特别是在国际大赛中，中国运动员比赛服上的人名拼写跟电视转播中的人名拼写不一致。总体来说，运动员比赛服上的人名都是"名"在前，"姓"在后，而且"名"用简称，"姓"用全拼。例如，2006 年在几场世界大赛中亮相的中国女子排球运动员王一梅"Y. M. WANG"、冯坤"K. FENG"、刘亚男"Y. N. LIU"，19 岁以下男子足球运动员王大雷"D. L. WANG"、徐德恩"D. E. XU"、崔鹏"P. CUI"，男子篮球运动员王世鹏"S P WANG"、刘炜"W LIU"；也有少数"姓"在前，"名"用缩写的，如男子羽毛球选手于洋"YU. Y"，短道速滑运动员李佳军"LI J."，等等。

但在电视转播中，我国运动员的人名大多是"姓"在前，"名"在后，"姓""名"多用全拼，如王大雷 Wang Dalei、徐德恩 Xu Deen、崔

---

① 市民讲外语办公室：《北京市民讲外语活动组委会介绍》，http：//www. bjenglish. net. cn/ministry/2006－09/26150. shtml。

② 《公共场所双语标识英文译法 通则》（DB11/T 334—2006）、《公共场所双语标识英文译法第 1 部分：道路交通》（DB11/ T 334. 1—2006）、《公共场所双语标识英文译法 第 2 部分：景区景点》（DB11/T 334. 2—2006）、《公共场所双语标识英文译法 第 3 部分：商业服务业》（DB11/T 334. 3—2006）、《公共场所双语标识英文译法 第 4 部分：体育场馆》（DB11/T 334. 4—2006）、《公共场所双语标识英文译法 第 5 部分：医疗卫生》（DB11/T 334. 5—2006），http：//www. bjtsb. gov. cn/infoview. asp？ViewID＝3091。

鹏 Cui Peng。2006 年 8 月在北京举行的第十一届国际田联世界青年田径锦标赛，男子跳高冠军黄海强，在电视转播中，人名拼成 Haiqiang HUANG "海强黄"，但在闭幕式上，让他将国际田联会旗交给北京市副市长，在用英文翻译这个意思时，他又被称作"黄海强"。同一个运动员在不同的场合，往往会出现两种不同的叫法或拼写。

在国际赛事中，中国运动员人名拼写混乱问题非常严重（见表 1）。

表 1　　　　　2006 年 8 月第十五届世界男篮锦标赛中国
对意大利比赛中央电视台直播举例

运动员	比赛服	电视公布换人或罚球人员时	电视公布个人技术统计时
姚明	M YAO	Ming Yao	Yao Ming
王治郅	Z Z WANG	Zhizhi Wang	Wang Zhizhi
易建联	J L YI	Jianlian Yi	Yi Jianlian

上述中国运动员比赛服上的人名遵循的是"名（缩写）＋名（缩写）＋姓（全拼）"的拼写法则，目前看来，该法则至少存在以下 3 个方面的问题：

第一，该法则在国际上已很少采用了。从近年举办的大型国际比赛来看，欧美多数国家运动员比赛服上的人名拼写，已不再采用"名（缩写）＋名（缩写）＋姓（全拼）"的形式，而是趋向只写"姓"，不写"名"了。

第二，该法则与中国的人名制度不符。"名＋名＋姓"大体属于欧美国家的人名制度，欧美有些国家的第一节"名"表示教名，第二节"名"表示本名，有些国家的第一节"名"表示本名，第二节"名"表示父称，但中国不存在这种人名制度。

第三，该法则与现行中国人名的拼写规范不符。《国家通用语言文字法》第十八条第二款规定："《汉语拼音方案》是中国人名、地名和中文文献罗马字母拼写法的统一规范"[①]，根据"汉拼"规则，人名中姓和名的顺序颠倒、姓和名的首字母大写、名用缩写等写法都是不规

---

①　全国人大教科文卫委员会教育室、教育部语言文字应用管理司编：《中华人民共和国国家通用语言文字法学习读本》，语文出版社 2001 年版，第 7 页。

范的。

我国运动员人名拼写的混乱现象如果得不到及时纠正，将会影响北京 2008 年奥运会中国国家队的正规性、统一性和权威性形象。

（二）路名转写系统不统一：一名两拼现象普遍

目前北京路牌、楼牌、门牌和交通指示牌上的汉字路名都很规范，但用罗马字母转写的路名却很混乱，出现了三套转写系统：路名拼写不区分专名和通名，一律使用汉语拼音（简称"汉拼"），该系统主要在路牌、楼牌、门牌和英文旅游地图中使用；路名中的专名用汉拼拼写，通名用英文翻译；路名不区分专名和通名，一律翻译成英文。第二和第三转写系统主要在道路交通指示牌中使用。实例如表 2 所示。

表 2　　　　　　　　　北京路名"一名两拼"举例

路名	路牌（汉语拼音）	交通指示牌（汉拼＋英文）（全英文）
建国门外大街 建华南路	JIANGUOMENWAI DAJIE JIANHUA NANLU	JIANGUOMEN Outer St.（汉拼＋英文） JIANHUA South Rd（汉拼＋英文）
西单北大街 东三环	XIDAN BEIDAJIE DONGSANHUAN	XIDAN North St.（汉拼＋英文） E. 3rd Ring Rd.（全英文）
日坛路	RITAN LU	Temple of Sun Rd（全英文）

资料来源：周庆生：《建外大街：一名多拼 亟待规范》，《中国社会报》2005 年 8 月 27 日。

同一个路名在不同的标牌中，使用不同的写法，这种"一名两拼"或者"一名多拼"的现象已在北京城市街道中大面积成系统地出现。这使得不识汉字的外国人感到一头雾水，他们搞不清楚，这些拼写不同的罗马字母路名指的是同一条道路，还是各不相同的街道？路名一名两拼，不但没有为外国在京游客的认路带来便利，反而给他们增添了新的困惑和麻烦（见图 1—4）。

图1　交通指示牌上的"建国门外大街"译为：JIANGUOMEN Outer St.；交通指示牌上的"日坛路"译为：Temple of Sun Rd.

图2　路牌上的"建国门外大街"拼为：JIANGUOWENWAI DAJIE

图3　路牌上的"日坛路"拼为：RITAN LU

图 4　指路牌上的"日坛路"拼为：RITAN Rd.

（三）公共场所双语标识中的英语失范问题

随着北京国际化大都市建设步伐的加快和 2008 年奥运会的临近，北京市机场、道路、商场、公共设施、宾馆饭店、旅游景点等公共场所的双语标牌越来越多，其中英译失误的问题越来越严重，结果是只懂英语的人看了此类英文后，或者不知所云，或者啼笑皆非，或者产生曲解误解，或在国外媒体中予以曝光。

例如，八达岭高速路上有块"民族园"指示牌，该公园本是一个展示中国各少数民族文化习俗的公园，但牌子上的英文却被译成"Racist park"（种族主义者公园）。北京某公园的湖边立有一块"小心坠河"的警示牌，英文用"Carefully fall down to the river"，这会被曲解成"仔细坠入河中"。大栅栏有家"丝绸专卖店"，牌匾英文用的是"Silk monopoly"，其意义变成了"丝绸垄断店"①。北京国际机场有块告示牌写着"平时禁止入内"，表明这是一个"紧急出口"，但英文翻译成"No entry on peace time"，意思成了"和平时期禁止入内"。北京长安街上有块警示牌，提醒行人注意路滑，英文用的是"To take notice of safe; The slippery are very crafty"，再翻成中文就成了"要注意保险箱；那些滑动者非常狡猾"。北京某家中餐馆的菜单，让外国游客不知所云。例如，"铁板牛肉"被译成"有皱纹的铁牛肉"

---

① 杨晓：《短短 275 米的北京大栅栏竟有近 20 个英文错误》，《中国日报》2006 年 12 月 14 日，http：//language. chinadaily. com. cn/herewego/news_ content. shtml？ id = 594。

（Corrugated iron beef），"宫保鸡"翻成了"政府虐待鸡"（Government abuse chicken），"生鱼片"成了"砍那陌生的鱼"（Chop the strange fish）。

北京市公共场所英语标牌的整改和规范工作已经到了刻不容缓的时刻了。

三　对策和建议

（一）发布文件，规范体育赛事中的用语用字

1992年国家体育运动委员会和国家语言文字工作委员会曾联合发布《关于在各种体育活动中正确使用汉字和汉语拼音的规定》〔1992体宣字67号〕，对汉字和汉语拼音在体育活动中的正确使用做出规定①。鉴于近年来语言文字在体育赛事使用中出现的新问题，特别是中国运动员人名拼写混乱，外国运动员人名及外国体育组织的译名不统一，滥用字母词等问题，建议国家体育总局与国家语言文字工作委员会再次联合发文，对体育赛事中的用语用字做出新的规定。

（二）设立语言服务部

参照前几届奥运会的做法，结合中国国情，建议北京奥组委设立语言服务部，主要解决奥运会比赛场所内外的语言翻译或语言沟通问题。来自世界各国的参赛运动员、官员、贵宾、媒体人员及赞助商是主要服务对象。语言服务部下设笔译、会议口译、机动口译三个分部。

笔译分部主要负责将奥运会所有的官方文件和官方出版物翻译成英语和法语，会议口译分部主要为国际奥委会会议、赛后新闻发布会等会议提供同声传译和现场口译，这两个分部的任务由带薪的译员承担。机动口译分部负责为每一赛场提供口译，为飞机场、制证中心、奥运村、主新闻中心、奥林匹克大家庭宾馆、兴奋剂检测、医疗服务、颁奖典礼、媒体运营、安全和体育比赛中的称体重等活动提供语言服务，这些

---

① 《关于在各种体育活动中正确使用汉字和汉语拼音的规定》（1992年7月9日），载教育部语言文字应用管理司编《新时期语言文字法规政策文件汇编》，语文出版社2005年版，第145页。

服务均由不带薪的志愿者完成。

首席翻译（Chief Interpreter）、场外服务主管、赛场服务主管是语言服务部的主要管理人员，宜在国际范围内招聘。遴选服务部的其他译员，在口头表达能力、听力和记忆力同等条件下，有体育赛事和奥林匹克运动的经验的，应优先录取。在我国驻外使领馆的协助下，招募部分海外华侨。同时，可以寻求外国政府相关部门的协助，如法国外交部、青年和体育部就曾支持过汉城奥运会和亚特兰大奥运会。

（三）确定服务语种

世界上独立的国家只有一二百个，独立的语言却有四五千种。以英语作为官方、半官方或通用语言的国家有 45 个，以法语作为官方、半官方或通用语言的国家有 30 个，西班牙语国家有 21 个，阿拉伯语国家也是 21 个，俄语国家 7 个，葡萄牙语国家 6 个，以上 6 种语言实际上涵盖了 130 个国家（其中有些国家使用两三种语言，略有交叉）。北京奥运会的官方语言应该是英语、法语和汉语，建议同声传译的语言为英语、法语、汉语、西班牙语、阿拉伯语、俄语和葡萄牙语 7 种，为各场比赛提供口译的语言最好不要少于 60 种，各个赛场的口译语种应提前 16 个月确定。

（四）开幕式闭幕式上的多语种翻译

奥运会开幕式和闭幕式的影响力是极其巨大的，往往会吸引全世界数十亿人观看。如果时间允许，奥运会开幕式上的开幕词和闭幕式上的闭幕词能够翻译成上述 6 种语言，或者因时间所限，只将开幕词和闭幕词中的一段话即使是一句话翻译成上述 6 种语言，这种翻译也是历届奥运会所没有的，必将引起世界上大多数国家观众的强烈共鸣和震撼。

（五）设立图文并茂的奥运场馆设施标识

为了创建国际化大都市无障碍的语言环境，北京奥运会场馆设施标识系统应坚持通用性、普适性和易理解性相结合的原则，图文并茂，图例、中文和英文符号配合使用。场馆包括正式比赛场馆、训练场馆，奥运村，主新闻中心、国际广播电视中心，记者村等。图文标识包括交通、残疾人服务、观众服务、方向指示、禁止、紧急服务、饮食服务、垃圾分类、非比赛场馆设施等。

（六）设立多文种标牌

奥运会期间，建议在奥运村的穆斯林餐厅挂上几块阿拉伯文的语录牌，在拉丁美洲国家的居住地，布置一些西班牙文和葡萄牙文的牌匾，这些牌匾既能反映我们对诸多非英语国家文字的理解和尊重，也能反映出我们对多元文化的崇尚。

另外，在首都机场、奥运村、各主要比赛场馆设立一些多文种的标牌，标牌上写一些欢迎、喜庆或者反映奥运精神的词语，标牌除了使用中文外，最好还有英文、法文、西班牙文、阿拉伯文、俄文和葡萄牙文。据北京奥组委预测，2008 年奥运会举办期间，将有 200 多个国家的 1.5 万名运动员和 140 万名外国旅游者访问北京。使用这 6 种外文的意义在于，世界上将有 80% 的国家的运动员或新闻记者，一下飞机就能看到他们本国的官方、半官方或通用的文字，其功效是，一种亲切感和满意感会先入为主，一种平等感和受尊重感将会油然产生。

（七）建立多语呼叫中心

为了满足操不同语言的国际奥林匹克大家庭成员及各国游客的需求，政府宜在奥运村开放之前，建立一座多语呼叫中心，主要服务对象是来自小语种国家的外宾，他们只需拨打一个特定号码，就可用自己的母语跟接线员对话，接线员可为其提供语言翻译和各种综合信息服务。

（八）提供盲文和哑语服务

在残疾人奥运会举办期间，将会有更多的残疾人朋友入住，需要提前规划盲文手语服务事宜，如在阅览室提供盲文读物，配备一定的手语服务人员等。

（九）解决不同标牌中路名的"一名两拼"问题

北京市路名牌、楼名牌、门牌、指路牌、交通指示牌及英语旅游地图中的路名转写不一致的问题，已经成为制约本市公共场所双语标识规范化的一大顽疾，建议市政府有关部门统筹整治，加大力度，彻底解决这一难题。

（十）建立规范双语标识的长效机制

为了巩固北京市规范公共场所英语标识专项整治工作的成果，建议建立规范双语标识的长效机制，今后应严格控制进入公共场合的双语标识，对于新出台的双语标识，须经专家审核，工商管理等部门批准后，方可面世。

（十一）传播汉语文化

采用多种不同形式，利用举行重大文艺演出和体育赛事的机会，举办各种式样的普通话学习班，为一切来京参加文体活动、旅游观光但又愿意兼学汉语普通话的境外人员，包括香港人、台湾人和澳门人，提供优质便利的汉语学习服务。内容包括：举办多种不同形式的汉语学习班；开发方便有效的"人机互动"网络教学产品，供自学者查询使用，在配备计算机的活动区等现场专人辅导；制作各种类型的汉外对照卡片和电子词典，免费提供给奥运村的运动员和教练员等；北京电视台应定期举办国际汉语辩论大赛，定期举办面向在华汉语留学生的汉语歌曲演唱会。

北京奥运会中的中国汉字元素[*]

"中国元素"是指那些体现着中国国家尊严和民族利益的形象、符号、风俗习惯及物质，能获得大多数中国人包括海外华人的认同，凝结着中华民族传统文化的精神。这个概念大概是在 2006 年，云南昆明首届"中国元素"国际创意大赛上提出的，一些广告人、创意人提倡在广告创意中运用民族手法，在传统文化中挖掘"中国元素"，重建民族自信心，使其成为品牌的内涵和文化支撑点。中国元素成为中国形象和中国产品的代名词。这个理念很快成为产业界的共识，并迅速传播到产业界以外社会各界。

2008 年的北京奥运会成为世界关注的焦点，世界关注中国，中国当然要展现最能代表中国文明和文化的元素。在世界有文字的文明史中，古巴比伦文字文明、古埃及文字文明、古印度文字文明、古印加文字文明等都已消失，唯独汉字文明没有中断。汉字是中国精神文化和主流文化的载体，汉字可以代表中国形象，可以象征中国国家和中华文化。

北京奥运会的会徽、体育图形标志、主新闻中心的景观、开幕式代表团入场排序及文艺演出以及国外代表团的服装、外国运动员的文身等，均融入了大量的汉字、篆刻、书法及印章等元素，这使得中国数千年的传统文化在这一刻成为最时尚的代表，使古老的汉字跨越数千年时空，充盈着旺盛的活力和独具一格的艺术魅力。汉字元素在北京奥运会中运用成功，为世人提供了一个具有中国气派的北京奥运汉字文化成功走向世界的实例。

---

* 原载《云南师范大学学报》2009 年第 5 期。

一 奥运会会徽中的汉字、篆刻及书法

汉字是在象形文字基础上发展起来的方块字，其结构、笔画空间处理具有"图形化""符号化"特质。篆刻是中国独有的一个艺术门类，印是一种权力，也是对诚信的承诺。篆刻、印章、书法等是在汉字基础上发展起来的一门艺术，已经获得全世界的认可。

奥运会徽是当今世界最引人注目的主题标志，是国际奥林匹克运动最具价值的无形资产。2008 年北京奥运会会徽选择中国传统文化符号——印章（肖形印）作为标志的主体图案，这在整个奥林匹克会徽设计史上是一个重大的突破和创新。

（一）奥运会会徽

"中国印·舞动的北京"（见图 1）是北京奥运会会徽名称，该会徽是从 1985 份参赛作品中甄选出来的，于 2003 年 8 月 3 日正式发布，由北京始创国际企划有限公司的艺术总监郭春宁设计。其汉字元素的特点主要体现在以下几个方面。

1. 中国特点与奥运元素巧妙结合

奥运会徽的主体设计成中国传统印章，边框使用篆刻缺边异形手法，整体外形饱满，古朴厚重。图案似印非印，融印章、汉字书法、奥运五环及运动特征为一体，用艺术手法夸张变形，巧妙地幻化成一个向前奔跑、舞动着迎接胜利的运动人形。人的造型同时还形似现代"京"字的神韵，表达北京热情地张开双臂欢迎世界各国朋友的到来，蕴含浓重的中国韵味。

2. 具有中国文字多重含义

奥运会徽印信中的篆字"京"[①]，似"京"非"京"，似"文"非"文"，可以解读为北京的"京"，文化的"文"，舞蹈的"舞"，比赛的"赛"（跑步），多样统一，合而不同。这方篆刻印文表现出东方文

---

① 但有专家认为，若从篆刻艺术及古文字学角度说，奥运会徽印信中的篆字不是"京"字，更接近"子"。参见郭怀若《质疑：2008 年北京奥运会会徽上的图形是"京"字吗?》，http://advise.sinoth.com/Doc/article/2008/6/6/server/1000018205.htm。

化中汉字文化的独特性和重要性。

3. 采用毛笔字汉简风格

会徽的字体采用了汉简（汉代竹简文字）风格，将汉简的笔画和韵味有机融入"BEIJING 2008"字体之中，自然、简洁、流畅，与会徽图形和奥运五环浑然一体。

汉简字体符合市场开发目的，与标志主体图案风格相协调，避免了未来在整体标志注册和标准字体注册中因使用现成字体而可能出现的仿冒侵权法律纠纷。

（二）残奥委会会徽

北京 2008 年残疾人奥委会会徽"天地人"（见图 2）于 2004 年 7 月 13 日正式亮相，系中央美院设计学院第八工作室导师刘波创作。

图 1　北京奥运会会徽　　　　　图 2　北京残奥会会徽

残奥委会会徽以天、地、人和谐统一为主线，融汉字、书法和残疾人奥林匹克运动精神为一体，集中体现了深厚的中国传统文化底蕴，以及"心智、身体、精神"和谐统一的残疾人奥林匹克运动精神。由图形部分、"Beijing 2008 Paralympics Games"字样和国际残疾人奥林匹克委员会标志组成。

会徽图形部分是一个"之"字，由红、蓝、绿三色构成，以书法笔触表现动态人形，看似体操运动员向前跳跃，又似鞍马运动员在做凌空旋转。"之"有"出生、生生不息"之意，也有"到达"之意。其字形曲折，寓意历经坎坷最终达到目标获得成功。

残奥委会会徽"天地人"，以汉字作为会徽图案，奥运会会徽"中国印·舞动的北京"，以印章作为会徽图案，"中国字"和"中国印"都是中国传统文化最典型的元素，充满了中国文化特色，二者的思想艺术风格遥相呼应，相映生辉。

（三）摩崖石刻奥运"中国印"和形形色色"奥运头"

全球最大的摩崖石刻奥运"中国印"，高 96 米、宽 38 米，2008 年 7 月 13 日在北京密云县云蒙山云龙涧主峰落成揭幕（见图 3）。这枚"中国印"摩崖石刻是奥运历史上第一次留下的永久性文化标志。石刻"中国印"从开工到竣工，历时 11 个多月，铭刻在海拔 968 米的主峰上。

图 3　北京密云县云蒙山摩崖石刻"中国印"

北京奥运会期间，如"中国印""2008""五环"等款式的"奥运头"，开始流行走俏。特别是京城儿童，理个"奥运头"，显得特别新颖、时尚和可爱。

二 汉字造字法和篆书在奥运会体育图形标志中的运用

奥运会的体育图形标志，要发挥跨语言、跨民族地传递运动项目信息的作用，就要具有一定的抽象性和具象性。拉丁字母中的 A，原本从牛头符号演变而来，具有抽象性；但后来，A 只表示抽象的声音，不再表示牛头的意思，失去了符号的具象性。但是，汉字字形则可以有机融合符号的抽象性和具象性这两种特性。

北京奥运会体育图标（见图 4）是符号抽象性与具象性的有机结合。其设计名称是"篆书之美"，于 2006 年 6 月正式发布，包括 35 个体育项目，分别是田径、赛艇、羽毛球、棒球、篮球、拳击、皮划艇（静水）、皮划艇（激流）、自行车、马术、击剑、足球、体操、艺术体操、蹦床、举重、手球、曲棍球、柔道、摔跤、游泳、花样游泳、跳水、水球、现代五项、垒球、跆拳道、网球、乒乓球、射击、射箭、铁人三项、帆船、排球和沙滩排球。北京奥运会体育图标的主要特点如下所示。

（一）功能性和艺术性

在推翻了剪纸、雕刻、中国画的线型等诸多令人拍案叫绝的方案之后，2008 年北京奥运会的体育图标最终选定了"篆书之美"的设计方案，其最大的特点是简洁、有品位、手法现代。国际奥委会形象与景观顾问布莱德·科普兰德（Brad Copland）称为"奥运会历史上最好的体育图示"。奥运历史上有的体育图标过于强调功能性，有的过于强调艺术性，而这届奥运图标则兼具功能和艺术这两大特性。

（二）易识别、易记忆、易使用

北京奥运会体育图标以篆字笔画为基本形式，融合了古代甲骨文、金文等文字的象形意趣和现代图形的简化特征；用简练而传神的线条，

图4　北京奥运会的体育图形标志

表现运动员的人体，及各专项动作特征，一目了然，黑白对比强烈，显示出了鲜明的运动特征、优雅的运动美感和丰富的文化内涵，达到了"形"与"意"的和谐与统一，符合体育图标易识别、易记忆、易使用的要求。

（三）篆体字形的表达技法

篆书起源于商周时期的甲骨文，现在见到的篆体字，都是高度比宽

度大的长字形。因为古代文字都写在窄长的竹简上，字不好往左右横向
发展，但容易上下纵向发展。用这种表达技法来书写人形，十分巧妙，
正好符合了人体的自然形态。篆书讲究单线条的表现形式，以前做一个
运动的人体图形，头就是一个点，这次则用线来表示，整个图案就更有
统一性和速度感。

（四）美中不足

"篆书之美"确有书法的韵味，但是缺少篆书刻在石碑上所得到的
用刀的质朴厚重的审美取向，笔势比较松软，缺少力度。图案运动感很
好，但就和会徽"中国印"一样，金石味道体现得不够，毕竟，篆书
和印章所代表的都是一种"铭刻艺术"。有的标志，如现代五项、帆船
的图示，过于烦琐，在追求运动感的时候脱离了象形文字的本意，且从
整体布局上看，笔画多少有些参差不齐，说明篆字设计还有待简化和
完善①。

三　主新闻中心的汉字书法印章景观

来自世界各地媒体的 5600 名注册记者，云集北京奥运村中的主新
闻中心，从事奥运报道。在这里他们能够充分感受到浓郁的中国古典文
化元素的熏陶，欣赏汉字书法艺术、印章、壁画、风筝等中国传统文化
景观。

主新闻中心的景观设计，带有浓郁的中国味，其中很多是由汉字书
法元素体现的。地上二层设有新华社、法新社、路透社等大型媒体工作
间，该层景观风格以"颂"为主题，展示中国历代的书法名作和花艺
（见图5），意合《诗经》中"颂"为古乐之说。墙壁上汉唐的壁画，
滚梯旁天圆地方的拱门，门廊上名家挥毫的书法，天棚上中国风筝和纸
伞……5 个新闻发布厅的名字：梅、兰、竹、菊、松，这些都在告诉来
自世界各地的奥运官方注册记者们：这是洋溢着中国味的官方主新闻中
心，这是一届在中国举办的奥运会。

---

① 《即将流行于世的中国元素"篆书之美"》，《北京晚报》2008 年 5 月 14 日。

图5　主新闻中心信道：汉字草书

四　国外代表团服装及奥运足球上的汉字

（一）国外代表团服装上的汉字

本届奥运会首次在中国举行，德国、波兰、加拿大、新西兰、瑞士、美国、俄罗斯、葡萄牙①、巴西、日本等国家参赛代表团的服装设计，融入了汉字元素，这种带有汉字的服装，既时尚又亲切，同时也拉近了该国运动员与中国观众的距离。

1. 德国和新西兰：汉字"德国""新西兰"

为了让德国运动员在中国参赛时得到东道主观众的更多认同感，让更多中国观众为德国运动员加油，德国代表团多款服装上添加了"中国元素"——汉字。有一套运动员的比赛专用服装的背面，除了用德语标明国籍"Deutschland（德意志）"的字样外，还印制了"德国"两个汉字。还有一套运动员休闲时穿的短袖T恤，上面用红色印制了龙的图案，下面用金色写着"谢谢北京"四个汉字，对此许多德国运动员都觉得非常新鲜有趣。

① 张强：《队服"秀"汉字老外不见外》（组图），半岛网（青岛），2008年7月31日，转引自语言文字网，2008年9月6日，http：//www.yywzw.com/show.aspx？id＝1300&cid＝74。

新西兰在服装上显示中国特色。在显眼的地方用汉字书法写出自己国家的名字（见图6）。

图6　新西兰队服

2. 加拿大：汉字"加拿大"、汉字十二生肖

加拿大代表团服装设计上运用了很多汉字元素及其他中国文化元素。运动服上的"加拿大"用英文和汉字书写，还印有中国表示好运的汉字"八"。

加拿大女子花样游泳队泳衣印有十二生肖的汉字，还融入了阴阳八卦等中国元素。

加拿大女子花样游泳队集体项目的两次亮相，都成功地吸引了中国观众的眼球。在上一场技术自选项目中，她们将来自男子时装秀的灵感融入了节目的编排中，获得了第三名的成绩；这次自由自选比赛中更是体现了阴阳、生肖、八卦等极具中国古老神韵的元素。"因为奥运会是在中国举行，这儿的观众知道我们表现的是什么。"利特尔告诉大家，为了"入乡随俗"她们的教练、同时也是姐妹俩的朱莉亚·赛维和丹尼尔斯·赛维大量研究了中国的文化①。

①　Candy：《中国元素助加花游队获奥运门票 神童女友成焦点》，新浪体育，2008 年 4 月 20 日，http：//2008. sina. com. cn/zq/aq/2008 - 04 - 20/004171655. shtml。

3. 美国、波兰和日本

美国代表团的队服被称为"学生装"，V 领网球衫上绣有汉字"北京"，在胸部附近还有"五环""京"字或"BEIJING 2008"的标志。[①]

波兰代表团的白色 T 恤的胳膊处，印有红色汉字"波兰奥运代表团"，酷似一枚大大的方形印章[②]。

在顺义奥林匹克水上公园，日本队的选手在自己的队服上印上汉字，他们说，这是争取在比赛时让中国观众更容易辨认他们的国别，为他们加油。

（二）足球上的汉字

2008 年北京奥运会足球比赛专用球——"长城之星"，由阿迪达斯公司设计。球面上首次出现烫金手写体汉字"中国"，给人们的视觉和心灵一定的震撼。

足球上的"中国"二字是由中国足坛元老年维泗亲笔题写。年维泗说："去年夏天，阿迪达斯公司的人员来到我家，请我写'中国'二字，说是用在运动服上，还说是足协推荐的，于是我就练习'中国'二字，我一共写了 50 份'中国'，自己选了十几份给了阿迪达斯。当时真的没想到会印在北京奥运会足球专用比赛球上。"[③]

五 外国运动员：汉字标语和汉字文身

（一）运动员打出汉字标语

人们亲切称作"瓷娃娃"的日本女子乒乓球运动员福原爱，在接受记者拍照时，运动装上绣着中国和日本两面国旗，手里举着一张卡片，上面用汉字写着"中日友好"，以及她自己的名字——福原爱。美国花样游泳队 2008 年 8 月 23 日入场时，打出"谢谢你，中国"的标语。女

---

① 《外国奥运代表团服装上的中国风》，新华网，2008 年 8 月 18 日，http：//news. xin-huanet. com/olympics/2008 – 08/18/ content_ 9471895. htm。

② 张强：《队服"秀"汉字老外不见外》（组图），半岛网（青岛），2008 年 7 月 31 日，转引自语言文字网，2008 年 9 月 6 日，http：//www. yywzw. com/show. aspx? id =1300&cid =74。

③ Rohood：《阿迪达斯 2008 奥运专用足球——长城之星诞生记！现场独家照片！》，新浪博客，2008 年 1 月 28 日，http：//blog. sina. com. cn/s/blog_ 4c3b8ed201008hsu. html。

子花剑个人1/32决赛8月11日在击剑馆进行，加拿大选手栾菊杰13比9战胜突尼斯选手伊娜·布贝克里后，高举"祖国好"。9月7日，北京残奥委会轮椅篮球比赛中，瑞典队在比赛结束时打出了"你好，北京！""谢谢！中国！"的标语。北京2008残奥委会开幕式上，德国选手入场时打着国旗，国旗上写着汉字"北京，你好"。

（二）外国运动员汉字文身

在西方，汉字文身长期以来一直是一种时尚，因为西方人觉得，文汉字会给人一种神秘感。体育明星时尚文身也青睐汉字。在北京奥运会的赛场上，就可以看到不少这样的汉字文身"发烧友"。

英国著名足球运动员贝克汉姆展示了自己腰部的最新汉字文身"生死有命，富贵在天"。美国NBA篮球球员汉字文身由来已久，刺青刮起一股球场上的中国风。其中最出名的，莫过于球员艾弗森胳膊上的"忠"字。"忠"代表了他的人生信仰，他由费城到丹佛再到现在的底特律，一直都是兢兢业业，对理想和总冠军充满渴求，无不显示他的"忠"。他的右手手腕上还有一个汉字"仰"，据说是信仰他自己的意思。

NBA中锋坎比的汉字文身曝光率很高，其右臂上的"勉族"二字，可能是联盟中汉字文身的始祖，早在上大学时就文上了。据说这是坎比儿时的黑帮标志，没有什么实际意义①。德国足球明星弗林斯右臂上文的"龙蛇羊勇吉"五个汉字，不好理解，但还可以望文生义；可是他后背上文的"酸甜鸭子：7.99欧元"，就不能不让人抓狂了。据说，弗林斯到中餐馆吃饭，正巧点了这道菜，吃过之后发觉味道很好，于是就把餐馆发票上的中文字文在了背上，以后不管走到哪里，都不会忘记这个菜谱②。巴西女排队员莱拉右手臂上文的是"母爱"和"勇气"四个汉字。垒球运动员Kim Maher肩背部文的是"康文止功流"五个汉字，实在令人费解！

---

① 刘毅、高天天：《NBA中国元素现象：除了中国的球星 还有汉字文身》，中国网，2009年2月15日，http：//www. china. com. cn/sport/txt/2009－02/15/content_ 17278855. htm。
② 张洪：《老外运动员的中文文身让人跌破眼镜》，出国在线，2008年8月21日，http：//blog. sina. com. cn/s/blog_ 48615d0d0100akmz. html。

六 开幕式代表团入场排序及引导牌：汉字笔画与汉字书法

（一）汉字笔画排序

按照惯例，不论在哪个国家举办，出场仪式总是奥运会的发源地希腊走在最前面，东道主出于礼节走在最后，其他代表团则按拉丁字母字母由 a 到 z 顺序排列。

从 1928 年开始，奥运会代表团的入场顺序，按照举办国家文字的字母顺序排列入场。韩国不使用西方字母，1988 年汉城奥运会按照韩国字母顺序排列，2004 年雅典奥运会则按照希腊语字母顺序排列。所以这届奥运会，中国有权选择各国代表团名称排列顺序的方式。

对北京奥运会组委会来说，面临两种选择，一是按照各代表团中文名称的汉语拼音字母表顺序排列，二是按各代表团中文名称的汉字笔画多少排列。

鉴于汉字是表意文字，与表音文字的字母表排列顺序截然不同。简化汉字是国家通用文字，以简化汉字排序，体现了国家承办奥运的主导权，强化了简化汉字作为国家通用文字的法定地位。北京奥组委最终决定，运动员的入场顺序，将依照各国家或地区代表团中文名称的简化汉字笔画多少排列。如果首字笔画相同，则依照第二字笔画多少排序。教育部语言文字信息管理司应邀组织专家，审定了 204 个国家或地区代表团中文名称汉字笔画序表，确保汉字笔画排序的正确性。

由按照 ABC 的字母表顺序判断自己的位置，转变到按照"汉字笔画多少"来判断自己的位置，这不仅仅是一个简单的"频道调整"的问题，而是"制式转换"的问题。世界各国都有了一个新的世界顺序号，中国人多了一个重新审视汉字魅力的机会，世界列强则多了一个感受中国力量崛起的新视角。

（二）开幕式运动员入场引导牌中的汉字书法元素

在开幕式上，引导员高举着引导牌，引领各国运动员进入场地。引导牌上并列一个国家（或地区）的法文、英文和中文名称，一律以中国书法形式书写，别具一格，汉字书法元素和中国传统文化大放异彩，成为开幕式上的一个亮点。入场引导牌上的汉字字体称作"霸体字"，由徐悲鸿的再传弟子、辽宁大连籍书法家都本基创立并书写，是由奥运会开幕式总导演张艺谋亲自选定的。

当奥运会开幕式上汉字书法写就的引导牌出现在世人眼前时，人们无不赞叹奥运会导演们的独特创意。但是后来，广大书法工作者关于"书写者水平优劣"展开激烈讨论，让这项"创意"处于尴尬的境地[①]。奥运会闭幕式时，运动员入场的引导牌又回复使用印刷体，表明这种"激烈讨论"已经引起相关决策人员的重视。

七 开幕式文艺演出《文字》章中的汉字元素

(一) 活字印刷与"和"字演变

在奥运会历史上，开幕式的成功与否，在很大程度上决定着人们对于本届奥运会的第一印象。汉城[②]的"手拉手"、悉尼的土著文化、雅典的爱琴海元素，这些优秀创意体现出不同国度的风土人情和不同的文化底蕴。

北京奥运会开幕式用国际语言讲述中国故事。在文艺演出《文字》这一篇章中，借助了声、色、光、电的现代高科技手段，组织了庞大队伍，协作完成了繁复的动作，彰显了汉字"和"的丰富文化内涵。很现代，很时尚；气势磅礴，令人激动；引领人们嗅闻千年文明古国的文化芳香，看到中国汉字的魅力。

活体字模是本届北京奥运开幕式上大受欢迎的一个节目。896 块字模相继变化出古体和现代的"和"字，以及水波纹、长城、山桃花等造型，气势恢宏又充满创意。

1. 三千弟子吟诵《论语》

在开幕式文艺表演第二章《文字》中，现场 3000 名孔子的弟子身穿战国服装，齐声吟唱孔子的名句，"四海之内皆兄弟也""有朋自远方来，不亦乐乎""三人行必有吾师焉""朝闻道夕死可矣"。他们手持

---

① 《书法界推出 2008 "十大年度人物"》，国际艺术界网，2009 年 1 月 20 日，http://www.gjart.cn/htm/viewnews53136.htm。

② 现韩国首尔。

竹简，竹简闭合与打开的声音清脆入耳，荡气回肠，让人仿佛回到那有琅琅读书声音的课堂。

2. 活字印刷

活字印刷是北宋时期的发明，是古代中国人对世界做出的巨大贡献，带动了世界文明的发展。完整的巨幅画卷中间，伴随着孔子弟子的吟唱，现场魔幻般地出现了立体活字印刷体，方板汉字凹凸起伏，不断地变化，既像古代的活字字盘，又像现代的计算机键盘。整个活字印刷板如微风拂过，层峦叠嶂，如水波涌动，此消彼长，充满动感的表演，为我们呈现中国汉字的演化过程。活字印刷中活字造型最有立体感，它所变化的一些形状酷似中国上古国君的大墓。更让人震撼的是，总导演利用活字的模式，变化出了长城和不同历史时代的"和"字的写法。

3. 三个"和"字

很快，多种不同版本的"和"字在印刷板上依次展现出来。第一个出现的是中国古代的"和"字，第二个出现的是古体的"和"字，第三个出现的是现代体的"和"。三个"和"字，表现了中国汉字的演变过程，也表达了孔子的人文理念——和为贵。突出了中国人的和谐精神，反映了中国传统文化中人与人、人与自然和谐关系的价值取向，同时也暗含着"同一世界，同一梦想"的追求。

这个环节展现了中国汉字的演化过程，最初考虑的是五种"和"，一开始是甲骨文，然后是大篆、小篆一直到现代的"和"字，但是害怕把外国朋友弄糊涂了，于是就选择了三种简单的，表现了汉字的演变过程。这三个字的时间相隔好几千年[1]。

4. "和"字字体的演变

奥运会开幕式精彩至极，但在汉字演变的表演中，篆书"和"字似乎应该是秌而不是秝，少了重要的一撇。古人的"和"与"龢"是两个字，并不像今天人们所讲的"龢"是"和"的异体字。古人"咊"字是唱和之意，"龢"字才是和谐之意。时至今日都"和"了。反过来溯源时就不能一样了。总之，如果要演变"和谐"的"和"字，应该

---

① 《张艺谋介绍北京奥运会开幕式创作过程》，中国网，2008 年 8 月 9 日，http：//www. china. com. cn/zhibo/2008 - 08/09/content_ 16171840. htm。

是从龢——到"和"才好①。

5. "和"的人文理念

上述三个"和"字，表现了中国汉字的演化过程，也表达了孔子的人文理念——和为贵。"和"是中华文化中非常重要的一个核心。"和谐"体现了中国传统文化追求身心和谐、人际和谐、天人和谐的价值取向，同时也暗含着"同一世界，同一梦想"的追求。中国强调的不是"争"而是"和"，对家而言是"和睦"，对社会而言是"和谐"，对人类而言是"和平"。这个"和"字无论是对中国人还是对全世界，都是一个很重要的观念。所以，在活字模印刷的表演中，不断突出这个和字，就是在表达一个具象观念。

（二）开幕式文字表演引起日本强烈反响

2008 年北京奥运会开幕式上的汉字表演，尤其是活字版的出现令日本人十分惊叹，并由此引发了一波日本的汉字热②。当人们看到，一个大大的"和"字跃然而出，展现在全世界数十亿张眼睛之前。日本人又一次崩溃了。这不是我们大和民族的象征吗？看到这个"和"字，无论如何，也感到无比亲切与自豪，不由得热泪盈眶。日本人可能再次产生与中国汉字文化的共鸣③。

日本人非常赞赏北京奥运会开幕式各国选手入场，国名按汉字笔画多少排序的决断，认为这充分体现了"中华思想"，极具创意，对日本有很大启示意义，甚至认为，今后如果日本再度举办奥运会时，入场排序，国名可采用"五十音图"。在日本人看来，亚洲国家不应一味迎合西方文化，按照以往用英文进行排序④。

北京奥运开幕式上的汉字表演，特别是活字版的出现令日本媒体惊

---

① 金丹：《奥运会开幕式"和"字错误》，新浪博客，2008 年 8 月 9 日，http：//blog. sina. com. cn/s/blog_ 572141050100aawa. html。

② 何边：《日本出现汉字热潮 始于北京奥运会开幕式活字版》，湖州在线，2009 年 2 月 16 日，http：//news. hz66. com/main/news/culture/2009021614275288. htm。

③ 《日本人看完北京奥运会开幕式后都感动得热泪盈眶》，赶集网，2008 年 12 月 5 日，http：//club. ganji. com/158 -401034. html。

④ 陈小牧：《普通日本民众如何看待北京奥运会开幕式》，新浪博客，2008 年 8 月 13 日，http：//blog. sina. com. cn/s/blog_ 55e18b9d0100 acym. html。

叹不已，一家电视台特邀一位日本汉字学教授介绍观后感。这位教授说："北京奥运的开幕式采用了人海战术，从书简、造纸，尤其从活字版的道具再现汉字的壮丽，像优美的诗歌一样动人，这样的感动是日本人可以共有的，因为汉字将被重新重视起来。"①

八 结语

北京奥运会为汉字元素走向世界搭建了平台，提供了一个成熟、成功、精彩的案例。汉字作为一个中国元素，在北京奥运会中成功应用，提升了国人对中华文化、民族国家的自信心、凝聚力和自豪感，打造汉字元素，可以创造更多的"世界品牌"。

在北京奥运会生活中，通过汉字、篆刻及书法元素展现出来的"中国性"或"中国化"，不是西方文化的中国化，而是中国文化或东方文化的世界化。具有中国气派的北京奥运汉字文化已经成功地走向世界，赢得世界不同文化的包容和尊重。

---

① 毛丹青：《北京奥运开幕式引发日本的汉字热》，阿毛博客，2008 年 8 月 11 日，http://blog.sina.com.cn/s/blog_ 4747bc070100aaji.html? tj = 1。

"一带一路"语言规划*

一 引言

"一带一路"是"丝绸之路经济带"和"21世纪海上丝绸之路"的简称,"政策沟通、道路联通、贸易畅通、货币流通和民心相通"(五通)是"一带一路"建设的主要内容。民心相通是其他"四通"的基础,是"一带一路"建设的根基。语言相通则是民心相通的根本保障。这些观点基本上已成为业内学者的共识。

"一带一路沿线64国"(不包括中国)是早期的说法,现今形势发生变化。原来一些国家对"一带一路"不感兴趣,现今转而开始关注;原来一些国家怀疑或反对"一带一路",现今转而支持或直接介入,所以,封顶沿线国家的数目已不合时宜,原定的64国似宜改为64 +,但是,为了行文方便,本部分仍将沿线国家定格在64国。

沿线国家使用2400多种语言①,分属汉藏语系、印欧语系、乌拉尔语系、阿尔泰语系、亚非语系、高加索语系和达罗毗荼语系7大语系,其中,英语、俄语、印地语、阿拉伯语、孟加拉语等大语种,使用人口过亿。"一带一路"沿线国家(以下简称"沿线国家")错综复杂的语言环境,阻碍了中外企业、中外人员的相互沟通。

本部分联系"一带一路"建设实际,聚焦沿线国家的国际语言、主体民族语言及官方语言,阐释其地位和功能,分析官方语言的特点和类

---

* 原载《新疆师范大学学报》2018年第2期。

① 杨亦鸣、赵晓群主编:《"一带一路"沿线国家语言国情手册》,商务印书馆2017年版,第1页。

别，论述语言在推动沿线国家经济贸易建设中的基础性先行性作用，阐述沿线国家经济贸易建设所需要的语言人才，为"一带一路"经济贸易建设，提供语言学术支撑。

二　国际语言通事，官方母语通心

摸清沿线国家官方语言的类别和特点，精准把握沿线国家的语言国情、语言人口和语言功能，可对那些准备走出国门的企业提供一些帮助，可为更科学更合理地选择和规划自己的语言，开拓市场，提供一些参考。

（一）国际语言：通事

通事语主要指可以签署国际贸易文本、可以用于国际经贸交际的语言。对不同文化背景的交际者说来，这种语言易于达意难以表情，易于通事难以通心。英语、法语、西班牙语、俄语、中文、阿拉伯语 6 种语言是联合国教科文组织的工作语言，其中，常用工作语言只有英语和法语两种，其他 4 种并不常用。

在上述 6 种语言中，英语、法语和西班牙语这 3 种语言还是世界贸易组织的官方语言，只有用这 3 种文字签署的国际贸易文本，才具有法律效力，其他文种的译本只能做参考，不具有法律效用。除了中文，其他 5 种，外加德语和日语，是我国外语界通行的世界 7 种通用外语。

"一带一路"建设中，能够在国际金融、世界贸易、跨国工程文本、项目合同、谈判文书等领域使用的并不多，也就英语和俄语等两三种。俄语是东北亚俄罗斯、中亚及独联体国家的通用语。中资企业公司跟这些国家签订国际经贸合同，绝大多数使用俄语，少数项目使用英语。沿线国家其他地区，如东南亚、南亚、中东、西亚北非、中东欧等绝大多数国家，国际经济贸易大多使用英语。

除了以英语或俄语为母语的少数国家及少数人口外，就大多数沿线国家人口而言，英语或俄语是他们的第二语言，是世界语言，是国际贸易语言，是通事语言，但还不是通心语言。

（二）官方母语：通心

通心语主要指易于情感表达和心灵沟通的语言，往往是交际者的母语。官方母语是指沿线国家中，既是本国官方语言，又是本国主体民族母语的语言。

1. 主体民族语言

主体民族语言是指一个国家使用人口最多的那个民族的语言，该民族语言使用人口通常超过全国总人口的一多半，即占全国总人口的55%或以上。如果某个国家最大民族语言使用人口，不到该国总人口的一多半，那么，该国则没有主体民族语言。

沿线55个国家都有主体民族语言，该主体民族语言还是该国的官方语言。在境外的中方企业，如果能用所在国的官方主体民族语言开展产品售后服务、技术咨询，就会收到事半功倍的功效；但也有少数国家没有形成主体民族，其官方语言的使用人口相对较少，在这种语境下，中资企业开展售后服务、技术咨询，恐怕就要考虑提供多种不同语言的售后服务了。沿线国家官方语言不是主体民族语言的国家有9个，它们是阿富汗、不丹、菲律宾、黑山、阿联酋、卡塔尔、尼泊尔、印度和印度尼西亚（整合中）。

2. 官方语言

国家官方语言通常是指一个国家法律规定的正式语言，具有法律效力，使用领域最宽，使用人口更多。沿线国家明确规定官方语言的有60国，涉及语言51种，没作规定的，只有土库曼斯坦、塔吉克斯坦、乌兹别克斯坦和波黑4国。其中3个"斯坦"国家是从苏联分离出来的，这3个国家规定其国语分别为：土库曼语、塔吉克语和乌兹别克语。

但是，俄语在这3个国家中，使用领域依然最广，承担官方语言和族际交际语言的能力依然最强，在地缘政治、劳务输出、教育留学、区域经济合作等方面，功能依然强大。如果这三国政府规定俄语为本国的官方语言，则担忧此举会削弱本国国语的地位。因此，这三国政府则采取了两手策略，一手强化国语，一手"去俄罗斯化"。"官方语言"这顶帽子宁可缺失，也不戴在俄罗斯语头上。

波黑是从南斯拉夫分离出来的,波什尼亚克族(亦称穆斯林族)、塞尔维亚族和克罗地亚族是波黑的三大民族,占全国总人口的比重分别为43.5%、31.2%和17.4%。其中,任何一个民族均非主体民族,任何一种语言都不能跨地区、跨民族、跨领域使用,因此这三大语言都无条件做官方语言。

(三)官方语言的特点和类别①

1. 官方单语(31国30语)

官方单语是指一个国家只有一种官方语言。沿线官方单语国家有31个,官方单语30种。官方单语国家大多属于"一国一族一语",该类国家在国家、主体民族和官方语言之间,保持着高度的一致性,即国家官方语言也是该国主体民族的母语。只有吉尔吉斯斯坦例外,其官方语言不是主体民族吉尔吉斯族的母语,而是俄语。

沿线国家的30种官方语言是:迪维希语(马尔代夫)、匈牙利语、阿尔巴尼亚语、亚美尼亚语、波兰语、立陶宛语、捷克语、格鲁吉亚语、罗马尼亚语、阿塞拜疆语、克罗地亚语、蒙古语、泰语、土耳其语、高棉语(柬埔寨)、斯洛伐克语、越南语、保加利亚语、斯洛文尼亚语、俄语(俄罗斯、吉尔吉斯斯坦)、塞尔维亚语、摩尔多瓦语、老挝语、爱沙尼亚语、缅甸语、乌克兰语、马来语(文莱)、波斯语(伊朗)、哈萨克语、拉脱维亚语。

2. 官方双语或多语(13国28语)

官方双语或多语是指一个国家有两种或多种官方语言,属于这种类型的沿线国家有13个,官方双语或多语共计28种。其中,阿富汗、不丹、菲律宾和印度4个国家没有主体民族。历史上许多国家遭受西方殖民统治,独立后仍将原殖民语言定为该国的一种官方语言,如巴基斯坦、不丹、菲律宾、马来西亚、孟加拉国、新加坡、印度(辅助官方语言)7国的官方语言包括英语,东帝汶的官方语言包括葡萄牙语(见表1)。

---

① 本节数据主要参阅杨亦鸣、赵晓群主编《"一带一路"沿线国家语言国情手册》,商务印书馆2017年版。

表1 沿线国家官方双语或官方多语状况 单位:%

国家	官方语言及使用人口占比	主体民族或人口最多民族及占比
阿富汗	达里语（50）、普什图语（35）	普什图族（40）
巴基斯坦	乌尔都语（53）、英语	旁遮普族（63）
白俄罗斯	白俄罗斯语（23.4）、俄罗斯语（70.2）	白俄罗斯族（81.2）
不丹	宗卡语（21）、英语	不丹族（50）
菲律宾	菲律宾语（28）、英语	他加禄人（28.1）
马来西亚	马来语（77）、英语	马来族（50—55）
马其顿	马其顿语（65）、阿尔巴尼亚语（24）	马其顿族（65）
孟加拉国	孟加拉语（98）、英语	孟加拉族（98）
斯里兰卡	僧伽罗语（74）、泰米尔语（18）	僧伽罗族（74），泰米尔族（18）
新加坡	英语、马来语、华语、泰米尔语	华族（74），马来族（13），印度族（9）
以色列	希伯来语（80）、阿拉伯语＊（14）	犹太人（75.3），阿拉伯人（20.6）
印度	印地语（42.9）、英语（辅助）	印度斯坦族（46.3）
东帝汶	顿德语（59）、葡萄牙语	原始马来人（60）

注：＊据卡塔尔半岛电视台英文网5月9日报道，以色列政府提出一项争议性法案，"阿拉伯语将不再作为以色列的官方语言之一，以色列将定义为犹太人的国家"。

资料来源：MESC《周观中东：以色列提出争议性法案：阿语将不再作为以色列官方语言之一》，周观中东团队，2017年5月14日，http://mp. weixin. qq. com/s/7Y8NZucdIBc5UKNYeaitl g。

3. 官方阿拉伯语（13国2语）

历史上，阿拉伯人曾为中国科学文化西传做出过贡献，中国的医学、道教炼丹总结的一些化学知识和相关学术思想，曾由阿拉伯商人传播到西方。现代标准阿拉伯语是13个阿拉伯国家共同使用的官方语言，也是联合国第6种工作语言。有12个阿盟国家只有这一种官方语言，伊拉克则有两种，库尔德语是伊拉克的第二官方语言。另外，阿拉伯联合酋长国和卡塔尔均无主体民族，如表2所示。

表2　　　　　　　"一带一路"沿线阿拉伯国家官方语言状况　　　　单位:%

国家	官方语言	主体民族或人口最多民族及占比
阿拉伯联合酋长国	现代标准阿拉伯语	南亚人（海外移民）（58），阿拉伯人（13）
阿曼	标准阿拉伯语	阿拉伯人（76.3）
埃及	现代标准阿拉伯语	埃及族（97）
巴勒斯坦	现代标准阿拉伯语	阿拉伯人（99.4）
巴林	现代标准阿拉伯语	阿拉伯人（60）
卡塔尔	现代标准阿拉伯语	卡塔尔公民（15），外籍居民（84）
科威特	现代标准阿拉伯语	阿拉伯人（62）
黎巴嫩	标准阿拉伯语	阿拉伯人（95）
沙特阿拉伯	现代标准阿拉伯语	阿拉伯人（90）
叙利亚*	现代标准阿拉伯语	阿拉伯人（90.3）
也门	标准阿拉伯语	阿拉伯人（90）
伊拉克	阿拉伯语、库尔德语	阿拉伯人（95）
约旦	标准阿拉伯语	阿拉伯人（98）

注:*2011年11月16日，阿盟正式中止叙利亚成员国资格，2013年3月26日，阿盟决定将叙利亚在阿盟席位授予叙利亚反对派"全国联盟"，但迄今未落实。

4. 官方马来语等

由于政治、历史等原因，有些语言成为跨越国境的语言，该语言在不同的国度，往往使用不同的名称。

印度尼西亚语和马来语原本同属一种语言，只是在书写和词汇上略有差别，用这两种语言者，彼此可以通话。但是，出于政治原因，印度尼西亚独立后，需要将本国的官方语言名称跟马来西亚的区别开来，因此，将本国的马来语称作印度尼西亚语，从而出现"一语两名"现象。

马来语和印度尼西亚语的使用总人口超过1.5亿，覆盖马来西亚、印度尼西亚、新加坡、文莱等多个国家，在东南亚具有通用性（见表3）。

表3　　　　　　沿线国家官方马来语及"一语"两名状况　　　　单位:%

源语言	所在国家	官方语言称作	相应民族人口占该国总人口比重
马来语	马来西亚	马来语	马来族（50—55）

续表

源语言	所在国家	官方语言称作	相应民族人口占该国总人口比重
马来语	印度尼西亚	印尼语	马来族（7.5）
	文莱	马来语	马来族（66.4）
	新加坡	马来语	马来族（13）
印度斯坦语	印度	印地语	印度斯坦族（46.3）
	巴基斯坦	乌尔都语	乌尔都族（3.3）
罗马尼亚语	罗马尼亚	罗马尼亚语	罗马尼亚族（88.3）
	摩尔多瓦	摩尔多瓦语	摩尔多瓦族（75.8）

在印度和巴基斯坦独立之前，印地语和乌尔都语是同一种语言，都叫印度斯坦语。二者的主要区别是，印地语用天城体文字书写，大部分词汇来自梵语，少部分来自波斯语和阿拉伯语；乌尔都语用阿拉伯字母书写，波斯语和阿拉伯语借词更多一些。1947 年，印度和巴基斯坦独立之后，印地语成为印度的官方语言，乌尔都语成为巴基斯坦的国语和官方语言，乌尔都语不再是印度斯坦语的同义词。

摩尔多瓦人和罗马尼亚人同宗同语。从纯语言观点看，摩尔多瓦语和罗马尼亚语是同一种语言，只是在口语中有些差异。由于历史和政治原因，摩尔多瓦从罗马尼亚中分离出来，摩尔多瓦语最终也成为该国的官方语言。

三　语言助推经济建设

如上所述，"一带一路"建设明确提出了"五通"的问题，但没有明说"语言相通"。这并不意味"语言相通"在"一带一路"建设中无足轻重。语言是了解一个国家最好的钥匙（习近平语）。语言在中外经贸合作交流中具有基础先导作用。如果语言不通、沟通不畅，中国企业即使走出国门，仍然会被阻隔在"一带一路"建设大门之外，无法真正迈过这道门槛。

（一）语言先行：沿线国家的孔子学院

早在习近平主席提出"一带一路"构想（2013 年）之前，中国已经在沿线国家建立了一批孔子学院。孔子学院从事汉语教学，开展中外教育、中外文化等方面的交流与合作，已为"一带一路"建设，做出了重要铺垫。截至 2016 年 12 月 31 日，"一带一路"沿线国家 51 个，设立的所孔子学院 131 所、孔子课堂 119 个[①]。其中，孔子学院数量最多的 3 个国家是俄罗斯 17 所、泰国 15 所、印度尼西亚 6 所；1 国只有 1 所孔子学院的国家有 22 个；迄今尚无孔子学院的国家 13 个，它们是缅甸、文莱、伊拉克、叙利亚、巴勒斯坦、沙特阿拉伯、也门、阿曼、卡塔尔、科威特、马尔代夫、不丹、土库曼斯坦[②]。

孔子学院介绍中华文化、沟通人民心灵、搭建友谊桥梁，客观上也为沿线国家的民心相通做了铺垫。

（二）汉语教学为"一带一路"建设提供人力支撑

跟东南亚国家相比，丝绸之路沿线国家的华侨居民较少，汉语/华语教学基础相对薄弱，初懂汉语的大部分当地青年都是由孔子学院培养出来的。孔子学院培养出来的学生，可为沿线国家中资企业提供人文支撑。

近几年来，沿线国家许多中资企业的数量不断增长，业务范围持续拓宽，需要招收大量当地员工，特别是优先录用那些能用汉语简单交流的员工。例如，中国和白俄罗斯在通信、交通、能源、基础设施建设等领域，签订了数十个重大合作项目，为白俄罗斯的汉语学习者带来了更多的就业机会。塔吉克斯坦的塔中矿业有限公司，日常聘用当地员工五六千人，多时上万人。中国企业特变电工承建塔吉克斯坦杜尚别首都热电厂，既需要大量的建设人员，还需要长期维护保修人员，需要大量懂汉语的当地员工。中石油公司则与孔子学院签署汉语教学协议，联合培

---

① 《全球孔子学院（课堂）》，孔子学院总部/国家汉办网，2017 年 5 月 6 日，http：//www. hanban. edu. cn/confuciousinstitutes/node_ 10961. htm。

② 吴强：《"一带一路"沿线 65 个国家和地区 136 所孔子学院名单》，孔院长网，2017 年 5 月 10 日，http：//mp. weixin. qq. com/s/AOpblmB7CJQDgDtTgZdnig。

养塔吉克斯坦员工的汉语水平。

（三）提供语言及职业技能培训

根据所在国家企业公司或社会机构团体的不同需求，沿线国家孔子学院还开设了多种应用汉语课程，如商务汉语、工程汉语、交通汉语、汉语文化等课程，为沿线国家中资企业本土员工提供语言和职业技能培训。

2010年以来，为了满足意大利米兰市政府、内政部、警察局、移民局的工作需要，提高他们为中国游客、中国留学生办理各种手续的水平，意大利米兰国立大学孔子学院，为这些意大利业内人员量身定做，培训汉语。同时，为在意大利境内的中国工商银行、华为公司等企业提供公司内部的汉语培训，满足了中意企业合作过程中对高水平汉语人才的迫切需求。

（四）搭建中外交流合作、信息咨询服务平台

孔子学院在"一带一路"建设中，发挥了中外国家交流合作的信息枢纽作用，全面提升了本地区、本学校和沿线国家，在人文交流、姊妹学校、友好省州、经贸往来等各领域的合作水平。

例如，柬埔寨孔子学院牵线搭桥，促使中国江西省和柬埔寨的暹粒省结为友好省份。两省领导多次互访，各项合作正全面展开。

捷克帕拉茨基大学孔子学院协助捷克奥罗慕茨州政府和中国云南省政府建立了友好州省关系，协助捷克的奥罗慕茨市政府与中国的昆明市建立了友好城市关系。

四 经济建设拉动语言人才需求

（一）外方当地初通汉语人才

中资企业走出国门，在沿线国家投资建厂，需要招收大量的当地员工，特别是初通汉语的当地员工。中亚国家中资企业中，中国员工跟当地员工的比例大多是2∶8，中国员工占两成，当地员工占八成。近年

来，塔吉克斯坦按 1:9 的比例操作，进一步提高了当地员工的比重①。这种招工比例极大地激发了当地青年学习汉语的动机和兴趣。

柬埔寨西港经济特区是首批通过中国商务部、财政部考核确认的境外经贸合作区之一。目前，入驻柬埔寨西港经济特区的企业有 100 多家，包括工业、服务业等行业，大多为中资企业，可为当地提供 1.8 万个工作岗位，这将大幅度提高当地民众的就业率，同时也激起当地青年学习汉语的热情②。

（二）外方当地复合型双语人才

一个企业公司要实现全球化，其各个分支机构必须适应当地现状，完成当地化。这就需要有一支当土化、复合型双语研发主管和或代理商，他们既懂业务，又能跟该企业沟通，还能客观反映广大用户的意见和需求。

印度每年直接从中国进口手机 3000 多万部，在"一带一路"沿线主要进口国家当中，进口量名列第一。据调查，在最受印度人欢迎的世界十大手机品牌中，中国自主手机品牌占据了半壁江山。中国手机能够迅速成功进入印度市场，有诸多决定因素，其中研发主管双语化，销售人员本土化也是一个重要原因。例如，在印度土生土长的马利克先生，现任广东欧珀（OPPO）手机公司印度分公司的研发主管，懂业务，懂英语，去中国 40 多次，常在印度市场做调研，听取用户对手机的建议和需求。马利克调研发现，印度某一小镇及广大农村用户喜欢用手机放音乐，就及时向中方厂家反映，厂家随即改良了原手机的扬声器，结果使手机销售额增长了 50%③。

（三）外方当地双通人才

"双通"人才亦称"深度文化交流者"或"通心者"，是指深度了解两国社会文化和风土人情、能够熟练运用两国语言、顺畅进行跨文化

---

① 邢欣、梁云：《"一带一路"背景下的中亚国家语言需求》，《语言战略研究》2016 年第 2 期。

② 国家汉办：《感受"一带一路"背景下的柬埔寨经济发展：王家孔院师生参观西港经济特区》，《孔子学院》2017 年 3 月 23 日。

③ 肖振生主编：《数说"一带一路"》，商务印书馆 2016 年版，第 104—105 页。

交际的人才。这种人才的培养，周期更长，需要早做顶层设计和规划。

意大利罗马国立住读学校自 2009 年起，与罗马孔子学院合作，国际理科高中除了开设理科知识外，还开设了中国语言和文化、历史和地理课程，这些课程均用中文教学。该校引入中文文化课程和中文教学模式，旨在培养能够获取"国际双行证"的学生。该类学生毕业后，可以申请赴中国知名大学深造，这就为培养中意两国各领域交流的友好使者，打下了坚实的基础。

（四）中方双通人才

翻译只能通话，母语可以通心。进入"一带一路"，特别是进入中亚丝路沿线国家，如果只是走马观花转转，随便找个俄文翻译，就能搞定；但是，如果想去投资，做外贸交易，做学术调查，或合办教育什么的，常会遇到诸多沟坎和麻烦，跨越起来十分不便，然而，这翻译若是一位"双通"人才，他就会游刃有余，会给您的跨文化沟通带来更为满意的结果。

吉尔吉斯国立民族大学孔子学院马磊院长基本属于这种"双通"人才。他来自新疆师范大学，原本是学维吾尔语的，语言及跨文化交际基础良好。他在吉国孔院教汉语的同时，自学吉尔吉斯语。吉尔吉斯语和维吾尔语同属一个语族，差异不很大，两三年下来，他的吉语基本上可以运用自如了。

2015 年春季，笔者在比什凯克市做学术调查，马院长带我去一位中方投资老总家作客。进入小区，两位保安迎上前来，要检查我们的护照或身份证明。马院长亮明了他的工作证之后，用吉尔吉斯语，严厉质问保安，你们知道这位（指向我）是谁吗？知道他是你们国立大学请来的客人吗？你们有什么资格查他的证件？你们不觉得这是在丢你们国家的脸吗？这一连珠炮式的训斥，把保安吓呆了，他们万没想到马院长的吉语说得这么地道，问题提得这么尖锐。他们无言以对，溜走了。马院长自学转型成才的经验，值得总结、借鉴和推广。

（五）中方复合型人才

"语言（外语）＋专业"式的复合型人才，已经是中资企业选拔驻外中高层管理人员的一个基本条件。我国高铁技术世界领先，在"一带一路"市场上前景广阔，但高铁企业的技术文本和商务文本水平不高，结果在国际贸易中，远远落后竞争对手，成为高铁国际化的"最大短板"。

中国石油中塔天然气管道有限公司要求中石油所有外语专业的员工，必须在 5 年之内熟悉一门业务，成为业务骨干，否则就要解聘。中铁六局集团有限公司的李斌系俄语专业，西安外国语学院毕业，在中亚工作 5 年，熟练掌握桥梁隧道专业的业务，除做公司翻译外，还担任企业对外联络处主任，还承担了工程管理工作。

五 结语

语言是人类最重要的交际工具、思维工具、文明文化载体和信息载体。在"一带一路"建设中，语言是重要的，但也不是决定性的，"一带一路"倡议甚至没有提到语言。

我们不能因为相关重要文献没有提及语言，而忽视语言在"一带一路"中的重要作用，也不宜无限夸大语言的作用，把实现"五通"归因为"语言相通"。本文认为，语言在"一带一路"建设中具有先行性、基础性、工具性和人文性的作用，同时，"一带一路"建设拉动了业界和社会对不同层次语言人才的需求。

在沿线地区，真正能在跨国经贸业务中使用的，或者说，真正能"通事"的国际通用语言，也就两三种，如英语和俄语等；真正能"通心"的各国本土官方语言，则有 50 多种，但基本上不能"通事"，不能用于国际经贸业务，俄罗斯国的俄语除外。

拟定"一带一路"语言人才规划，不应该秉持"包打天下"的思想，各个层次各种类型的语言人才，都是先从国内培养，再向国外委派；而应该坚持"兼济天下"的情怀，坚持境内境外一盘棋，不同层次的人才也可从国外招聘，国外的中资公司或中外合资企业，从生产到销售到售后服务，所需语言人才，宜逐渐实现当地化或本地化。

澳门语言规划取向 *

在澳门回归中华人民共和国之前，葡萄牙语（以下简称"葡语"）作为澳门唯一的官方语言达一个多世纪。澳门回归之后，根据"一国两制"的原则，中文和葡萄牙文（以下简称"葡文"）同为澳门的官方语文。中文成为行政机关、立法机关、司法机关用语，体现了"一国"的主权和尊严；葡文可以继续在官方场合使用，体现了对不同政治制度的包容和尊重。十几年来的实践表明，澳门官方双语政策顺应了历史和时代的需要，取得了相当的成功。今后澳门语言政策和语言规划的发展，有两种取向值得关注。第一种是中文的"官语化"、规范化取向，第二种是葡文的国际化取向。

一 历史背景

澳门社会虽小，但是语言使用并不单一，澳门的语言问题与社会政治问题连在一起，澳门官方语言地位的变迁与政治权力的嬗变紧密相连。华人治理澳门时期，澳门的官方语言一直是中文；葡萄牙人（以下简称"葡人"）治澳时期，官方语言改为葡文；澳门回归祖国，实行"一国两制"以来，官方语言变成中文和葡文两种语文。

从某种意义上讲，澳门语言问题实际上是个政治问题。语言政策的制定，主要受社会政治因素的制约。澳门语言政策的演变，有其深刻的历史和现实背景。现行语言政策必将为澳门的繁荣稳定和发展做出贡献。

　＊　原载《澳门语言文化研究 2010》，澳门理工学院出版社 2011 年版。

（一）葡人入澳：官方语言是中文单语

随着葡人 1553 年登陆澳门，葡语也进入澳门，中—葡双语现象开始在澳门出现。但此前的澳门一直由中国管制，政府公函文件一律采用中文，中文是唯一的官方语言，葡文没有正式地位。葡人入澳后，曾多次试图提升葡语为官方语言，试图实行葡中官方双语制，但都遭到清朝政府的反对，未能获得成功。

（二）葡人治澳：官方语言是葡文单语

19 世纪中叶，葡人管治澳门以后，以"宗主国统治者"自居，一切法律、政府公文，都使用葡文，中文没有任何法律地位，葡文成为澳葡政府唯一的官方语文达一个多世纪之久。华人虽然占澳门总人口的95% 以上，但是无法也不可能使用葡语同澳葡政府沟通，因而彻底丧失了话语权。澳门华人也曾努力争取中文成为澳门的官方语言，但始终未能获得成功。

（三）澳门回归过渡：中文成为官方语言之一

与香港 1974 年就开始正式使用中文相比，澳门晚了十多年。20 世纪 70 年代以后，澳门华人开展了"中文合法化"运动，反对那种"葡语独尊"的语言格局。到了 20 世纪八九十年代，中国和葡萄牙谈判澳门回归中国的问题，首先谈到的是中文地位问题。中葡两国本着相互理解和友谊的原则，葡方抛弃以前的殖民文化思想，充分重视中国对澳门的主权，同意澳门使用中文。从 1987 年 4 月，中国和葡萄牙政府草签《中华人民共和国政府和葡萄牙共和国政府关于澳门问题的联合声明》（以下简称《联合声明》），至 1999 年 12 月 19 日，是澳门回归中国的过渡时期。只有在过渡期内，实现公务员本地语化、法律本地语化和中文合法化，才能为特区的成立奠定基础，为实现"澳人治澳、高度自治"原则创造条件。

1992 年，澳葡政府发布法令，中文终于在澳门实现了合法化。1993 年颁布的《中华人民共和国澳门特别行政区基本法》（以下简称《基本法》）则确立了中文在未来澳门特别行政区的官方语言地位。中方也尊重葡方的利益，特别是从中葡两国长期友好合作着眼，为葡文保留相应的地位。澳门政府各机关基本上配备了中葡双语译员，大大方便了澳门居民的语言生活，也有利于民间和政府的有效沟通。

制定澳门官方双语政策不仅有助于确保主权顺利移交，保持澳门的繁荣稳定，还有利于澳门与珠江三角洲、亚洲、欧共体及其他拉丁语系国家的合作，提高澳门的国际地位。

二　政制原则、双语政策与多语生活

"一国两制"原则是制定澳门官方双语政策的政治基础，澳门的多种语言现象通常被概括为"三文四语"景观。截至 2008 年 9 月 30 日，澳门居住人口约为 557000 人，其中华人占总人口的 97%，葡人及其他外国人如印度尼西亚人、菲律宾人和越南人等占 3%①。

(一)"一国两制"原则与官方双语政策

澳门于 1999 年 12 月 20 日回归祖国，成为中国的一个特别行政区。"一国两制"、"澳人治澳"、高度自治，是澳门特别行政区的政制原则。根据"50 年不变"的精神，澳门新政制与旧政制要有所衔接和继承，澳门语言的生存和使用也要相应保持原貌，依然是中葡两种官方语言并存。1993 年颁布，1999 年 12 月 20 日开始实施的《基本法》第一章第九条规定："澳门特别行政区的行政机关、立法机关和司法机关，除使用中文外，还可使用葡文，葡文也是正式语文。"②《基本法》规定中葡两种语言都是澳门的官方语文，两种语文的地位相等。

1999 年 12 月 13 日，澳门政府颁发第 101/99/M 号法令，该法第一条关于正式语文规定：

①　澳门统计暨普查局数据调查报告《人口》，http://www.uomacau.com/zh-tw/information/detail/1063？redirect=1。
②　《中华人民共和国澳门特别行政区基本法》，中国政府网，2005 年 7 月 29 日，http://www.gov.cn/test/2005-07/29/content_18300.htm。

一、中文及葡文均为澳门正式语文；二、两种正式语文具同等尊严，且均为表达任何法律行为之有效工具；三、以上两款之规定并不妨碍每一个人选择本身语文的自由，在个人与家庭范围内使用该语文之权利，以及学习与教授该语文之权利；四、行政当局应促进正式语文之教授及正确使用。①

根据"一国两制"的原则，中文和葡文同为澳门的官方语文。《基本法》规定中文是行政机关、立法机关、司法机关的用语，体现了"一国"的主权和尊严；正确使用中文是落实澳门基本法、依法施政所必需的，也是社会的需，是市民的诉求。《基本法》还规定"除使用中文外，还可使用葡文，葡文也是正式语文"，葡文可以继续在官方场合使用，这是对"两制"的体现，体现了对不同政治制度的包容和尊重。没有"一国"，就没有语文的主权和尊严；没有"两制"，就没有语文生活生动多样的局面。十几年来的实践表明，澳门的官方双语政策顺应了历史和时代的需要，取得了相当的成功。

（二）"三文四语"景观

"中文"有口语和书面语之分，"中文口语"指粤方言还是普通话？"中文书面语"指文言还是白话？《联合声明》和《基本法》没有明确界定"中文"这个概念。由此便衍生出所谓"两文三语"的政策解读，即官方语言的书面语可用中文和葡文书写，官方语言的口语则使用粤方言、普通话和葡语。

英语虽然不是官方语言，但使用范围广泛，跟"两文三语"政策紧密相关，因此又衍生出所谓"三文四语"景观："三文"指中文、葡文和英文，其中，中文和葡文是官方语文，排序是中文在前，葡文在后；实际上，中文的书写还有繁体字和简化字之分。"四语"指普通话、粤方言、葡语和英语。其中，中文、葡文、英文是社会普遍使用的交际工具；粤方言和中文繁体字使用广泛，普通话运用正在扩展，葡语仍在使用，英语使用正不断增大。

---

① 转引自郭济修《澳门的中文回归之路——兼读〈中文变迁在澳门〉》，载程祥徽主编《澳门人文社会科学研究文选·语言翻译卷》，社会科学文献出版社2010年版，第657页。

1. 粤方言和中文繁体字

澳门的粤方言（亦称"广东话"或"广府话"）是一种社会通用语言，也是一种官方用语，还是华人的身份象征，多在平民日常生活、工作、政府办公、学校教育、新闻传媒、文化娱乐、交通运输服务中广泛使用。中文繁体字是澳门大部分居民的日常用字，也是澳门的一种官方文字，主要在官方语文、葡文法律译本、政府公文及各级教育中应用。

2. 普通话和中文简化字

澳门回归前，官方正式场合很少在使用普通话；澳门回归后，常常可以听到普通话的声音。普通话的地位明显上升，使用人口不断增多，使用领域适当扩大，普通话开始进入官方场合，澳门特首向国家领导人宣誓就职或向中央述职时，使用普通话，澳门高官与内地官员往来沟通，澳门各界与内地、台湾开展经贸活动或文化交流，部分司法判决也都使用普通话。报纸上许多行业的招聘广告也都提出需要普通话的条件。

澳门政府于 2006 年 12 月 30 日指出，政府部门表格除可使用繁体中文和葡萄牙文填写外，亦可使用中文简化字填写，相关职员会将其转换成对应的繁体字。澳门教科书中有一部分使用的是中国内地版本，因此一些课堂会讲授中文简化字。由于简化字书写简单，与内地沟通便捷，外加内地新移民的增加，简化字的使用率不断增加。

3. 葡语

葡语是一种重要的国际语言，1992 年以前，是澳门唯一的官方语言，主要在行政、立法、司法事务和公务员中使用，还在与葡萄牙有关联的商户或书店、社区流行。行政人员和领导层主管多数使用葡语。葡语是澳门一些土生葡人和葡萄牙人的工作语言和生活语言，使用人口约占澳门总人口的 2%。

澳门回归后，虽然政府公文、立法、司法语言、法律文本、多数法律文书或文件仍然用葡文，但是使用葡语的人数明显下降，澳门年青一代学习外文，通常首选英文，葡文次之。不过，报读非主流学校葡语培训的人数没有减少反而有所增加。这种现象说明澳门政府需要精通葡语的公务人员，社会个体认识到，学习掌握葡语，对于提升个人的经济地位和社会地位，能够发挥一定的作用。

4. 英语

在澳门，英语不是官方语言，但却是金融、国际贸易、商业、高等教育、高科技、国际旅游、国际会议等领域的通行语言，是增加知识的重要手段，还是国际上最流行的一种通用语言。澳门后设的两个赌牌建成后，英语世界的游客和赌客大量增加，英语的使用范围和使用频率也相应扩充。

澳门对英语的需求十分迫切，大力加强英语教学，一些行业也加强了对员工的英语培训。许多年轻人都非常看重学习英文，使用英语的人数一直在稳步上升。2001 学年，英文教育的占有率超越葡文教育晋升为第二位[①]，2006 年使用葡语的人数占澳门总人口的 0.6%，讲英语的人数比说葡语的多 0.9%[②]。

三　中文"官语化"的举措与问题

中文"官语化"是中文"官方语言化"的简称，20 世纪七八十年代称中文合法化，旨在推进中文扎实进入行政和法律领域，成为规范的官方语言。如前所述，自 1987 年中葡两国签署《联合声明》以后，中文合法化问题即中文"官语化"问题，开始引起澳门政府的关注。为了解决这一问题，政府采取了一系列措施。

（一）中文"官语化"举措

从 1989 年开始，澳门当局推出诸多实现中文官语化的措施。

（1）总督文礼治颁布了《第 11/89/M 号法令，规定在政府文件内使用中文》，该法规定：凡"以葡文颁布具有立法及管制性质的法律、法令、训令及批示时，必须连同中文译本刊登"；"居民与本地区公共机关包括自治机关及市政机构，或与有关公务员及公职人员交往时，得使用葡文或中文"；政府机关"印制之所有印件、表格及同类文件，必

---

① 阮邦球：《澳门学前教育：回顾和展望》，载澳门政府《行政》杂志，第 71 期。
② 张桂菊：《澳门语言状况与语言政策》，《语言文字应用》2010 年第 3 期。

须使用葡文及中文"①。

（2）每年用公费选派一批人士（含公务员）履行"赴京就读计划"，到北京学习中文和普通话。

（3）在本地举办公务员在职中文学习班。

（4）官方表格、身份证明文件、重要的法律法例逐步使用中文和葡文。据一项官方调查称，截至1994年，比较各政务司下属部门使用的文件中，以与公众有关的文件计算，平均已有近八成开始使用中葡双语。从1992年开始，《政府公报》中刊登重要法令，全部附有中文译本；3年之后，中葡文法令同时并排刊登。在澳门司法界，法院于1994年中开始在合议庭刑事案件的审讯中使用即时传译，一年后，更将即时传译范围扩大至合议庭的民事案件审讯中。

（5）澳门的最高学府澳门大学于香港回归之际，成立了中文系，旨在加强中文教学和研究工作，夯实中文在澳门的官方地位。中文系设有"中国语言文学""应用中文及中文传意"等专业，教授、讲师、助教及学生，达数百人。后来中文系又升格为中文学院，对于提高澳门公务员素质和保障澳门的平稳过渡，具有重要的现实意义。

（6）母语教学逐步推开，得到社会各界的热烈拥护。舆论普遍认为：应立法明确母语教育的重要性，消除家长担心母语教育会降低其他外语水平的疑虑，更大限度地激发学生的爱国爱澳热情，为祖国的强大和澳门的明天刻苦学习，奋发向上。

（二）中文"官语化"问题

澳门回归以后，中文的官方地位问题已经解决，但是，中文作为官方语言，要达到类似葡文那样的应用广度和规范程度，还有很长的路要走。在实践中，很多问题并未得到真正解决，中文的"官语化"问题无法落在实处。

1. 如何培训提升公务员的双语水平问题

过渡时期的澳葡政府曾花费大量公帑，派公务员到北京学习普通话，到里斯本学习葡语。但是，这种短期语言培训很难达到标本兼治的

---

① 文礼治：《第11/89/M号法令，规定在政府文件内使用中文》，中顾法律网，http://news.9ask.cn/faguil/amflfgk/201002/331334.html.

目的，经过培训的公务员往往只会说几句第二语言，根本无法满足在行政、立法及司法领域熟练使用双语的要求。

2. 政府公文的语文规范问题

在官方文书、公文、政府文件中不规范中文及葡式中文大量存在；澳门居民身份证上的姓与名之间，加用逗号，或者按照外国人"先名后姓"的顺序书写等。

3. 中文立法问题

迄今，澳门特区实现了葡文立法，而且，几乎所有葡文法律都有中文译本，但是，尚未实现中文立法，用中文起草的法律法规微不足道，一些以中文为母语的居民进行诉讼，法庭不用中文判案，当事人得不到法院的中文判词或通知。中文立法问题及相关的法律语言问题，已经成为真正实现澳门法律本地化的一个关键问题。这个问题不解决，中文的官方地位只能流于形式，得不到切实保障。

4. 中文法律译本的规范化问题

截至 2007 年，澳门的五部法典都相应出台了中文译本，几乎所有的法律条文都完成了相应的翻译工作，但中文译本的规范化问题非常凸显。一部法典通篇读来，往往让人不知所云，语言表达，不中不西，不古不今，理解困难，歧义丛生。例如，《刑法典》第 1 条（罪刑法定原则）："事实可受刑事处罚，以做出事实之时，其之前之法律已叙述该事实且表明其为可科刑者为限。"①

造成这种状况有多种原因。澳门的大多数法律，包括五大法典在内，都是葡萄牙古老科英布拉学派的杰作。该学派爱用艰深晦涩的专业法律词汇，来表达幽微曲折的法学观点，澳门法律又将这一传统发挥得淋漓尽致。外加中文译者的水平不高，整部法律虽然个个汉字都认识，但怎么读来都觉得拗口和别扭，怎么读都读不明白。这种状况还损害了中文的形象。

四 葡文国际化取向

所谓"葡文国际化"，就是最大限度地发挥葡语葡文在连接葡语

---

① 石磊：《澳门刑法中的连续犯研究——兼谈澳门法律的语言》，《中国刑事法杂志》2008 年第 9 期。

国家中的媒介作用，推进中国内地、葡语国家和澳门特区之间的互利、共赢和发展。葡语是全球第七大语言，使用者超过两亿。葡语还是国际商贸语言，具有重要的文化价值、经济价值和战略开发价值。葡语人分布在世界七八个国家和地区，其市场大多未开发，具有很大的发展潜力。

澳门作为中国对外交流的门户，历史悠久。葡语是澳门稀有的语言资源，是支撑中国与葡语国家发展经济贸易交流的重要平台。澳门拥有葡语文化优势，已在"中国—葡语国家经贸合作论坛"（以下简称"中葡论坛"）中发挥了得天独厚、不可取代的作用。广泛的国际经济联系、多元语言文化环境、高度开放的自由港制度，是澳门跨越不同语言、文化和制度障碍，参与国际竞争与合作的三大突出优势。

（一）澳门的葡语文化优势

澳门的葡语文化基础已有百余年的历史，很多政府公务员都会说葡语，部分澳门商人及学者也能操流利的葡语。澳门可为中国沟通葡语国家提供大量的人才。澳门与葡萄牙以及其他葡语国家之间，关系紧密，源远流长。

重视澳门的葡语人才优势，开发利用葡语资源，既可为中国开发葡语国家市场牵线搭桥，为中国"走出去"战略搭建新平台，还可改变澳门娱乐产业单一化的结构，形成投资贸易等产业适度多元化趋势。

（二）澳门成为中国内地与葡语国家经贸往来与合作的桥梁

"中葡论坛"的成员除中国外，还有葡语国家，如葡萄牙、东帝汶、巴西、佛得角、几内亚比绍、安哥拉和莫桑比克。葡语国家巴西的国土面积居世界第5位，相当于东盟10国总和的两倍，经济规模和市场容量也与之相近，自然资源极为丰富。安哥拉石油、天然气、钻石、黄金、森林等资源丰裕，现已成为中国第二大原油进口国。

"中葡论坛"于2003年在澳门成立，旨在加强中国与葡语国家之间的经贸交流与合作，发挥澳门特区联系中国与葡语国家的平台作用，促进中国内地、葡语国家和澳门特区的共同发展。论坛成立时，中国和葡语国家的贸易额刚过 100 亿美元，2008 年已达 770 亿美元①，到 2013 年，中国与葡语国家间贸易额将达 1000 亿美元②。

2010—2013 年《经贸合作行动纲领》特别强调，要发挥澳门独特的葡语作为语言媒介可以为中国和欧盟及其他拉丁语系国家的经济、贸易、科技和文化交流搭建平台的作用。

（三）关于"东方迈阿密"的构想

迈阿密距拉丁美洲最近，是美国进入拉丁美洲市场的门户，也是美国唯一以拉美方式做生意的城市。居民 110 万，使用多种语言，具备多元文化背景，能为当地跨国公司提供大量的双语人才，号称"拉丁美洲的经济首都"③。

葡语和法语、西班牙语、意大利语等同属印欧语系拉丁语族，是由古拉丁语演变而来，其语音、语法和词汇等多有相通或相似之处。澳门与拉丁语系国家的语言文化环境相同或相近，易于相互沟通。澳门的外籍居民来自 50 多个国家，其中一半以上是拉丁语系国家。在文化、教育、宗教、法律等许多方面，澳门与拉丁语系国家的国际联系优势，在中国乃至东亚都是独一无二的。

"中葡论坛"的成立，标志着澳门已开始成为中国和葡语国家的重要合作平台，并且还有很大发展空间。世界上通用葡语的国家不到 10 个，而使用西班牙语、法语等其他拉丁系语言的国家有 70 多个，这些国家和葡语国家一样，主要分布在拉丁美洲、非洲和南欧，一直是我国全方位开放体系中相对薄弱而又亟须与之加强合作的地区。澳门和这些国家有着传统联系，又有"中葡论坛"合作平台的良好基础，今后能够顺理成章地升级为中国和西语、法语等拉丁语系国家的合作平台，全面扩大并深度拓展中国同众多拉丁美洲、非洲和南欧国家的友好交往，实现澳门发展成为"东方迈阿密"的构想。

在初步形成的"中国葡论坛"交流平台基础上，进一步构建面向

---

① 《温家宝：中葡论坛推动中国与葡语国家之间的交流与合作》，新华网，2010 年 11 月 13 日，http://finance.qq.com/a/20101113/001482.htm。

② 人民网，http://www.chinadaily.com.cn/hqpl/zggc/2010 – 11 – 14/content_ 1199745.html。

③ 汪海：《澳门：中国和拉丁语系国家的经贸合作平台》，《国际经济合作》2008 年第 5 期。

80 多个拉丁语系国家的经贸合作平台，澳门能在社会繁荣稳定、经济多元发展的新路上走得更远，能在中国融入全球化的进程中，发挥更加突出的作用。

五 结语和展望：国际化多语村战略

作为澳门的官方语文，葡文已经使用了一个半世纪，中文才用了十几年，要在官方领域使中文真正达到像葡文那样的成熟程度，实现所谓"语言回归"，似乎还有很长的路要走。当然，也有很多权宜之计，但从长远的观点看，从初等教育甚至学前教育抓起，开设中文及普通话课程，全面提升中文的教育质量，提升澳门青少年的中文水平，恐怕才是治本之策。

另外，为了长期稳定地发挥澳门特区联系中国与葡语国家的平台作用，促进中国内地、葡语国家和澳门特区的共同发展，实现把澳门建设成"东方迈阿密"的构想，需要源源不断地培养出通晓中葡双语专业人才，以及懂得法语、西班牙语、意大利语等其他拉丁系语言的专业人才，没有大量的双语和多语专业人才，澳门就无法为中国与葡语国家、拉丁语系国家交流提供良好的服务，难以成为发达的国际合作平台。

因此，相关部门似乎应该制定调整相关的语文政策，鼓励澳门一定比例的华裔居民学习葡语和其他拉丁系语言，支持澳门的葡裔居民掌握中文。在中小学阶段，就普遍实行中文、葡语、西班牙语、法语、英语等双语或多语教育。以澳门大学等高等院校为主，建设中国和东亚的国际葡语高等教育中心，培养更多中葡双语专业人才，还可从中国内地及拉丁语系国家大量引进中拉双语人才。借助澳门多语环境、国际联系优势及珠海高等教育的优势，面向国内外引进和培养各种类型的跨语言、跨文化人才，以满足澳门国际交流平台发展的需要。

第五部分

国际语言政策与文化

罗斯化与俄罗斯化：语言政策在苏联/俄罗斯[*]

具有离心力取向的"罗斯化"思想源自东正教，崇尚自然而然地多种语言并存，不主张国家干涉语言使用；而具有向心力倾取向的"俄罗斯化"思想，否定多语现象，主张建立统一的国语和统一的文化。本文试图简要勾勒"罗斯化"思想和"俄罗斯化"思想对沙皇俄国、苏联及俄联邦语言政策的影响。

跟中国、印度相比，俄罗斯只是一个迟到的巨人，其历史并不十分悠久；但若跟美国相比，俄罗斯已可称作一个古老的国家，从基辅罗斯算起，俄罗斯已经走过1100多年了，但若从俄联邦新近（1991年）独立来算，迄今（2001年至今）也不过10年的时间，因此，似乎可以认为，俄罗斯是一个既古老而又年轻的国家。

一　历史语言文化背景

（一）俄罗斯的历史沿革

俄罗斯人的先民是古代的东斯拉夫人，6世纪已经出现许多部落公国，882年建立起统一的基辅罗斯。基辅罗斯的大公弗拉基米尔于988年把基督教定为国教，同时开始广泛吸收以古希腊罗马文化为基础的拜占庭文化。

13—15世纪，蒙古人侵占基辅罗斯，蒙古人的长期统治给后来罗斯文化及俄罗斯文化的发展，打上了深刻的东方烙印。

随着15世纪下半叶俄罗斯中央集权国家——莫斯科大公国的建立，

＊　原载《世界民族》2011年第4期，有所修订。

"在 16 世纪，俄罗斯（大俄罗斯）民族最终形成"①。从 1547 年伊凡四世改称沙皇，对外进行扩张开始，至 1917 年罗曼诺夫王朝覆灭的 370 年，俄国的领土扩大了 7 倍，发展成为一个军事封建帝国主义国家。1917 年 11 月 7 日，建立了世界上第一个社会主义国家政权——工农和红军代表苏维埃，1922 年 12 月 30 日，苏维埃社会主义共和国联盟（苏联）正式成立。1991 年 12 月 21 日，苏联解体，俄罗斯联邦成为完全独立的国家。

（二）俄罗斯联邦民族语言状况

俄罗斯联邦横跨欧亚大陆，面积超过 1707 万平方公里，占世界陆地面积的近 1/8。人口 1.482 亿（1995 年）。有 100 多个民族，其中俄罗斯族占 82.6%（1989 年）。俄联邦下设 21 个共和国、6 个边疆区、49 个州、2 个联邦直辖市、1 个自治州和 10 个自治专区，总计 89 个行政主体。

俄语是俄联邦全境内的国语，各共和国的国语有 19 种（1994 年），共和国国语和俄语同为该共和国的通用语言。俄联邦的主要语言分属四大语系八大语族，即印欧语系的斯拉夫语族和伊朗语族，阿尔泰语系的突厥语族和蒙古语族，乌拉尔语系的芬兰—乌戈尔语族，伊比利亚—高加索语系的阿布哈兹—阿弟盖语族、纳赫语族和塔吉斯坦语族②。

在俄联邦，母语为俄语的已有 1.3 亿，其中俄罗斯族为 1.2 亿，非俄罗斯族转用俄语的有 800 多万③。除俄语外，使用人口超过 100 万或接近 100 万的，依次还有鞑靼语、乌克兰语、楚瓦什语、巴什基尔语、白俄罗斯语、摩尔多瓦语等。主要少数民族都有自己的语言和文字。

（三）重要的民族文化思想：罗斯化与俄罗斯化

俄罗斯地处欧亚之间，历史上欧洲拜占庭文化对俄罗斯人的重要影响和亚洲蒙古人对俄罗斯人的长期统治，决定了俄罗斯文化具有一定的

---

① ［苏］泽齐那、科什曼、舒利金：《俄罗斯文化史》，刘文飞、苏玲译，上海译文出版社 1999 年版，第 58 页。
② 何俊芳：《20 世纪 90 年代俄罗斯的语言改革》，《中央民族大学学报》2000 年第 4 期。
③ 黄长著编著：《各国语言手册》（修订增补版），重庆出版社 2000 年版，第 173 页。

兼容性。有人形象地把俄罗斯比作欧洲的东方，亚洲的西方。俄罗斯文化犹如一个巨大的钟摆，沉重地往来于世界文化的两极之间。

对俄罗斯语言政策产生过重要影响的俄罗斯民族文化思想主要有两种："罗斯化"思想和"俄罗斯化"思想。"罗斯"，俄文是 Pycb，英文是 Ross，后来的"俄罗斯"Pycck 是"罗斯"一词的拉丁化形式，其含义是"国家"。罗斯分为大俄罗斯、小俄罗斯（乌克兰）和白俄罗斯。"罗斯化"（Rossification）的思想观点认为，各种语言并存是一种自然而然的社会语言现象，国家对此不要进行干涉。"罗斯化的实质在于东正教，而不是其俄罗斯主义。'效忠沙皇的动力，其动因是东正教的理想而不是俄罗斯的语言和文化。最为神圣的是俄国，而不是俄罗斯人'。""俄罗斯化"的思想观点，则对多语并存的现象持否定态度，主张建立统一的国语和统一的文化，在俄语中，"俄罗斯化"和"同化"是同义词，"俄罗斯化旨在使非俄罗斯族臣民在语言和认同方面都成为俄罗斯人"①。

历史上，俄罗斯族先民的"罗斯化"进程要早于"俄罗斯化"进程。9 世纪，在基辅罗斯接受洗礼之前，传教士西里尔和其长兄美弗基就创造了斯拉夫文字，并用这种文字把《圣经》翻译成南部斯拉夫语。14 世纪时，彼尔姆的教士斯杰潘把经书译成科尔语，这是芬兰—乌戈尔语族中的一个小语种。另外，传教士沃尔索诺菲依和古里把一些经文译成鞑靼语，许多传教士在西伯利亚、中亚、高加索、阿拉斯加活动，并把经书译成当地民族语言。这些传教士的活动促进了当地民族语言的发展。

直到 19 世纪末期之前，俄国政府很少干涉俄罗斯民族语言和文化生活，有时甚至表示尊重非俄罗斯民族的语言和文化，这在伊丽莎白（1709—1792 年）政府教育部的报告以及斯彼朗斯基（1772—1839 年）的西伯利亚行政改革中都可以找到例证。19 世纪初期，在俄国占领的芬兰、拉脱维亚、波兰、立陶宛等地区，都建有民族学校。

19 世纪末 20 世纪初，沙皇政府实行"俄罗斯化"政策，强制推行

---

① Szporluk，R.，"The Imperial Legacy and Soviet Nationalities Problem"，in L. Hajda and M. Bessinger（eds.），*The Nationalities Factor in Soviet Politics and Society*，Cambridge：Cambridge University Press，1990：2.

统一的国语——俄语，此后，苏联及俄联邦各个历史时期的语言政策均可追溯出"俄罗斯化"或"罗斯化"的思想影响。

二　沙皇的泛斯拉夫主义及其俄罗斯化政策

（一）沙俄时期的泛斯拉夫主义

19世纪中叶，俄国的泛斯拉夫主义者，极力宣扬"斯拉夫文化优越论"，主张"采用单一的书面语言"，认为"只有俄语才有资格成为斯拉夫团结的动力"。他们一再强调，要用俄语取代其他所有的斯拉夫诸语，因为"只有俄罗斯民族才保留了斯拉夫在宗教和文学方面的传统，因此也就为俄罗斯民族的书面语言取得了一种所谓'全斯拉夫语'的历史权利"[①]。泛斯拉夫主义的本质就是要用一种语言（俄语）、一种信仰（东正教）、一个国家（斯拉夫大帝国）、一个领袖（沙皇）来统一所有的斯拉夫人，把俄语作为实现沙俄最终政治霸权的一种工具。

（二）沙皇政府的俄罗斯化政策

如前所述，所谓俄罗斯化，就是要强迫非俄罗斯人同化为俄罗斯人，强迫非俄罗斯语同化为俄罗斯语，强迫非俄罗斯文化同化为俄罗斯文化。沙皇俄国采用俄罗斯化政策，受到以下三个方面因素的制约。第一，俄国领导人对于居住在沙俄西部边疆地区，如波罗的海地区及高加索地区的非俄罗斯民族，忧心忡忡。因为，波罗的海诸省及芬兰诸民族的语言文化均比俄罗斯社区悠久，这些地区实行的欧洲制度也比当时俄国其他地区先进。沙俄官僚阶层无法容忍这些地区的语言文化进一步发展繁荣，继续高居于俄罗斯语言文化之上。

第二，伊斯兰教在俄国中部伏尔加地区的传播，也使俄国东正教会的统治集团闷闷不乐，他们担心自己的地盘会受到伊斯兰教等异教的侵犯或威胁。

第三，泛斯拉夫主义或俄罗斯文化至上论日益流行，该理论坚持认

---

① ［俄］亨扎克·塔拉斯：《泛斯拉夫主义或泛俄罗斯主义》（1974年），陈鹏译，《民族译丛》1984年第2期。

为，俄国政府有权力和义务将俄罗斯文化强加给帝国的所有臣民[①]。

沙俄的俄罗斯化政府只是在乌克兰地区和波兰发挥了重要的作用，在其他地区，该政策的影响则各不相同。在波罗的海诸省，俄罗斯化的目的是要在该地实行俄国的管理体制，使俄语成为官方语言。在芬兰，则是要把芬兰变成俄国的一个省。芬兰的学校必须讲授俄语，俄语也应像芬兰语和瑞典语那样，同为芬兰的官方语言。在伏尔加河流域，教会统治集团试图逼迫鞑靼人放弃伊斯兰教，改信东正教，但是并未如愿以偿。在中亚地区沙俄的俄罗斯化政策从未得到施行。

（三）推行统一的国语——俄语

19 世纪末 20 世纪初，沙皇政府推行的是一种统一国语（俄语）的政策，企图以此来加强帝国的统一和团结。沙皇教育大臣杰梁诺夫（Делянов，1818—1898 年）曾经发布命令："所有的地方语言都一律服从俄语。"[②] 政府文件曾规定："学校是国家的，学校应成为俄罗斯民族爱国主义的学校。政府的学校不可能具有异族的特征。在学校里，国语应毫无折扣地占统治地位，必需用俄语进行教学。"[③] 1867 年，俄国国民教育部认为，"对待异族方言最适当的办法，是采取置之不理和忽视的方法，而绝不能牺牲国家利益使这些语言发展和完善。"[④] 立陶宛语和波兰语的使用曾长期受到限制。

到 1917 年的十月革命之前，俄国的识字人口占全国人口的 21%，其中非俄罗斯族地区，如外高加索的识字率只有 12%，中亚地区不到 5%。乌兹别克、土库曼和塔吉克等民族每 1000 名儿童只有 42 人入学

---

① ［美］康奎斯特·罗伯特主编：《最后的帝国——民族问题与苏联的前途》（1986 年），刘靖北等译，华东师范大学出版社 1993 年版，第 10 页。

② 《关于沙皇制度异族文字政策的资料》，《东方文化与文字》（莫斯科版）1930 年第 6 卷第 13 页，转引自［苏］谢尔久琴柯《关于创立民族文字和建立标准语的问题》，刘涌泉等译，民族出版社 1956 年版（内部发行），第 16 页。

③ ［苏］谢尔久琴柯：《关于创立民族文字和建立标准语的问题》，刘涌泉等译，民族出版社 1956 年版（内部发行），第 15 页。

④ ［苏］格勒梅尼斯基：《锡尔河地区的异族教育情况》，塔什干 1916 年版，转引自［苏］谢尔久琴柯《关于创立民族文字和建立标准语的问题》，刘涌泉等译，民族出版社 1956 年版（内部发行），第 16 页。

校，而吉尔吉斯、巴什基尔、雅库特等民族几乎全是文盲①。

三　列宁的民主原则：坚持语言平等，发展各民族语言

（一）语言平等和语言发展政策

列宁曾大力倡导国家事务要实行民主化，要严格防止俄罗斯至上的倾向，要坚持"民族平等和语言平等"的原则②，反对把俄罗斯语言当作义务国语，强制推行③。

十月革命后，列宁的这一语言平等的理想原则，开始成为苏联语言政策的基础。1924 年苏联第一部《宪法》第 34 条规定，全联盟的一切法令和决定要用各加盟共和国通用的语言文字，即俄文、乌克兰文、白俄罗斯文、格鲁吉亚文、亚美尼亚文和突厥—鞑靼文刊印④。从 1918 年至 1924 年，先后有拉脱维亚、乌克兰、亚美尼亚、巴什基尔、楚瓦什、阿塞拜疆、白俄罗斯等加盟共和国或自治共和国通过了有关语言享有平等权利的决议。

（二）制定该语言政策的其他原因

苏联建国初期制定的语言政策，除了受列宁思想的指导外，还有其他一些原因。第一，"权利平等及自由发展"的语言政策是对沙皇政府的"俄罗斯语优越，强制推行俄语"政策的一种回应，沙皇政府的语言政策不只是引起了一些布尔什维克的抗议，还遭到诸多民族的反对。第二，苏联的语言政策符合共产党政权的总的思想纲领，即建立一个新型的、任何时候都不曾存在过的、以合理和公正的原则为基础的社会。第三，在革命和国内战争年代，许多民族的民族自我意识迅速增长，苏联的该语言政策跟当时各小民族的民主知识分子的思想趋向非常吻合。

---

① ［苏］苏共中央马克思列宁主义研究院编：《苏共领导下的文化革命》，范益彬译，上海人民出版社 1978 年版，第 207—208 页。

② 《列宁全集》第 20 卷，人民出版社 1963 年版，第 11 页。

③ 《列宁全集》第 20 卷，人民出版社 1963 年版，第 57—59 页（引用者按：1990 年版，篇名改为《需要强制性国语吗?》，收入第 24 卷）。

④ 中国社会科学院苏联东欧研究所、国家民委政策研究室编译：《苏联民族问题文献选编》，社会科学文献出版社 1987 年版，第 114 页。

第四，由于国内战争及其后来的纷争，苏联各民族之间的联系已经减少，正在朝着地区化的方向发展，所以交际语的统一问题相对说来并不那么重要，尚未提到议事日程①。

（三）"语言建设"：改革并创制文字

苏联 100 多种语言的发展水平是不平衡的，除了俄语、乌克兰语、格鲁吉亚语和亚美尼亚语等少数几种语言已经形成了标准语之外，其他大多数语言都没有形成自己的规范或标准，更多的语言尚无文字。为了使苏联各民族的语言都能达到俄罗斯语的水平，真正实现语言文字的平等，一项称作"语言建设"的工作在苏联大力开展。其领导机构是 1925 年在巴库成立的全苏新突厥字母中央委员会，该会 1929 年改称全苏新字母中央委员会，1930 年以后迁到莫斯科。该委员会起初只是为突厥语言设计文字，后来工作语种扩大到除北方小民族语言之外的所有需要新文字的语言。②

20 世纪 20 年代初，阿塞拜疆语的文字改革开始用拉丁字母取代阿拉伯字母。到 20 年代末，字母的拉丁化成为苏联文字改革的主要趋向，因为拉丁化改革的用途是"第一，使苏联内部各种民族文化相互接近；第二，使国际范围内字体交际的方式趋于接近……拉丁化是东方的文化革命"③。当时"世界革命"的口号还很流行，只有拉丁字母能成为世界性文字的字母。另外，实行拉丁化文字改革的目的是"普及大众教育和进行文化革命"，这种改革"不仅推翻了东方封建神权政体的传统，而且还消除了阿拉伯伊斯兰世界的'统一'，严重地打击了泛伊斯兰主义和泛突厥主义的思想和原则"④，具有极大的革命意义。

1930 年苏联突厥语族的文字拉丁化改革任务已经完成，阿塞拜疆

---

① ［俄］阿尔帕托夫：《苏联 20、30 年代的语言政策：空想与现实》，陈鹏译，《民族译丛》1994 年第 6 期。

② ［俄］阿尔帕托夫：《苏联 20、30 年代的语言政策：空想与现实》，陈鹏译，《民族译丛》1994 年第 6 期。

③ ［苏］波里瓦诺夫：《苏联突厥字母书写革命的基本形式》，《新东方》（莫斯科）1928 年第 23—24 期。

④ ［苏］谢尔久琴柯：《关于创立民族文字和建立标准语的问题》，刘涌泉、阮西湖等译，民族出版社 1956 年版（内部发行），第 44 页。

语、哈萨克语、吉尔吉斯语和鞑靼语等 13 种语言都采用了拉丁字母。另外，蒙古语、塔吉克语等 6 种语言也相继采用了拉丁字母。改革的文字总计近 20 种。到 20 世纪 30 年代初，苏联政府已为 40 多种语言创制了文字。①

在苏维埃政权的初期，列宁的民主原则以及传统的"罗斯化"思想明显占据支配的地位。苏维埃政权真心实意地发展各民族语言和文化的政策是十分明显的。即使某些语言的使用者只有几千人，西伯利亚的某些小民族甚至不足千人，但是仍然坚持用这些民族的语言来授课。1930 年还专门成立了讲授这些小语言的学院，为小民族语言培养师资。较大民族的教育事业和出版事业则得到更迅速的发展。据统计，1936 年苏联用 99 种语言出版了书籍，俄语除外的各种语言的书籍印数达 1.08 亿册②。30 年代，生活在乌克兰共和国的格鲁吉亚人开设了讲授本民族语言的学校，其他民族也都获得了学习本民族语言的条件和可能。

四　斯大林的集权主义：文字俄文化，教学俄语化

（一）斯大林的超阶段理论

所谓"超阶段"是超越社会发展阶段的简称。1936 年 11 月，斯大林在关于宪法的报告中宣布："苏联社会已经做到基本上实现了社会主义，建立了社会主义制度。"③ 以此为出发点，斯大林认为，在民族关系方面"制造民族纠纷的主要势力即剥削阶级已被消灭，培植民族互不信任心理和燃烧起民族主义狂热的剥削制度已被消灭"④，从而盲目提出苏联各民族之间"真正的兄弟合作已经建立起来了"⑤。但是，历史实践表明，这种理论是错误的，是不符合实际的，它忽视了民族矛盾和

---

① ［俄］阿尔帕托夫：《苏联 20、30 年代的语言政策：空想与现实》，陈鹏译，《民族译丛》1994 年第 6 期。
② ［俄］阿尔帕托夫：《苏联 20、30 年代的语言政策：空想与现实》，陈鹏译，《民族译丛》1994 年第 6 期。
③ 《斯大林选集》下卷，人民出版社 1979 年版，第 399 页。
④ 《斯大林文选》，人民出版社 1962 年版，第 88—89 页。
⑤ 斯大林：《论苏联宪法草案》，载《马克思主义与民族、殖民地问题》，人民出版社 1954 年版，第 375 页。

民族问题的长期性和复杂性。斯大林对苏联社会发展阶段的错误定位直接影响到苏联在各个方面的政策，包括苏联的民族政策和语言政策。

（二）斯大林的集权主义体制

第二次世界大战前后，为了适应战争革命和工业化建设的需要，斯大林领导建立起一套中央高度集权的行政命令体制，该体制在政治上，一党执政，党政不分，个人专权，缺乏民主；在经济上，实行高度集中的部门管理体制和指令性计划经济；文化上，高度垄断；思想意识形态上，追求文化发展的单一性；在民族问题上，强制迁移数百万少数民族①，致使这些民族结下很深的怨恨。

随着该体制的建立，"大俄罗斯主义"和"大国沙文主义"思想开始在共产党内占据上风。自从 1934 年斯大林在联共（布）第十七大提出民族主义倾向"成为主要危险"②以来，反对地方民族主义开始成为工作的重点，而大俄罗斯沙文主义则极少提及，因为只有这样才能建立并巩固高度集权的新体制。

（三）新文字政策：民族文字俄文化

"大俄罗斯主义"思想在文字政策方面的表现则是，将苏联诸多民族使用的文字改为西里尔字母（俄文字母），也就是用西里尔字母（俄文字母）来统一苏联多民族文字的字母。

1935 年 6 月 1 日，苏共中央执行委员会主席团做了《关于把北方各民族的语言改为西里尔字母的决议》，首先在卡巴尔达—巴尔卡尔进行试验，但是全苏新字母中央委员会对此则持保留态度，认为"一旦改换字母，一定数量的居民在一定的时期内将成为文盲"③。1937 年苏联

---

① 斯大林时期（20 世纪 30 年代下半期至 50 年代初），苏联当局以惩罚和清洗第二次世界大战期间有所谓"背叛行为"的少数民族为理由，将二十几个民族 440 多万人驱逐到西伯利亚和中亚等地，其中整个民族迁出的有日耳曼人、车臣人、卡尔梅克人、印古什人和巴尔卡尔人等 11 个民族。参见初祥《苏联斯大林时期强制迁移少数民族及其后果》，《世界民族》1998 年第 3 期。

② 《斯大林全集》第 12 卷，人民出版社 1956 年版，第 319—320 页。

③ ［俄］阿尔帕托夫：《苏联 20、30 年代的语言政策：空想与现实》，陈鹏译，《民族译丛》1994 年第 6 期。

正在搞大清洗，最高层决定，解散全苏新字母中央委员会，并逮捕该委员会的领导人。

1937—1941 年，除了具有悠久历史的格鲁吉亚文、亚美尼亚文、波罗的海沿岸三国的拉丁文，三个斯拉夫语共和国（白俄罗斯、乌克兰和俄罗斯）的西里尔文以及山地犹太人使用的希伯来文和朝鲜人使用的谚文未作改动外，其他绝大多数文字，如拉丁文、突厥、伊朗语言的阿拉伯文及蒙古文，通通改为西里尔文，苏联东干人使用的拉丁文虽然沿用到 1952 年，但最终还是改用了西里尔字母。后来许多民族创制或改革文字时，干脆全盘照搬俄文字母。由于种种原因，当时至少有十几个小民族失去或停止使用本民族的文字。

苏联 20 世纪三四十年代的"字母俄文化"运动是跟斯大林时代的极权主义背景相吻合的。将非俄文字母改变为俄文字母，对外是要扩大非俄罗斯民族文字与境外民族文字之间的差异，防止资产阶级文化的侵入，对内则是要增强非俄罗民族文字与俄罗斯文字之间的统一。问题在于，这种转变不是社会的自然发展而使然，而是通过行政命令强制实现的。

（四）新语言政策：教学俄语化

"教学俄语化"政策是指，在所有学校中，从一年级起就开始讲授俄语。该项政策是 1938 年联共（布）中央和苏联人民委员会《关于在民族共和国和州的学校中必须学习俄语》的决议中提出的[1]。该政策改变了学校中各种语言之间的相互关系，以前是一年级学生先学本族语，二、三年级开始学俄语。该决议发布后，原定关于建立同民族语言的高等和中等教育的问题，也从议事日程上取消了。一些教师甚至"禁止入学前不懂俄语的科米族儿童讲本族语"[2]。20 世纪 40 年代以来，少数民族语言在小学教育中的使用越来越少，俄语在中学教育中，已占有绝对优势。这种做法使许多少数民族学生本族语的水平越来越低，以致不会用本族语来阅读书写和会话，造成老一代与年轻一代的语言隔阂。俄罗

---

① Szporluk，R.，"The Imperial Legacy and Soviet Nationalities Problem"，in L. Hajda and M. Bessinger（eds.），*The Nationalities Factor in Soviet Politics and Society*，Cambridge：Cambridge University Press，1990：20.

② ［苏］泽齐娜、科什曼、舒利金：《俄罗斯文化史》，刘文飞、苏玲译，上海译文出版社 1999 年版，第 2 页。

斯化在语言文字方面已经取得相当的进展。

影响实行"教学俄语化"政策的主要因素约有四条：当时的政治和经济趋向集中，苏联境内不同地区不同民族的干部职工调动频繁，社会上对于使用共同交际语的要求比以往迫切；由于此前，民族学校的发展势头迅猛，少数民族热衷于学习本族语，对学习俄语并不很热心，这使政府当局感到担忧；如前所述，由于斯大林不再强调反对大俄罗斯沙文主义，而强调俄罗斯文化的重要性，并且以俄罗斯为中心解释历史，这势必要突出俄语的地位；1937—1938 年的大清洗镇压了许多曾大力主张发展民族语言的干部和知识分子，这使得未受株连者不得不保持沉默，不得不任凭"俄语化"政策的盛行。

五　后斯大林的停滞和僵化：第二本族语和分化的双语

（一）僵化的超阶段理论

1953 年 3 月 5 日斯大林与世长辞。以赫鲁晓夫为首的苏共领导完全接受了斯大林的社会主义"超阶段理论"，认为苏联到 1936 年已基本建成了社会主义，从 20 世纪 30 年代末期，开始向共产主义过渡。正是在这一思想理论的基础上，赫鲁晓夫于 1961 年在苏共二十二大上提出，苏联已进入"全面展开共产主义建设"的新阶段①，苏联已经解决了"各民族间的相互关系问题"，"在苏联形成了具有共同特征的不同民族人们的新的历史共同体，即苏联人民。他们有共同的社会主义祖国——苏联，共同的经济基础——社会主义经济，共同的社会阶级结构，共同的世界观——马克思列宁主义，共同的目标——建立共产主义，在精神面貌上，在心理上具有许多共同特点"②。

1964 年 10 月，赫鲁晓夫下台。勃列日涅夫执政后，于 1967 年首次提出"发达社会主义"的理论："在我国建成的发达的社会主义社会，

---

① ［苏］赫鲁晓夫：《苏联共产党第二十二次代表大会关于苏联共产党纲领的报告（节选）》（1961 年），载中国社科院苏联东欧研究所和国家民委政策研究室编译《苏联民族问题文献选编》，社会科学文献出版社 1987 年版，第 251 页。

② ［苏］赫鲁晓夫：《苏联共产党第二十二次代表大会关于苏联共产党纲领的报告（节选）》（1961 年），载中国社科院苏联东欧研究所和国家民委政策研究室编译《苏联民族问题文献选编》，社会科学文献出版社 1987 年版，第 250 页。

是'各尽所能，按劳付酬'的原则占统治地位的社会。"[1] 这一理论分别写入 1971 年的苏共二十四大文件和 1977 年《宪法》中。"发达社会主义"理论强调，在苏联的社会关系中已经形成了"社会的统一体"，即产生了新的历史共同体——苏联人民，它既是各阶级和社会集团已经接近的社会共同体，又是所有民族已经接近并建立起牢不可破友好关系的族际共同体。

但是，社会经济的事实是，从 20 世纪 60 年代下半期到 70 年代末，苏联劳动生产率的年平均速度大约下降了 50%，即由 7.2% 下降到 3.1%[2]。1976—1980 年苏联国民收入平均年增长率只有 1%，1981—1985 年则降为 0.6%[3]。

苏联的社会历史实践表明，无论是赫鲁晓夫的全面展开共产主义建设的理论，还是勃列日涅夫的"发达社会主义"理论，都是一种脱离现实，僵化守旧，阻碍改革，导致停滞的教条主义理论。

（二）大力推广族际交际语——俄语

以"全面建设共产主义"理论为指导，赫鲁晓夫提出了他的语言工作指导思想，这就是苏联已经解决了民族问题和语言问题，"俄罗斯语言实际上已成为苏联各族人民的第二本族语，成为各民族相互交往、每个大小民族吸收苏联各族人民文化成就和世界文化的工具"。因此，学习俄语，"对各民族之间合作的发展具有积极的意义"[4]。

1958 年 11 月 12 日苏共中央和苏联部长会议做出一项决议，其中第 19 条规定[5]，居住在非俄罗斯共和国的俄罗斯人（外来人）有权选择是

---

① ［苏］勃列日涅夫：《勃列日涅夫言论》（第 3 集），上海人民出版社编译室译，上海人民出版社 1974 年版，第 190 页。

② 刘克明、金辉主编：《苏联政治经济体制七十年》，中国社会科学出版社 1990 年版，第 626 页。

③ 刘克明：《刘克明集》，中国社会科学出版社 1999 年版，第 6 页。

④ ［苏］赫鲁晓夫：《苏联共产党第二十二次代表大会关于苏联共产党纲领的报告（节选）》（1961 年），载中国社科院苏联东欧研究所和国家民委政策研究室编译《苏联民族问题文献选编》，社会科学文献出版社 1987 年版，第 252 页。

⑤ 《关于加强学校同生活的联系和进一步发展苏联国民教育制度的提纲》，载中国社科院苏联东欧研究所和国家民委政策研究室编译《苏联民族问题文献选编》，社会科学文献出版社 1987 年版，第 240—241 页。

否学习当地语言，这就突破了斯大林时期的规定。在斯大林时期，居住在俄罗斯共和国以外的俄罗斯人按规定，必须学习当地的语言。该项规定在苏联拉脱维亚共和国曾引起轩然大波，该共和国的最高苏维埃反其道而行之，据此于 1959 年 3 月增加了该国学校中拉脱维亚语的义务学习时间，结果引起该国舆论界的激烈争论。后来肃清了拉脱维亚的"民族共产主义分子"之后，苏联政府的该项政策才得以贯彻执行。据1979 年的人口普查统计，这种不均衡的双语政策导致只有 3.5% 的俄罗斯人自称能够熟练运用苏联其他民族的语言①。

促使苏共采取上述语言政策的动因，除了前引思想理论因素外，大概还有以下几个方面的原因：苏联幅员辽阔，没有一种官方统一的语言则不利于国家的统一；现代科学技术的发展也要求语言的统一；新兴工业中心的产生，自然资源的开发，荒地的开垦，各种交通运输的发展，促进了人口的流动，扩大了苏联各民族之间的相互交往，产生了使用共同族际交际语的需要；俄语是俄罗斯族的本族语，俄罗斯族占苏联人口的半数以上；俄罗斯人曾解放过其他的民族，并为他们提供过"兄弟般"的帮助，为他们提供过大量的俄罗斯文化和科学；俄语是最发达的语言之一，是当代科学、文化科技合作及族际交往的语言②；俄语还是苏联各族人民选择的族际语，是社会主义友好联盟诸国的语言。拥有马克思列宁主义最丰富的文献，拥有苏联社会主义经济、文化和语言建设经验最丰富的文献，直接关系到第三世界国家③。

（三）实行民族语—俄语双语制

勃列日涅夫时期，实行的是"民族语—俄语"双语制，即少数民族除了学习掌握本族语外，还要学习掌握俄语，因为俄语是"苏联各大小

---

① ［美］康奎斯特，罗伯特主编：《最后的帝国——民族问题与苏联的前途》，刘靖北等译，华东师范大学出版社 1993 年版，第 182 页。

② Desheriyev, Y. （ed.）, *Jazyk v razvitom socialisticeskom obscestve Jazykove problemy razvitija sistemy massovoj kommunikacii v SSSR* ［*Language in Developed Socialist Society：Language Problems in the Development System in the Mass Media in the USSR*］, Moscow：Nauka, 1982：44.

③ Desheriyev, Y. （ed.）, *Jazyk v razvitom socialisticeskom obscestve Jazykove problemy razvitija sistemy massovoj kommunikacii v SSSR* ［*Language in Developed Socialist Society：Language Problems in the Development System in the Mass Media in the USSR*］, Moscow：Nauka, 1982：47.

民族相互交际的语言"①，是苏联非俄罗斯公民的"第二本族语"，对这些非俄罗斯人来讲，其本族语适宜表达本民族的民间传说和传统等，但不适宜科学和技术的目的，不适宜苏联上层的行政管理、外交及军队中的使用，因此要学习掌握俄语知识。但是，由于种种原因，例如，居住在苏联非加盟共和国诸民族的绝大多数儿童，要完成中等教育，就得进入以俄语作为教学语言的学校；20 世纪六七十年代，进行少数民族语言教学的学校逐渐减少；移居到少数民族地区的俄罗斯人不愿意学习当地的非俄语语言；结果出现俄罗斯人掌握第二语言的比例跟非俄罗斯人掌握俄语的比例严重失衡的局面（见表 1）。

表 1　　　　　　　　　　　　　俄语在苏联的推广

	1959 年		1970 年		1979 年	
	人数（百万）	百分比（%）	人数（百万）	百分比（%）	人数（百万）	百分比（%）
全体居民	208.8	100	241.7	100	262.1	100
其中：俄罗斯人	114.1	54.6	129.0	53.4	137.4	52.4
以俄语为本族语言的非俄罗斯人	10.0	4.8	12.8	5.3	16.1	6.1
熟练掌握俄语并为第二语言的人	23.7	11.4	41.9	17.3	61.3	23.4
熟练掌握俄语人的总和	147.8	70.8	183.7	76.0	214.8	81.9

资料来源：［苏］鲁特克维奇：《两种语言并胜——新的历史性共同体发展的重要因素》，阮西湖译，《民族译丛》1982 年第 4 期。

从表 1 可以看出，20 世纪 50 年代末到 70 年代末的 20 年，俄罗斯人在全国总人口中的比重由 54.6% 下降到 52.4%（可能由于出生率不高），但是掌握俄语（包括作为本族语和第二语言）的人数却由 70.8%上升为 81.9%。据 1979 年的统计，俄罗斯人讲双语的比率仅为 3.5%②。换言之，少数民族懂俄语的人数比俄罗斯人懂少数民族语的

① ［苏］勃列日涅夫：《勃列日涅夫言论》（第 3 集），上海人民出版社编译室译，上海人民出版社 1974 年版，第 348 页。

② Kozlov, Victor, *The Peoples of the Soviet Union*, Bloomington：Indiana University Press, 1988：168，Table 37.

人数高出 23 倍。勃列日涅夫原本以为苏联的"民族问题，已经完全解决，已经彻底和一劳永逸地解决了"①，但是他没有料到，苏联语言政策所导致的双语的增长，彻底违背了它自己的目标，并使其成为一种离心的力量，各民族感到他们的语言受到了威胁，并发展成为对苏联政策及政权不满的一个因素。

六　戈尔巴乔夫的改革与公开性：语言立法和语言冲突

（一）戈尔巴乔夫的改革与公开性

1985 年 3 月，出任苏共中央总书记的戈尔巴乔夫看到当时苏联的经济停滞不前，政治缺乏民主，信仰出现危机，官僚主义十分严重，于是提出改革经济的设想。第二年在苏共第二十七次代表大会上，又提出加强社会政治生活"民主化"和扩大"公开性"的问题②，但是对于苏联潜在的日益严重的民族问题，及语言问题却缺乏清醒的认识。

苏联共产党第二十七次代表大会 1986 年通过的《苏联共产党纲领》宣称："过去遗留下来的民族问题在苏联已经得到圆满解决"，"这种发展在遥远的历史未来会导致各民族的完全统一"；党在今后的一项基本任务仍将是"始终不渝地反对地方主义和民族局限性的任何表现"，在民族关系方面要恢复"列宁主义的社会主义联邦制和民主集中制原则"。该纲领还强调"掌握苏联人自愿作为族际交流手段的俄语，会扩大享受科学技术成就、享受祖国文化和世界文化的机会"③。

由此看到，戈尔巴乔夫前期的语言政策跟后斯大林时代没有多少实质性的不同。为了反对保守派，戈尔巴乔夫原本希望实行"民主化"和"公开性"，会有助于改革的成功，但是，他万万没有料到，"公开

---

① ［苏］勃列日涅夫：《勃列日涅夫言论》（第 3 集），上海人民出版社编译室译，上海人民出版社 1974 年版，第 343 页。

② 中国社科院苏联东欧研究所和国家民委政策研究室编译：《苏联共产党第二十七次代表大会主要文件汇编》，人民出版社 1987 年版，第 80—81 页。

③ 中国社科院苏联东欧研究所和国家民委政策研究室编译：《苏联共产党第二十七次代表大会主要文件汇编》，人民出版社 1987 年版，第 462—463 页。

性"和"民主化"刺激了长期掩盖的民族矛盾和社会矛盾的发展,触动了错综复杂的历史积怨,使得一触即发的民族紧张关系越发不可收拾。由于放宽了原来制定的有关限制,许多少数民族社区组织起来,公开反对"斯大林主义的民族政策"①,而语言问题是其中的一个重要论题。

"阵线"是苏联国内社会政治运动最广泛最普遍的一种群众组织形式。苏联建立的第一个这类组织是"爱沙尼亚争取公开阵线",成立于1988年5月,成为苏联其他加盟共和国同类群众组织的范例。随后成立的诸多人民阵线纷纷向苏联当局提出了两个方面的要求,一是确定本加盟共和国主体民族语言为国语或官方语言,再就是大幅度削减或完全停止俄罗斯移民的迁入。诸人民阵线之所以提出这些要求,是因为莫斯科不能系统地说明诸加盟共和国的文化自治的界限,不能保护诸加盟共和国的少数民族的文化权利。

诸加盟共和国人民阵线曾呼吁,官方语言或教育语言应一律使用民族语言而不是俄语。一些人民阵线还呼吁,废除苏联1977年《宪法》的第45条,要求"在以俄语教学的学校,把(民族的)语言、文学、历史定为必修课"②,试图通过这种方式,阻止教育领域的俄罗斯化。这些团体公开为非俄罗斯族人民寻求进一步的文化自治、经济自治和政治自治,延缓俄罗斯化的进程,朝着"罗斯化"的方向迈进。苏联人民阵线的产生,使得人民群众可以在共产党之外参与政治,苏联诸国的人民阵线向苏联政府发动了猛烈的攻击,结果造成苏联的政治制度沿着民族的界限发生裂变。

(二) 语言立法

20世纪80年代末至90年代初,苏联出现了一种所谓语言"国有化"运动,各加盟共和国的报纸开始讨论建立国语的问题,然后制订语言法(草案),提交本共和国的最高苏维埃批准,接着在本共和国报纸

① Olcott, M. B., "Gorbachev's National Dilemma", *Journal of International Affairs*, 42 (2), 1989: 407.

② Nahaylo, B, and Swoboda, V., *Soviet Disunion: A History of the Nationalities Problem in the USSR*, New York: Free Press, 1990: 272.

上公布该语言法（草案），供社会各界讨论，最后经修订后送交苏联最高苏维埃核准。苏联的 12 个加盟共和国大致按照自西向东的方向相继制定了本共和国的语言法，按照语言立法的年代顺序，这些共和国是：爱沙尼亚（1989 年 1 月 18 日），立陶宛（1989 年 1 月 25 日，语言规定），拉脱维亚（1989 年 5 月 5 日），塔吉克（1989 年 7 月 22 日），摩尔达维亚（1989 年 9 月 1 日），哈萨克（1989 年 9 月 22 日），吉尔吉斯（1989 年 9 月 23 日），乌兹别克（1989 年 10 月 21 日），乌克兰（1989 年 10 月 28 日），白俄罗斯（1990 年 1 月 26 日），土库曼（1990 年 5 月 24 日）和俄罗斯（1991 年 10 月 25 日）。苏联的另外三个加盟共和国亚美尼亚、格鲁吉亚和阿塞拜疆则于 1978 年 4 月在各自宪法的修正案中宣布各自主体民族的语言为国语。

上述各加盟共和国的语言法都没有遵奉苏联中央政府的旨意：一是各加盟共和国中，国语的法律地位只能授予共和国名称跟民族名称相一致的语言，如乌克兰共和国中的乌克兰语等。二是加大了少数民族的语言权利，确保在文化领域和教育领域中使用某种少数民族语言。三是重新分配地方语言和俄语的地位，在俄罗斯、白俄罗斯和哈斯克，俄语享有官方语言或国语的地位；在其他加盟共和国，俄语则是族际交际语，俄语正在从诸多交际领域中退出。四是军队、国家安全部门、铁路等不在语言法的管辖之内。

苏联诸共和国语言法曾受到加拿大魁北克语言法的强烈影响，其理论基础是：社会倾向于单语制；双语是有害的；语言活力的大小是由该语言所具有的社会功能的大小决定的；每种语言都应拥有最大限度的功能①。

苏联各加盟共和国语言立法的目的大致如下：扩大国语的使用范围；借助于国语保障发展民族文化的优先权；将推行国语作为培养民族意识的措施之一；借助于国语将本民族从同化的危险中解脱出来；将国语放在一个至高无上的地位作为民族共和国主权的象征②。正如摩尔达维亚和乌克兰的语言法所宣布的那样，语言法的最终目的是为建立主权

---

① 杨艳丽：《从语言平等、语言融合到推广国语：苏联解体前后的语言政策》，载周庆生主编《国家、民族与语言：语言政策国别研究》，语文出版社 2003 年版，第 14 页。

② 杨艳丽：《语言改革与苏联的解体》，《世界民族》1998 年第 4 期。

国家做准备①。

　　作为对诸加盟共和国语言法的一种反应，苏联中央政府于 1990 年 4 月 24 日通过了一项《苏联各民族语言法》，这既是苏联的第一部语言法，也是最后一部语言法，该法进一步规定，俄语作为官方语言在苏联处于最高的地位，并重新规定了旧有的语言双重等级制，在俄语—民族语的双语框架中，强化了除俄语外的其他语言的功能。但是，各加盟共和国的语言法已经先入为主，中央政府的语言法，则无足轻重，根本没有产生什么大的影响。从政治意义上讲，各加盟共和国的语言立法是苏联民族分离运动中的一个重要环节，它为下一步展开的共和国主权运动做出很好的铺垫。

（三）语言问题和语言冲突

　　苏联中亚地区诸加盟共和国的语言法确立了各国的国语之后，民族语言的地位大幅度提升，俄语的地位全方位下降，并且发生俄罗斯人和"操俄语"居民遭受歧视、威胁、侮辱，甚至被解雇、被驱赶和被殴打的事件。例如，1989 年哈萨克斯坦共和国《语言法》曾规定，掌握哈萨克语是从事某种行业工作的基本条件。该共和国文化委员会也发布命令，本系统内的公文往来必须使用哈萨克语，如用俄语则不予受理②。但是，哈萨克斯坦共和国的语言状况是：哈萨克族不会说母语的已占该族总人口的 41.7%，掌握俄语的将近 70%，俄罗斯人及其他非哈萨克族掌握哈萨克语的只占这些民族总人口的 0.9%③。这就意味着有 2/5 的哈萨克族和绝大多数非哈萨克族会感到"语言不安"。

　　1989—1992 年，从中亚各国迁出的俄罗斯人已超过 150 万④。据调查，其中 70% 的人是由于看不到自己的子女在教育方面有什么前途，

---

　　① 何俊芳：《前苏联加盟共和国地区语言立法状况》，载周庆生主编《中国语言生活状况报告 2006》（上编），商务印书馆 2007 年版，第 355 页。
　　② 吴家多：《中亚地区的俄罗斯人问题》，《世界民族》1998 年第 1 期。
　　③ 吴宏伟：《提高国语地位，尊重双语事实：哈萨克斯坦语言政策研究》，载周庆生主编《国家、民族与语言：语言政策国别研究》，语文出版社 2003 年版，第 60—61 页。
　　④ 吴家多：《中亚地区的俄罗斯人问题》，《世界民族》1998 年第 1 期。

因为他们不通晓居住国的国语而不可能被提升才毅然出走的①。

在高加索地区，上述现象不像中亚地区这样普遍，但是在摩尔达维亚（今称摩尔多瓦）共和国爆发了激烈的语言冲突。据 1989 年人口普查，该国原住民摩尔达维亚人占 64.5%，儿童进摩尔达维亚语学校就读的约占 60%，进俄语学校的约占 40%。居民自由掌握摩尔达维亚语的占 67%，自由掌握俄语的占 68%。

1989 年，该共和国最高苏维埃通过的《语言法（草案）》规定，摩尔达维亚语是该国的国语，摩尔达维亚文原为俄文字母，将改为拉丁字母，另外还有许多条文，损害了非原住民族（约占该国的 40%）的切身利益，该法经过短暂的 4 年过渡期后即开始实施，因而引起非主体民族的不满和抗议。1989 年 6 月以俄罗斯人为首的非主体民族成立了一个"统一协会"组织，要求当局承认摩尔达维亚语和俄语同为共和国的国语，8 月中旬，100 多家企业的非摩尔达维亚工人举行为期三周的大罢工，反对通过《语言法（草案）》。1990 年 8 月摩尔达维亚南部的加告兹人宣布成立"共和国"，并以立法的形式规定摩尔达维亚语、俄语和加告兹语同为该国的国语。同年 10 月，摩尔达维亚东部讲俄语的居民宣布成立德涅斯特沿岸共和国，并以法律形式规定摩尔多瓦语、俄语和乌克兰语同为该国的国语。结果爆发了战争，摩尔达维亚共和国曾试图用武力消灭这两个分立出来的共和国，但是没有成功，因为它们受到俄罗斯军队的保护和支持。这场因语言而引起的冲突导致摩尔达维亚的内阁和议会提前解散。②

在波罗的海沿岸地区，许多共和国采取极端的方式，将其他语言特别是俄语排挤出各个交际领域。在爱沙尼亚，《语言法》宣布爱沙尼亚语为国语，并且规定，不懂爱沙尼亚语的人不能成为爱沙尼亚公民，并将失去其财产权和其他公民权利。爱沙尼亚当局还宣布了实施爱沙尼亚《语言法》的一些具体措施，例如，说俄语的企业不得再用俄文起草文件，俄语文件将不再具有法律效力；根据劳动协议法，工人的国语知识

---

① 杨艳丽：《从语言平等、语言融合到推广国语：苏联解体前后的语言政策》，载周庆生主编《国家、民族与语言：语言政策国别研究》，语文出版社 2003 年版，第 20 页。

② 杨艳丽：《从语言平等、语言融合到推广国语：苏联解体前后的语言政策》，载周庆生主编《国家、民族与语言：语言政策国别研究》，语文出版社 2003 年版，第 9—11 页。

达不到所要求的水平时，可将其工人解雇①；俄语教学只能用到 9 年级以前，9 年级以后一律使用爱沙尼亚语，等等②。

凡此种种，曾导致操爱沙尼亚语的居民与操俄语的居民之间关系紧张，导致操俄语居民的外流浪潮一浪高过一浪。在立陶宛，《语言法》颁布的最初一段时间，语言关系已经发展到进行地域清洗的边缘，立陶宛的波兰人要求在其聚居区内实行文化自治和语言自治，并且要求将波兰语确定为国语③。

综上所述，诸加盟共和国的语言法颁布后，苏联各地区出现的语言问题和语言冲突表明，以民族认同或语言认同为基础的价值观基本上取代了以往的以阶级认同为基础的价值观。人们认为，保持自身的文化根基具有积极的重要的意义，但是如果发展成为民族主义或语言帝国主义，则妨碍了其他人享用其文化和语言的自由。推动民族移民浪潮的心理因素一是不安全感，它驱使人们必须离开，再就是寻根和民族认同，它驱使人们选择一个新的聚落。

七　俄罗斯联邦的语言政策

一个国家的语言政策往往受到民族政策的制约，如果国家支持并保护某个民族的文化，通常也就支持并保护该民族的语言。在讨论俄罗斯联邦语言政策之前，简要讨论一下俄联邦的民族政策是非常必要的。

（一）俄联邦的民族政策

自 1991 年底苏联解体，俄罗斯联邦独立以来，俄联邦似乎尚未形成自己完整的民族政策，但从俄联邦主体签署的《关于划分俄罗斯联邦国家政权中联邦机构与主权共和国权力机构管理对象条约》（1992 年 3 月 31 日）和克拉斯诺达尔边疆区的《族际关系原则宣言》（1992 年 1

---

① 杨艳丽：《从语言平等、语言融合到推广国语：苏联解体前后的语言政策》，载周庆生主编《国家、民族与语言：语言政策国别研究》，语文出版社 2003 年版，第 15 页。

② 周庆生：《一种立法模式，两种政治结果——魁北克与爱沙尼亚语言立法比较》，《世界民族》1999 年第 2 期。

③ 杨艳丽：《从语言平等、语言融合到推广国语：苏联解体前后的语言政策》，载周庆生主编《国家、民族与语言：语言政策国别研究》，语文出版社 2003 年版，第 14 页。

月 30 日）来看，俄联邦的民族政策大体上可以概括为：各民族公民一律平等；促进族际和谐；维护国家的统一和领土完整；人权、公民权高于民族权；联邦中央和联邦主体之间合理分权；在保持统一的经济和信息空间的前提下，保持并发展民族的特殊性①。

跟苏联的民族政策相比，俄联邦彻底抛弃了苏联的"各民族接近"，"拉平经济差距"，建立"苏联人民——新的历史共同体"等项政策；保留了苏联的"促进族际和谐"及"维护国家统一"的提法；用"各民族公民一律平等"取代苏联的"民族平等"，同时强调"人权、公民权高于民族权"，并且重视"联邦中央与联邦各主体的分权"。由于俄联邦沿用了苏联的"民族—国家"建制，如划分出 21 个民族共和国，俄联邦的民族政策自觉不自觉地重复了苏联的某些特点。

（二）俄联邦的语言政策

俄联邦的显性语言政策主要体现在《俄罗斯联邦语言法》、《宪法》（有关条款）及联邦诸共和国的语言法之中。1991 年 10 月 25 日通过的《俄罗斯苏维埃联邦社会主义共和国民族语言法》引入了一些新的民主原则，例如，该法规定，要为俄联邦各民族一切语言的发展，提供社会法律保护和必要的财政预算保障（第四条第一款、第三款）；承认并保护每个民族、每个个人的语言主权（第二条第二款）；规定俄语是俄联邦的国语，承认俄语是各民族的族际交际工具（第三条第二款）等②。《俄联邦宪法》第六十八条第一款规定，"俄语是俄罗斯联邦全境内的国语"，该条第二款进一步指明"各共和国有权规定自己的国语"③。

《俄罗斯联邦语言法》颁布后，梵瓦什、图瓦、卡尔梅克、科米、布里亚特、鞑靼斯坦、萨哈（雅库特）、哈卡斯、阿尔泰、阿迪格、巴什科尔托斯坦、塔吉斯坦、马里埃尔、摩尔多瓦、北奥塞梯、乌德穆尔特等十几个共和国也相继通过了各国的语言法，除图瓦共和国（1990

---

① 常庆：《当前俄联邦的民族问题》，《世界民族》1996 年第 1 期。

② 杨艳丽译：《俄罗斯苏维埃联邦社会主义共和国民族语言法》，《世界民族》1995 年第 1 期。

③ 《俄罗斯联邦宪法》，载姜士林等主编《世界宪法全书》，青岛出版社 1997 年版，第 825—838 页。

年 12 月 14 日通过语言法）外，其他诸国的语言法都宣布至少两种语言，即世居民族语言和俄语同为本国的国语，也就是说，各国都把俄语定为本国的第二国语。这实际上是一种双国语的双语制，即某共和国的国语和全联邦的国语。但是，1993 年 10 月 21 日通过的《图瓦共和国宪法》第三十三条规定，共和国的国语为图瓦语。俄语在图瓦境内作为全联邦的国语使用。图瓦语和俄语平等地用于法律规定的各种交际场合①。此外，一些共和国的语言法还同时规定另外一些语言为官方语言。例如，萨合（雅库特）共和国《语言法》第五条规定，埃文基语、埃文语、尤卡基尔语、楚克奇语等是这些民族聚居地方的官方语言，跟该国国语同等使用②。

目前俄联邦的这种语言格局：全联邦有一种统一的国语或族际交际语——俄语，21 个共和国有可能有 21 种国语，这在全联邦的国语跟诸共和国的国语之间，或者在某一共和国的国语跟该国内的其他语言之间，是否会发生语言冲突？或者出现语言分裂呢？俄联邦的语言学家认为，凡是按地域或主要按地域构建国家行政区划的，其语言发展最为平稳，如美国、瑞士、中国、越南等；凡是按民族来构建国家行政区划的，其政治局面往往不大稳定，并会产生语言冲突，并进而引发民族冲突，如苏联和南斯拉夫等③。在具有共和国地位的民族国家实体中，文化和语言问题往往比较尖锐，人们认为，除了国旗、国徽外，国语也是一个国家必不可少的标志。宣布某种语言为国语，固然有利于该语言的发展，但也使该语言有可能用于某种政治目的，如民族独立等，从而为语言冲突提供了条件④。只有把个人的语言权益、民族的语言权益及地区的语言权益跟整个国家的权益结合起来，根本保证俄罗斯有一个没有冲突的语言状况，才能保证俄罗斯的语言和谐⑤。

---

① 何俊芳：《20 世纪 90 年代俄罗斯的语言改革》，《中央民族大学学报》2000 年第 4 期。

② 何俊芳：《20 世纪 90 年代俄罗斯的语言改革》，《中央民族大学学报》2000 年第 4 期。

③ ［俄］宋采夫、米哈尔琴科：《俄罗斯联邦的语言状况和语言政策——现状和前瞻》，卫志强译，载王希杰主编《汉语修辞和汉文化论集》，河海大学出版社 1996 年版，第 92 页。

④ ［俄］宋采夫、米哈尔琴科：《俄罗斯联邦的语言状况和语言政策——现状和前瞻》，卫志强译，载王希杰主编《汉语修辞和汉文化论集》，河海大学出版社 1996 年版，第 93 页。

⑤ ［俄］宋采夫、米哈尔琴科：《俄罗斯联邦的语言状况和语言政策——现状和前瞻》，卫志强译，载王希杰主编《汉语修辞和汉文化论集》，河海大学出版社 1996 年版，第 98 页。

语言文化多样性：印度语言政策的发展[*]

印度地处南亚次大陆，是世界文明古国之一。《印度宪法》承认的部落有 212 个，语言和方言总数约为 1652 种。印地语是国家的官方语言，英语是国家辅助的官方语言，《印度宪法》承认的地方民族方言有 15 种。居民主要信仰印度教、基督教、伊斯兰教、锡克教、佛教和耆那教等。除了多民族、多语言、多宗教，印度历史上还有两大特点引人注目。

第一，王国林立，长期处于割据分裂状态。历史上印度几乎没有实现过真正的统一，即使在全国两大统一时期：莫卧儿王朝和英国统治时期，全国仍有五六百个大小王国，1947 年印巴分治后，全国境内仍有 300 多个小王国。印度历史上的这种分裂性，正是造成印度文化多样性的重要原因之一。

第二，屡遭异族入侵和占领。几千年间，入侵印度次大陆的人潮一浪接一浪，雅利安人、希腊人、月氏人、波斯人、马其顿人、阿拉伯人、突厥人、蒙古人、葡萄牙人、荷兰人、法国人、英国人都曾纷纷而至，都想圆其东方美梦。难怪有人断言"印度的历史，就是一部外来民族入侵史"[①]。

这些外来民族带来的语言文化与本土语言文化相互接触、相互影响，有的创造出一种新的语言文化形态，有的则仍保持其原有的文化形态，从而加大了印度语言文化的异质性。印度古代的主流文化是梵语文化，中世纪是波斯—阿拉伯语文化与梵语文化并存，殖民时期英语文化占优势。

---

[*] 原载《中国社会科学院研究生院学报》2010 年第 6 期。
[①] 周树兴、杨恒大主编：《人文大国》（上册），中国国际广播出版社 1997 年版，第 102 页。

印度独立后，引入苏联语言政策模式，规定印地语为国语，其他少数民族语言为地方语言，英语仍可在官方场合使用，但 15 年后，由印地语取代，不得再用。结果该项政策引发了激烈的语言冲突。1967 年达成了一项著名的妥协方案《三语方案》，中学实行英语、地方语言和印地语三种语言教育。印度的语言生活基本恢复平静。

一 语言文化传统：异质性和延续性

西方学者在研究欧洲某国的语言政策时，往往将该国的语言政策跟文艺复兴及民族国家的兴起相挂钩，试图追溯该国语言政策赖以产生的文化根基。如果我们也套用这种路子，当然不是不可以，但是，考虑到印度毕竟是一个泱泱世界文明古国，倘若撇开其悠久的语言文化传统，势必会缩小我们的视野，丧失许多重要信息，甚至会影响我们对印度语言政策与语言文化关系的认识深度。

（一）语言传统的演变

印度可以考证的历史已有 4000 多年，4000 多年来，印度语言文化传统的形成和发展，大体上经历了三次重大的演变。

1. 古代的梵语文化（约公元前 2000 年至公元 13 世纪初）

公元前 2000 年，今印度和巴基斯坦地区的原住民主要是达罗毗荼人和高尔人，他们主要使用泰米尔语、泰卢固语和坚那利语等语言，隶属达罗毗荼语系，曾创造了发达的都市文明。由于中亚地区的游牧民族雅利安人的入侵，原住民达罗毗荼人和高尔人被赶到印度的南方居住。雅利安人则住在北方，他们用最古老的雅利安人的语言写出了《吠陀》本集，该语言亦称"吠陀语"或"吠陀梵语"，梵语（Sanskrit）一词本指"意愿、纯洁、完整、神圣"之意，是一种经过修饰讲究语法规范的、高深典雅的书面语言，当时只有学者和僧侣懂得梵语，雅利安人称为"天语"。雅利安人说的梵语是一种俗语，跟书面梵语有一定距离。古代梵语俗语主要流行于印度西北地区，其他地区则通行梵语的书面语，主要是上层人物及文人学士使用。

吠陀时代，雅利安人每个部落都有自己的方言，"印度从来就没有过统一的语言"①，印度南方的达罗毗荼人用泰米尔语创作了大量的文学作品，纪元初期，还产生了泰米尔语的 Tolkappiynār 语法。雅利安人用梵语创作了大量的史诗和剧本，公元前约 500 年又编纂出梵语的巴尼尼语法，非韵律的 Sútras。古代印度梵文文献涉及的领域非常广泛，文献数量极为丰富，远远超过古希腊文和拉丁文的拥有量。

由于梵语书面语跟俗语之间的差距越来越大，终于成为一种死语言，梵语不再是任何民族的本族语，但是梵语文化在伊斯兰教入侵之前的两千多年间，基本上是印度的主流文化，而且是现代印度文化发展上的一个直接源头。

2. 中世纪的波斯—阿拉伯语文化与梵语文化并存（13 世纪初至 19 世纪中期）

从 671 年穆斯林首次在印度信德省登陆，到 1026 年在印度德里建立第一个穆斯林政权，印度的梵语文化受到来自中亚伊斯兰教文化的重大挑战。特别是 16 世纪初期，印度的穆斯林建立了莫卧儿帝国，几乎统一了整个印度。穆斯林的语言和文化在印度次大陆迅速传播。中东穆斯林使用的波斯语，是当时印度次大陆统治者的日常用语，同时也是莫卧儿王朝的行政、法庭和贸易用语。作为官方语言，波斯语的地位日益提高，掌握波斯语言文化已成为从事公职，步入宫廷的一个必备条件。波斯语还是诗歌和文学的语言。宗教领域则一律使用阿拉伯语。

波斯—阿拉伯语言文化的崛起，并没有造成印度古代梵语文化的泯灭，只是波斯—阿拉伯语文化多用于官方，梵语文化多用于民间，波斯—阿拉伯语文化多出现在台上，梵语文化多出现在台下。梵语文化的发展极其缓慢，梵语印度教中吸收了不少阿拉伯语的伊斯兰教因素。

在印度次大陆的历史上，曾多次出现异民族入侵，如雅利安人、希腊人、月氏人、塞种人和嚈哒人入侵，每次入侵的结局都是文化融合。但是这一次却与众不同，穆斯林摧毁了印度北部几乎所有婆罗门教和佛教的僧院，波斯—阿拉伯语文化始终保持着自己独立的地位，并成为古代梵语文化的强有力的竞争对手，这一切又成为 1948 年"印度巴基斯坦分治"的一个重要根源。

---

① ［美］维尔·杜伦：《东方的文明》（下），李一平等译，青海人民出版社 1998 年版，第 461 页。

3. 殖民时期的英语文化（19 世纪中叶至 20 世纪中叶）

印度沦为英国殖民地，一般以 1757 年的普拉塞战役为起点，到 19 世纪中叶，印度的 2/3 领土由英国人直接统治，被称为"英属印度"。英国的殖民掠夺，给印度人民带来了巨大的灾难和不幸，正如马克思 1853 年所指出的，使"印度失掉了他的旧世界而没有获得一个新世界……并且使不列颠统治下的印度斯坦同自己的全部古代传统，同自己的全部历史，断绝了联系"①。马克思的这一论断同样适用于印度的语言文化。随着英国殖民统治的巩固，英国文化的引进，印度传统语言文化受到最大挑战，英语成为法定的高等院校教学语言，成为传播基督精神、引入西方文化的媒介，成为获取政府职位、其他文职、邮政和铁路系统职位的一个必备条件。

（二）印度古代语言文化的突出特征

1. 注重收藏和保护宗教经文

全社会投入了大量的时间、人力、能源、物力等资源，设有世袭的祭司职位，来保护存储宗教经文文献。通过识字和书写的方式传递这些文献。上帝之言神圣不可改变，通常保留在经书之中，所以经书的语言必须保持纯洁。在某些方面，词具有某种魔力，滥用、滥说或误用一个词，有可能招致祸害甚至带来灭顶之灾。

2. 梵语与口语脱节

古代印度有权阅读、书写和学习梵文的，只限于雅利安人的最高种姓——婆罗门，而最低种姓"首陀罗"以及贱民或异教徒，甚至无权听到梵语。这样梵语书面语的使用范围越来越窄，梵语新词不是从民众生活口语中产生，而是出自学校中闭门造车式的专门讨论。梵语终于成为一种与现实民族语脱节的死语言。

3. 双语体

双语体指的是一种语言的语词有文言和白话之分，或有书面语和口语之分，或有高雅语体和低俗语体之分。印度大多数语言都有双语体。双语体非常适合印度语言文化的需要，双语体中的高雅语体是保持语言

---

① 《马克思恩格斯全集》（第 9 卷），人民出版社 1961 年版，第 145 页。

纯正和语言规范的一种方式，低俗语体则体现了语言的多样性，能够容忍多语现象，可以不受语言规范的约束。

二　语言与殖民主义

16 世纪初期，当欧洲人首次踏上印度国土之时，语言使用呈现出多种样式。在官方层面，由于穆斯林对印度的统治，上层大多使用波斯语和乌尔都语①，基层大多使用地方语言，包括葡萄牙语等语言。在该时代早期，印度诸海港，由于印度人跟葡萄牙人长期接触，产生了一种特殊的印葡混杂语，后来演变成一种混合语。尔后，当荷兰、丹麦、英国、法国及其他殖民政府跟印度打交道时，通常都用这种葡萄牙混杂语。

（一）发现梵语

1783 年担任印度威廉要塞首席法官的英国人威廉·琼斯爵士与当地东方学家发现，梵语可能跟印欧语言有发生学上的关系，可能都来源于一种原始共同语。该项发现，改变了外部世界对梵语的认识，梵语不再是东方固有的语言，它跟欧洲古代及现代语言有着很深的亲缘关系。

梵语的发现，直接推动了历史比较语言学和现代普通语言学的发展，激发了各类学者及传教士语法学家，探究梵语女儿语言或孙女语言的系谱关系，促进人们努力实现印度本地语言的标准化和现代化，以便"东印度公司"的管理②，该公司使一些语言的地位和抱负合法化，使另外一些语言的期望化为泡影。据此，一些语言学家得以做出决定，某某语言是一种"真正"意义上的语言，某某则是一种"方言"。无论如

---

①　穆斯林侵入印度建立政权之后，当地居民使用各自地区的伯拉克特土语。在当地土语跟外来诸语言的长期接触中，当地土语吸收了许多阿拉伯语、波斯语和土耳其语的词汇，起初称为印德维语或印地语，后又称作赖赫达语，此后又称乌尔都摩拉语，即高级乌尔都语，最后变成现在的名称——乌尔都语。乌尔都语跟印地语有共同的口语基础，但文字体系大相径庭，印地语采用梵文天城体书写，受梵文影响很大；乌尔都语则采用波斯—阿拉伯文书写，受波斯语很大的影响。

②　东印度公司于 1600 年在英国成立，旨在对印度进行经济贸易掠夺，后来成为英国统治印度的全权代表机构。

何，这些东方学家没有料到，他们的发现还开创了印度语言政策的一个新时代。

（二）传教士利用印度其他语言开展活动

涌入印度的西方传教士非常清楚，要宣扬基督教教义，必须使用当地广大民众的语言。他们将圣经译成当地语言出版，编印其他传教读本及词典工具书籍，创办一些初级学校，用学生的母语讲授基督教教义，同时辅以一些简单的读写算知识。西方传教士的传教活动，旨在使更多的人皈依基督教，但在客观上促进了印度本土语言的使用和发展。

（三）《麦考莱纪要》与强迫接受英语

在西方文化传入东方国家，与东方文化发生接触时，该东方国往往会出现激烈的文化论争。例如，中国清朝末年的"中学"和"西学"之争，日本明治维新时期的"和学"和"兰学"之争，印度也出现了著名的"东学"和"英学"（Anglisim）之争。东学派鼓励复兴东方文化，在教育中使用东方语言，英学派主张通过英语教学传播西方科学和文化。

1835 年 2 月"公共教育总会"主席麦考莱（T. B. Macaulay，1800—1859 年）撰写了一份《教育纪要》，提交到总督参事会。麦考莱是一位英国殖民主义者，他极力贬低东方文化的价值，坚决主张英语优于印度的梵语、阿拉伯语或波斯语。

麦考莱主张实行英语教育的理由大致如下：英语是掌握现代知识的关键，英语会给印度带来全面的复兴；在印度，英语是统治阶级使用的语言，有可能成为整个东方海域的商业用语；英语教育虽然不能普及到全体人民当中，但是据此可以造就"一个在我们与被我们统治的成百上千万人民之间进行翻译的阶级，一个在血统和肤色上是印度人，但在爱好、观点、道德和知识上是英国人的阶级"。他们可以用本地语撰写著作，把西方知识和道德传递到印度人民大众中去①。

---

① Biswas, A., and Agrawal, S. P., *Development of Education in India: A Historical Survey of Educational Documents before and after Independence*, New Delhi: Concept Publishing Company, 1986: 12 – 19.

麦考莱的《教育纪要》很快获得批准，后来《教育纪要》被视为印度殖民语言政策和教育语言规划的蓝图。1935 年 3 月印度总督本廷克（Bentinck, W.）签署一项决议，规定今后英国政府划拨的教育资金只能用于英语教育，不再资助梵语学院的学生，不再用于东方语言著作的出版。1837 年印度政府的有关条例规定，英语正式取代波斯语成为印度的官方语言，最高法院的工作语言使用英语，初级法院使用现代印度语言。1844 年 10 月，印度总督哈丁（Hardinge）签署的一项决议规定，所有公务人员的聘用，必须通过教育委员会（其前身为公共教育总会）所举办的公共竞争考试，受过英语教育者，得以优先录用。这一举措的重要导向意义在于，印度人要想在政府部门谋得一官半职，就得进入英语学校和英语学院深造，从而有效拉动了印度社会对接受英语教育的需求。

三 语言与民族主义：官方语言问题

一个国家一旦从殖民统治中独立出来，往往会把清理该国的殖民语言作为民族复兴的一项重要任务。通常采用的方式是，在宪法中规定该国新的官方语言和（或）国语，以取代殖民时期的官方语言。

（一）印度独立：引入苏联语言政策模式

印度独立之际，大多数人似乎都认为，殖民语言英语不适宜再充当独立后的印度官方语言，但是用哪种语言来取代英语，如何取代，尚不清楚。1947 年 6 月英国公布了把印度分为印度和巴基斯坦两个自治领的《蒙巴顿方案》，8 月 15 日，印巴分治，印度实现独立，但是有关宪法及宪法包括哪些内容尚未达成共识。语言问题是宪法涉及的一项内容，当时成立了一个语言委员会，研究语言事务，为制定宪法提出建议。该委员会成员阅读了大量资料，调研了一些问题，同时收到许多报告，并亲自出国考察一些多语国家的语言政策。最后，他们倾向于大体采用一种改造过的"苏联语言政策模式"。他们认为，在列宁领导下发展起来的苏联模式，即俄语在全国处于"老大哥"的地位，其他"少数民族"语言只享有地方权利，是很适合独立后的印度的。

当时，印度语言委员会的秘书巴尔韦（S. G. Barve）[①]，曾对该委员会的上述推荐模式提出警告：

> 事实上，印度的情况跟俄国并不相似，而且形成鲜明的对照。在俄国，拥有历史传统和适应的语用环境，这种环境适宜将一种强大的泛俄罗斯语言用作表达媒介；同时发展地方语言，赋予这些语言一定的权利，这些语言曾经受到压制，因为要强制推行共同语。在印度，条件则不同，问题是我们拥有强大的地区语言，如若实现泛印度语的目的，我们则必须从本国人口最多的语言群体所说的地区语言当中，重新发展一种语言媒介。印度的情况，显而易见，跟俄国大相径庭，印度的历史也不相同。[②]

但是这种警告或忠告并未引起印度语言委员会的重视，这恐怕是因为有更重要的政治因素在起制约作用。

被称为印度共和国国父和圣雄的甘地主张发扬印度文化，极力推广印地语。他认为首先要统一语言文字，然后才能统一民族感情，最后才可以谈及全面的民族团结。甘地从南非回到印度，在印度各地考察，深深感到印度缺少统一的语言文字，建议印度国语采用印地语。

20 世纪 30 年代印度国民大会党（以下简称"国大党"）首次提出一项偏袒印地语的语言政策。

（二）宪法规定的官方语言

1949 年 11 月 26 日，印度制宪会议通过了《印度宪法》（生效期为 1950 年 1 月 1 日），其中第 17 篇为《官方语言文字》法，包括 4 章、9 条 12 款以及一个附表——《第八附表》[③]。关于印度的国语或国家官方语言，该法第 342 条第 1 款规定，联邦的官方语言是以"天城体"字母

[①] 他曾出访苏联，考察过推行苏联语言政策的客观条件，回国后，撰有一份报告，详尽分析并对比了苏联跟印度之间的相似性和不同性。

[②] Barve, S. G., *A Note by the Secretary*, *Official Language Commission of his Observations during his Short Visit of Deputation to the USSR for a Study of the Language Problem*, New Delhi: Government of India Press, 1957: 494 –495.

[③] 姜士林等主编：《世界宪法全书》，青岛出版社 1997 年版，第 625—626、651—652 页。

书写的印地语。

为了确保印地语的使用、丰富和发展，《印度宪法》第 344 条规定，在本宪法实施 5—10 年期间内，即在 1955—1960 年，联邦应设立一个语言委员会，负责向总统提供以下建议：逐步采用印地语作为联邦的官方语言；联邦的官方场合限制使用英文；最高法院及高等法院使用何种语言；联邦官方语言，联邦与各邦、各邦之间书面往来使用何种语言等。

关于英语，《印度宪法》规定，在本宪法实施后 15 年内，即 1965 年之前，联邦各官方场合均可继续使用英语（第 342 条第 2 款），15 年以后拟用印地语完全取代英语。关于地方语言文字，该法《第八附表》列出了 15 种宪法承认的邦级官方语言。关于法院用语，第 348 条规定，最高法院及各高等法院的一切诉讼，议会各院或邦议会各院提出或通过的一切法案或修正案，议会或邦议会通过的一切法案，总统或邦长发布的一切政令，一律使用英文。关于少数民族儿童的母语教育，该法第 350 条（甲）规定，各邦及各邦地方政权应尽力为少数语种集团的儿童提供在小学阶段进行母语教育的方便条件。

（三）语言问题和语言冲突

《印度宪法》公布后，在印度中北部的印地语区，印地语得到充分的发展，但是在印度其他非印地语区，却不断发生一系列语言问题，甚至引发激烈的语言冲突。

1. 过高地估计了印地语的权威性，忽略了乌尔都语、泰米尔语和孟加拉语的语言声望和竞争性

第一，语言使用人口数量。据统计，印度全国操印地语的人口总数虽然远远超过操其他任何一种语言的人口，但是操印地语的绝对人口尚未达到全国总人口的 1/3，印地语还不是全国通用的语言，在其他地区居民的眼中，印地语不过是一种拥有较多人口的地区语言。

第二，语言文化典籍。在语言文化典籍方面，印地语还不如泰米尔语、孟加拉语等语言丰富，泰米尔语文学始于 1 世纪前后，是印度最古老的文学，现存最早的孟加拉语文学作品是 12 世纪的抒情诗集，操这些语言的人认为，他们的语言也应该像印地语那样，享有列为国语的

资格。

第三，宗教、文字背景。操印地语者和操乌尔都语者均为印度斯坦人，这两种语言极为相似，通常被视为一种语言，但是，由于宗教信仰不同，信奉伊斯兰教的印度斯坦人使用乌尔都文，即用波斯—阿拉伯文书写，受波斯语影响较大；信奉印度教的印度斯坦人使用印地文，即用梵文天城体字母书写，受梵语影响较大。两种宗教的冲突由来已久。1947 年印巴分治，巴基斯坦独立成一个国家后，伊斯兰教定为国教，乌尔都语定为国语。这种状况使得印度操乌尔都语者反对印地语作为国语的态度十分强硬，他们要求将乌尔都语作为有关各邦的第二官方语言，1957 年 8 月 28 日举行"乌尔都语日"活动，以此对抗 1955 年 9 月 14 日在全国开展的"印地语日"活动。推行印地语者跟捍卫乌尔都语者之间曾发生过激烈的械斗，伤亡几十人。

由于全国不断发生骚乱和政治运动，反对将印地语作为国语，1963 年通过的《官方语言法》规定，将无限期地延长用印地语取代英语的期限，1965 年之后，英语将作为联邦的辅助国语继续使用。该法案规定，自 1965 年 1 月起，中央政府同印地语各邦的联络一律只用印地语；中央政府发往非印地语各邦的通令、文告等均用印、英两种文字书写。这些规定并未缓解日趋紧张的局势。泰米尔大学生组织集会、演讲和示威游行，反对强制推行印地语。《印度宪法》曾规定，1965 年 1 月 26 日是印地语取代英语的日子，达罗毗荼进步党领导人则宣布，这一天为国丧日，警察出动，镇压群众，结果又引发了一场群众性的骚乱。

2. 过低估计了英语在教育、科技和文职部门中的牢固地位，忽略了印地语取代英语的长期性和复杂性

由于社会政治因素，英语的地位更加牢固。英语是印度唯——一种能够保持联邦政治地理统一的语言，任何公开限制使用英语的主张都被认为是违背了社会政治统一的意愿，即使那些偏爱印地语或其他印度语言的政治家们，也没有公开反对英语，因为继续使用英语，不仅有助于他们操纵政府，而且有利于他们控制社会名流和官僚阶层。

英语在教育领域中的地位牢固。教育委员会（1964—1966 年）推出一种双语模式，学生可以在英语和印地语之间做出选择，可以不必学

习印地语就能完成学校的教育。

英语在科技领域的地位超然。据统计[①]，1971—1981 年，用印地语出版的报刊远远超过英语报刊，但在科学技术和工程方面，英语期刊仍保持其超然的地位。要用印地语取代英语几乎是不可能的，至少也是可望而不可即的。

总之，从印地语和英语的使用和发展状况来看，联邦语言政策受到英语牢固地位的强烈挑战，这使得用印地语取代英语的计划变得异常复杂，至少在可以预见的将来是无法实现的。

（四）苏联模式不适应印度的社会语言环境

印度独立后，语言政策的规划人员努力探寻一种能够摆脱英语，更适合印度本土环境的政策，遗憾的是，他们还是照搬了一种外国的语言政策模式，表面看来，该模式似乎是平均主义的，是多语的，但实际上并不适合印度的环境，该模式忽略了印度语言文化的特点，忽略了印度人的语言态度和语言文化的巨大势力，特别是印度本土根基深厚的双语体倾向[②]。

印度语言政策规划人员认定，印地语也会像俄语在苏联占据显赫地位那样，在印度取得相应的地位，这种假定是成问题的，其原因就在于：印地语并不是印度独立前夕的主体民族语言，尽管使用印地语的人数已经超过印度其他任何一种语言，但使用印地语的人口还不到全国人口的 1/3。在印度独立之前，印地语尚未发展成为印度各民族的族际交际语，印地语只是印度北部地区的通用语言。

印地语的语言声望并不很高，印度其他语言如乌尔都语、孟加拉语和泰米尔语的书面语历史悠久，操这些语言的人认为这些语言的威望极高。但在沙皇俄国，只有俄语享有最高的语言威望，其他语言的威望均未达到俄语的程度。印度语言规划人员错误地认为，执政党——国大党

---

① Dua，H. R.，"Patterns of Language Use and Print Media：Implications for Language Spread"，Paper Presented at the International Colloquium on Language Spread and Social Change：Dynamics and Measurement，Quebec，Canada，1989.

② 在许多国家都曾出现过这种倾向，即提高一种严肃文学语言的社会地位，扶持、采用其更有威望的古代语言形式。一种极端的例子就是所谓的佛教混合梵语（Buddhist Hybrid Sanskrit），一种梵语化的 MIA 语言，可用来区别认同。

中操印地语者的人数占有优势，因此国大党会同意印地语作为印度独立后的联络用语。规划人员没有认真思考双语体的必要性，没有认真考虑印度语言文化更适宜采用双语体的方式。当《印度宪法》规定印地语为"国语"后，印地沙文主义者和梵学家欢欣鼓舞，他们坚持将印地语梵语化，这就使得不说印地语的人更难掌握该语言。那些不说印地语的人普遍认为印地语不适宜做国语。

一个世纪以来印度教与伊斯兰教之间的竞争，引发了印地语和乌尔都语之间的一场争斗，双方都在清除自身词汇中的古代外来词，而朝着自源古典化的方向发展。印地语的古典化就是梵语化，乌尔都语的古典化就是波斯语化，两种语言的古典化固然可以使各种语言均可获得一种文化价值体系，但是古典化也确实搞乱了标准语，拉大了书面语跟共同口语之间的距离。这会使得不说该语言的人特别是那些大吵大闹的泰米尔人更不愿意接受印地语作为国语。

四 语言与民族主义：语言邦运动

印度非印地语诸民族在反对政府推行国语——印地语的同时，地方民族主义情绪高涨，许多地区开展了一场所谓诸"语言邦运动"，就是按照语言原则，重新划分省邦界限。早在独立以前，印度各地属于不同语言文化的群众就曾提出按语言原则划分省邦的要求，在印度独立之际，全国各主要语言区要求按语言划分省邦的要求非常强烈，终于在20世纪50年代初期酿成一场群众性的骚乱。1952年12月18日，总理尼赫鲁在国会两院宣称，"印度政府决定成立安德拉邦，包括马德拉斯邦操泰卢固语的地区，将尽快采取措施解决问题……"① 1953年10月，印度第一个语言邦——泰卢固语安得拉邦宣告成立。从此以后，在全国展开了一场争取建立语言邦的运动。1955年11月，孟买市的30万人卷入了语言邦运动，次年1月，孟买等八大城市和其他一些地方爆发了大规模的罢工和示威游行，政府派出军警进行镇压。

1966年中央政府决定按照语言原则，重新划分并调整各个省邦，

---

① ［印］莫克奇编：《1953年时事年鉴》，加尔各答1953年版，第43页。

印度南部属于达罗毗荼语系的四种语言都有了自己的语言邦，南方各族人民的要求基本上得到满足。

从此以后，语言邦运动的重心向北方转移，首先是孟加拉邦操马拉提语者跟该邦操古吉拉特语者之间出现民族骚乱和流血冲突，迫使中央政府于 1960 年将该邦一分为二，成立以马拉提语为主要语言的马哈拉施特拉邦和以古吉拉特语为主要语言的古吉拉特邦。5 年后，旁遮普邦的印度斯坦人跟锡克人之间发生民族、语言纠纷，要求按语言分邦，1960 年中央政府同意重新划分该邦，通行旁遮普语的成立旁遮普邦，通行印地语的则重新组成哈里亚纳邦或者并入毗邻的喜马偕尔邦。此外，印度东北部多民族居住的阿萨姆邦也先后分出那加邦、梅加拉亚邦和米佐拉姆邦。

印度语言邦的建立，是中央政府为缓解地方民族语言紧张关系，平息民族骚乱，稳定民族情绪而采取的行之有效的让步措施；但是过分突出地方语言，则有可能助长邦一级产生分裂的民族情绪，同时也削弱了中央政府与地方邦以及各邦之间的联系，对印度统一的多民族国家的建设产生了一定的消极影响。

五 《三语方案》

由于全国非印地语地区强烈反对唯印地语的政策，印度诸邦主要部长会议于 1967 年达成了一项著名的妥协方案，即《三语方案》。该方案规定，中等学校必须讲授英语、地方语言和印地语这三种语言。在印度北部的印地语地区，除了英语和印地语之外，还应讲授另外一种印度语言或欧洲语言。

《三语方案》能够承认语言的多样性，承认历史上的多语现象，能够尊重古代的语言，并着力培植印度国内的多语结构，能够把印地语和其他现代印度语言传到全国各个地区，能在各地建立起一种纽带关系，并且还能限制英语在某些方面的使用。该方案适应了印度次大陆的语言文化传统，符合传统上的多语现象和语言多样性特征，拒绝了语言规划人员的一元论的主张，跟以往的语言政策相比，该方案具有一定的优越性。

　　但是，在实践中，人们往往违反该方案的精神。在印度北部的印地语地区，人们并不怎么关注英语，甚至对第三种语言也不屑一顾。支持推行印地语的，除国大党之外，还有狂热的印度原教旨主义诸党。在印度北部的非印地语地区，如泰米尔纳德邦，印地语只能秘密讲授，英语和泰米尔语则可获得巨大的支持。在喀拉拉邦，人们的视野更加开放，许多语言均可讲授。在印地语区，人们并不感到轻松，甚至担心该方案会造成印度的分裂。

　　无论如何，多元化的三语政策要比一元化的唯印地语政策更符合印度的实际。提倡母语教育，考虑更多的是民族利益而不是国家利益。对独立的民族国家，特别是对该国的民族教育体制真正构成威胁的并不是印地语，或印度其他语言，而是英语。因为在教育中使用英语，仍然保持了殖民主义的色彩，仍然是在沿袭殖民时代《麦考莱纪要》的教育语言政策。从国家利益考虑，在初等和中等教育中，减少英语教学的比重，比大力发展印地语更加重要。长期以来用印地语取代英语，从而作为普遍的教学用语的尝试，既然证明是行不通的，在这种情况下，采用各种地方语言，实行母语教育，当然要比使用英语好得多。

　　《三语方案》的最大缺陷也许是缺少顶部的统一性，该方案没有表明哪种语言处在顶层。在制订一项语言政策，规划各种语言的地位和功能时，不可忽略语言的象征功能和工具功能。从象征功能透视，一个政体往往需要确定某种国语或官方语言作为该政体的标志。在印度，假如能把代表国家形象的所谓国语或联邦官方语言定为梵语而不是印地语，或许能够取得更佳的效果，因为梵语更神圣、更纯洁、更古老，且具有更高的语言声望，正像希伯来语在以色列的地位那样。在语言的工具层面，更多注重语言的实用性，较少强调语言的纯洁性、古老性和不变性。现在印地语和泰米尔语等均已获得了语言的象征功能，因此更多地强调它们的纯洁性、古老性和不变性，从而使得这些语言更难发挥其现代教育工具的作用。英语越来越成为一种强有力的工具语言，英语的发展，当然会对其他语言的工具功能带来不利的影响。

六　保障少数民族语言权利

　　印度有许多少数民族，虽然没有自己的语言邦，但其人口规模跟欧洲一些国家如丹麦、波罗的海诸国等不相上下。卡纳塔克邦的芒格洛尔一带使用一种图卢语，属于达罗毗荼语系，有较丰富的民间文学，但没有独立的文字，用该邦通行的扫盲文字卡纳达文来记录图卢语，其北部的孔坎尼语通常被视为当地马拉提语的一种方言，为了使该语言能够从马拉提语中独立出来，并进而成立语言邦，操孔坎尼语者进行了不懈的斗争，但最终没有获得成功。

《印度宪法》第 29 条第 1 款规定，"居住在印度境内的任何阶层的公民，凡具有独特的语言、文字或文化者，皆有权保持其语言、文字或文化"[①]，但是语言群体产生不满情绪时，必须祈求印度总统，因为总统可以指令各邦保障少数民族语言的使用。

另外，《印度宪法》第 350 条（乙）（1）规定，总统可以委派少数语种专员，调查与保护少数民族语言权利有关的一切事务，但是他们只有提出意见和报告的权利，无权迫使邦政府采纳具体措施。实际上联邦政府的这些规定十分软弱，基层的问题还得依靠基层政府来解决。

1960 年，"南部地方委员会"代表印度最南部操达罗毗荼诸语的四个邦，做出决定，保护语言上占少数的诸民族的权利，例如，保护安得拉邦的泰米尔族，卡纳塔克邦的泰卢固族的有关权利。但是，这些决定或措施都是非常具体和专门的，往往出于有关邦的良好意愿，而没有形成有效的法律和法规文本。

在这种背景下，一些邦政府的实际做法是，暗中阻止少数民族保护自己的语言，积极鼓励他们学习本邦的邦语言或邦级官方语言。邦政府很清楚，大力推行本邦的官方语言或主要语言，可以大大增强本邦的民族凝聚力，巩固自己的统治。

值得注意的是，在印度，划分一种语言还是一种方言，并不仅仅是个学术问题，它充满着浓郁的政治色彩。某一语码如梅泰语，如确定为一种方言，那么操该方言的人则要努力发展国语印地语，如果确定为一种独立的语言，则有可能获得邦政府的支持，甚至可能成为该邦的官方语言。

---

① 姜士林等主编：《世界宪法全书》，青岛出版社 1997 年版，第 581 页。

七　结语

因为拥有悠久的历史传统，印度常被视为一座未建成的通天塔；因为拥有惊人的语言多样性，印度还被视为一条多语的恐龙。印度语言政策是印度传统文化特别是语言文化的产物。印度语言文化区别于世界其他语言文化的特征大概有以下 4 条。

第一，古代性。世界上一种语言文化在跟另一种语言文化接触，并感觉受到另一种语言文化的污染或威胁时，往往会出现一个语言纯正主义的发展阶段，或者为了保护某种宗教或巫术经文，该宗教的原教旨主义者往往会跟该语言的纯正主义者联姻。印度传统跟其他传统的不同之处在于具有古代性。印度的纯洁主义旨在回复到以往原始的纯洁之中。例如，"印地语的梵语化" 和 "纯净泰米尔语运动" 全都期望回复到以往的语言原始状态，语言中没有混合成分，语言之间也没有冲突。

第二，普遍存在性。语言文化规范在印度普遍存在，语言的不同译本在不同的领域使用，双语体深深植根于语言的各种亚文化之中。印度各地普遍存在多语现象，各种语言都有自己的语言价值、语言保护规范和语言传统规范。

第三，口语性。依靠口语，将复杂口语的表达方式精制化，是印度语言文化的一大基础。口语及印度语言文化中暗含的一切意义都是基础性的和展示性的。一位学者的见解值得注意：

> 口语传统，非常古老，跟典型的印度科学形式紧密相连。口语传统最值得注意，因为这是印度特有的传统，跟人们已知的任何传统都不一样，该传统已经导致科学的发现，这些发现经久不衰，当代西方仍可从中学到许多东西①。

第四，多样性。一种观点认为，印度独立后，为了清除殖民主义残

---

① Staal, F., *The Fidelity of Oral Tradition and the Origins of Science*, 49 (8), Mededelingen der koninklijke Nederlandse Akademie van Wetenschappen, Afd. Letterkunde, Nieuwe Reeks, Amsterdam; New York：North-Holland Publishing Company, 1986：27.

余，制定了适合自己条件的语言政策，但是语言多样性巨大，成为造成印度语言激烈冲突的一大诱因。然而，这种见解，把印度语言的多样性视为实现现代化或工业化的一种障碍，恐怕有失公允。

印度语言的多样性深深植根于印度语言文化之中，是印度文化的一种资源和产品，是印度文化政策的一个结果。《三语方案》既承认地方语言资源的价值，也承认国家统一通用交际语的价值，同时还承认可用于国际交际的语言价值，从而在自由自在的多语制和国家统一的单语制之间走出一条中间道路。该方案允许全国各个地区可以根据当地的实际，对该项政策进行不同的解释。这种多样性中，已经植入了统一性的要素。

语言政策与民族文化在美国[*]

　　关于美国语言政策的研究文献，较重要的有中国学者胡壮麟[①]、美国学者弗格森和希思[②]、费什曼[③]、希思[④]、克洛斯[⑤]以及巴西学者埃尔南德斯—查韦斯[⑥]等的著作。本部分拟从显性政策，即法律、法规的有关规定，以及隐性政策，即实际实行的政策这两个视角，考察新近 200 多年以来，美国语言政策的演变轨迹，解释美国的国家层面或联邦层面没有出台显性语言政策或官方语言政策的理由，探索形成美国隐性语言政策的基础、依据和条件，阐述英语和英语文化能够在美国占据主导地位的原因。

---

　　[*] 本部分完成于 2000 年 10 月，系国家社会科学基金重点项目"少数民族语言政策比较研究"第三子课题的阶段性成果，现首次国内公开发表。

　　[①] 胡壮麟：《美国的语言问题和语言政策》，《北京大学学报》（英语语言文学专刊）1993 年，第 13—22 页。

　　[②] Ferguson, C. A., and Heath, S. B. (eds.), *Language in the USA*, Cambridge : Cambridge University Press, 1981.

　　[③] Fishman, J. A., V. C. Nahirny, J. E. Hofman, and R. G. Hayden (eds.), *Language Loyalty in the United States: The Maintenance and Perpetuation of Non-English Mother Tongues by American Ethnic and Religious Groups*, The Hague: Mouton, 1966.

　　[④] Heath, S. B., "Language and Politics in the United States", in Saville-Troike, M. (ed.), *Linguistics and Anthropology-Georgetown University Round Table on Languages and Linguistics*, Washington, D. C. : Georgetown University Press, 1977: 267 – 296.

　　[⑤] Kloss, H., *The American Bilingual Tradition*, Rowley, MA: Newbury House, 1977.

　　[⑥] Hernández-Chávez, E., "Language Policy in the United States: A History of Cultural Genocide", in Tove Skutnabb-Kangas, R. Phillipson, in collaboration with M. Rannut (eds.), *Linguistic Human Rights: Overcoming Linguistic Discrimination*, Berlin: Mouton de Gruyter, 1994: 142 – 158.

一 社会历史语言环境

（一）生存环境

跟印度和中国不同，美国没有悠久的历史，没有丰富的文化遗产，但是拥有富饶优越的生存环境。美国的国土面积跟中国大致相当，但可耕地面积占 40%，中国只占 10%，而且美国土壤肥沃，雨量充沛，非常适宜农业的发展；美国中部辽阔的大草原，堪称世界最佳的"天然牧场"；美国的矿产资源也极为丰富。这些都是发展畜牧业和工业的绝好条件。

（二）种族和民族

美国是世界上最大的移民国家，其种族、民族成分超过 100 种。据 1990 年统计，美国总人口为 2.49 亿，其中欧裔白人近 2 亿，占 80%，黑人近 3000 万，占 12%，拉美裔居民 1700 万，占 7%，印第安原住民近 200 万，占 0.8%，华裔 160 万，其他亚裔等 450 万（见表 1）。

表1　　　　　　　　　　1990 年美国民族人口构成

民族	人口（人）	占总人口的百分比（%）
总计	248709373	102.4*
白人	199666070	80.2
黑人	29986660	12.1
印第安人、爱斯基摩人、阿留申人	1959234	0.8
华人	1645472	0.7
菲律宾人	1406770	0.6
日本人	847562	0.3
印度人	815447	0.3
朝鲜人	793849	0.3
越南人	614547	0.2
墨西哥人	13495938	5.4
波多黎各人	2727734	1.1
古巴人	1043932	0.4

注　*调查人口时，有人重复登记，因此数字和百分比略有误差。

资料来源：《世界年鉴 1992 年》，纽约 1992 年版，第 77 页材料整理。

（三）语言

美国人使用的语言有 300 多种，但全国通用的只有英语。据 1990 年人口普查资料，美国 5 岁以上的人口总数为 2.3 亿，其中只说英语的单语人为 1.99 亿，占 86.2%，兼说英语和其他语言的双语人或多语人近 3000 万，占 13%，不说英语者 180 万，占 0.8%。使用人口第二多的语言是西班牙语，2200 万，占总人口的 9%[①]。全国 96% 的人口都说英语。

美国英语是英国移民来到北美后，与其他移民共同使用并发展的语言，虽然经过 200 多年的演变，美国英语跟英国英语在语法和词汇上尚未出现大的差异，只是在发音拼写方面有些不同。英国英语以伦敦音为标准音，美国英语则以波士顿音为基础。

（四）宗教

美国或许是世界上宗教最多的国家。最大的教派是基督教新教，信奉者占总人口的 57%，其次是天主教，信奉者占 28%，犹太教占 2%，其他宗教占 4%。据统计，信徒在 10 万人以上的教派有 52 个，信徒超过 100 万人的教派有 21 个[②]。

（五）社会历史

北美洲原为印第安人的聚居地。15 世纪末西班牙、葡萄牙、荷兰、法国和英国先后向北美洲移民。1773 年英国在今美国东部地区建立了 13 个殖民地。1775 年爆发了反对英国殖民统治的独立战争。1776 年 7 月 4 日通过了《独立宣言》，正式宣布建立了美利坚合众国，1787 年制定了联邦宪法。自 1776 年以后的 100 多年间，美国的领土扩大了 10 倍。迄今为止，人口增加了 50 倍，工业和科学技术不断取得惊人的发展。

---

① 美国人口普查统计局：《1990 年美国、地区和诸州家中说的语言及说英语的能力》，CPH-L-133，1990 年。

② 罗志野：《美国文化和美国哲学》，广西师范大学出版社 1993 年版，第 93 页。

二　美国文化的吸收力

美国语言文化并不是美洲本土的原生文化，其根基出自欧洲的西方文化，或称西方基督教文明，它是继中华文明、印度文明、伊斯兰文明之后兴起的又一大文明。如果说多样性是美国语言文化跟欧洲语言文化共有的一大特性的话，那么统一性恐怕则是美国语言文化区别于欧洲语言文化的一大主要特征。

美国和欧洲的本土面积大致相当。美国是一个统一的国家，全国上下通用一种语言；欧洲自罗马帝国以来已分裂成四五十个国家，使用几十种官方语言。作为一个统一的国家，美国的历史比德国和意大利还要悠久，作为一个统一的欧洲，只有历史上的罗马帝国可以跟美国相比。

列宁曾经指出："在美国，资本主义的发展具有特别有利的条件并且特别迅速，因此在这里巨大的民族差别的泯灭，统一的'美利坚'民族的形式，比世界上任何一个国家都更加迅速更加彻底。"①

18 世纪 70 年代，美国移民在美国东部建立起 13 个殖民地。这些移民占当地移民总数的 80%，都说英语，都是白种盎格鲁—撒克逊人，都信奉基督教新教。其他移民在很大程度上进行自我调适，采用英裔移民的语言、法律和文化习俗，各殖民地基本上保持着一种统一的语言文化格局。这批英裔移民发展成为美利坚民族的核心组成部分。

此后，来自世界各地的新移民源源不断地涌入美国，但是所有的非英语族体都相继转用了英语，并被美国英语文化这个大熔炉所熔解。如今任何一种其他语言既无力挑战美国英语的"独尊"地位，也不可能对美国英语的一统天下构成威胁。

美国语言文化何以具有如此强大的吸收力，究其原因至少有以下两点：第一，提供个人进取的种种机会。"美国非英裔族群的英化（盎格鲁化），并不是因为国籍法对他们说来相对有利，也不是因为法律规定、当局的举措或政府的压迫而造成的民族同化，而是因为高度发达的美国社会的那种吸收力。各民族可能有无以计数的组织试图保持自己的语

---

① 《列宁全集》（第 28 卷），人民出版社 1986 年版，第 368 页。

言，但是美国社会提供的个人进步及个人取得成就的各种机会，太具吸引力了，以至于各民族'精英'的子孙或迟或早、心甘情愿地并入到美国的社会之中。"① 第二，实行普遍的杂居。迅速发展的美国资本主义经济在全国各地为几千万新移民提供了广阔的生存和发展的空间，这些新移民分散到全国各地，普遍的杂居迫使他们尽快学会美利坚人的语言，尽快适应美利坚人的文化，尽快加入美利坚人的主流社会之中。

19世纪初期，德裔、爱尔兰裔和斯堪的纳维亚裔美国人曾要求保持其固有的语言和文化，一些德裔移民团体曾提出过建立一个德语州的设想，30年代曾企图把德国移民聚中在圣路易斯附近的密苏里河畔一带，40年代曾打算把德国移民聚中到得克萨斯州的西南部，50年代又产生使威斯康星州德语化的憧憬。纽约和费城的爱尔兰人曾要求国会同意他们在西部拥有一片容纳爱尔兰人的土地。所有这些要求、希望或梦想都破灭了。因为美国法律禁止建立大片的专供某一族体拥有的聚居区②。

三 建国前后的放任主义：对移民语言的宽容政策

这里说的语言宽容主要是指美国政府宽容欧洲移民的有限语种，并不包括北美洲所有的非英语语言。政府对以美国本土语言印第安诸语以及作为奴隶的非洲黑人的语言，实行的则是语言灭绝或殖民主义语言政策。

奴隶制度既是美国殖民时期经济制度的一个组成部分，也是北美殖民制度的一个组成部分。美洲的奴隶制度一开始就推行一种殖民主义政策，白人殖民者把操各种语言的群体分离开来，使得他们彼此之间无法进行有效的交际。在跟白人的交往中产生了一种混杂语言，黑人奴隶及其子女使用学用这种混杂语，数代之后发展成为一种非裔美国英语土话，以前的文献往往称这种土话为"黑人英语"或"黑人英语土语"。在美国，这种"黑人英语土语"是区分黑人和白人的一种重要标志，

---

① Kloss, H., *The American Bilingual Tradition*, Rowley, MA：Newbury House, 1977：284.
② 宁骚：《民族与国家：民族关系与民族政策的国际比较》，北京大学出版社1995年版，第557页。

是美国黑人民族认同的一个重要因素。有人曾经提出，"黑人英语土语"应作为教学用语进入美国公办学校的教学体制之中，从而引起过激烈的争论。

（一）建国前的语言宽容政策

在英国殖民时期（1609—1775 年），由于西班牙曾经是英国在欧洲和美洲的主要竞争对手，英国人跟法国人及印第安人之间爆发过大量的战争，并最终于 1663 年在亚伯拉罕平原战胜了法国人，所以，英国殖民地所宽容的非英语语言只有荷兰语和德语，荷兰语主要用于前荷兰殖民地的纽约和新泽西；德语主要由宾夕法尼亚隶属基督教贵格会教派的移民在较小范围内使用。

在美国的独立战争期间，英裔殖民者考虑到政治上的利益，决定使用非英语语言。因为在英国建立的 13 个殖民地内，还有许多地区使用德语、法语等，已经来到美洲的英裔殖民者要打败英国，必须团结所有的力量，因此，他们在给这些民族发公告或进行交流时都使用这些民族的语言。他们曾用法语起草过一份《陆军法规》，邀请加拿大的魁北克人，参加他们的起义；用德语发布宣言，呼吁德裔移民加入独立战争，并用德语提供有关战争进展的信息①，因而取得了良好的政治效果。

该时期，操德语者大多在宾夕法尼亚定居，操荷兰语者大多在纽约和新泽西定居，操法语者大多在路易斯安那定居，操西班牙语者大多在加利福尼亚等地的新墨西哥定居，操俄语者大多在阿拉斯加定居。这些移民者的语言均可在当地诸多领域使用，一些州的宪法还赋予这些语言一定的特权，一时间美国的语言使用真可谓丰富多样，色彩斑斓。

（二）建国初期：没有明确规定国家的官方语言

跟法国、瑞士、加拿大等西方国家不同，美国建国初期在《独立宣言》和《宪法》中，均未规定该国的官方语言，而且时至今日，在历次宪法修正案中，也没有明确设立有关语言权利的条款。这种现象并不是偶然的，而是有着必然的历史文化根源的，它反映了美国语言文化的

---

① Kloss，H.，*The American Bilingual Tradition*，Rowley，MA：Newbury House，1977：26 – 27.

一大特征。

1. 英国没有官方语言

历史上英国从未规定过该国的官方语言。在 11 世纪初至 14 世纪末的 300 多年内，法语一直是英国国王、贵族官吏、学校和法庭使用的语言。1650 年，随着《法律文献和法院所有诉讼程序及记录改用英语的法案》的颁布，英语才最终成为英国法院体制中的专用语言①。宗主国吸引各国移民前往殖民地，是否需要颁布法令规定一种官方语言？对于这个问题，英国人自 18 世纪以来，就认为"语言要有地位，并不是颁布几项法规就可以完事的，而是具有社会意识的个人做出自己选择的结果"②。

2. 国家的统一和语言的统一

一种论点认为，规定一种官方语言有益于国家的统一，但是英国北爱尔兰发生的语言冲突，向美国人表明，冲突的双方均使用同一种语言——英语，所不同的是一方为新教徒，另一方为天主教徒，因此，一种共同的语言未必就有益于国家的统一或认同。

3. 美国首任大法官的语言统一观

美国建国之初，开国元勋们曾就能否使语言官方化的问题展开过严肃地讨论。美国首任大法官约翰·马歇尔论述道，美国公民在地理和社会方面流动性大，这将使"美国的语言同一"，不过，这种同一是公民个人选择的结果，而不是法律命令的结果③。这种思想跟那种主张自上而下实行语言统一的观点相比，似乎更符合美国早期的民主精神。

建国之初的语言政策是跟移民政策紧密相连的。为了鼓励移民，人们在语言方面追求的两个目标是：保持外国移民语言的使用；帮助那些不懂英语者学习英语。当时很少有人担心这种举措会丧失国家的统一或导致民族的分离。

---

① Heath, S. B., and Mandabach, F., *Language Status Decisions and the Law in the United States*, Washington: National Institute of Education, 1978: 5.

② Heath, S. B., and Mandabach, F., *Language Status Decisions and the Law in the United States*, Washington: National Institute of Education, 1978: 7.

③ Heath, S. B., "Language and Politics in the United States", in Muriel Saville-Troike (ed.), *Linguistics and Anthropology-Georgetown University Round Table on Languages and Linguistics*, Washington, D. C.: Georgetown University Press, 1977: 273.

（三）逐渐放弃使用非英语

德裔美国移民是一个善于保持自己语言和文化的民族，对此，富兰克林深表忧虑，1753 年他在写给朋友的一封信中做过如下描述：宾夕法尼亚德国移民家庭的儿童几乎都不学习英语。大量书籍直接从德国进口。该地区共有六家印刷厂，其中有两家只印刷德语书刊，有两家兼印德英两种文字，另外两家则专印英文书刊。大街上的招牌混用德英两种语言，某些地方的招牌只用德语。契约和其他法律文书也开始广泛使用德语，商业交往尚需聘用翻译①。为此，富兰克林提议，将德国移民分散到英裔移民中居住，在德裔移民聚居地建立英语学校。

独立战争（1775—1783 年）之后，英裔美国人不再用德语发布公告。1803 年路易斯安那州并入美国时，该州大多数人都说法语，但仍委派一位讲英语者担任州长，他下令所有的法律规定一律使用英语。杰弗逊总统曾提议将 3 万名操英语者——迁入路易斯安那州，但因反对呼声强烈而放弃。1811 年的《授权法》和路易斯安那州第一部宪法都规定，英语是该州的公文用语。1801 年，密歇根州驳回了将英语译成法语的请愿书。

（四）语言政策——米伦伯格神话

18 世纪末期，美国语言政策史中的所谓"米伦伯格神话"也许最具传奇色彩。

据说，在立法程序中，德语仅以一票之差而负于英语，否则德语将成为美国的官方语言了。实际情况似乎是，弗尼吉亚州的一批德裔市民请愿，要求 1794 年召开的第三届国会使用德语印发联邦诸法律的复本。在 1795 年 1 月举行投票之前，已对该项要求辩论过多次。议院的议长由宾夕法尼亚的米伦伯格（F. A. Muhlenberg，1750—1801 年）担任，他还是该提案的发起人之一。为了使投票不出现偏斜，他让其他人来讲述该提案的具体要求。他当时担任会议主席，他完全可以打破同数投票这个平衡，但结果是，德语终因一票之差而没有成为美国的官方语言②。

① Dillard, J. L., *Perspectives on American English*, Mouton Publishers, 1980：277 - 278.
② Kloss, H., *The American Bilingual Tradition*, Rowley, MA：Newbury House, 1977：28.

在建国初期，不断出现这种提议，一直持续到南北战争（1861—1865 年）期间，每次提议使用德语（或法语）印制法律或农业报告均遭到失败，理由是英语已经是美国的官方语言了。当然在美国的中西部地区，对德语的支持非常广泛，这些地区集中了很多德裔移民，除亚特兰大中部地区外，东部沿海诸州对于给予操德语者任何特殊的承认均不感兴趣。

四 19 世纪到 20 世纪中期的本土主义：全方位的英语同化

19 世纪至 20 世纪初期，美国语言政策发展的总趋势是语言同化。美国最大的移民群体德裔美国人完成了从德英双语向只用英语的转化，印第安人和墨西哥人也都走完了英语化的路程，英语化在美国语言文化中具有很深的根基，制约英语化的因素至少有六七种，将在下文分析。

（一）非英裔群体的英语化

1. 德裔美国人：从德语宽容向英语同化演变

1820 年以后德国出现了新一轮的移居美国的浪潮，到 19 世纪 70 年代，德国移往美国的居民每年约达 25 万。当时可供移入者定居的领土是中西部地区，德国人大批涌入美国的俄亥俄河谷、密西西比河及密苏里河流域，他们对辛辛那提、密尔沃基、圣路易斯和芝加哥等城市的建设发挥了重要的作用。

这些地区人口稀少，适宜德裔居住地的扩张和巩固。德裔美国人要求享有政治地位，并极力寻求语言权利。当时许多州均采取语言宽容政策，比如俄亥俄州、宾夕法尼亚州和威斯康星州允许其公立学校讲授德语①。俄亥俄、伊利诺伊、艾奥瓦、印第安纳、密苏里和威斯康星各州的立法机关还允许出版德语法规，允许用德语处理行政公文。直到 1863 年，美国土地管理总局被授权，可以使用德语出版其报告，以便鼓励更多的欧洲人移入，在从土著人手中新夺取的土地上

---

① Baron, D., *The English-Only Question: An Official Language for Americans?*, New Haven: Yale University Press, 1990: 11.

定居①。

南北战争（1861—1865 年）以后，他们在定居地建立了大量的教区学校，教学用语使用德语，而且比当地其他学校办得更优秀，更有竞争力，比如密苏里州。

> 该州大多数教区，德裔人占大多数，结果是许多学校主要使用德语教学，有时完全使用德语。因此，如果一个美国家庭住在此地，那么儿童的教育权就被剥夺了，而且还得进行德语教学②。

根据当时一位人士的描述，美国各地的德裔居民区，通常"总是变成纯粹德国人的小圈子，生死婚嫁皆与外界无涉，尽量不跟英裔美国人混和，当时美国共有 27 家德文日报用于 15 个城市，此外还有 20 多份德文出版物。仅辛辛那提一市就有 4 家德文报纸"③。

1842 年 4 月 9 日纽约州的《界标法》规定：建立州的非教区学校，抵制天主教教徒为其教区学校筹集资金所做的尝试。从此世俗的公办小学开始流行，基督教新教徒都能接受州立世俗学校，但是天主教徒仍坚持州政府为其教会学校提供资金。

19 世纪美国本土主义的兴起，转向反对德裔移民，社会舆论认为，德裔美国人是 19 世纪美国实现英语化的最大威胁，因为当时德裔美国教会试图保护其成员的德语。

为了回应德语的"威胁"，1889—1891 年，美国许多州试图立法反对德语，支持英语，结果德语在圣路易斯、路易斯维尔、旧金山、圣保尔停止使用了。宾夕法尼亚州取消了该州的德语学校，并要求矿工参加英语考试④。伊利诺伊州禁止企业使用德语名称。俄亥俄州对在公共场

---

① Kloss，H.，*The American Bilingual Tradition*，Rowley，MA：Newbury House，1977：85 - 86.

② Handschin，C. H.，"On Methods of Teaching Modern Languages"，*Science*，1913，37 (955)：600 - 602；转引自 Kloss，H.，*The American Bilingual Tradition*，Rowley，MA：Newbury House，1977：89 - 90。

③ ［美］托马斯·索威尔：《美国种族简史》，沈宗美译，南京大学出版社 1993 年版，第 73 页。

④ Baron，D.，*The English-Only Question：An Official Language for Americans?*，New Haven：Yale University Press，1990：83.

合使用德语的人处以罚款。内布拉斯加州通过的法律禁止在公开会议上使用德语，将英语作为正式语言，并禁止用外语教学。其他 15 个州很快也效仿了内布拉斯加州的做法①。在教育方面，全国各州都禁止使用德语教学，美国参议院曾提出一项议案，试图使英语成为全国所有学校的教学用语，但这项议案未获通过②。第一次世界大战之前，许多德裔人在家中都说德语，"一战"后，家庭用语多改为英语。作为宗教用语的德语也受到进一步的限制，被降为专门用来为老年信徒服务的辅助语——Gottesdienstsprache "礼拜仪式用语"，20 世纪 20 年代，德语重要教派也将其正式语言改为英语。

1917—1927 年，有 23 家德文天主教刊物停办，那些仍旧生存的刊物，也基本上用英文印刷了③。第二次世界大战（1939—1945 年）期间，美国再次出台了一些限制德语使用的措施，但此时德语的使用规模和使用范围已大为减少，很难对英语化或英语的推广构成威胁了。

2. 土著印第安人的同化和英语化

19 世纪至 20 世纪初期，美国政府对印第安人采取的是驱逐、隔离和同化的政策。在语言教育方面，从 1879 年开始建立了远离保护地的寄宿制学校，到 20 世纪 20 年代，共建了 77 所学校，其办学宗旨是，彻底同化印第安人儿童，改变他们的生活观念和对土地的态度。

印第安人家长并不愿意自己的子女到离家很远的寄宿制学校去读书。在这些学校中，儿童不能使用自己的母语，否则会受到体罚。他们必须学用英语，必须学习白人儿童的穿衣及其他各种习惯行为，但是，所学课程并未涉及印第安儿童所熟悉的环境和文化。为了实现盎格鲁化，印第安人儿童从寄宿制学校毕业后，一般都要安排他们到白人家庭待上 3 年。通过一定的劳动来补偿他们的生活费用。当他们返回自己的家乡时，他们的行为和话语常常成为当地印第安人父老乡亲的笑料。在印第安人保留地的日校，校园一切用语也都是英语，"儿童从无知、愚昧的父母的语言和习惯中解脱出来，但是晚上回到家里……或多或少又

---

① Kloss, H., *The American Bilingual Tradition*, Rowley, MA: Newbury House, 1977: 52.

② Marshall, D. F., "The Question of an Official Language: Language Rights and the English Language Amendment", *International Journal of the Sociology of Language*, 1986, 60: 15.

③ 黄兆群：《纷然杂陈的美国社会——美国的民族与民族文化》，内蒙古大学出版社1994年版，第69页。

回复到原来的道德和精神的麻木状态"①。

直到 20 世纪 30 年代，在一些开明官员的领导下，曾实行过双语教育计划，但是这些计划也只是昙花一现。第二次世界大战以后，土著民族的同化和语言同化的政策得到进一步加强。

3. 墨西哥裔的同化和英语化

美国操西班牙语的墨西哥人，主要分布在美国西南部跟墨西哥国交界的得克萨斯、加利福尼亚和新墨西哥诸州。

得克萨斯州原为墨西哥国的领土，这里墨西哥裔人口很多，但是占主导地位的还是盎格鲁人和德裔人。他们移居到此地就是为了有朝一日能够摆脱墨西哥的统治。1836 年爆发了反抗墨西哥的起义。起义者盎格鲁人和同盟者墨西哥人均被镇压。由此引发了对墨西哥政府的不满。1841 年，得克萨斯废除了用西班牙语出版的法律条文。到 1858 年，在得克萨斯成为美国一个州仅 12 年之际，英语已成为当地学校的教学语言。1870 年以后，曾实行过一段时间的"西班牙语和英语"的过渡性双语教育，但到 1905 年，该州又通过一项新法案，规定除了外语教学外，所有的教学都必须使用英语②。

当墨西哥割让领土时，加利福尼亚的盎格鲁人实际上已占多数。1849 年加利福尼亚州宪法是允许用西班牙语和英语出版法律的。1852 年的一项法令还允许在墨西哥裔人口占多数的县内用西班牙文公布法律条文。但是该州 1855 年宪法则规定，英语是教学用语，1862—1863 年通过的一项法规则限制使用西班牙语。该州 1879 年宪法最终废除了所有使用西班牙语的法规，规定政府一切公务"只能用英语来执行、保存和出版"③。跟得克萨斯州一样，加州也正式英语化了。

新墨西哥割让给美国时，绝大多数都是墨西哥人或称墨西卡纳人④。在该地并入美国的 64 年内，曾先后 50 次向国会申请成立独立州。1861

① U. S. Government Printing Office, *Annual Report of the Commissioner of Indian Affairs to the Secretary of Interior*, Washington D. C. ［LM］, 1886：23.

② Kloss, H., *The American Bilingual Tradition*, Rowley, MA：Newbury House, 1977：177.

③ Baron, D., *The English-Only Question：An Official Language for Americans?*, New Haven：Yale University Press, 1990：17.

④ 墨西卡纳系自称，表示自我认同，没有政治意义，迄今该州操西班牙语的墨西哥人仍在使用这个名称。

年，新墨西哥一分为二，分出一个科罗拉多州之后，1912 年新墨西哥盎格鲁人的人口总数超过了墨西哥人，并拥有该地许多社区的土地，这时美国联邦政府才正式授予该州为美国的一个独立的州。

19 世纪后半期，该州正式成立之前，出于行政上的需要，继续使用西班牙语。1884 年通过了一项教育法，允许使用西班牙语或英语作为教学用语。但是 1891 年通过的一项法案则要求教师必须懂英语，实行英语教学。1910 年《新墨西哥州授权法》规定：学校必须用英语教学，教师应接受英语培训；官员和立法人员必须懂英语，法律条文可以用两种语言出版，但在 20 年后只能用英语出版。该州 1912 年宪法保留了其中的大部分规定，只是允许公民在投票时可以使用西班牙语①。

（二）影响英语化的诸因素

1. 移民的迅猛增长

19 世纪迁入美国的移民出现两次较大的浪潮。一次是 19 世纪中期的几十年间，移民不再来自英国，主要来自北欧的爱尔兰以及德国。当时欧洲许多国家出现社会动荡，美国则因经济的发展，对劳动力的需求越来越大。1840 年，因马铃薯歉收，北欧遭受大饥荒的 150 万爱尔兰人迁到了美国；1848 年，欧洲各国的革命战争，迫使 100 多万德国人迁移新大陆另谋生机。这两批移民来到后，一些当地英裔美国人立即成立了仇外组织，在这些组织群体看来，这两大批外来者大多信奉天主教，而当地英裔美国人主要信奉基督教新教，这无疑已对英裔美国人构成了威胁。1860—1925 年，更大批的南欧人和东欧人等蜂拥而入，几十年间迁入 2000 多万，这个数字是此前美国 200 多年移民总数的两倍以上，在那些仇外群体看来，这批移民都是穷人，没有受过什么教育，大多数都是天主教徒或是东正教徒或犹太人，跟此前的那两大批移民群体相比，这一批移民跟英美人在语言文化方面的差异更加巨大。

如前所述，德裔移民具有极强的创造其语言文化空间的能力。在美国的许多地方，特别是在中西部的许多城市，德裔人创办了德语学校，

---

① Kloss，H.，*The American Bilingual Tradition*，Rowley，MA：Newbury House，1977：49.

德文报纸，并且建立了德语教堂，甚至剧院和音乐学院。许多英裔美国人均感受到，德裔人在人口上的优势以及他们对其语言文化的保持，已经对英语文化构成了威胁。

后来的南欧和东欧裔移民创建文化机构的能力以及在语言文化的保持方面，远远不如德裔人，但是，他们掌握英语文化的水平普遍较低，他们正在跟较早时期创办的英语学校和有关较高水平的文化机构展开竞争，他们也成为英裔美国人的一大威胁。

2. 本土主义和仇外情绪的产生

19 世纪中期，随着大批的天主教等移入的增加，美国国内滋生了一种本土主义情绪，认为美国社会应该把老移民和新移民区别开来，二者的根本区别就在于老移民大都讲英语，信奉新教，多来自英国；而新移民一般都不讲英语，多信奉天主教，主要来自北欧爱尔兰和德国。19世纪 40 年代还成立了"美国本土党"和"一无所知党"，这些党派主要反对天主教等非新教的教区学校。美国的本土主义者坚决捍卫英语的独尊地位，维护英裔人遵循的社会习俗和规范。

19 世纪 80 年代德国人的移民潮达到高峰，1882 年为 25 万人，另外南欧和东欧的移民也开始大批进入美国，许多中国人和其他亚洲人也被招募来修建铁路，这些移民活动加剧了本土主义者固有的仇视态度，他们多次提议要将英语作为移入的条件之一。1882 年通过了有种族偏见的《排华法》。1889 年威斯康星州和伊利诺伊州通过的法律，禁止学校在八年级之前使用非英语。19 世纪 90 年代，新泽西州法庭裁决，只能用英语发布通告；伊利诺伊州规定，所有的法律都必须用英文出版。一些州开始废止准许使用其他语言出版法律文献的条文，法律开始偏袒英语。

第一次世界大战前后，本土主义转变为实际上的仇外和惊恐情绪。艾奥瓦州州长禁止用外语打电话或用外语进行宗教活动。1917 年的《国家移民法》实行移民配额制，排除那些不会说英语的移民。第一次世界大战以后，开始实行"美国化"计划，鼓励外国人学英语。1923年，有 34 个州要求英语作为教学用语[1]。1924 年，国会通过《国籍

---

[1] Baron, D., *The English-Only Question：An Official Language for Americans?*, New Haven：Yale University Press, 1990：150.

法》，移民实行配额制，禁止从日本移民①。结果是不讲英语的人在经济和政治上的发展机会明显减少。

3. 美国语言文化思想的作用

正如许多研究者所见到的那样，体现美国国家政策的宪法或《权利法案》未曾对语言和语言权利做过任何明确的规定。南北战争期间，为了征兵，曾经使用过德语等非英语语言，并且制订过一些有关移民加入美国国籍的政策法规，但是其中没有一种是由联邦政府颁布的。

根据 1906 年《国籍法》的有关规定，在外国出生的人，如果没有熟练地掌握英语，则不得加入美国国籍，因为他们无法懂得"真理、自由、正义"等的真正含义。这样，掌握英语就成为加入美国国籍的一个必要条件。《国籍法》做出这种规定所依据的并不是美国联邦层面业已颁布的任何一种基本法或其他相关的法律，而是美国语言文化中流行的一种"语言决定思想"的论点，数十年后著名的"沃尔夫（Benjamin Lee Whorf，1897—1941 年）假说"②，是对这种见解的延续和发展。直到 1950 年的《国内安全法》还规定，英语要达到脱盲的水平。

这一政策思想在州一级衍生出许多隐性政策思想，概述如下：英语是解放、自由、公正的语言，是美国人表达思想的语言；为了成为一名美国人，人人必须在儿童早期和整个小学阶段把英语牢固地印在自己的灵魂之中；儿童享有使用英语教育的权利；非英语语言是暴政、压迫、不公正和非美国人的语言；通过非英语语言，儿童无法学到美国人的思想③；禁止儿童成为双语人，学校中应阻止双语现象④。

4. 持续不断的战争心态

美国曾不断地受到战争心态的影响，1861 年的南北战争，持续到

---

① Piatt, B., *Only English? Law and Language Policy in the United States*, Albuquerque：University of New Mexico Press, 1990：8.

② 认为个人的语言决定其对世界的认识，即"语言决定世界观"的假说。

③ Mertz, E., "Language and Mind：A 'Whorfian' Folk Theory in United States Language Law", No. 93 in Working Papers in Sociolinguistics, Austin：Southwest Educational Development Laboratory, 1982.

④ Schiffman, H. F., *Linguistic Culture and Language Policy*, London and New York：Routledge, 1996：234.

1890 年的印第安战争，1898 年的美国西班牙战争，菲律宾的起义，20
世纪初期 20 年间的美国海军侵占加勒比海国家，大白舰队的环球航行，
1917—1918 年美国国内对第一次世界大战的大动员，以后对苏联的远
征和对加勒比海国家的进一步干涉，所有这一切都对立法产生过深远的
影响，其中明显反映在语言方面的是，不再宽容非英语语言。许多法规
条文都明确规定，反对使用外语，这些规定都是由本土观念较浓的立法
者提出来的。1860—1925 年，多民族、多语言不再被认为是一种有利
现象，有时甚至被认为是威胁到国家统一的不利因素①。在第一次世界
大战的前十年间，一些州通过了有关法律，规定公立（有时甚至包括私
立）学校中只能用英语授课，颁布过这类法律的州，1903 年有 14 个，
1913 年增加到 17 个，1923 年则达到 34 个，其中部分原因是对美国诸
州的德语学校怀有战争恐惧感②。

5. 工业经济的周期性变化

19 世纪美国的国民经济基础从农业转到了工业，出现了一个劳动
力市场，它随着经济周期的上下波动而发生变化，特别是当经济出现萧
条或危机时，工作岗位明显减少，本土主义观念就容易抬头，本土主义
者坚持认为，美国的工作岗位应该由"本土"美国人来干，即由那些
老移民或同化者来干，而不是那些新移民或未同化者。英语是劳动市场
的通用语言，一个人不会讲英语，就意味着他在文化上尚未同化，他找
工作时就会在经济上吃亏。在经济困难时期，首先受到冲击的，当然是
那些语言文化的不适应者。当然，当经济出现繁荣，工作机会增多时，
市场对劳动力的需求加大，劳动者的语言文化的同化程度也就不那么特
别重要了。以工业为基础的新经济跟以农业为基础的旧经济相比，社会
动荡更多，涉及的范围也更广，人们对不懂英语者的态度也出现了较大
的变化。

---

① Higham, J., *Strangers in the Land*：*Patterns of American Nativism 1860 - 1925*，New York：
Atheneum，1963.

② Leibowitz, A. H., "Language and the Law: The Exercise of Political Power Through Official
Designation of Language"，in William M. O'Barr and Jean F. O'Ban (eds.)，*Language and Politics*，
The Hague：Mouton，1976：451.

五　20世纪下半叶的语言权利保护：双语立法和本土语言立法

需要保护语言权利，或者应该明确规定语言权利的思想，没有且从来没有成为美国语言文化中的组成部分。英国殖民者在处理英裔美国人和说其他语言者的事务时，根本就不考虑语言权利问题。在加拿大则不同，由于"法语语言观"跟"英语中心论"之间相去甚远，二者之间的竞争和调节持续不断地进行着。美国的宪法没有明确提及语言权利、教育权利和平等的代表权利，后两项权利虽然在其他法规中涉及，但是法院诉讼中都认为这是衍生的权利。在有关语言权利的诉讼中，联邦最高法院只对《宪法》第14条修正案中的正当诉讼条款和/或1964年的《公民权利法》第6条规定衍生的语言权利做出反应，换言之，美国法院只认可这两项法案中的有关规定。

（一）语言政策《大宪章》："迈耶"对"内夫拉斯"一案

美国内布拉斯加州的德裔路德教信徒，就"迈耶"对"内夫拉斯"一案，控告该州。该州及其他州曾经立法，规定不论公办学校还是私办学校，一律使用英语。迈耶是一家学校中的教师，他在业余时间从事德语儿童家教，但被指控违反了该州法律。最高法院于1923年6月裁定，该州法律规定："'八年级以前禁止讲授非英语语言'违反了《宪法》第14条修正案。"各州有权要求公办学校中的教学用语使用英语，但是无权要求私立学校照此办理。最高法院还取缔了俄亥俄州和艾奥瓦州的有关法律。该项裁决开创了一个先例，它解除了私立学校必须使用英语的禁令，从法律上实现了从歧视双语到近乎支持双语的转变。在美国双语史上该项裁决被称为"私立民族学校的《大宪章》"①。

然而该裁决尚未裁定或辨明以下两条理据：群体的权利：少数群体对本族语权利的要求；个人（父母或儿童）保持或使用其本族语的权利。

---

① Kloss, H., *The American Bilingual Tradition*, Rowley, MA：Newbury House, 1977：73.

（二）联邦层面的双语教育立法

20 世纪五六十年代，美国爆发了激烈的黑人民权运动，约翰逊总统委托一个有声望的委员会，调查暴乱的原因，提出缓和紧张的种族关系，改善黑人社会经济地位的建议。越来越多的其他种族集团也仿效黑人的做法，指出美国社会如何对他们进行迫害，并纷纷向教育及有关部门提出要求，要充实教科书内容，在书中体现少数民族的状况，增加少数民族教师和雇员的比重，少数民族语言应合法进入公办学校，应扩大少数民族学生的入学人数。

鉴于当时的种族和民族关系紧张，政治两极分化，为了平息种族和民族的抗议情绪，美国教育当局采取了一些改革措施，例如设立少数民族历史课程，原教科书中的白脸改成了棕色，并且颁布了一些重要的法规，但是美国教育语言立法的指导思想是，"帮助少数民族青年获得被同化进入主流社会所需要的知识和技能，而不是鼓励维持民族文化"①。

美国得克萨斯州的参议员拉尔夫·亚伯勒，鉴于该州操西班牙语的墨西哥裔美国入学儿童的流失率居高不下，达 10 年之久，因而提出《双语教育法》的法案，要求联邦政府为实行双语教育计划的地方学校拨款资助。该法案提出后，得到南佛罗里达州的成功支持，经增补修订后，作为《初等和中等教育法》第七条修正案，于 1968 年获得通过。

亚伯勒一再强调，《双语教育法》并不打算作为语言保持的一种措施，也不打算建立或维持语言孤岛，或者培养西班牙语（或其他非英语语言）占优势的双语人，或者创造一种"取代式双语"的方法。《双语教育法》旨在成为培养儿童用英语识字的一种方法②。该法案允许对"双语教育"这个术语做不同的解释，因此可以发展不同的路子，从英语作为第二语言的教学到充分均衡的双媒介式的双语教学，均可获得联邦资助。

随着第一部《双语教育法》的通过，划拨了一批资金，用于一项为期 3 年的教材编写和在岗师资培训，另外还专门为英语能力有限的儿童

---

① ［美］班克斯：《美国少数民族教育简史》，谢宁译，《民族教育研究》1991 年第 2 期。
② Kloss，H.，*The American Bilingual Tradition*，Rowley，MA：Newbury House，1977：37.

设立了一项资助项目。从 1968 年到 1991 年上半年，大约有 30 个州推行双语教育计划。《双语教育法》的重要意义在于，它标志着联邦政府首次意识到"在英语以外语言环境中长大的儿童们的特殊教育问题，该法不仅允许，而且鼓励用英语以外的其他语言施教"①。

该法案也带来一些问题，如该法案的意图是，通过拨款，使得双语教育在帮助没有什么英语水平的儿童提高学习成绩方面能够发挥较大的作用，但是到底能够发挥多大的作用，往往缺少这方面的有效证据。还有一些问题也不清楚，诸如该法案没有规定哪类学校有何法律义务实行双语教育，没有规定双语教育的目标到底是什么？是语言保持？还是双语兼通（或译双语平衡 balanced bilingualism），抑或是向英语过渡？这些问题一直困扰着"双语教育"的发展。

1978 年国会修正了 1968 年的《双语教育法》，强调教育的目标是提高英语的语言能力，对于语言保持型双语教育计划将不再拨款资助，对于过渡性双语教育计划也将适当加以限制。

20 世纪七八十年代，过渡性双语教育计划是大多数立法都能容忍的教育计划，因为在实行这种教育计划的学校中，母语是非英语的学生学习本族语的时间最少。其他的教学计划，诸如推进学习成绩计划或发展学生第一语言能力的计划，学生学习本族语的时间则长得多，因此这些教育计划都被看成是对社会权力结构的一种威胁。

（三）各州的双语立法

在承认或保障语言权利的立法中，加利福尼亚州往往堪称美国诸州中的典范。加利福尼亚州 1965 年的一项法令规定，信息手册可以用西班牙语出版，随后又在 1967 年和 1972 年颁布了《双语教育法》。1973 年的《双语公共服务法》，要求本州和地方当局为语言上的少数群体提供大量的公共服务，要聘用大量合格的双语雇员或口译②。另外一些法

---

① Leibowitz, Arnold H., "English Literacy: Legal Sanction for Discrimination", *Notre Dame Lawyer*, 45, 1969: 15.

② Blaine, G. P., "Breaking the Language Barrier: New Rights for California's Linguistic Minorities", *Pacific Law Journal*, 1974, 5: 662; Marshall, D. F., "The Question of an Official Language: Language Rights and the English Language Amendment", *International Journal of the Sociology of Language*, 1986, 60: 53.

令则要求在有关治安和小额索赔程序方面，在跟口头推销用语相同的当地招揽合同方面，在为选民提供帮助的代理雇员的招聘，以及在《失业保障法》的条款资料等方面，出版一些双语手册①。

另外加利福尼亚州政府法规第 53112 条规定，紧急电话接线员必须掌握两种语言。加利福尼亚州《福利和教育法》规定，要向不讲英语的残疾人提供特殊语言帮助（第 190135 条），公共服务的所有信息小册子（第 10746 条）甚至自愿接受绝育手术的同意表格（第 14191 条），都要使用多种语言。

以上种种有关语言权利的立法，是长期斗争的结果，在加利福尼亚州，这种斗争尚未结束，反对多语制的势力也许比其他任何地方都要厉害。

新墨西哥州也通过了一系列语言权利法，授予操西班牙语的公民诸多语言权利，包括用西班牙语书写选票说明和通告，为少数语言群体提供帮助和翻译，矿山的牌匾，杀虫剂的标签，州市县议员的议事录等也应使用西班牙语。另外还规定了一首西班牙语的州歌和一篇西班牙语的州旗誓词，特别突出的是《双语和多元文化教育法》（1978 年），对英西双语和西班牙语单语的使用都做出明确的规定②。

1978 年夏威夷州《宪法》第 13 条第 4 款规定，英语和夏威夷语为该州的官方语言。该州使用两种官方语言，公开宣布关心夏威夷的历史文化和丰富的语言遗产，制定广泛的历史保护项目，设立历史文化和艺术基金会，这一切使夏威夷州成为多语州的典范③。

（四）安阿勃裁决：确认黑人英语的地位

美国非洲裔人说的英语，又称美国黑人英语，在美国公办教育体制

---

① Blaine，G. P.，"Breaking the Language Barrier: New Rights for California's Linguistic Minorities"，*Pacific Law Journal*，1974，5：657；Marshall，D. F.，"The Question of an Official Language: Language Rights and the English Language Amendment"，*International Journal of the Sociology of Language*，1986，60：53；Kloss，H.，*The American Bilingual Tradition*，Rowley，MA：Newbury House，1977：182.

② Marshall，D. F.，"The Question of an Official Language: Language Rights and the English Language Amendment"，*International Journal of the Sociology of Language*，1986，60：43.

③ Marshall，D. F.，"The Question of an Official Language: Language Rights and the English Language Amendment"，*International Journal of the Sociology of Language*，1986，60：47 – 48.

中处于何等地位？这个问题曾困扰美国语言政策达几个世纪，但是自从密歇根州著名的"安阿勃裁决"做出后，黑人英语总算在法律上得到正名。

在这个案例中，住在密歇根州安阿勃市格林路附近的四位黑人儿童的母亲，联名控告安阿勃学区的马丁·路德·金小学，该校"忽视文化、社会和经济因素，从而阻碍了黑人儿童在该校取得正常的进步"[1]。这所小学中的白人学生占80%，黑人学生只占13%。黑人学生的学习成绩越来越差，他们被校方归结为失去学习能力者或有心理障碍者。原告提出，诸多黑人学生被拒之中学大门之外，而白人学生尚未进行必要的准备就顺利进入中学，这种做法没有适当顾及学生的种族和语言背景。

该案例的法官陈述道，美国宪法并不保障任何人享有受到专门服务的权利，从而改善校方因学生文化、社会或经济背景的不同而采取的粗劣行为。但他承认，学校当局没有采取行动来解决《美国代码》权利20中第1703条第6款提到的语言障碍问题。接下来，该案例停留在格林路的儿童所说的是否是一种所谓"黑人英语"或土语；黑人英语是否已经出现了重大的足够的差异，是否已掌握具体的证据，证明黑人英语不是英语的一种变体；学校当局是否没有介入，没有具体提出这个问题。

必须指出，英语读写能力有限的学生，如果其母语是另外一种语言或方言，而不是英语的话，在美国的学校中，这些学生通常被认为可能有心理障碍。有"失语症"或有其他某种"缺陷"，在说一种"缩减"的（"劣等的、受限制的"）语码，或者处于某种病态，妨碍了他们的学习能力。这些学生或者被送到言语治疗学家处治疗，或者最好接受"特殊教育"，以便解决他们的"无能"问题，或者被拒之公办学校大门之外。这些实际上也是马丁·路德·金学校对格林路儿童问题的一种反应。

所以该法官保留了原告的一种指控，援引《权利20》中第1703条第6款，该款停留在"由于教育机构没有采取适当的行动来解决语言障碍，这些障碍阻止了学生平等地参与其教学计划之中"。一位法官做出

---

[1] Labov，W.，"Objectivity and Commitment in Linguistic Science：The Case of the Black English Trial in Ann Arbor"，*Language in Society*，1982，11（2）：168.

裁决，首先，语言障碍未必都是外语造成的，在白人口语跟黑人儿童之间产生的方言差异也可能造成困难，也可能成为语言障碍，如果能够证明这种差异是由于种族隔离造成的话。原告的工作就是要证明：在格林路儿童所说的"黑人英语土语"跟"标准美国英语"之间存在着种族差异；学区没有考虑这些差异，结果妨碍了原告黑人学生平等参与该校的教学计划。

20 世纪 60 年代中期以来，许多专家对美国"黑人英语土语"做过大量的研究。此前，教育学家一般认为，黑人英语是有缺陷的，从而证明黑人是"低下的"需要用当代教育来造就新人。该时期，许多语言学家、方言学家和人类学家都在研究黑人英语土语，但尚未就黑人英语土语跟标准美国英语之间的差异达成共识。

由于黑人语言学家和白人语言学家的大量研究，语言学家已经广泛接受这种观点，即语言变量是内在的，不能轻易用数量表示。黑人英语土语中系动词 be 的变异及其复杂的特性，是形成这种共识的决定性因素。黑人英语土语中系动词 be 的缩略形式和删除形式自成系统，跟英语口语语法既有联系又有区别，特别是跟英语的不一致性，已经导致许多教师把黑人学生删除 be 的现象看成黑人懒散、心理有缺陷、不能进行清晰思维，黑人英语固有的衰弱和贫乏，而不认为虽然有变项但仍然是一种连贯的系统。

语言学家们的研究成果表明，黑人英语来源于早期的一种混合语，跟现今加勒比海的混合语很相似。由于黑人英语土语的非混合性（decreolization）才导致出现大量的变异[1]。

根据美国语言学家所做的证词，1979 年 7 月 12 日安阿勃法院的乔伊纳法官做出裁决：责成安阿勃学区董事会在 30 天内制定出切实可行的措施，帮助教师：辨认出儿童所操的黑人英语；用黑人英语土语的知识教这些儿童阅读标准英语。

安阿勃裁决是有利于美国黑人儿童的，但其深远意义则在于，美国黑人英语的地位首次得到法律上的确认，白人不能再像以往那样公开歧视黑人学生和黑人英语。但是，如果因此而指望黑人英语土语能够成为

---

[1] Labov，W.，"Objectivity and Commitment in Linguistic Science：The Case of the Black English Trial in Ann Arbor"，*Language in Society*，1982，11（2）：192.

学校中的教学用语，或者指望从此就能从根本上解决不同种族之间的语言文化冲突，那么就会陷入一种新的"神话"之中。

（五）美国本土语言立法

美国本土语言主要是指印第安人的语言，同时也包括阿留申人、爱斯基摩人和夏威夷人的语言。据专家估算，美国现行使用的印第安语有175种（1995年），其中155种（占总数的89%）即将消失。据美国人口统计局的资料，1990年美国印第安语言和阿拉斯加本土语言计有136种，其中家庭使用人口在100人以下的有47种，占总语种的35%；家庭使用人口在100—200人的有22种，占总语种的16%[①]。

关于美国本土文字的情况，据调查，使用人口在1000人以上的45种本土语言中，只有8种本土语言有文字或拼音方案，有可供阅读的书面材料：它们是切罗基语、克里语、克里克语、克劳语、爱斯基摩伊努皮克语、纳瓦霍语、奥吉布语和特顿—拉科塔语。其他语言几乎没有或根本就没有什么书面材料。

历史上美国曾有近千种本土语言和方言，随着印第安部落的被消灭，人口的不断减少，美国的本土语言正在迅速从地球上消失。这种现象引起了诸多语言学家，特别是印第安部落的关注。

20世纪80年代美国的纳瓦霍人、托霍奥德哈姆人、帕斯夸亚基人，北乌特人、阿拉帕霍人和红湖一带的奇佩瓦人都感到复兴祖先语言的急迫性，他们决心仿效以色列犹太人复兴希伯来语的方法，开始尝试复兴他们的本族语，推动印第安保留地的学校和政府部门也使用他们的本族语。俄勒冈州的科基列部落还自筹资金，准备利用20世纪30年代的录音来复活米卢克语。

1990年在一次被称作"亡羊补牢"的行动中，美国国会通过了《美国本土语言法》[②]。该法的文本太长，无法在此列举，其要旨是，该法强调了语言的独有性和语言价值，强调了美国负有协同工作、保护语

---

① Crawford, J., "Endangered Native American Languages: What is to be Done and Why?", *The Bilingual Research Journal*, 1995, 19（1）: 17-38.

② *Native American Languages Act*, 1990, P. L. 101. 407, Washington, D. C., United States Congress.

言的责任，强调了美国土著的特殊地位，强调了压制和灭绝土著语言行为的错误，如此等等。该法第 104 条规定："维护、保护并促进美国土著（前文已界定）使用、实践并发展美国本土语言的诸项权利和自由是美国的政策。"

该法还强调了语言的生存、教育的机会以及在印第安人事务管理局管辖的所有学校中，在美国土著的所有其他社会文化活动中使用美国本土语言的权利。该法律文本命令联邦各部、各机构和各部门的所有负责人，依据上述政策，重新评价自己的实践。可以说，该法律文本是有史以来美国国会对语言做出的最明确的陈述。在以往的诸多审议、最高法院的案例、公民权利立法、双语教育立法，或任何其他的官方文件、决定、规章及翻译中，的确没有对语言做过明确的表述。

1992 年联邦政府第一次依据该法为美国本土语言的保持和复兴直接拨款。1994 年克林顿政府拨出 100 万美元，用于全国范围内启动的 18 个语言复兴计划。为了确保美国政策的贯彻执行，该法案还要求联邦各机构与印第安部落、其部落首领及其教育工作者协商，审查各项活动的开展情况，但是布什政府和克林顿政府均未完成该法规定的复查工作。

当美国本土语言基本上已经灭绝，已经不可能成为任何地方或任何其他语言的威胁的时候，联邦政府才承认这些语言的独特性及其特殊地位。无论如何，美国本土语言的复兴几乎不可能了。

（六）国际规约对美国语言权利保护的影响

美国有关选举权和公民权的法律曾经为双语教育权利的诉讼铺平道路。美国联邦级和州级有关非英语语言权利的法律规定，除了借鉴联邦级和州级的"双语教育法"之外，还得助于另外一种法律力量，即第二次世界大战之后相关的国际规约的影响。跟美国宪法不同，这些国际规约从本质上是保障语言权利的。

国际联盟曾明确表示：语言权利受到保护；可惜的是，美国当时尚未加入国际联盟，美国公民无法享受这种权利[①]。《联合国宪章》也指

---

① McDougal, M. L., and Chen, L., "Freedom from Discrimination in Choice of Language and International Human Rights", *Southern Illinois University Law Journal*, 1976, 1: 161.

出，不允许一个国家把语言差别作为对待其他公民的理由；美国是签约国之一，理应受到该文件的制约。联合国《世界人权宣言》也指出，不允许把语言差别作为歧视的理由①。

尽管美国没有在联合国宪章上签字，没有投票赞成《联合国人权宣言》，但后来，卡特总统还是签署了《公民权利和政治权利国际公约》《经济、社会和文化权利国际公约》《美洲人权公约》以及《消除一切形式种族歧视国际公约》。福特总统签署的两个公约是：一个是 1986 年 2 月批准的《禁止并惩治种族灭绝公约》，在种族灭绝部分暗含了语言权利。另一个是 1975 年 8 月的《赫尔辛基协定》，也明确规定了语言权利。

上述国际规约实际上反映了国际社会对语言权利的关注，美国政府官员没有忽视这种关注，而且这种关注对美国联邦及州级法院产生了现实的或潜在的影响。

六　20 世纪末期的新本土主义："唯英语" 运动和 "加英语" 运动

"唯英语" 运动亦称英语官方化运动或官方英语运动，旨在修订美国宪法，为使宪法载明英语为美国的唯一一种官方语言而展开的一场运动。20 世纪 80 年代初期在美国兴起，一直延续到 90 年代末期。

（一）"唯英语" 运动兴起的背景

随着 20 世纪 60 年代以来，公民权利法案和语言权利法案的颁布和实施，许多操英语的美国白人感到操非英语的少数民族的力量在增加，特别是少数民族开始受到雇佣并应征入伍，纷纷进入大学学习，很多人甚至担任了权力很大的高级职务，这使得人们感到少数民族在就业方面的竞争和威胁。特别是美国在 80 年代因军事和经济扩张而造成的严重衰退，使得这种就业威胁感，尤显突出。

另外，从总体上看，少数民族教育不足，就业不足，在司法审判方

---

① McDougal，M. L.，and Chen，L.，"Freedom from Discrimination in Choice of Language and International Human Rights"，*Southern Illinois University Law Journal*，1976，1：163 – 164.

面需要代理人，这些都要求社会提供适当的服务和一定的资金；这些费用当然要由社会全体公民来负担，但是有些白人则认为他们不应该为非白人负担这笔费用，因为在他们看来，少数民族成员太懒惰，智商太低下，总想依靠白人的施舍来过活。

在国际方面，对美国英语文化或核心语言文化群体威胁最大的，是来自美洲和亚洲的移民，例如，在1950—1975年迁入美国的移民当中，来自欧洲的占36.9%，来自美洲（主要是拉丁美洲）的占46.2%，来自亚洲的占15.1%；而在1976—1979年，来自美洲的占45%，其中拉丁美洲占40%，亚洲占39%，其他占3%，欧洲仅占13%（西北欧5%，东南欧8%）[①]。

从语言文化上看，迁入美国的西北欧移民比例减少，意味着美国非主流文化势力跟主流文化势力之间的差距拉大，从而有利于美国语言文化的异质性发展，而不是同质性发展，因此美国社会再次出现了对移民浪潮的惊恐以及试图确定英语为国家官方语言的运动。

（二）"唯英语"运动的发展过程

唯英语运动始于1981年，加利福尼亚州共和党参议员早川（Senator S. I. Hayakawa）首次提出一个宪法修正案——《英语修正案》，试图使英语成为美国的官方语言。从此以后的1982年、1983年、1984年、1985年、1988年、1990年、1992年、1995年、1996年、1997年曾不断有人提出这类提案，但是均未获得成功。

1983年早川参议员和密歇根州的一位眼科医生约翰·坦顿共同创建了一个全国性组织，名为"美国英语"。该组织在国会和州一级的立法机关，积极开展唯英语立法的活动，反对双语教育和双语服务，希望能够通过一项宪法修正案，规定英语为官方语言，但是未获成功。

1986年又成立了两个组织，为使英语官方化而积极从事游说活动，其中一个叫"英语第一"，由拉里·普拉创立，另一个叫"美国种族联合会"，由得克萨斯州的卢·策斯克创立，旨在"防止美国因语言或种族不同而出现分裂。"

---

① 宁骚：《民族与国家：民族关系与民族政策的国际比较》，北京大学出版社1995年版，第499页。

为了扩大影响，"唯英语"运动还积极争取社会各界名人的支持，据民意测验调查，1995 年美国有 85% 的人认为应该把英语定为官方语言。一二十年来，不同版本的修正案的主要目标是废除双语选票，改用英语选票，减少或终止双语教育，改为过渡性双语教育或只用英语的教育，每个移民和公民必须讲英语，以便从法律上确定英语是联邦唯一官方语言的独尊地位。

诚如所见，英语在美国联邦及各州实际上已经处于官方语言的地位，所以，从事官方英语立法的主要意义并不是实质性的，而是象征性的。

（三）"唯英语"运动的影响和结果

在跟《英语修正案》的提议者进行辩论时，许多人做出预测，假如《英语修正案》获得通过，有可能造成的影响是：将会推翻"过去 60 年获得的语言权利"，"会引起美国公民的极大愤怒，包括许多只讲英语的美国人。外语教师和双语人将会觉得自己受到歧视。如果再联系到对美国未同化的少数民族的种族偏见、隔离、强制集中居住以及其他形式的社会歧视如经济歧视，那么语言权利的丧失可能会导致国内不安定甚至可能引发暴乱。在枪支弹药普及的美国，这可不是个令人愉快的前景"[1]。

如前所述，在联邦层面，《英语修正案》从未获得通过，但在州一级，1980 年以前伊利诺伊、内布拉斯加和夏威夷三州已颁布法律或州宪法修正案，规定英语为本州的官方语言。1981—1995 年，又有 19 个州先后通过了本州的官方英语法案，这些州是：弗吉尼亚、印第安纳、肯塔基、田纳西、阿肯色、密西西比、北卡罗来纳、北达科他、南卡罗来纳、亚利桑那[2]、科罗拉多、佛罗里达、马萨诸塞、亚拉巴马、佐治亚、俄克拉荷马、蒙大拿、新罕布什尔、南达科他。

---

[1]　Marshall，D. F.，"The Question of an Official Language：Language Rights and the English Language Amendment"，*International Journal of the Sociology of Language*，1986，60：30.

[2]　该州 1988 年通过州宪法官方英语修正案，1990 年被判为违反美国宪法第一条修正案，1994 年第九巡回法院宣布维持该判决。

（四）"加英语"运动

"加英语"（English-Plus）又称"英语加"，是针对"唯英语"而提出的一种针锋相对的概念，是由西班牙裔美国人创造使用的一个新词。1987年秋在美国首都华盛顿成立了一个"加英语信息交换所"组织，旨在反对唯英语立法，提议社会全体成员都应获得有效的机会，来学习英语，另外再掌握一种第二语言或多种语言，可能最符合国家的利益。

加英语运动曾经得到美国40多个公民、宗教和职业组织的支持，包括全国英语教师理事会、全国教育协会、现代语言学会、美国外语教师委员会、应用语言学中心、美国心理学会、全国黑人研究会、全国基督教委员会等。

1989年新墨西哥州、华盛顿州和俄勒冈州分别通过了所谓"加英语"法案，保护一些非英语语言的使用和发展，鼓励学习外语。夏威夷州和路易斯安那州还制定了旨在保存语言与文化的官方政策。

七　结语

语言权利是语言政策或语言立法所关注的主要内容。美国历史上对非英语文化族体的语言权利采取遏制和消灭的行动，例如，早在殖民时期，英国的奴隶贩子故意将非洲人同他们的部落分离开来，将黑人儿童同他们的双亲分隔开来，以便消灭他们的语言，减少他们暴动的可能性。后来，英裔美国殖民者对美国土著印第安人也采取过类似的做法。这些做法在国际社会看来，是对人权的严重侵犯[1]，甚至认为是在实行种族灭绝[2]。

近几十年来，虽然可以见到美国的许多法律法规、最高法院的案例裁决，但是明确的、有条理的、有关语言和语言权利的政策却不多见。

---

[1]　United Nations General Assembly, *Universal Declaration of Human Rights*, Adopted December 10, 1948.

[2]　United Nations General Assembly, *Convention on the Prevention and Punishment of the Crime of Genocide*, Adopted December 9, 1948.

美国法院似乎从来没有把语言权利看成是一种独立的权利，在法院看来，语言权利是跟宗教权利、教育公开权利等更基本的人权相关联的一种权利，是从属于这些更基本的权利的。

有时候语言权利还被看成个体成年人所拥有的权利，或者是儿童拥有的或必要的一种权利。美国法院已经不再解释美国宪法中的缺陷，即不再对语言权利是美国人的一项基本权利做出规定。与此同时，在20世纪20年代至60年代，占支配地位的隐性语言政策，即英语同化政策，尽管偶尔受到一些挑战，但是从未发生过根本性的动摇。许多学校的管理人员都认为，"熔炉"的假说是行之有效的"……将这些人同化融合为我们美利坚种族的一部分，尽可能地将盎格鲁—撒克逊的正义、法律和秩序，以及我们深得民心的政府的概念植入他们儿童的心中……"①

与"熔炉论"相反的是"多元文化论"。该理论认为，熔炉论只适合迁入美国的白人移民，不适合其他种族，现已失效过时。"多元文化论"主张各种族和族群在学习通用语进行交际，参与国家一般政治经济生活的同时，居住在特定的地区，保持各自的语言、宗教、社区风俗习惯和祖先的文化②。某些小学校在小学教学计划中可以从事外语教学，某些学校则可以从事双语教学计划或沉浸式教学计划，作为吸引一定人口进入学校的"磁铁"——许多州和地方的法律允许使用"外语"，并帮助他们的选民获得驾驶执照等。

但是外语的使用不过到此为止，对于任何扩大"外语"在美国生活中的使用范围的尝试，都会引起美国社会的强烈反感，对于仇外情绪、种族主义以及其他的本土主义态度，美国舆论同样是反感的。当外语教学耗费太多的公共资金时，例如，当学校面对削减预算时，往往首先取消外语教学。语言同化政策植根于深厚的英语文化之中，它始终是美国语言政策的主流。

---

① Cubberly, E., *Changing Conceptions of American Education*, Boston：Houghton Mifflin Company, 1909：15 - 16.
② 周南京：《关于同化论的若干问题》，载《北大亚太研究》（第1辑），北京大学出版社1991年版，第161—162页。

美国土著语言政策嬗变*

一 背景

美国土著语言主要是指印第安人的语言，同时也包括阿留申人、爱斯基摩人和夏威夷人的语言。欧洲文明入侵美洲之后，美国的语言政策旨在巩固英语的优越地位，保证语言的一致性。在19世纪和20世纪上半叶，美国联邦政府对土著语言和土著文化"零容忍"，持续封杀，全面同化，旨在根除土著语言及其生活方式，为接管土著人的土地扫清障碍。

美国的语言同化政策加快了土著语言濒危和消亡的速度。历史上美国曾有近千种土著语言和方言，随着印第安部落被消灭，人口不断减少，美国土著语言正在迅速从地球上消失。据专家估算，美国1995年使用的印第安语有175种，其中155种占总数的89%即将消失。美国人口统计局的资料显示，1990年美国印第安语言和阿拉斯加土著语言计有136种，其中家庭使用人口在100人以下的有47种，占总语种的35%；家庭使用人口在100—200人的有22种，占总语种的16%①。

关于美国土著文字，据调查，使用人口在1000人以上的土著语言有45种。其中8种语言有文字或拼音方案且有书面文献，这8种语言是切罗基语、克里语、克里克语、克劳语、爱斯基摩伊努皮克语、纳瓦霍语、奥吉布语和特顿—拉科塔语。其他语言几乎没有或根本就没有什

* 原载《语言政策与规划研究》2021年第十四辑。

① Crawford, J., "Endangered Native American Languages: What is to be done and Why?", *The Bilingual Research Journal*, 1995, 19 (1): 17–38.

么书面材料。

美国土著语言迅速消亡的现象引起了诸多语言学家，特别是印第安部落的关注。20世纪80年代美国的纳瓦霍人、托霍奥德哈姆人、帕斯夸亚基人，北乌特人、阿拉帕霍人和红湖一带的奇佩瓦人都感到复兴祖先语言的急迫性，他们决心仿效以色列犹太人复兴希伯来语的方法，开展了一场尝试复兴印第安语的运动，推动印第安保留地的学校和政府部门也使用印第安语。俄勒冈州的科基列部落还自筹资金，准备利用20世纪30年代的录音来复活米卢克语。美国土著还发起了争取部落主权的运动，他们创造性地重新界定了语言"安全区"的范围，在保存、保护和改善美国土著语言的工作中取得了重大胜利，推动联邦政府的语言政策发生一系列重大变化①。

20世纪后期，随着美国民权运动的兴起和自由民主党派的改革，美国政府的土著语言政策出现转型，政府承认土著部落的主权和自治权力，承认土著人享有"自我管理、自我决定和自我教育的权利"，包括保持和发展土著语言的权利。20世纪60年代以来，美国共有10位总统，在职期间都明确表示支持印第安族群自治②。

二　政策转向

保护语言权利的思想从来就没有在美国语言文化中生根；英国殖民者在处理英裔美国人和说其他语言者的事务时，根本就不考虑语言权利问题；美国的宪法从来也没有明确提及语言权利、教育权利等权利。

1990年经美国国会表决通过，布什总统签署了一部《美国土著语言法》③（另译《美国土著语言法》或《美国印第安语言法》）。联邦制定一部语言法律，明确规定保护土著语言权利，这在美国语言史上实属第一次。它标志着联邦政府的土著语言政策彻底转型了，从传统的打压

---

① McCarty, T. L. , *Language Planning and Policy in Native America: History, Theory, Praxis*, Multilingual Matters, 2013.

② 陈青：《20世纪以来美国政府印第安民族政策演变研究》，宁夏大学，博士学位论文，2012年。

③ *Native American Languages Act*, 1990, P. L. 101. 407, Washington, D. C. , United States Congress.

同化印第安语，转变为现实的承认保护印第安语。

《美国土著语言法》正式承认美国土著印第安人、阿拉斯加州印第安人、夏威夷居民和太平洋的岛上居民使用自己语言的权利，旨在强调语言的独有性和语言价值，申明美国负有协同工作、保护语言的责任，规定美国土著语言的特殊地位，指出压制和灭绝土著语言行为的错误。

承认语言独有性和语言价值。该法第 102 条第 1 项规定："美国土著文化和语言地位特殊，美国有义务与美国土著居民一起采取措施，保护这些特殊的文化和语言。"[1]

规定语言政策内容。该法第 104 条规定："维护、保护并促进美国土著（前文已界定）使用、实践并发展美国土著语言的诸项权利和自由是美国的政策。"[2]

承认部落政府的官方语言。该法第 3 条："承认土著部落和其他美国土著居民政府机关，在美国各州、各地区以及各领地内，为管理自身事务而采取行动，将他们的语言作为（部落或土著政府的）官方语言。"[3]

该法还强调了语言的生存、教育的机会以及在印第安人事务管理局管辖的所有学校中，在美国土著的所有其他社会文化活动中使用美国土著语言的权利。该法律文本命令联邦各部、各机构和各部门的所有负责人，依据上述政策，重新评价自己的实践。

三　政策实施

（一）成立工作组

为了落实《美国土著语言法》保护和复兴土著语言的要求，全国成立了"濒危印第安族群事业工作组"，批准了 30 所学校作为实地参观学校，收集了 21 篇有关美国印第安、阿拉斯加语言教育的论文，内容

---

① *Native American Languages Act*，1990，P. L. 101. 407，Washington，D. C.，United States Congress.

② *Native American Languages Act*，1990，P. L. 101. 407，Washington，D. C.，United States Congress.

③ *Native American Languages Act*，1990，P. L. 101. 407，Washington，D. C.，United States Congress.

涉及土著学生筹资、防止辍学、课程设置等议题①。工作组发现，那些尊重并支持学生学习土著语言文化的学校，取得的教育成绩更为显著。该工作组的最终报告极大地支持了印第安纳、阿拉斯加的土著语言文化教育。

（二）推出拨款方案

为了具体实施该法案，1992 年美国政府又出台了《美国土著语言生存与繁衍保护拨款方案》，联邦政府第一次依据该法为美国土著语言的保持和复兴直接拨款。该方案规定了拨款的对象、申请条件、方式以及期限等，明确表示政府拨款资助美国土著语言的保护工作，用于支持和建立美国土著语新旧传承的社区项目、人员培训、出版发行等。

（三）抢救复兴印第安语

为了保护和抢救印第安土著语言，联邦政府和许多地方政府及私人基金会也纷纷解囊赞助，克林顿政府 1994 年拨出 100 万美元，专门用于全国范围内启动的 18 个土著语言复兴项目②。其中有一个印第安语复兴项目，旨在利用现代技术，保护和复活位于亚利桑那州科罗拉多河印第安部落的两种印第安语：莫哈维语和切梅惠维语，取得了明显的效果。该项目系由国家科学基金会和人类濒危语言文献国家基金提供资助。

（四）语言法修正案

随着《美国土著语言法》的颁布，一些土著人口相对聚居的州也立法保护当地土著语言。美国参议院分别在 2000 年和 2001 年推出了《美国土著语言法修正案》，更加详细具体地规定并阐释了美国土著语言政策，支持复兴印第安语的教育项目，支持建立"美国土著语言挽救学校"，这些学校可用土著语言讲授各门课程。为了确保美国政策的贯彻执行，《美国土著语言法》还要求联邦各机构跟印第安部落、其部落首

---

① Cahape，P.，and Howley，C. B.，*Indian Nations at Risk*：*Listening to the People*，Charleston，WV：ERIC Clearinghouse on Rural and Small Schools，1992.

② 李英姿：《美国语言政策研究》，南开大学，博士学位论文，2009 年。

领及其教育工作者协商，审查各项活动的开展情况，但是，布什政府和克林顿政府均未完成该法规定的复查工作。

四、政策成效与困境

（一）成效

美国实行"部落自治""土著自决"语言政策，培养了大量土著语言教师，发展了土著语言文学及文字，制定了各个层面的语言教育政策，吸引越来越多的土著青年参与到土著语言规划和语言政策工作中来，取得了一定的成绩，特别是在教育领域。

1991 年，印第安部落创办的部落学院共 24 所，印第安全日制学生共有 4400 人。到 2011 年，印第安人部落在全国 12 个州的印第安保留地创建了 33 所部落学院，其中两所为 4 年制大学，在校学生人数超过了 16000 名[①]。这些部落学院为本部落印第安成员提供高层次的教育机会，同时保存和发展了印第安部落语言和文化。

（二）困境

尽管联邦在法律层面已经做出了较为全面的规定，但在印第安部落的现实语言生活中，英语推广与土著语言推行之间存在着很深的矛盾，"英语标准化测试"及"唯英语"政策仍然在很大程度上限制着土著语言政策的贯彻执行。一些印第安语言规划学者正在探讨反标准化、反语言限制运动的可能性，甚至提出了"强势"土著语言与文化项目的实施框架，论证其在实现土著语言与教育主权、提高学生学业成绩以及推动语言复兴工作中的有效性[②]。

（三）挑战

在印第安部落社区和家庭等关键场所，说用土著语的人越来越少，

① 陈青：《20 世纪以来美国政府印第安民族政策演变研究》，宁夏大学，博士学位论文，2012 年。

② McCarty, T. L., *Language Planning and Policy in Native America：History, Theory, Praxis*, Multilingual Matters, 2013.

如何在年青一代印第安人中复兴土著语言和文化，将是印第安部落政府面临的最大挑战。

五 国际规约影响

国际规约对美国语言权利保护发生过一定的影响。美国有关选举权和公民权的法律曾经为双语教育权利的诉讼铺平道路。美国联邦级和州级有关非英语语言权利的法律规定，除了借鉴联邦级和州级的"双语教育法"之外，还得助于另外一种法律力量，即第二次世界大战之后相关的国际规约。跟美国宪法不同，这些国际规约的实质是要保护保障语言权利。

国际联盟明确表示要保护语言权利；可是，美国当时尚未加入国际联盟，美国公民也无法享受这种权利①。《联合国宪章》指出，不允许一个国家把语言差别作为对待其他公民的理由；美国是签约国之一，理应受到该文件的制约。联合国《世界人权宣言》也指出，不允许把语言差别作为歧视的理由②。

尽管美国没有在《联合国宪章》上签字，没有投票赞成《联合国人权宣言》，但后来，卡特总统还是签署了《公民权利和政治权利国际公约》《经济、社会和文化权利国际公约》《美洲人权公约》以及《消除一切形式种族歧视国际公约》。福特总统签署的两个公约是：一个是1986年2月批准的《禁止并惩治种族灭绝公约》，在种族灭绝部分暗含了语言权利。另一个是1975年8月的《赫尔辛基协定》，也明确规定了语言权利。

上述国际规约实际上反映了国际社会对语言权利的关注，美国政府官员没有忽视这种关注，而且这种关注对美国联邦语言立法及州级法院产生了现实的或潜在的影响。

---

① McDougal, M. L., and Chen, L., "Freedom from Discrimination in Choice of Language and International Human Rights", *Southern Illinois University Law Journal*, 1976, (1): 161.

② McDougal, M. L., and Chen, L., "Freedom from Discrimination in Choice of Language and International Human Rights", *Southern Illinois University Law Journal*, 1976, (1): 163 – 164.

六 结语

当下美国大多数土著语言已经灭绝。无论土著语言法有多么完善，也不论语言执法举措有多么得力，要真正复兴土著语言、彻底扭转土著语言的厄运，几乎是不可能的。因此，美国土著语言政策常被认为是一项"亡羊补牢的政策"，是一项"安抚策略"。但是，如果从学术研究层面透视，美国土著语言政策的巨变，确实具有重要的里程碑意义，该政策明确规定了联邦在保存和保护土著语言过程中的作用，彻底颠覆了实行两个多世纪的语言同化政策。

美国土著语言政策的演变揭示了一条语言政策变化规律，这就是，当联邦当局认为某种语言仅仅是一种工具，不会对其他语言构成威胁时，该语言就有可能获得联邦政府的认可和支持；当联邦当局认为该语言具有危险性时，就会打击压制该语言。美国土著语言政策的演变提供了一个成功的学术案例，即传统的被剥夺公民权的语言族群成功改变了权力关系，制定语言政策，支持语言教育实践，实现语言规划目标[①]。

美国土著语言政策的演变还具有一定的国际意义。20 世纪 90 年代初，恰逢国际语言学界"抢救保护濒危语言"的风向刚刚开始，美国就推出一部保护土著语言法，颇有一副引领世界语言保护的架势。

---

① Warhol，L.，"Creating Official Language Policy from Local Practice：The Example of the Native American Languages Act 1990/1992"，*Language Policy*，2012，11（3）：235–252.

加拿大语言政策冲突：魁北克省的挑战 [*]

一　引言

　　加拿大是个移民国家，也是世界上面积第二大的国家，民族成分非常复杂，有 50 多个民族，大致可归为土著人、英裔加拿大人、法裔加拿大人和其他民族四大民族集团。其中，英裔和法裔加拿大人，占总人口的 70% 以上。据 2006 年统计，加拿大总人口 3161 万。英语和法语是加拿大的两种官方语言，据 1996 年的统计，全国约有 58% 的人讲英语；23% 的人讲法语；16% 的人主要讲其他非官方语言（见表 1）。

表 1　　　加拿大语言使用人口（加拿大 1996 年人口普查结果）

语言	人口（人）	百分比（%）
总人口	28528125	100
单语人	28125560	98.59
英语	16890615	58.21
法语	6636660	23.26
非官方语言	4598290	16.12
汉语	715640	2.51
意大利语	484500	1.70
德语	450140	1.58
波兰语	213410	0.75

＊　原载《构建多语和谐的社会语言生活》，民族出版社 2009 年版。

续表

语言	人口（人）	百分比（%）
西班牙语	212890	0.75
葡萄牙语	211290	0.74
旁遮普语	201785	0.707
乌克兰语	162695	0.570
阿拉伯语	148555	0.521
荷兰语	133805	0.469
他加禄语（菲律宾国语）	133215	0.467
希腊语	121180	0.425
越南语	106515	0.373
克里语（Cree）	76840	0.269
因纽特语（爱斯基摩语）	26960	0.095
其他非官方语言	1198870	4.20
多语人	402560	1.411
英语和法语	107945	0.378
英语和一种非官方语言	249545	0.875
法语和一种非官方语言	35845	0.126
英语、法语和一种非官方语言	9225	0.032

资料来源：据 http：//www. vancouversun. net/zhou/canada/f31. htm 材料整理。

加拿大是举世闻名的英法双语国家。加拿大双语制的形成和发展是与英法语言冲突及英法民族冲突息息相关的。为了求得国家的统一，采用官方双语政策是加拿大政府明智而成功的选择，尽管面临着诸多困难、问题和挑战。

二　英法语言冲突的渊源

法语和英语之间的语言冲突大致可以追溯到 200 多年以前。历史上，法兰西人曾是北美最早的欧裔移民。他们多为农民，从法国迁到现今加拿大东部的圣劳伦斯河流域定居。经过一个半世纪的开发建设，终于在 17 世纪下半叶建立起一块面积比宗主国法国大 17 倍、人口占北美

90.1%的新法兰西领地。在这块领地中，法兰西的语言、法律、教育制度和宗教信仰等传统文化都被完整地保存下来。

1759年英国远征军入侵该领地，并于1763年签署了《巴黎条约》，从此该领地正式沦为英属殖民地。大量的法裔官员、商人、庄园主和教师等纷纷逃离该地，返回法国。法兰西人忧心忡忡，他们开始对自己在政治、宗教、语言和文化上的地位敏感了，无论在心理上还是在语言文化方面，他们均不甘心处于被统治的地位，他们强烈要求保护自己的语言、土地和文化。法语和英语言之间的冲突从此拉开帷幕。

（一）渐进的语言同化政策

英国取得加拿大领地的统治权之后，实行语言同化政策，取消了法国的民法和行政体系，不准文官系统使用法语，鼓励大量英国移民迁入，等等，想把法语人（francophone）同化为英语人（Anglophone）。但此时，美国反对英国的革命斗争正在如火如荼地展开，美国急需得到加拿大法语人的协助与合作，渴望携手推翻英国的统治。另外，加拿大领地的法语人也在抵制统治者英语人的语言同化政策，一些官员甚至拒绝执行该项政策。

面对这种复杂的局势，为了赢得加拿大领地法语人的支持和效忠，英国政府认识到，英法联盟的走向不可逆转，它已成为维系国家统一的一个重要基础，任何放弃或破坏这个基础的决策都是不可取的。应该对以往的语言同化政策做出适当调整，使政策具有包容性，允许法国的语言、宗教、文化和各种制度存在。还应根据实际情况，在一定范围内使用法语，承认政府的一些立法司法活动可以使用法语。1774年的《魁北克法》强化了法庭应该使用法语的趋势，它强烈地暗示着法庭应该使用法语，尽管这一点还没有得到明确的阐述。

英法双语社会相安并存的状况大致持续到19世纪30年代。由于加拿大的上议院长期鄙视法语人占多数的下议院，1837年"下加拿大"（今魁北克省）爆发了反抗事件，下议院多数派领袖路易·约瑟夫·帕皮诺（Louis Joseph Papineau）发动了对政府重组改造的运动，导致了暴力冲突。英国政府做出的反应是，于1840年通过了一项《统一法》，将"上加拿大"（今安大略省）和"下加拿大"统统并入一个政治单元中，并借此引进了大量的英语人①，同时禁止上下议院使用法文。该项举措，又把加拿大早期的语言同化政策推向一个新高峰。

（二）宪法承认使用双语，现实独用英语

由于受到来自美国抗英运动的威胁，加拿大领地的英语人和法语人不得不团结一致。1867 年英国国会通过了《不列颠北美法》创造了"加拿大国"，北美 4 个省联合成立了加拿大联邦政府。

《不列颠北美法》第一次对加拿大的语言权利做出法律上的规定：在加拿大议会和立法机构中使用英语或法语执行职务（第 133 条）②。尽管该法案没有说加拿大是一个双语和双文化的国家，尽管该法案有关英、法语言和使用权的规定只有一条；然而，至关重要的是，该法案没有因袭美国的"民族熔炉"政策，也没有公开打出"民族同化"的旗号。这一法案为今后加拿大的联邦语言立法奠定了基础。

该条款虽然承认英法两种语言在国家政府和魁北克省政府享有平等的地位，但是并没有具体规定如何保证公民在与国家政府的各种接触享有使用英语或法语的权利。随着英裔加拿大人政治地位的不断巩固，英裔移民数量和移民速度的空前增大，在其后一个多世纪中英语在联邦政府公务中一直占据绝对优势地位。

马尼托巴省的学校系统和省议会禁用法语，废除了有关双语教学的各项法规。安大略省教育部则颁布了第 17 条规定，严格限制法语的使用，不准开设法语课程，也不准用法语讲授其他课程。对此，首都渥太华市的法裔居民率先进行反抗。他们在首都教育界掀起一场轩然大波，并上告到法庭。虽然他们败诉了，但却赢来了道义上的支持，全国各地的法裔加拿大人都卷入到这场政治风波之中。

20 世纪头几十年是加拿大工业化和世俗化进程加快的时期，也是

---

① 到 19 世纪下半叶，英语说话人上升为主体民族，占总人口的 60% 左右，法语说话人反而成为少数民族，约占总人口的 30%。参见周庆生《语言立法在加拿大》，《语文建设》1994 年第 4 期。

② 原文是：在加拿大的上、下国会和魁北克省的上、下议会进行辩论，任何人均应使用英语或法语，这些机构的正式记录和刊物也应同时使用英语、法语；在依本宪法所成立的法院和魁北克省的任何法院、任何人均应使用这两种语言中的任何一种。加拿大国会及魁北克议会的法案应同时用英语和法语出版。

把对大英帝国的忠诚看成加拿大爱国主义表现的时期。英语成为同化的有效工具，到 20 世纪中叶，几乎所有的英裔占多数的省份，都制定了各自的语言政策，规定英语是该省的主要语言。在许多省中，英语是唯一的教育用语，法语只是在法裔学校的小学低年级使用。

（三）魁北克的民族主义浪潮

魁北克省是加拿大最大的法裔聚居区，也是加拿大唯一法裔人口占大多数的省份，母语是法语的居民占 80%。

20 世纪 60 年代，随着加拿大工业化进程的迅猛发展，传统的法兰西文化受到强有力的冲击。法裔加拿大人要求彻底修改宪法，承认他们的独特地位。这实际上是加拿大历史上第一次出现的排斥联邦制度的运动。它使国家面临分裂的危险，使众多的英裔加拿大人感到愤怒；同时，也根本上改变了人们对联邦制度的传统认识。

传统观念认为，联邦是各省的政治联盟，而不是英法两种民族与文化的组合。

该时期新观念则认为：二元文化是加拿大的基本特征，正式承认这个特征，并把它作为联邦制度的一项原则，已经成为关系到国家利益和统一的一件大事。

1960 年，让·勒萨热（Jean Lesage）领导的魁北克自由党在选举中获胜，于是发动了一场"平静的革命"（1960—1966 年），旨在进行经济、教育和社会改革，扩大该省的省权。革命的对象主要是银行、商业、工业和保险业中掌握大权的英裔加拿大人。革命的目标是实现魁北克政治、经济和社会的现代化，使法裔魁北克人真正"成为自己家园的主人"。

1963 年成立的"皇家双语双文化委员会"通过调查发现，无论是在公共服务方面还是在政治社会方面，法语的地位都已落在英语的后面。对法语说话人语言权的侵犯以及对他们进行同化的各种企图都表明，制定一部表述鲜明而准确的语言法将是非常必要和及时的。

据 1961 年人口普查数据，法语人占全国人口的 28%，但在联邦机构中，只占 22%；在政府各部门，法语人的职位总体来说比较低，职位越高，法语人所占比例越小；例如，在收入最低的一组中，法语人占

23.7%，在收入最高的一组中，法语人只占10.4%①。除此之外，政府中双语人的职位只占9%，这突出说明政府在提供法语行政服务方面的承诺是多么有限。从个人角度讲，法语人确实因其语言而受到长期的伤害，时不时还受到一定的歧视。

魁北克的"三级会议"（États-Généraux）于1967年11月举行集会，通过一项决议，取消英语作为魁北克的官方语言，限制在商业中使用英语。次年，蒙特利尔市郊圣列奥纳德教育局决定，取消一所学校的英语教学，规定所有罗马天主教移民（意大利裔）子女都要进法语学校就读，结果引发了操英语的学生家长与教育当局之间一场激烈的争执。1969年10月魁北克省议会通过了《法语推行法》（63号法案）。该法重申了《教育部法》（85号法案，1968年）的有关规定，即一方面保护语言上的少数人群体选择教学用语的权利，同时要求保证魁北克操英语的儿童或移民学习法语，以便将来能够适应工作的需要。该法还规定，"父母享有选择法语或英语作为自己子女的教育语言的权利"。

1968年10月，魁北克人党宣告成立。该党党纲规定，其奋斗目标是：通过民主渐进的方式，争取魁北克省独立。同时与加拿大保持紧密的经济联系。在语言问题上，该党提出三项主张：尊重魁北克英裔的语言权利，但法语应成为本省唯一的官方语言；通过立法，使法语成为所有企业的工作语言：政府应对广播、电视、出版等部门进行干预，以便保护法语文化。1969年3月29日，蒙特利尔市的5000多名法裔学生上街游行，要求把麦吉尔大学改成法语大学。警察和学生发生了激烈的冲突，6名警察受伤，37名学生被捕。1971年1月18日，魁北克政府颁布了一项教育条例，规定英语学校应将法语作为第二语言的必修课程②。

---

① 这些数字见1965年进行的一些研究报告。参见 *Report of the Royal Commission on Bilingualism and Biculturalism*，Book Ⅲ：*The Work World*：Part 2，The Federal Administration，Ottawa-Ontario：Privy Council Office，1969：209－214。

② 周庆生：《一种立法模式　两种政治结果——魁北克与爱沙尼亚语言立法比较》，《世界民族》1999年第2期。

三 《官方语言法》的制定和实施

（一）双语政策：国家统一取向

为了应对魁北克的民族主义浪潮，联邦政府于 1963 年成立了"皇家双语双文化委员会"，该委员会通过大量的社会调查，提出了一系列政策建议。根据该委员会的建议，同时也是迫于魁北克的压力，联邦政府承诺要制定更具包容性的语言政策，加拿大国会 1969 年通过了《官方语言法》①，该委员会的主要建议都在《官方语言法》中体现了。

《官方语言法》规定，英语和法语是加拿大的两种官方语言。在加拿大议会和政府中，英语和法语"共同享有同等的地位和平等的权利"。根据这些规定，议会、联邦法院和政府部门的法令、记录、期刊都用英法两种文字出版，执行职务、会议发言、接待来访和对外联络均有权使用英语和法语这两种语言。

《官方语言法》是加拿大第一部国家级语言大法，它有效地处理了法语被英语同化以及法语地位低于英语的问题，将法语提升为联邦行政服务部门的工作语言，改善了法语在全国的地位。深受全国除魁北克省以外的法裔加拿大人和魁北克省内英裔加拿大人的拥护。

加拿大联邦之所以制定官方双语政策，正如前首相皮尔逊所说，"其根本目的就是，在保障讲英语的加拿大人和讲法语的加拿大人获得平等的权利和机会的基础上，促进和巩固国家统一"②。为了实现国家统一这个目标，联邦政府应真正赋予法语人"以公正、平等的机会参与国家管理"，使他们"在这里感到像在家一样"③。"如果我们不接受并承认英语和法语为官方语言，那么加拿大将不会作为一个国家继续

---

① 该法全译本参见周庆生主编《国外语言政策与语言规划进程》，语文出版社 2001 年版，第 178—198 页。

② Report of the Royal Commission on Bilingualism and Biculturalism，Book Ⅲ：the work world，Ottawa-Ontario：Privy Council Office，1969：353；最初的陈述是 1966 年 4 月 6 日在国会的下院做的。

③ Rt. Hon. Lester Pearson，Statement of Policy Respecting Bilingualism，House of Commons，Debates，1st Session，27th Parliament（6 April 1966），3915.

存在。"①

（二）双语政策的效果

为了实施《官方语言法》，政府成功地改变了联邦政府的人员结构，在其人员构成上大大增加了法语人所占的比例。例如，1999—2000年，法语人在联邦行政服务机构中已占到 27%，可是法语人在全国人口中只占 23%②。法语人在各级行政服务机构的就职率有了很大增长。1974 年联邦政府中使用英法双语或独用法语服务的职位只占 31%，但到 1999 年，这一比例上升到 39%③。法语人占据了 75% 的双语职位，这对提高法语人在这类职位所占的比例起到很大的作用，同时也保证了法语人在联邦行政服务部门所占的比例超出它在全国人口所占比重④。另外，政府要求，2001 年之前所有的副总理都能流利使用英语和法语进行交谈，这表明，联邦政府承诺在其高级职务人员结构方面进一步提高法语的地位。该政策牢固地树立了这样一个事实：要在联邦政府高层升迁，具有英法双语能力是必不可少的。双语职位的激增，一方面，影响了英语单语人的就业前景，激怒了许多英语单语人；另一方面，一些法语人认为联邦政府加大法语人职位的努力，还必能令他们感到满意。

联邦政府资助由各省提供的第二语言教育计划，既包括对讲英语的加拿大人进行法语沉浸式教育，也包括各种旨在提高英法两种文化对话能力的计划。法语沉浸式教育计划一开始就迅速推进，1977—1978 年学校有 237 所，学生为 37835 名；到 1998—1999 年，学校达到 2115 所，学生达到 315351 名。但是他们在加拿大的小学和中学教育中只占

---

① Government of Canada，a National Understanding，41.

② Commissioner of Official Languages，Annual Report 1999 – 2000：The Texture of Canada，Ottawa：Minister of Public Works and Public Services Canada，Figure 8，2000：92；根据加拿大财政委员会统计数字，在联邦机构工作的法语人所占比例更高，从 1978 年的 25%—30%。这些数据见 Table 12 of the Annual Report of the Treasury Board of Canada Secretariat，http：//www. tbs-sct. gc. ca/report/oflang/olar99 – 2_ e. html#list。1996 年对母语人口普查数据参见 Statistics Canada website on Population，http：//www. statcan. ca/english/census/dec2/mother. htm。

③ Table 1 of the Annual Report of the Treasury Board of Canada Secretariat，http：//www. tbs-sct. gc. ca/report/oflang/olar99 – 2_ e. html#list.

④ 1990 Annual Report of the Public Service Commission of Canada。参见 Table 10. 2 and the following text in Stephen Brooks，*Public Policy in Canada*：*An Introduction*，Toronto：McClelland and Stewart，1993：247。

很小的比例（约 6%）。为支持此类项目，联邦政府已投入 19.27 亿美元的财政拨款①。取得这些成果，却付出了如此昂贵的开支。

联邦实施双语言政策的一个显著后果是，公众越来越支持《加拿大人权法》中规定的语言权。20 世纪 60 年代，当双语双文化委员会提交第一份提案时，他们已经准确地觉察到，他们关于语言的提议，不可能获得英裔加拿大人的广泛支持，因此，需要一个强有力的政治领导来付诸实施。20 年后的一项研究表明，《加拿大人权法》中规定的语言权，已成为全国范围内英语人和法语人的共有理念，不论普世大众还是政治精英。

四 《法语宪章》：魁北克省的挑战

（一）单语政策：全面提升法语地位和使用范围

进入 20 世纪 70 年代后，魁北克推广法语的工作重点开始由教育语言向工作语言转移。1974 年 7 月 30 日魁北克省议会通过了《魁北克官方语言法》（第 22 号法案）。该法案的两大突破是：首先，规定法语是魁北克省的唯一官方语言，确定法语文本的地位在英语文本之上；其次，提出实现魁北克的工作语言法语化的措施，但是这些都是自愿的而非强制性的措施。另外，该法还规定，要设立该法的监察、实施机构。如果小学生的教育用语不是法语，则要采用语言测试的方式，检查他们是否能够熟练掌握所选定的教育语言，对于不能通过测试的学生，则要求他们接受法语教育。

加拿大交通部曾经规定，航空调度工作可以使用英法两种语言。1976 年 6 月，魁北克的英裔飞行员和导航员举行罢工，反对在飞机场过多使用法语，否则影响飞行安全。法裔机场人员则提出，只有用法语才能保障安全。这次罢工使加拿大的航空业受到严重干扰，并且产生重大的政治影响，英裔航空人员反对使用法语的行为激怒了法裔魁北克人，联邦政府迫于压力，废除了联邦运输公司（federal transportation a-

---

① 入学率数据来自 Commissioner of Official Languages，Annual Report 1988，Ottawa：Minister of Public Works and Government Services，Table V. 2，1999：122；关于支出的数据来自 Table Ⅲ，19 on p. 79。

gency）关于在魁北克境内驾驶舱和指挥塔可以使用法语的条例，这又给非常恼火的魁北克人火上浇油①。促使主张分裂的"魁北克人党"在当地赢得了广泛的支持。同年11月，魁北克人党在选举中获胜。次年，省议会通过了《法语宪章》（101法案）。

魁北克的《法语宪章》是西方世界第一部旨在提高地区主体民族语言地位的语言大法。在对待优势语言"英语"的态度上，该宪章措辞强硬，通篇几乎只字未提。该宪章的主要规定如下：

1. 所有移民儿童，包括那些父母来自加拿大其他省份的英语儿童，均须接受法语教育，但儿童父母中有一人曾在魁北克上过英文学校的除外。

2. 法语是魁北克省的工作语言。所有雇用50人或50人以上的私人或国有公司，均须获得"法语化证书"，以确保法语在公司中的至高无上的地位。

3. 到1981年时，所有英语或双语招牌均不合法。

4. 所有用英文命名的城镇、河流和山脉（除适当名称外）均须重新命取。

5. 法语是魁北克省的官方语言②。

该宪章的根本目标就是要把"英法双语魁北克省"变为"法语魁北克省"，确保"法语成为政府和法律部门的用语，同时，又是工作、教育、传媒、商业和各行各业的标准日常用语"，确保法语在与英语的竞争中，能够处于支配的地位，从而使"双语魁北克问题不复存在"③。

为了实施《法语宪章》，魁北克政府设立了"法语署""法语委员会"和"监督咨询委员会"三个职能机构。"法语署"负责制定执行省

---

① Borins, S. F., *The Language of the Skies*：*The Bilingual Air Traffic Control Conflict in Canada*, Montreal：McGill-Queen's University Press, 1983.

② ［美］恩德勒曼：《语言政治：语言立法对魁北克操法语市民的影响》（1995年），王丽芝译，载周庆生主编《国外语言政策与语言规划进程》，语文出版社2001年版，第276—277页。

③ ［美］恩德勒曼：《语言政治：语言立法对魁北克操法语市民的影响》（1995年），王丽芝译，载周庆生主编《国外语言政策与语言规划进程》，语文出版社2001年版，第277页。

政府关于语言和术语研究与使用方面的政策，指导法语化工作，批准颁发法语化合格证书，主持法语水平测试的命题和有关测试工作；"法语委员会"负责监督语言规划的进程及其执行情况；"监督咨询委员会"的职能是，对不执行语言政策的人员和事件进行处理，必要时提出法律诉讼。

（二）单语政策的效果和影响

《法语宪章》的实施满足了法裔民族主义者在语言冲突方面提出的要求，从根本上解决了法语作为魁北克官方语言和工作语言的地位问题，对魁北克人党的分离主义运动起到一定的促进作用，在法律、社会、经济、文化和教育等诸多方面产生了一定的效果和影响。这些都是对联邦双语政策的持久对抗，大多数英语人对此也感到惊恐不安。

《法语宪章》中的有关规定，曾引出许多法律纠纷。例如，该宪章第 72 条、第 73 条规定，迁入魁北克的移民，小学阶段在魁北克受过英语教育者，其子女方可进入英语学校就读，否则一律进法语学校。该条引起非法裔魁北克移民的强烈不满，他们起诉该项规定违反了加拿大新宪法《权利和自由宪章》中第 16—23 条的规定。加拿大最高法院终于否定了《法语宪章》的有关条款。后来这些条款改为：在加拿大任何地方接受过英语教育的家长，迁入魁北克后，均可送其子女进英语学校上学。

另外，《法语宪章》曾规定，魁北克的商业招牌只能使用法语，不得使用英语，这也引起魁北克商业界许多人士的不满，他们起诉该宪章违反了加拿大《权利和自由宪章》关于表达自由的有关规定。1989 年魁北克省的民族主义者得知法院支持原告后，2.5 万名示威者走上蒙特利尔街头，反复咏唱"魁北克属于操法语的魁北克居民"。尽管如此，魁北克政府还是做出让步，于 1989 年通过了一个《招牌法》（178 号法案），规定魁北克室外的商业招牌一律使用法文，室内的招牌可用法英两种语文，但是同一招牌上的法文字号必须比英文大。

实施《法语宪章》的一个直接结果是，英裔魁北克人的法语能力普遍增强，而法裔魁北克人的英语能力则大为降低。据加拿大统计署的调查，1986 年英裔魁北克人 5—10 岁的儿童中，能够使用英、法双语的占 42%，而法语社区 5—9 岁的儿童中，能够使用法、英双语的只占 4%；在英裔 45—49 岁年龄组中，双语者占 56%，75—79 岁年龄组中，双语者占 32%，而法语社区成年人各个年龄组中，双语者的平均数为 30%①。1986 年的一项母语使用情况调查显示，魁北克人在家里、工作中、跟朋友交流，甚至看电视使用法语的已超过 95%②。

另外，大批英裔魁北克人因为要在工作中使用法语而感到很不方便，所以不断迁离魁北克省。1976 年英裔魁北克人为 79.7 万，占全省总人口的 12%，到 1991 年，下降到 66.8 万，所占比例低于 10%，也就是说，15 年内，平均每年有 8600 名英裔魁北克人迁往外省③。据统计，1981—1986 年，离开魁北克省的英裔人中，大学生占 38%，大学预科及中专生占 25%，经理、科学家、工程师和卫生人员占 37%④。这些人员的离去，无疑会对该省的经济、社会发展带来一定的负面影响，但另一方面，也为法裔魁北克雇员和劳工提供了大量的就业机会。

在《法语宪章》颁布之前，魁北克省所有英裔大公司都威胁说，如果法裔坚持使用其政治权利获取语言利益和民族利益的话，他们就撤离蒙特利尔。当这种威胁失灵之后，许多公司断然迁往多伦多，其中从事管理工作的就有 1.4 万人。1971—1986 年，魁北克共流失 11 万操英语的居民⑤。随着大批受过高等教育的英裔中产阶级和管理人员的迁出，原来由英裔在经济结构中占据的位置开始由新生的法裔中产阶级和管理人员来替补。这给该省的经济带来一定的负面影响，但

---

① ［美］恩德勒曼：《语言政治：语言立法对魁北克操法语市民的影响》（1995 年），王丽芝译，载周庆生主编《国外语言政策与语言规划进程》，语文出版社 2001 年版，第 278 页。

② Harrison, B., and Marmen, L., *Languages in Canada*, Ottawa：Statistics Canada, 1994：46；这并不意味着他们只使用法语。

③ ［美］恩德勒曼：《语言政治：语言立法对魁北克操法语市民的影响》（1995 年），王丽芝译，载周庆生主编《国外语言政策与语言规划进程》，语文出版社 2001 年版，第 277 页。

④ ［美］恩德勒曼：《语言政治：语言立法对魁北克操法语市民的影响》（1995 年），王丽芝译，载周庆生主编《国外语言政策与语言规划进程》，语文出版社 2001 年版，第 278 页。

⑤ ［美］恩德勒曼：《语言政治：语言立法对魁北克操法语市民的影响》（1995 年），王丽芝译，载周庆生主编《国外语言政策与语言规划进程》，语文出版社 2001 年版，第 276 页。

同时也为法裔人员填补英裔撤离人员的空缺位置，提供了更多更好的机遇，最终加强了法裔魁北克人的社会经济地位，扩大了法裔魁北克人的就业比例。

随着法语在魁北克主导地位的确立，法裔工人在进入劳动力市场的竞争中开始处于优势地位。此前，魁北克的就业市场均由英裔魁北克人控制，魁北克省只有 1/3 的法裔会讲英语，其他不会讲英语的法裔只能被拒之于劳动力就业市场大门之外。《法语宪章》颁布后，这种状况彻底改变了。

五 余论

加拿大是个联邦制的国家，联邦政府和省政府各有其相对独立的法权，不得相互侵犯。这使得联邦语言政策在全国实施的一致性受到挑战。

《官方语言法》（1969 年）采纳的是个人语言权利原则，承认个人的语言使用权利，代表了联邦的双语使用政策；《法语宪章》采纳的是集体语言权利原则，承认集体的语言使用权利，代表了魁北克省的法语单语使用政策。二者形成鲜明的对比。

加拿大政府及各个党派面对激烈的英法语言冲突，尽量做到克制、渐进和软化，避免过激、激进和暴力对抗。在用和平手段解决语言冲突方面提供了范例。魁北克省已经举行过两次旨在脱离加拿大联邦的公民投票，第二次公投结果，几乎全票通过，对加拿大的国家统一造成很大的威胁[①]。法语人对法语安全的担忧是与他们支持"魁北克独立"的立场相关联的。一项调查显示，人们对语言问题的态度越强烈就越倾向于支持魁北克的独立。当人们认为法语受到威胁，法语状况在魁北克独立之后能够改善时，他们很可能会在魁北克独立的全民公投中投"赞成票"。因此，增强法语受威胁的意识，已成为提高"魁北克独立"支持

---

① 独立公投曾举行两次，第一次在 1980 年 5 月举行，结果赞成 40.5%，反对 59.5%；第二次在 1995 年举行，结果赞成 49.4%，反对 50.6%。

率的最佳举措①。该研究成果表明，联邦政府声明提高法语地位，将有助于降低人们对"魁北克独立"的支持率。

从很多方面来看，加拿大的语言二元性既是福，也是祸……处理好语言二元性，加拿大需要面对很大的挑战，不论加拿大人喜欢与否，加拿大的语言问题永远都会给宪法讨论火上浇油②。

---

① Nadeau, R. and C. J. Fleury, "Gains linguistiques anticipés et appui à la souveraineté du Québec", *Canadian Journal of Political Science*, 1995, 28（1）：35 - 50.

② Richards, J., F. Vaillancourt, and W. G.. Watson（eds.）, *Survival：Official Language Rights in Canada*, Toronto：C. D. Howe Institute, 1992：7 - 8.

第六部分

中国语言政策流变

"主支分流"：古代语言政策与文化传统[*]

一　社会历史背景

（一）多民族多语言

在中国，分布最广使用人口最多的两大语系，南方是汉藏语系，北部是阿尔泰语系。讲汉藏语的各个民族大多从事农业生产，居住地比较固定，人口比较密集；讲阿尔泰语的民族大多以游牧为生，不断移动。

汉语是汉藏语系中最大的一个语言分支。讲汉语的民族有史以来就居住在黄河中游地区，在长期进行的迁移、拓展及民族融合过程中，汉族像滚雪球一样，越滚越大，终于成为以中原为中心，遍布全国各地区的一个特大民族。东南地区的汉语方言，如吴方言、闽方言、赣方言、粤方言、湘方言以及客家话、潮州话等，彼此之间很难理解，跟汉语官话区之间也无法沟通。藏缅语、壮侗语和苗瑶语是汉藏语系的另外三大语族，主要分布在西南地区。

在汉藏语系三大语族以北，居住着大量的蒙古族。蒙古语族、突厥语族和满通古斯语族是阿尔泰语系的主要构成成分。突厥语主要分布在西北地区，满通古斯语族主要分布在东北地区，朝鲜语在结构上跟阿尔泰语相似，但词汇中有大量的汉语借词，所以系属关系不好确定。

（二）多民族国家的统一性、长期性和稳定性

自秦汉以来的 2000 多年当中，中国统一的时期经历了秦、汉、隋、

---

　* 原载《语言战略研究》2017 年第 5 期，标题略有改动。

唐、元、明、清等朝，总体时间约占 6/7；中国分裂的时期虽然经历了三国鼎立，五胡十六国的混战，南北朝的对峙，五代十国的分裂，以及宋、辽、西夏、金、大理等政权的割据，但总体时间只占 1/7，即使在分裂时间最长的南北朝（三四百年）时代，南方和北方的政权还是统一的，而且统治区域也相当广大①。所以统一始终是中国历史发展的大趋势。这种趋势的特点是，国家统一比国家分裂的时间长得多；国家分裂的时间越来越短，分裂的规模也越来越小；国家统一的时间越来越长，统一的规模也越来越大。

这种大一统的格局是符合封建中央集权制的需要的。特别是"大一统"的思想，在经过秦汉时期统一国家的建立，经过民族融合、共同发展的实践之后，逐渐转化成为民族文化深层结构中的一种社会心理，成为中华民族的一种政治思维定式。后来的许多语言政策思想，如"统一文字"思想，"统一音韵"思想，"统一释义"等思想的基础或来源，均可追溯到"大一统"的思想。

（三）主流文化的包容性

中国古代的主流文化，并不是某个单一的族体在某一单纯封闭的环境中独自形成的，而是在不断摄取、不断消化周边不同民族文化，又将自己的影响施加于周边民族的过程中发展起来的，该主流文化具有一定的包容性。

古代的华夏文化是在融合了戎、蛮、夷、狄等诸少数民族文化之后形成的，周代经孔子整理过的早期儒家文化则是华夏文化的总结和集大成。自汉通西域和南海以后，中国文化又吸收了西域文化、印度佛教文化和南海诸国文化。唐宋时期，中国文化与阿拉伯文化进行交流。

到了明清，西方人东来，东西方文化开始接触，中华文化又吸收了许多西方文化，清朝末年还吸收了很多日本文化。"天下同归而殊涂（途），一致而百虑"（《易·系辞下》），中华主流文化的发展则体现了不同民族文化交相渗透，相互碰撞，兼容并包，多样统一的特征。

---

① 任继愈：《中华民族的生命力：民族的融合力，文化的融合力》，《学术研究》1991 年第 1 期。

二 语言文字文化特征

（一）汉字文化

汉族在汉朝以前通称为华夏族，汉朝以后逐渐改称为"汉族"。华夏族是 4000 多年前，夏在黄河中游崛起后，跟商、周、楚、越等族体及部分蛮、夷、戎、狄融合，在春秋时期形成的一个主体民族。汉字文化是中国的主流文化，它以汉字为载体，以个体农业经济为基础，以宗法家庭为背景，以儒学伦理道德为核心，从秦汉时期定型以来直到清朝末年，虽然佛教曾大规模传入，打破了儒学一统天下的局面，使汉字文化在很长一段时间内在一种儒、释、道三足鼎立的格局中发展，虽然中国曾多次出现少数民族执掌国家政权的局面，但是汉字文化始终没有被其他语言文化所取代，也未曾遇到过一个强有力的竞争对手，中国没有爆发过大规模的语言冲突，汉字文化始终处于中国传统语言文化的主导地位。

历史上，穆斯林侵入印度后，曾建立起莫卧儿帝国，波斯—阿拉伯语言文化逐渐发展成为印度穆斯林的语言文化，并最终成为古代梵语文化的强有力的竞争对手，成为导致 1948 年"印巴分治"的一个重要历史根源。跟印度相比，汉字文化在中国的地位要比梵文文化在印度的地位强大得多，稳固得多。

（二）少数民族文字文化

中国古代诸多少数民族的文字都是随着民族政权的建立而产生的。例如，藏文是公元 7 世纪西藏奴隶制政权吐蕃王朝建立后的产物，迄今已沿用了 1400 多年；回鹘文是新疆维吾尔族先民回鹘人 8 世纪时用粟特文字母创制的拼音文字，9 世纪时在高昌国广泛使用，13—15 世纪曾分别是金帐汗国、帖木儿帝国和察合台汗国的官方文字，在新疆地区使用了 800 多年；契丹大字是东北地区契丹人建立的割据政权辽朝使用的一种官方文字，记录的语言比较接近近代的达斡尔语，创制于 920 年，废止于 1191 年；女真文是东北地区女真人建立的割据政权金朝使用的官方文字，记录的语言比较接近近代满语，于 1119 年正式颁行，于 15

世纪中叶始废；西夏文是西北地区党项人建立割据政权大夏（西夏）国的"国字"，记录的是汉藏语系藏缅语族的一种语言，明朝中叶以后成为一种死文字，使用了 500 多年；蒙古文是在成吉思汗征服乃蛮（1204 年）之后，大蒙古国建立（1206 年）前夕，采用回鹘字母来记录蒙古语言的一种文字，经规范、分化，沿用至今；满文是东北地区努尔哈赤在统一女真各部的过程中，于 1599 命令年大臣采用蒙文字母创制而成的，满族建立清朝后，满文曾作为"国书"，在朝廷使用，到辛亥革命前后，满文基本废弃。

在不同历史时期创制和使用过的少数民族文字，有些虽然已经废弃不用了，但是用这些文字记录的文献，用这些文字创造的少数民族文化，在各民族文化的发展史中占有十分重要的地位，同时也为中华民族语言文化宝库增添了宝贵的品种。

（三）汉字的利与弊

跟西方拼音文字相比，在初学阶段，汉字的确难学、难写、难读，汉字有利于少数人的专项研究，不利于大众文化的普及。中华人民共和国成立初期，政府把汉字改革定为一项国策，其主要原因之一就是为了克服汉字给普及文化教育带来的障碍。

但是，汉字也有西方拼音文字所不具备的一些优点，汉字的复杂性及其本身的绘画性，提供了拼音文字所不具备的美学价值。书法是中国乃至东亚诸国的一种重要的艺术，有特色的书法常被认为是有教养的一种标志。

另外，汉字还有"望文生义"的特点，汉字的偏旁部首有分类的作用，比如，"金、银、铜、锌、铅、铀"等金属，英文分别写作 gold, silver, cooper, zinc, aluminum, uranium, 使用汉字的人一眼就能看出，这些汉字的偏旁部首属于金部，应归入金属类，但是这些英文名称却无法从字面上看出彼此之间的内在联系[①]。

汉字非常重要的一大优点就是它的超方言性或统一性。中国不同方言区的群体，甚至不同民族之间，即使不能通话，也都能够读懂汉字，

---

① 李约瑟：《汉语植物命名法及其沿革》，《中华文史论丛》1985 年第 3 期。

并且都能认同汉字及汉字文化。汉字在统一的中华民族国家的建立发展和延续中，发挥了重要的作用。

西方的任何一种拼音文字都不具有这种特性。历史上欧洲统一的罗马帝国自公元 5 世纪后半叶崩溃以来，历时 1500 多年，从来没有实现过统一，而且新独立的国家不断增多，分裂的程度不断加大，现在欧洲虽然出现了"统一"的要求，但在"统一"的进程中所面临的困难却十分巨大，光是欧共体的文件就要用 24 种官方文字印发。从近期前景来看，欧洲任何一个国家的语言文字都不可能成为欧洲诸国统一使用的唯一交际工具。

（四）书面语与口语脱节

中国先秦时期的书面语主要是对当时口语的摘录，如《论语》《孟子》的用语跟当时的口语基本上是一致的。后来人们的口语发生变化，但书面语还停留在原来的状态，书面语开始跟口语分离。到西汉时期，封建统治者"罢黜百家，独尊儒术"，儒家经典就成为学界不可更改的万世楷模。历代读书人和政府官员都要用儒家经典的语言从事写作，不得使用现实生活中不断产生的新词术语，因此，这种文言文书面语跟现实口语之间的距离越拉越大。到了宋朝，文言文书面语跟口语已经完全脱节。

唐宋以来，白话文书面语逐渐兴起，产生了比较接近当时口语的"变文""语录""话本"一类的文体，用来传播佛教教义。随着资本主义因素的萌芽，市民阶级的抬头，明清时期的章回小说采用了当时的口语来书写，不过，直到清朝末年，白话文还只是在通俗文学领域使用，文言文所处的天下独尊、社会通用的传统地位并未从根本上改变。

三 汉字统一和语言规范

（一）荀子的语言规范思想

荀子（公元前 313 年至公元前 238 年）生活在战国时代后期，中国社会正处于由分裂走向统一的转型时期。当时先秦诸子曾就"名实"

问题展开过激烈的论争，荀子成为中国先秦第一位阐述语言规范思想的集大成者。

1. 语言规范原则之一："循旧"与"作新"并举

荀子提出："今，圣王没，名守慢，奇辞起，名实乱，是非之形不明，则虽守法之吏、诵数之儒，亦皆乱也。若有王者起，必将有循于旧名，有作于新名。"（《荀子·正名》）这段话的大意是：当今社会，圣王消失，遵守统一名称的事也懈怠了，奇谈怪论泛起了，名称和事物的关系一片混乱，是非标准不明确，即使是遵守法纪的官吏、研究学术的儒士，也感到混乱不清。一旦有圣王出现，一定要沿用一些旧名称，制定一些新名称。在这里，荀子提出了语言规范的一个重要原则，就是"循旧"和"作新"相结合，这种思想是非常符合语言发展的规律的。一般来说，语言的发展变化都是逐渐进行的，变化中的语言既有稳定的一面，又有变异的一面，语言的稳定性决定了语言规范要"循旧"，语言的变异性又要求语言规范应"作新"。

2. 语言规范原则之二：专名从旧，散名从俗，远地从中

荀子提出："后王之成名：刑名从商，爵名从周，文名从《礼》，散名之加于万物者，则从诸夏之成俗曲期，远方异俗之乡，则因之而为通。"（《荀子·正名》）这段话的大意是：当代君王确定名称：刑法的名称仿照商朝，爵位的名称依照周朝，各种礼法仪式的名称依据《礼经》，一般事物的名称则遵从华夏各国已有的风俗习惯共同约定，边远地区风俗各异的乡村，也用这些共同约定的名称相互交流。这段话实际上提出语言规范的三项小原则：第一，像刑法、政治、礼仪方面的专名沿用传统旧名，不作变更。第二，一般的名称则采用约定的语词。第三，边远地区的一般名称也采用中原华夏社会约定的名称。

（二）秦始皇的文字统一和规范化政策：书同文

秦始皇（公元前259年至前210年）于公元前221年统一中国后，采纳了一系列巩固政权、维护统一的措施，"书同文字"（《史记·秦始皇本纪》），即统一文字，就是其中的一项。

在秦朝建立之前的春秋战国时代，社会政治、经济、文化处于急剧变化之中，分裂割据状态的长期延续，导致语言文字领域出现了"言语异

声，文字异形"（《说文解字·叙》）的混乱局面。当时，同一个字，不同的国家往往有不同的写法。甚至在一国之内，写法也不尽相同。如"嘉"字的写法竟有百余种，"敢"的写法也有90多种等①。针对这种紊乱的状况，秦始皇统一六国后，接受了丞相李斯（公元前284年至前208年）的建议，立即采取"书同文字"的措施，这些措施包括：以秦始皇故乡国的秦国文字为基础，废除与"秦文"不同的原六国的异体字；简化字形，斟酌简省繁杂的史籀大篆，整理为小篆，作为全国规范化的文字；为推广小篆，命李斯、赵高、胡毋敬分别撰写《仓颉》《爰历》《博学》三篇，并用小篆写成，作为文字范本。

在秦代，除了法定的小篆外，社会上还流行一种更为简易的隶书。到了西汉初年，隶书已在全国通用，现今人们使用的楷体就是在隶书的基础上发展而来的。

秦代的统一文字规范文字和通用隶书，有利于多民族国家政治、经济和文化的统一和巩固，有利于汉字文化的传播和发展，同时在我国文字发展史上也占有非常重要的地位。

（三）唐太宗的经书规范举措

唐太宗（598—649年）执政后，励精图治，政治清明，社会安定，经济发展，文化繁荣，国势极为强盛。为了推动儒学的发展，唐太宗采取了统一经书文本，规范经文释义的措施。

唐代的文化教育制度，仍然以科举取士，全国实行统一考试。但是由于经书的文本不统一，经文的解释也各异，考官在选才取士时缺少一个统一的标准。贞观四年（630年），唐太宗以经籍流传已久，文字颇多讹谬为由，命令颜师古于秘书省考定"五经"。颜师古（581—645年）是名儒颜之推的孙子，擅长训诂、声韵、校勘之学，他依据晋、宋以来的经籍古本，悉心校正，完成了《易》《书》《诗》《春秋》《礼记》"五经"定本，于贞观七年（633年）在全国颁行，从而迈出了统一经书文本的第一步。

不久，唐太宗又以儒家师说多门，章句繁杂为由，命令国子祭酒孔

---

① 谭世保：《秦始皇的"车同轨，书同文"新评》，《中山大学学报》1980年第4期。

颖达（574—648 年）跟其他儒士撰定"五经"义疏，贞观十六年（642 年）成书，名为《五经正义》，后收入《十三经注疏》之中，于高宗永徽四年（653 年）颁行。从此，自魏晋以来的诸家异说，对经义的不同解释，都已停止，《五经定本》和《五经正义》的编撰，实现了前所未有的经学读本和经学释义的统一和规范。

（四）明太祖的语言改革和语音规范措施

1. "去蒙复华"的语言改革

元朝时期，中原华夏语言文化在一定程度上，受到一些非汉民族的影响和冲击。蒙古语文被定为"国语"，汉语汉字失去了其华夏正统的地位。朱元璋建立明朝（1368 年）后，发起了一场礼制风俗改革，包括语言文字等诸多方面，旨在去蒙古化、恢复华夏传统、践行儒家礼仪。在语言改革方面，明太祖朱元璋下令，禁止臣民使用非汉语，"胡语胡姓，一切禁止"（《明太祖实录》卷三十）。朝廷也明令禁止穿非汉服装，不得使用非汉语言和非汉姓名。"太祖洪武元年二月壬子，诏复衣冠如唐制，禁胡服胡语胡姓名"（《国榷》卷三）。

2. 官修规范标准韵书《洪武正韵》

为了进一步巩固汉语的正统地位，维护国家语言的统一，复兴华夏语音规范，明太祖朱元璋组织命令当时著名学者和朝官乐韶凤、宋濂等11 人，参照唐宋"中原雅音"的标准，于洪武八年（1375 年），编写完成了一部新韵书——《洪武正韵》。《洪武正韵》确定了当时汉语正音标准和文字规范标准，为全国各地士子读书、作诗用韵提供了统一的规范，是当时最具权威的官修韵书，影响十分广泛。

3. 小结

"去蒙复华"的语言改革，恢复了华夏语言的正统地位和形象，促进了政权合法性的构建，确立了明朝皇权专制的意识形态基础，同时也对以后正统华夏语言文字传统的延续和规范产生了深远的影响。

四　语言翻译和语言传播

（一）唐代佛经译场

中国的佛经翻译从东汉（148 年）安世高译经开始，到北宋（1037

年）的译场停顿，凡889年，其中唐代的佛经翻译臻于极盛。

贞观三年（629年）唐太宗开始组织佛经译场，到811年终止。所有的经费由国家供给，译出的经论，通常由帝王撰写序文，标于经首。朝廷钦命大臣监护译经，召集天下人才，建立严密而完善的译经组织。

唐代的译场分工明确并逐步形成制度。译经组织包括十项内容：一是译主，即译场主持人，在译经时手执梵本，坐于译场的中间正位，口诵梵语，大声宣读。二是证义，又称证梵文，译经时坐在译主的左面，与译主评量已译出的梵文意与梵文经卷原文有何不同，以便酌情修正。三是证文，亦称证梵本，译经时坐在译主的右面，听译主高声诵读梵文，以检验诵读中有无差误。四是书字，又称度语、译语或传语等，系根据梵文原本写成中文，但仍是梵音。五是笔受，又称执笔，即将梵音译成汉语。六是缀文，又称次文，负责调理文词，例如，将梵文的倒装句等重新调整成符合汉语习惯的句子。七是参译，又称证译，参核汉梵两种文字，使二者语意完全相合。八是刊定，别称校勘、总勘、铨定，把冗长、重复的句子刊削成简练的句子，定取句义。九是润文，又名润色，位于译主的对面，负责润色文辞。十是梵呗，高声将新译的经文唱诵一遍，以检验是否顺口顺耳，美妙动听①。

佛经翻译对汉语发展所产生的影响主要表现在两个方面：一是促成了中国音韵学中四声、反切、字母和等韵的产生；二是丰富了汉语的词汇和构词方法。

（二）汉字东向南向传播方略

中古以前汉语汉字的东向南向传播，通过的途径，采取的措施大致有以下5种。

1. 征战开发

公元前207年秦朝灭亡，赵佗以武力建立南越国之后，沿袭秦朝的郡县制，又仿效汉朝初期的郡国制，"以诗书而化训国俗，以仁义而固结人心"（《大越史记全书》卷首），开发岭南，振兴文教，积极传播中

---

① （宋）代法云（1088—1158年）：《翻译名义集》；（宋）赞宁奉敕：《宋高僧传》。

原文化，汉字的传播也随之启动。

公元前 109 年至前 108 年，汉武帝出兵，平定了朝鲜半岛上的卫氏朝鲜政权后，大批中原居民迁入乐浪郡（今朝鲜平安南岛和黄河道北端之间），朝鲜半岛与中国的联系更直接，汉字输入的渠道更畅通，汉字迅速向辽东地区和朝鲜半岛地区传播。

2. 建立学校，实行科举制

西汉元始元年（1 年），汉中人锡光出任交趾郡（今越南河内一带）的太守，他大力推广中原地区的汉字文化，在当地建立起汉式学校，讲授汉字汉语，传播儒家礼仪思想，使当地人民"稍知言语，渐见礼仪"（《后汉书·南蛮传》），大大提高了当地人民的汉字文化水平。

唐朝政府在安南地区实行科举制度，通过开办学校，讲授儒学，举行进士、明经等科举考试，发展当地的文化教育。845 年，唐武宗明文规定，安南地区与岭南、桂府、福建等地一样，每年可选送进士和明经到中央来当官。随着科举制度的推行，安南地区产生了一批精通汉字的中坚力量。

3. 传播佛教

372 年，中国的前秦皇帝苻坚，派遣使者，护送名僧顺道，携带佛像和佛经，前往朝鲜半岛的高句丽传播佛教。565 年，中国陈朝派遣使者刘思，赠送佛经 1700 余卷[①]。由于当时的佛经都是用汉字记载的，所以佛经的弘扬必然伴随着汉字的传播。

唐代僧侣到交州弘传汉字佛经，或与交州僧侣同往印度或南海求法取经者，为数甚众，其中运期、木叉提婆、窥冲、慧琰、智行和大乘灯 6 人是交州的高僧，他们对汉字佛经在越南的传播发挥过重要的作用[②]。

4. 接收并资助留学人员

631 年之后，唐太宗多次视察国学，为了大量接纳赴唐留学人员，长安国学的学舍扩大到 1200 间。唐朝积极吸纳新罗等周边国家派来的留学生，并在饮食和购书等方面，给予必要的资助。朝鲜半岛的新罗景王于 869 年派遣李同等 3 位学生，赴中国学习，唐朝有关部门赐给他们购书费 300 两白银。

---

① 另据朝鲜半岛的史书《三国史记·新罗本纪四》记载。
② 据义净的《大唐西域求法高僧传》记载。

5. 传授中医，赠送汉文医籍

朝鲜半岛的新罗统一之后，全盘输入唐朝的各项典章制度、学术思想，中医理论也不例外。692年，武则天派遣使者赴新罗册封，其中有两名医学博士，他们在新罗全面讲授了汉文中医典籍《本草》《素问》《针经》《脉经》《明堂经》和《难经》。宋真宗分别于1016年和1021年将汉文医书《太平圣惠方》赠送高丽。1103年，宋朝派出的4名医官到高丽从事汉文中医教学，培训高丽的医生。1118年又派去医官7名传授汉文中医。

五 "国语""国字""国书"与民族政权

中古以来，我国汉族政权与少数民族政权交替建立，各少数民族政权纷纷推出"国语""国字""国书"政策，将本民族语言定为"国语"，创制本民族文字，并定其为"国字"或"国书"。统治者希望以此宣示本民族王朝形象，保持本民族文化特征，构建本民族王朝认同，巩固本民族的长久统治。

10—15世纪，随着辽、西夏、金等游牧民族割据政权的建立，在中国曾分别创建并使用过契丹文（10—12世纪）、西夏文（11—14世纪）和女真文（12—15世纪）。尔后，蒙古族创立了蒙古文，满族创建了满文，这些少数民族文字曾作为"国语""国字"或"国书"，分别在执掌的割据政权或中央王朝中使用。

（一）民族割据政权与民族文字创制推行

1. 契丹国（辽朝）：契丹文创制推行

契丹文是分布在今辽宁西部和内蒙古东部的契丹人在建立契丹国（后改称大辽）的初期创制的一种文字。920年，该国创建者耶律阿保机命令耶律突吕不和耶律不古创制文字。他们在汉人的协助下，以汉字隶书减少笔画，或者直接借用汉字创制了表意的契丹大字。数年之后，耶律阿保机又命令其弟弟耶律迭剌习得回鹘语言，又创制了一种表音的契丹小字。契丹字记录的契丹语，属阿尔泰语系，跟古代蒙古语同源。

辽朝境内，契丹语和汉语同为官方和民间通用的语言，契丹字除了用来书写官方文书、碑碣、牌符、书状、印信等外，也翻译了大量儒家经典和文学、史学、医学著作，有些契丹文人还用契丹文字进行文学创作①。金灭辽后，契丹文继续使用，并在女真人创制文字的过程中发挥过重要作用。

2. 西夏国：西夏文创制推行

西夏是党项民族在我国西北地区建立的一个国家。西夏文是在西夏国建国前两年，即1036年在李元昊的主持下，由大臣野利仁荣创制的一种文字。当时称作"国字"或"蕃书"，后世称为西夏文。西夏文的字体多仿照汉文楷书，但无一字跟汉字相同。西夏文记录的西夏语，史称"蕃语"，属汉藏语系藏缅语族中的一种语言。蕃语和汉语同是西夏国的官方语言。"凡国中艺术诰牒尽易蕃书"（《后汉书·南蛮传》）；西夏跟周边王朝交往时使用的表奏、文书，也都用西夏文书写。另外西夏王朝王朝还组织翻译了一大批汉文典籍；如《论语》《孟子》《孝经》《类林》《孙子兵法》《贞观政要》《十二国》等。

3. 金朝：女真文字创制推行

金朝建国初期，国内文稿记录和对邻国的交涉通信，几乎都使用契丹文字。金朝建立后，金太祖完颜阿骨打授意完颜希伊创制一套表意的女真文字，后称女真大字，于1119年正式颁行。20年后，金熙宗完颜亶又创制一套拼音的女真"小字"，于1138年颁行。女真文记录的语言跟近代满语比较接近，女真语属于阿尔泰语系，满通古斯语族中的一种。

女真文主要用于官方文件，另外，政府颁发文告、符牌、印章，官方往来的信涵也大量使用女真文，金朝国史也用女真文撰修。朝廷曾广设学校，教材多译自汉文经典。12世纪后期开始用女真文翻译汉文经书，1234年以后金朝灭亡，但女真文仍在东北女真各部通行，到15世纪中叶女真文开始废弃②。

（二）元朝"国语""国字"

1. 回鹘式蒙文创制推行

蒙古人在13世纪以前尚未创制文字。成吉思汗征服了乃蛮之后，

---

① 白寿彝总主编：《中国通史》第七卷（上），上海人民出版社1999年版。
② 金光平、金启孮：《女真语言文字研究》，文物出版社1980年版。

开始用回鹘字母来拼写蒙古语。据《元史》卷 124《塔塔统阿传》记载，塔塔统阿是回鹘人，精通回鹘文，曾任乃蛮部太阳罕的大臣。1204年成吉思汗西征，灭了乃蛮部后，敕令塔塔统阿执掌印章，教太子和诸王公子弟用回鹘字母记录蒙古语，并用这种文字发布公文、信件、玺书、牌札等。世称该文为"回鹘式蒙文"或"畏兀尔字蒙文"。

在成吉思汗之后的几十年内，随着征战的扩大，蒙古族西征，在跟中亚畏兀儿等族交往中使用回鹘文（一作畏兀儿字），在灭金战争以及跟汉、契丹、女真人的交往中使用汉文①。

2. 创制国字——蒙古新字（八思巴字）

1260 年忽必烈称帝后，封吐蕃的喇嘛八思巴（1235—1280 年，今西藏萨迦县）为国师，成为全国佛教的最高首领，并命其创制蒙古新字。八思巴以藏文字母及其拼写法为基础，创制了一种方形新文字，于1269 年献给忽必烈。忽必烈随即下诏，颁行天下：

> 朕惟字以书言，言以纪事，此古今之通制。我国家肇基朔方，俗尚简古，未遑制作，凡施用文字，因用汉楷及畏吾字，以达本朝之言。考诸辽、金，以及遐方诸国，例各有字，今文治寝兴，而字书有阙，于一代制度，实为未备。故特命国师八思巴创为蒙古新字，译写一切文字，期于顺言达事而已。自今以往，凡有玺书颁降者，并用蒙古新字，仍各以其国字副之。②

这段文字的大意是，文字是用来书写语言的，语言是用来记录事情的，这是古往今来通行的制度。我国刚刚开始建立基础，俗尚简古，无暇制作，现行使用汉文和回鹘文来表达本朝的语言。考察辽、金诸朝及远方诸国，都各有文字，如今文治逐渐兴起，但是文字书籍却出现空缺，这样一种朝代制度，实在不够完备。因此，特命令国师八思巴创制蒙古新字，用于翻译各种文字，希望能够顺利表达事物。从今以后，在颁行玺书时，要并用蒙古新字，要附上其他民族文字。

从上述诏书可以看出，忽必烈决定创制"蒙古新字"的动机主要有

---

① 《黑鞑事略》，徐霆疏证，《续修四库全书》，史部杂史类。
② 《元史》卷二百二《释老传》。

两点：第一，履行例行公事，遵从传统，历史上非汉民族在建立自己的政权时都创制了本民族的文字，如契丹人建立辽朝，创制了契丹文，党项人建立西夏，创制了西夏文，女真人建立金朝，创制了女真文等；第二，忽必烈创制新文字，为的是以文治国，建立并完善他的文治制度。

忽必烈之所以选用一位藏族喇嘛来创制藏文字母式的蒙古新字，而不是像辽、西夏、金朝那样采用汉字偏旁创制新字，也没有沿用成吉思汗时期创制的"回鹘式蒙古文"，其中也有多方面的因素，但最明显的，恐怕是宗教因素，元朝最为崇奉佛教，所以才让八思巴来创制新字。

忽必烈颁布诏书，正式确定了蒙古新字（八思巴字）的官方地位。后世也有人称八思巴字为"元国字"或"元国书"。

3. "国语""国字"推行

为了强化国语的地位，在许多官方正式场合，要求使用蒙古语。例如，朝廷祭祀的时候，"以国语呼累朝帝后名讳而告之"①；宣读诏书之时，"读诏，先以国语宣读，随以汉语译之。"②

蒙古新字颁行后，主要用于官方的印篆、碑刻、牌符和钱钞，用于汉文典籍教材的翻译，如《通鉴节要》《孝经》《孟子》《论语》《千字文》《尚书》《资治通鉴》《帝范》等，民间仍然使用回鹘式蒙文。百年之后，元朝衰亡，作为大元帝国国字的八思巴字逐渐废弃不用了。现今使用的蒙古文是在改革回鹘式蒙古文基础上发展起来的。

蒙古文字的创制和推行，"对于蒙古族共同语的形成以及政治、经济、文化、科学的进步都起着重要的促进作用"③。蒙古新字后来在藏族地区比蒙古地区保持了更长时间，并由藏族学者进一步改造，作为一种花体字，用于西藏地方公文、印章装饰。

（三）清朝"国语""国书"

1. 创制改进满文，定位"国书"

满文是1599年在参酌蒙古文字基础上改进形成的一种从左至右、

---

① 《元史》卷七十七《祭祀志六》。
② 《元史》卷六十七《礼乐志一》。
③ 王锺翰：《中国民族史》，中国社会科学出版社1994年版。

从上而下竖直书写的一种拼音文字。满族的先人是女真人。16 世纪末期女真人首领努尔哈赤，在统一女真人各部的征战中着手组织创制满文。据《清太祖武皇帝实录》记载，当时满族没有文字，文字交往必须学用蒙文，将满语译成蒙古语之后进行沟通。1599 年 2 月，太祖努尔哈赤想借用蒙文字母来编写满语文书，他召集儒士额尔德尼（1580—1623 年）和噶盖共同商讨研制，并将用蒙古字母编写的国语（满语）颁行天下，从此满文正式诞生。

满文的创制具有重要的历史意义，它标志着满族民族共同体已经形成，标志着原来作为女真人后裔的这个族体，已经发展到一个崭新的历史阶段。满文的创制还促进了满族文化的发展，有利于相邻民族之间的文化交流，满文在全面统一女真各部，建立后金政权以至建立清朝政权的过程中，发挥了重要的作用。

1632 年，皇太极命令达海（1594—1632 年）对这种文字进行改进，皇太极"谕达海曰：'国书十二字头，向无圈点，上下字雷同无别，幼学习之，遇书中寻常语言，视其文义，犹易通晓。若人名、地名，必致错误。尔可酌加圈点，以分析之，则意义明晓，于学字更有裨益矣。'达海遵旨，寻译，酌加圈点"（《国朝耆献类征·达海传》）。在这里，皇太极正式将满文定位为"国书"，自此新满文成为清朝正式官方文字。改进后的满文称为"新满文"或"有圈点满文"，改进前的则称为"老满文"或"无圈点满文"。跟老满文相比，新满文能够更科学更准确地记录满语。

2. 强化"国语"，满汉合璧，多语并用

顺治、康熙、雍正三朝积极采取措施，大力推广"国语"，鼓励汉语学习，包容多于使用，到乾隆时清朝的"国语"和汉语的使用广度和深度，均达到前所未有的高度。

（1）强化"国语"推行措施

在 1644 年清朝建立后的近百年间，清朝统治者采取各种措施，在八旗学校中开设满语课程，刊刻满文图书，将汉文经典译成满文，开设翻译科考试，实行一种"国语"化和"国书"化的语言政策。顺治元年（1644），清廷下令：满汉官子弟、汉军子弟"皆如满洲例一律入学教习清书"（满文）。北京衙门的奏章、诏令、外国表章、各科考试试卷等都用满文。另外，凡录用官吏、京察、入伍、世职承袭、赏罚等事，也都以掌握满语满文为条件。清雍正年间（1723—1735 年）曾明文规定：如果汉军青年不习满语满文，为官或披甲"概不拣选"（《钦定八旗通志初集》卷四十九）。

（2）满汉合璧，多语并用

清廷在强化"国语""国书"的同时，也兼用汉文和蒙古文。例如，铸给各官的印信，"兼用国书"和汉文；诏书"以清（满）、蒙、汉音读"之；诰封"兼书满汉字"，或兼书"满汉蒙古文"；钱币"满汉文兼书"，或正面"专用汉文"，钱幕"皆满文"（《清史稿》卷四《清世祖实录》卷六十三）。康熙年间（1662—1722 年），凡是定立边界条约，编纂实录，土地黄、红册等重要文书，多缮成"满蒙汉三种文字"①。如 1689 年的《中俄尼布楚条约》，是用俄文、满文、拉丁文字书写签订的。乾隆帝曾发布旨意，"所有下马木牌，镌刻清、汉、蒙古、西番、回子五体字，以昭我国家一统同文之盛"（《高宗实录》）。

在顺治、康熙和雍正三朝，满族官兵普遍熟悉满语满文，除了翻译大批汉文典籍外，满文还用来书写文书简册，书写皇帝的"起居注"和各朝的"实录"。

（3）"国语""国书"衰退

在乾隆、嘉庆和道光这百余年间，满语满文作为清朝的"国语""国书"，在社会上的覆盖面急速缩小，1840 年以后，随着清朝政权的衰微，满语满文渐致废弃，最终融入汉语汉文之中。

满族语文在关外的历史演变中，在与中华各民族的接触中，表现出独特的黏着性、凝聚性和相互认同性，另外，现存满文文献所具有的完整性和典型性，所有这些特性都是世所罕见的。满语文化是中华文化宝库中不可分割的重要组成部分。

（四）小结

中国北方诸游牧民族，在建立封建割据政权或全国统一政权前后，都创制了本民族的文字，其中三个割据政权如辽、西夏和金，创制的是

---

① 《钦定大清会典》卷一《明清笔记丛谈》，第 154 页。

汉字式文字，元清两朝创制的是拼音文字。这些文字曾分别用作相应政权的官方文字，译有大量的汉文典籍，但最后大都随着政权的更迭而废弃不用了。这种现象表明。封建时代少数民族文字的创制，是随着少数民族政权的建立而产生的，少数民族文字的使用和推行是以少数民族政权做后盾的，少数民族政权在少数民族文字创制和推行中具有至关重要的作用。

六 文字狱和文化专制主义

文化专制主义是中国封建社会长期奉行的一项思想文化统治政策，自从秦始皇焚书坑儒，开中国文化专制主义传统之先河以来，历代封建统治者或者"禁书"，或者制造"文祸"或"文字狱"，延绵两千多年。在文化专制主义方面，最典型的政策莫过于明清时期的"文字狱"了。明清时期，"文字狱"是指因使用文字违犯了皇帝的禁忌或者借助文字罗织罪名、清除异己而设置的刑狱。

（一）明朝的文字狱

文字狱给人定罪，大都采用任意拆字，强作谐音，曲解字义，望文生义等手段，这些手段从根本上讲都是违反语言文字的规律的。

明太祖朱元璋于1370年明令禁止小民取名使用天、国、君、圣、神、尧、舜、禹、汤、文、武、周、秦、汉、晋等字。1393年又刊出榜文，禁止百姓取名使用太祖、圣孙、王孙、太叔、太傅、太保、大夫等字（《客座赘语》卷十《国初榜文》）。因为朱元璋担心，如果平民百姓使用先朝皇帝用过的名称字眼，一旦成为皇帝，就会夺走他的至尊宝座。

明朝的文字狱最早发生于1374年（洪武七年），当时苏州知府魏观在张士诚宫殿旧址建有一座新府衙，高启为此写了一篇《上梁文》，文中有"龙蟠虎踞"四字，朱元璋看后认为，"龙蟠虎踞"只有他本人才能使用，此处称用，岂不是等于承认"天有二日"了吗？因此将高启和魏观活活腰斩。有位名叫来复的和尚，写了一首谢恩诗，呈献给朱元璋，其中有"金盘苏合来殊域"和"自惭无德颂陶唐"两句，朱元璋认为"殊"是"歹""朱"二字的结合，这是在影射朱元璋是歹徒；"无德颂陶唐"是攻击朱元璋无德。随即下令将来复和尚斩首。凡此种种，不胜枚举。

明初的文字狱贯穿洪武一朝，是明太祖朱元璋为推行文化专制统治所采取的极端残暴的政策手段，并为后世封建统治者所效仿。

（二）清朝的文字狱

清初统治者忙于军事征服，没有余力来解决思想文化领域中的问题。在全国统一战争基本结束以后，国内的民族矛盾和阶段矛盾仍然十分尖锐的情况下，清朝统治者大兴文字之狱，企图通过暴力手段，扑灭人民的反抗意识，钳制言论，禁锢思想，强化其在思想文化领域中的统治。凡是不利于清朝统治的文字、著述和言行，一概被斥为"悖逆"和"狂吠"，罗织罪名，置之重典。

在清朝统治的 268 年内，共发生文字狱 160 余起，几乎一年半就有一次，主要集中在顺治、康熙、雍正和乾隆四朝，这四朝中又主要集中在乾隆时代。乾隆在位 63 年，制造了 130 余起文字狱，平均一年两次有余①。

康熙、雍正、乾隆三朝迭兴文字狱，在中国历史上是空前的，所涉及的对象，上有政府官员，下有平民百姓，大多数都是汉族地主知识分子。在严密的文网之下，广大知识分子人人自危，不敢议论朝政，不敢研究经世致用的学问，这种氛围迫使知识分子走上一条学术研究和现实社会相脱离的道路，他们埋头于故纸堆中，大力从事烦琐考据。清朝统治者通过文字狱，压制了反清思想的传播，严密控制着思想文化领域，强化了封建专制主义中央集权的统治。

七 结语

综上所述，中国从先秦到晚清两千多年语言政策的演变轨迹表明，汉字统一政策、文字音韵规范政策、佛经翻译政策和汉字传播政策，是

---

① 郭成康、林铁均：《清朝文字狱》，群众出版社 1990 年版。

中国古代语言政策长河中的主流，这些政策跟中国语言文化中的"大一统"思想，跟中华文化的先进性包容性紧密相连，跟中国封建社会的统一性、长期性和稳定性相适应。少数民族文字创制推行政策、少数民族"国语""国字"政策和少数民族多语并用政策，是中国古代语言政策长河中的支流，该项政策跟少数民族政权的建立和巩固息息相关，跟语言民族认同、语言民族主义思想相关联。用这些文字记载的少数民族优秀文化，在各民族文化的发展史中占有重要地位，同时也为中华民族语言文化宝库增添了宝贵的品种。焚书坑儒和文字狱政策则是中国古代语言政策长河中延绵不断的一股暗流，该项政策是跟中国封建王朝奉行的政治文化专制主义一脉相承的。

"多元分立"：民国语言政策格局①

自从 1840 年清朝在鸦片战争中失败后，中国开始沦为殖民地、半殖民地和半封建的社会。随着中国的旧民主主义革命和新民主主义革命的开展，中国的汉字改革进程始终跟社会历史进程紧密相随，各个时期的汉字改革运动始终跟当时的政治文化运动密切相关，从 19 世纪 90 年代到 20 世纪中叶，中国国内不断兴起的文学革命、社会革命及语文运动等，对政府的语言文字政策产生了重要影响。总体来说，民国时期中国语言政策的特点是"多元分立"，具体表现为：第一，国语运动与国语统一政策；第二，国民党的语言同化及有限使用边疆语言政策；第三，伪满洲国的殖民奴化语言政策；第四，共产党的推行新文字政策和尊重少数民族语言政策。

几千年来，分化和统一是汉语发展的基本进程。在秦朝统一之前的 1500 余年内，汉语一直沿着"文字异形，言语异声"（许慎《说文解字》序）的大分化过程发展；从秦始皇实行"书同文"政策统一汉字之后，到清朝末年的两千余年间，汉语的书面语（文言）实现了统一，但汉语的口语（白话）仍处于分化状态，而且文言（书面的）和白话（口语）长期分离。清朝末年以来，随着社会革命的展开，汉语口语的统一，以及汉语口语与书面语的统一，已经成为汉语发展的主要趋向。

一　国语运动与国语统一政策

国语即今天所说的普通话，明清时期主要由官吏使用，时称官话。

---

① 本部分完成于 2001 年 1 月，原系国家社会科学基金重点项目"少数民族语言政策比较研究"第三子课题的阶段性成果，现首次国内公开发表。

清朝末年，国家意识抬头，吴汝纶和江谦分别提出用国语取代官话。1911 年学部开会，通过了《统一国语办法案》。"国语"一词通行开来，成为民族共同语的代名词。

国语运动是一场推行把北京话作为汉民族共同语的语文运动，发生在清朝末年到 1949 年中华人民共和国成立这半个多世纪之内。"言文一致"和"国语统一"是国语运动提出的两大口号。其要旨就是书面语不用古代文言，改用现代白话；现代白话要以北京话为全国通用的国语。国语运动对于现代汉民族共同语的建立和推行，对于文体改革和文字拼音化，都有一定的贡献。

（一）"国语统一"思想的提出

"国语"在上古是一部书的名称，意思是"列国的故事"。中古时期，国语特指少数民族政权中处于优势（或官方）地位的少数民族语言，如辽的契丹语、金的女真语、西夏的西夏语、元的蒙古语、清的满语，当时都叫"国语"。清朝末年以来，"国语"一词，则用来指称汉语的标准语。

1895 年中日甲午战争结束后，中国许多爱国人士反思清政府的腐败无能，认为日本能够迅速富强，是因为"无人不学，通国皆兵"。中国要做到"无人不学"，普及教育，首先要实行"言文一致"，同时还要实行"国语统一"。1892 年卢戆章在《中国第一快切音新字》的序言中，提出了语文统一的问题：

> 若以南京话为通行之正字，为各省之正音，则十九省语言既从一律，文话皆相通；中国虽大，犹如一家，非如向者之各守疆界，各操土音之对面无言也[1]。

1895 年康有为的《大同书》中，《公政府大纲》第十条提出了世界语文大同的理想："全地语言文字皆当同，不得有异言异文。"[2] 1906 年

---

[1] 卢戆章：《中国第一快切音新字》原序，载倪海曙编《清末文字改革文集》，文字改革出版社 1958 年版，第 2 页。

[2] 倪海曙：《清末汉语拼音运动编年史》，上海人民出版社 1959 年版，第 31 页。

朱文熊提出，统一国语，可以加强团结，倘若"国语不一，团结总不能坚固"的思想[1]。

（二）确定并调整"国语"语音标准

1913 年在北京召开了"读音统一会"，以投票的方式表决汉字的国音标准点，粤音以一票之差败给了京音。读音统一会确定的国音，以京音为主，兼顾南北，只规定了调类，没有规定调值，是一种南北混合的五方杂音。习惯上称为老国音。

1920 年张士一发表《国语统一问题》，各界对此也有多种议论，主张以北京音为国音标准。1923 年国语统一筹备会开会，决定采用北京语音标准。习惯上叫作新国音。1932 年教育部正式公布并出版了《国音常用字汇》，完全以当代北京语音作为汉字的标准注音，成为国语标准读音的范本。

（三）制订拼音方案

1. 注音字母

汉字形式的"注音字母"方案于 1913 年通过，1918 年教育部才正式公布。方案公布后，做过多次补充和修订。从 1920 年起正式列入小学语言教材。注音字母是我国历史上由政府公布推行的第一个汉语拼音方案，在 1958 年《汉语拼音方案》正式公布之前的近 40 年间，注音字母在统一汉字读音，推广传播"国语"，帮助学生识字等方面发挥了很大的作用。

2. 国语罗马字

五四运动前后，在"文学革命"的影响下，语言学界兴起一股文字改革的浪潮，提出采用罗马字（拉丁字母）拼音的问题。国语罗马字的全称是"国语罗马字拼音法式"，这是中国第一套法定的拉丁字母拼音方案。1928 年正式公布了《国语罗马字拼音法式》，作为注音字母的第二式使用。当时的政府并不热心推广国语罗马字，再加上该方案的拼调规则过于复杂，群众不易掌握，该方案作为注音字母的第

---

① 倪海曙：《清末汉语拼音运动编年史》，上海人民出版社 1959 年版，第 152 页。

二式，主要在字典以及出版数量有限的一些课本、教材、字表、读物外中使用外，没有在社会上推行开来。1934 年以后，国语罗马字的推行进入低潮。

3. 拉丁化新文字

拉丁化新文字是苏联拉丁化运动的产物，最初在苏联华侨工人中间推行，后传入国内。在苏联文字拉丁化运动中，中共党员瞿秋白在苏联汉学家郭质生的协助下，于 1929 年写成一本小册子《中国拉丁字母》。后来中苏两国专家在瞿秋白的"中国拉丁化新文字方案"的基础上，拟订了一份《中国汉字拉丁化的原则和规则》，提交 1931 年在苏联海参崴召开的"中国文字拉丁化第一次代表大会"，获正式通过。

全国制定的方言拉丁化新文字有 13 种，这些方言是上海话（后改为"江南活"）、苏州话、无锡话、宁波话、温州话、福州话、厦门话、客家话、广州话、潮州活、广西话、湖北话和四川话①。全国各地开办的学习班、师资训练班、讲习班和识字班前后大约有 1000 个，参加学习的有 10 余万人。抗日战争初期，上海举办了很多难民新文字班，陕甘宁边区举办了一些冬学新文字班。中华人民共和国成立后，东北各铁路局举办了很多报务员新文字班。

（四）小学的"国文"科改为"国语"科

晚清白话文运动，提倡言文一致，国语统一，强调在语文教育中采用国语，普及义务教育。1920 年，教育部通令初级小学"国文"科改为"国语"科。1921 年教育部发布训令："凡师范学校及高等师范均应酌减国文钟点，加授国语"。1923 年，国语统一筹备会第三次大会提案议决函请教育部规定中等以上学校实行国语教育，教育部复函表示同意。同年实行学制改革，全国教育联合会组织了"新学制课程标准起草委员会"公布《中小学各科课程纲要》，规定小学、初中、高中的语文科一律定名为"国语"科，小学课本取材以儿童文学为主。

同时还创办了国语讲习所、国音字母讲习所、国语专科学校等，各省区教育厅也分别举办各种短期培训班，大力培训国语教员。于是，国语教

---

① 倪海曙、尹斌庸：《拉丁化新文字》，载《中国大百科全书》（语言文字卷），中国大百科全书出版社 1982 年版，第 246 页。

科书开始收入五四前后涌现出来的许多白话文学作品、白话翻译作品以及古代一些优秀的白话小说。把"白话文"作为语文教材，这是语文教育中的一个大变化。直到中华人民共和国成立前夕，小学开设"国语"课，中学开设"国文"课。1949 年以后，"国语""国文"合并改成"语文"。

二 国民党的语言同化及有限使用边疆语言政策

国民党于 1927 年掌握中国政权以后，提出"以党治国"，即以"三民主义"治国，实行"党化教育"的建国方针；逐渐形成一套所谓"三民主义的边疆政策"；宣布要"重边政，弘教化，以固国族而成统一"，强化了民族同化的意识和语言统一的思想。这主要体现在南京政府的边疆教育方针和边疆教育语言方针之中。

（一）边疆教育方针和边疆教育语言方针

南京政府确定的推进边疆教育的总方针是："边疆教育应以融合大中华民族各部分之文化，并促其发展，为一定之方针。"[①] "彻底培养国族意识，以求全国文化之统一。"[②] 在这一方针的指引下，国民政府的边疆教育语言政策循着"国语统一"的大原则，在有限的范围之内，允许使用两三种少数民族语言文字。

边疆教育语言方针最早是在 1931 年 9 月，国民党第三届中央执行委员会第 157 次常务会议通过的《三民主义教育实施原则》中提出来的："遵循中山先生民族平等之原则，由教育力量，力图蒙藏人民语言意志之统一，以期五族共和的大民族主义国家之完成"[③]。1941 年教育部公布了边疆教育政策四大宣传要点，其中第三点是"边教应推行国语教育"，第二点是"边教应努力融合各地民族"[④]。

---

① 《推进边疆教育方案》，载宋恩常、章咸主编《中华民国教育法规选编》（1912—1949年），江苏教育出版社 1990 年版，第 625 页。

② 《边地青年教育及人事行政实施纲领》，载宋恩常、章咸主编《中华民国教育法规选编》（1912—1949 年），江苏教育出版社 1990 年版，第 625 页。

③ 教育部：《第一次中国教育年鉴》乙编，开明书店 1934 年版，第 21 页。

④ 宋恩常、章咸主编：《中华民国教育法规选编》（1912—1949 年），江苏教育出版社1990 年版，第 633 页。

为了开展边疆民族语文教材的编译工作，教育部于 1930 年成立蒙藏教育司，1934 年出版了汉蒙、汉藏、汉回合璧的小学国语课本各 8 册，常识课本各 4 册，民族学校用本各 2 册，短期小学课本各 4 册，供边疆地区蒙古族、藏族和维吾尔族学生使用。由于这些课本跟边疆居民的实际生活相去太远，教育部又指定国立边疆文化教育馆另行编译了蒙、藏、维吾尔的初小教科书，并于 1947 年出版了蒙古文课本 9 册、藏文课本 8 册、维吾尔文课本 10 册。

（二）边疆宣传语言政策

为了达到良好的宣传效果，国民党曾对宣传党义使用的语言，做过一些具体的规定。1929 年 6 月，国民党在南京召开的第三届第 2 次中央全会，通过了《关于蒙藏的决议案》，首次对边疆少数民族地区的党义宣传用语，做出规定，要求"加紧对蒙藏之宣传，撰制各种浅显之宣传品，译成蒙藏文字"，以达到说明本党训政之意义[1]。1930 年 7 月，国民党第三届中央执行委员会第 99 次常务会议通过的《内蒙党务派员工作大纲》提出，"宣传原则以宣扬三民主义指示蒙人进步为指南"。"翻译印发有关党政书籍，创办党报及通讯社，设立图书馆"[2]。

在南京国民政府期间，国民党创办的少数民族文字党报以及该党控制的少数民族文字报刊主要有：《藏民月刊》（1928 年 12 月，藏文版）、《民众日报》（1929 年 7 月，蒙汉双文版）、《阿旗简报》（蒙汉双文）、《新疆日报》（1936 年 4 月，先后有汉、维吾尔、哈萨克、俄罗斯文版）、《国民日报》（1941 年 10 月，藏文版）、《新蒙》（1947 年蒙汉合璧）等。

三　伪满洲国的殖民奴化语言政策

在日本关东军的策划和操纵下，1932 年 3 月 1 日我国东北地区成立了所谓"满洲国"，由清朝废帝溥仪"执政"。溥仪名义上是满洲国的"国家元首"，实际上是日本的侵华工具和傀儡。该政权的封建性和殖

---

① 荣孟源主编：《中国国民党历次代表大会及中央全会资料》，光明日报出版社 1985 年版。
② 李廷贵、范荣春：《民族问题学说史略》，贵州民族出版社 1990 年版，第 155—156 页。

民性，决定了语言政策上的奴化性。

（一）奴化语言政策的有关规定

1932 年 3 月 9 日，溥仪发出通令，"满洲国"不得悬挂中国地图，不得使用"中华"字样，不得使用中国教材①。为了实行"新学制"，伪满政府于 1937 年 5 月颁布了《学制要纲》，其中有关语言政策的规定是："日本语依日满一德一心之精神，作为国语之一而重视之"②。在此之前，伪满文教部曾于 1936 年 11 月召开的关于补助小学校主事会议上提出，在"满洲国"普及日语的要求。

（二）"国语""国文""满语"和"蒙古语"

在伪满洲国实行新学制之前，国语和国文课特指汉语和汉文课，不包括日语和蒙古语。实行新学制以后，为了泯灭中国青少年的国家和民族意识，贯彻殖民奴化语言政策，日伪当局把居住在东北地区的汉人也称作满人，把"国文"（汉语）课改称为满语课，试图以此巩固满洲国的统治，另外把日语课改称为"国语"课，企图用日语来同化中国人。

因此，伪满学校教学计划中的"国语科"，则包括"满语"（实际上是汉语）、蒙古语和日语 3 种语言③。伪满民生部在《关于国民高等学校国语教授之件》中规定，在高等学校的国语教学中，可用日语教学取代满语（汉语）教学，也可用日语教学取代蒙古语教学④。

（三）奴化语言政策的实施

伪满洲国成立后的 5 个月中，日本关东军在东北焚烧中国历史、地理书籍，以及抗日书籍和其他进步书籍达 650 余万册。

在大力普及日语方面，伪满教育当局规定，从高小第一学年开始，

---

① 武强主编：《东北沦陷十四年教育史料》（第一辑），吉林教育出版社 1989 年版，第 681 页。

② 武强主编：《东北沦陷十四年教育史料》（第一辑），吉林教育出版社 1989 年版，第 452 页。

③ 王野平主编：《东北沦陷十四年教育史》，吉林教育出版社 1989 年版，第 119 页。

④ 民生部：《关于国民高等学校国语教授之件》，《满洲教育》1937 年第 3 卷 11 号。

日语是必修课。至于初中高中和师范学校，各个年级都必须学习日语，教学时数不得少于汉语。其具体措施包括日常用语日语化，从 1941 年起，伪满地区的学校、日常用语都用日语，如背诵"国民训""回銮训民诏书"，操练口令，校园中的"问候语"，学生跟教师的交谈等，全都不准说汉语。

"日语检定"制度化，从 1936 年开始实行日语检定制度，鼓励国民高等学校学生参加日语考试，考试合格者发给一定的"语学津贴"，毕业后优先录用。教材课本日语化，为了强化日语学习，一些教材采用日文课本，教学采用日语授课，一些汉语教科书甚至使用汉字和日文相杂的"协和语"，学生考试使用日文者，可以增加考试分数[1]。

伪满出版的书刊，也以日文占优势，中文出版物寥寥无几。另外从日本进口了大量的日文书刊，绝大多数都宣扬"王道""皇道"、侵略战争及日本的事务。据统计，1936—1941 年从日本进口的图书，由 58 万册猛增到 340 余万册[2]。1941 年 7 月出版书刊 137 种，日文占 112 种，中文只有 28 种[3]。

四 共产党的推行新文字政策和尊重少数民族语言政策

（一）推行新文字政策

抗日战争时期，共产党领导的陕甘宁边区民主政权建立后，边区的教育事业因受各种条件的制约，十分落后，99% 的边区农民不识字，80%—90% 的学龄儿童失学，也成了文盲。由于拉丁化新文字易学易认，很受群众欢迎，边区政府准备采用拉丁化新文字扫除文盲，以提高广大边区人民的文化水平，使他们能够用更高的觉悟投入抗日战争中去。

1940 年 11 月 7 日陕甘宁边区新文字协会在延安成立。大会推举毛泽东、张一麐等组成名誉主席团，林伯渠、吴玉章等 17 人组成主席团。边区政府主席林伯渠宣布，边区政府已在法律上给予新文字以合法地

---

① 王野平主编：《东北沦陷十四年教育史》，吉林教育出版社 1989 年版，第 125 页。
② "满洲帝国通信社"编：《大满洲帝国年鉴》，1944 年版（创刊号），第 570—571 页。
③ 解学诗：《伪满洲国史新编》，人民出版社 1995 年版，第 601 页。

位，用新文字跟用汉字在法律上有同等效力；并宣布今后边区政府的法令公告等重要文件，将一律一边印新文字，一边印汉字；又宣布边区政府已经下决心，要用新文字扫除边区文盲。

党校校长罗迈（李维汉）宣布："中共中央宣传部已经详细讨论新文字问题，决议要边区教育厅在今年冬学中一律试教新文字。"①

陕甘宁边区政府于 1940 年 12 月 25 日公布了《关于推行新文字的决定》，其主要内容如下：从 1941 年 1 月 1 日起，新文字跟汉字有同等的法律地位；凡是上下公文、买卖账目、文书单据等，用新文字书写跟用汉字书写同样有效；从 1941 年 1 月 1 日起，政府的一切法令、布告，并用汉字和新文字；从 1941 年 1 月 1 日起，各县给边区政府的公文，用新文字书写的同样有效②。

1941 年 5 月 1 日中国共产党边区中央局发布《陕甘宁边区施政纲颁》，其中第十四条规定："继续推行消灭文盲政策，推行新文字教育……"③

为了有效开展新文字的推行工作，陕甘宁边区于 1941 年 1 月 5 日成立了一个新文字干部学校，专门培养中级新文字干部，吴玉章任校长。学习期限两年，设有文字学、语言学，语文等课程。1941 年 5 月，《新文字报》改为铅印，毛泽东为该报的题词是："切实推行，愈广愈好。"朱德的题词是："大家适用的新文字，努力推行到全国去。"

1943 年春节过后，由于延安整风运动的发展和战争形势的急促变化，陕甘宁边区新文字扫盲教育停顿下来，新文字协会、新文字报社、新文字干部学校也都相继停止了活动。

（二）尊重发展少数民族语言文字政策

坚持民族平等，发展少数民族语言文字，是中国共产党少数民族语言政策的总方针。1931 年 11 月中华工农兵苏维埃第一次全国代表大会通过的《关于中国境内少数民族问题的决议方案》，首先提出了这一政

---

① 费锦昌：《中国语文现代化百年记事》（1892—1995 年），语文出版社 1997 年版，第 87 页。

② 陶剑琴：《延安时代的新文字运动》，载中国人民大学语言文字研究所编《语言文字研究》，中国人民大学出版社 1980 年版，第 111—112 页。

③ 费锦昌：《中国语文现代化百年记事》（1892—1995 年），语文出版社 1997 年版，第 90 页。

策思想①，毛泽东也反复强调，要尊重各少数民族的文化、宗教、习惯，赞助他们发展使用各族自己语言文字的文化教育，倡导制定了各民族都有使用和发展自己的语言文字自由的政策②。

这一政策原则的法律化定型是在1949年9月中华人民共和国成立前夕，具有宪法效力的《中国人民政治协商会议共同纲领》中完成的。该纲领的第五十条和第五十三条分别规定了坚持民族平等，发展各少数民族语言文字的总原则。

尊重少数民族语言文字。1936年5月，中国工农红军第四方面军在长征中，帮助藏族建立起"中华苏维埃中央波巴自治政府"。其施政纲领明确规定，禁止民族压迫和民族歧视，不准称藏族同胞为"蛮子"，尊重藏语藏文，提倡汉族学习藏语，标语用藏汉两种文字书写，优待翻译。毛泽东1945年在中国共产党第七届全国代表大会的报告中强调："他们（少数民族）的言语、文字、风俗、习惯和宗教信仰，应被尊重。"③

使用和发展少数民族语言文字。1931年11月通过的《中华苏维埃共和国宪法大纲》规定："苏维埃政权更要在这些民族中发展他们自己的民族文化和民族语言"④。1935年6月，《中国共产党中央委员会告康藏西番民众书——进行西藏民族革命运动的斗争纲领》规定："番人使用自己的语言文字提高文化，设立学校，人人皆有入校读书的权利。"⑤

共产党创办的少数民族文字党报，主要分布在中国东北的朝鲜族地区和北部的蒙古族地区。从1928—1948年的20年间，我国东北部朝鲜族地区共产党创办的朝鲜文党报主要有：中共延边区委的《东满通讯》（1928年10月）、中共东满特委的《两条战线》（1947年以后）、中共吉林省委的《吉林日报》（1947年3月）和中共延边地委的《延边日报》（1948年4月）。

---

① 周庆生：《语言与人类：中华民族社会语言透视》，中央民族大学出版社2000年版，第271—272页。

② 桑杰：《关于毛泽东民族区域自治思想的几点思考》，《红旗文稿》2013年12月26日。

③ 《毛泽东选集》（第3卷），人民出版社1991年版，第1084页。

④ 中共中央统战部：《民族问题文献汇编》（1921年7月—1949年9月），中共中央党校出版社1991年版，第166页。

⑤ 《毛泽东选集》（第3卷），人民出版社1991年版，第290页。

从 1936—1949 年的 13 年间，共产党创办的蒙古文及蒙汉双文党报主要有：中共三边（陕西省的安边、定边、靖边）地委的《蒙古报》（1931 年）、中共哲盟地委的《前进报》（1946 年 12 月，蒙汉双文）、中共内蒙古委员会的《内蒙古自治报》（1947 年元旦）、中共西科中旗委员会的《草原之路》（1947 年夏季）、中共内蒙古委员会的《内蒙古日报》（1948 年元旦）、中共热北地委的《牧民报》（1948 年秋季）、中共伊克昭盟委员会的《伊盟报》（1949 年 9 月）等。

共产党创办的第一所民族学院于 1941 年 9 月在延安诞生。高岗任院长。首批学员 300 余名，分属蒙古、回、藏、彝、满、苗、东乡和汉族。文化课有汉语文、民族语文、历史、地理、数学和自然常识等。1948 年停办。

蒙古文化促进会于 1940 年 3 月在延安成立，毛泽东等任名誉理事。同年 6 月，该会在延安建立起成吉思汗纪念堂，设有蒙古文化陈列室，毛泽东亲自为纪念堂题写了"成吉思汗纪念堂"几个大字。1944 年 10 月，蒙、回文化促进会分别组织人员，把马列主义和毛泽东的部分著作翻译成蒙古文和阿拉伯文，在延安出版发行。这对发扬蒙古族和回族的优良文化传统，发展蒙、回民族的新文化，具有重要的政治意义和历史意义。

"主体多样"：新中国语言政策特性*

国内外研究中国汉语政策的文献很多，研究少数民族语言政策的文献也很多，但是将二者放在一起研究的论文并不多见。本文试图从主体性和多样性的视角，描述近半个多世纪以来中国汉语政策和少数民族语言政策的发展脉络，提供一个分析框架。

美国著名语言政策学者科瓦鲁维亚斯（Cobarrubias）提出，世界范围内的语言政策思想主要有：语言同化、语言多元化、语言国际化和语言本土化四类[①]。但这几类思想都无法解释中国的现实。

在中国，从政策思想层面，最早提出主体化和多样化原则的，是许嘉璐。为了解决汉语普通话与方言的使用问题，许嘉璐提出："推广普通话，促使公民普遍具备普通话应用能力，并在必要的场合自觉使用普通话，这是坚持主体化原则；推普不是要消灭方言，方言在不少场合具有其自身的使用价值，这是贯彻多样化原则。"[②]

本部分提出的"主体性和多样性"原则，旨在分析国家通用语言文字和少数民族语言文字的使用和关系。所谓主体性，就是《中华人民共和国宪法》（以下简称《宪法》）第四条规定的"国家推广全国通用的普通话。"所谓多样性就是《宪法》第三条规定的："各民族都有使用和发展自己的语言文字的自由。"这两条规定可以抽象概括为"主体性

* 原载《新疆师范大学学报》2013 年第 2 期。

① Cobarrubias, J., "Ethical Issues in Status Planning", in Cobarrubias, J. and Fishman (eds.), *Progress in Language Planning*: *International Perspectives*, Berlin: Mouton Publishers, 1983: 63 – 66.

② 许嘉璐：《开拓语言文字工作新局面，为把社会主义现代化建设事业全面推向 21 世纪服务——在全国语言文字工作会议上的报告》，《语文建设》1998 年第 2 期。

和多样性"原则，它们是中国语言政策的总原则①。

一　引言

本部分拟将 60 多年来的中国语言政策的发展，大致分为四个时期来描述：第一，中华人民共和国成立初期（1949—1958 年），"主体多样"语言政策的确立；第二，"左"倾路线影响时期（1958—1978年），中国语言使用受到的挫折和限制；第三，现代化建设时期（1978—2000 年），语言规范化和标准化建设；第四，市场经济初步建立时期（2000—2013 年），《国家通用语言文字法》的颁布和实施。

（一）语言使用中的主体性和多样性

根据 2010 年第六次全国人口普查数据，全国总人口为 1370536875（13.7 亿）人，其中，汉族人口为 1225932641（12.3 亿）人，占91.51%；各少数民族人口为 113792211（1.1 亿）人，占 8.49%②。

中国语言使用的统一性，主要是指全国人口中，母语是汉语的人口已超过总人口的 95%，汉语的十大方言中，官话方言（亦称北方方言）分布最广，从江苏的南京到新疆的乌鲁木齐，从云南的昆明到黑龙江的哈尔滨，相距几千公里，彼此通话没有太大的困难。汉语官话区人口占说汉语总人口的 67.75%，占全国总人口的 64.51%③。汉语普通话是全国政治、经济、文化生活中的通用语言，是联合国的一种工作语言。汉语普通话或官话还是全国不同地区不同民族进行交际的主要用语。规范汉字是全国通用的文字。

中国语言使用的多样性主要表现为：东南各省的汉语方言差别很大，彼此之间不能通话；中国少数民族约有 6000 万人使用本民族语言，

①　周庆生：《语言与人类：中华民族社会语言透视》，中央民族大学出版社 2000 年版，第 242—243 页。

②　中华人民共和国国家统计局：《2010 年第六次全国人口普查主要数据公报》（第 1号），中国人口信息网，2011 年 4 月 29 日，http：//www. cpdrc. org. cn/tjsj/tjsj_ gb_ detail. asp？id = 15463。

③　李荣：《中国的语言和方言》，《方言》1989 年第 3 期。

占少数民族总人口的 60% 以上，约有 3000 万人使用本民族文字[①]。全国 55 个少数民族，除回族和满族通用汉语外，其他 53 个民族使用 80 余种语言，这些语言大多属于 5 种不同的语系，其中 22 个民族使用 28 种文字。多民族、多语言、多文种是中国语言状况的一大特征。

（二）统一的多民族国家与统一的多语文政策

1. 统一的多民族国家

自古以来，中国就是一个统一的多民族国家。自秦朝以来的两千多年当中，统一的时间约占 6/7，分裂的时间约占 1/7，统一是中国历史发展的主旋律。汉族和少数民族共同创造和发展了中国的疆域、中国的历史和中华文明。

2. 既保障自治又维护统一的民族区域自治制度

民族区域自治制度是中国一项重要的政治制度，也是中国制定少数民族语言政策的重要依据。目前，中国已有 5 个民族自治区，30 个自治州，120 个自治县（旗）。全国 55 个少数民族，已有 44 个少数民族实行了区域自治，自治地方占国土总面积的 64%，实行自治的民族人口占全国少数民族人口的 78%。

中国民族区域自治，是在国家统一领导下的自治，各民族自治地方都是共和国不可分割的一部分，是在中央政府领导下的一级地方政权，该项制度成功地在"统一"和"自治"这两个关节点上找到了一个适当的平衡点，完美地将民族自治与国家统一结合在一起。

3. 主体性与多样性相结合的语言文字政策

汉语普通话是汉族不同方言区之间的共同语，也是全国各民族之间相互沟通的交际语。在汉语方言区推广普通话，不是要消灭汉语方言，而是要消除不同方言区之间的隔阂；在少数民族地区推广普通话，不是要妨碍少数民族使用自己的语言文字，更不是要用汉语普通话取代少数民族语言，而是要使少数民族干部、学生和群众在熟练掌握本民族语言文字的同时，又能掌握一种全国通用的族际交际工具，从而获得更大的

---

① 中华人民共和国国务院新闻办公室：《中国的民族政策与各民族共同繁荣发展》，中央政府门户网站，2009 年 9 月 27 日，http：//www.gov.cn/zwgk/2009 - 09/27/content_1427930.htm。

发展空间，这将有利于各兄弟民族之间的相互团结和相互学习，符合各民族的共同利益。

上述语言文字原则，既保障了各民族使用发展本民族语言文字的权利，又促进了汉族共同语的普及，巩固了国家的统一和社会的稳定，在"多样性"和"主体性"这两种不同性质的原则之间找到了一个适当的"度"，从而实现了多样性和主体性的有机结合。

二　普及文化教育与"主体多样"语言政策的确立

文字跟社会政治的关系十分密切，近代以来，许多国家的社会制度在发生重大变革之后，总要伴随着一次重大的文字改革。比如，日本明治维新之后，日本书面语由纯用汉字改变成汉字夹假名；苏联十月革命后，将大多数语言的文字系统改换成西里尔字母文字，包括为少数民族创制的西里尔化新文字；土耳其资产阶级革命成功以后，将原来的阿拉伯字母老文字改换成拉丁字母新文字；越南民主共和国成立后，即宣布拉丁字母的越南文为"国文"，彻底废除了传统社会长期使用的汉文和喃字；朝鲜独立后，也彻底废除了传统社会长期使用的汉文而改用谚文，即现今的朝鲜文。

中国社会也不例外，早在中华人民共和国成立之前，毛泽东已经对中华人民共和国成立后的语言政策提出过构想，这就是第一，"文字必须在一定条件下加以改革，言语必须接近民众，须知民众就是革命化的无限丰富的源泉"[1]。第二，"他们（各少数民族）的言语、文字、风俗、习惯和宗教信仰，应被尊重"[2]。

中华人民共和国成立后，党中央国务院根据共和国的缔造者——毛泽东的有关思想，及时制定了文字改革政策和发展少数民族语言文字的政策。文字改革政策就是要解决汉语方言严重分歧，解决汉语共同语不普及和文化教育不普及的问题，这实际上也是在解决汉语的主体性问题。发展少数民族语言文字则是在落实民族平等和语言平等政策，帮助少数民族提高本民族的语言文化水平，这实际上也是在解决少数民族语

---

① 《毛泽东选集》（第2卷），人民出版社1991年版，第708页。

② 《毛泽东选集》（第3卷），人民出版社1991年版，第1084页。

言的多样性发展问题。中国政府没有因为要解决汉语的主体性问题而限制少数民族语言的多样性发展，也没有因为要发展少数民族语言的多样性，而妨碍了汉语的主体性，在解决主体民族语言的主体性和少数民族语言的多样性这一对矛盾方面，在实现二者的有机结合方面，中国为世界提供了成功的可资借鉴的理论和实践。

（一）主体性：文化教育建设与文字改革政策

中华人民共和国成立初期，面临着统一政治、统一经济的艰巨任务，国家迫切需要普及文化教育，快速发展国民经济，改变工农业生产和科学技术极为落后的状况，实现国家工业化。当时，汉语共同语不普及，全国80％以上的人口是文盲，汉字难学、难写、难认，制约了文化教育的普及和发展，为此党中央、国务院制定了文字改革的政策①，成立了相应的工作机构，把文字改革作为中国文化革命和文化建设的一个重要组成部分。

1. 工作机构

1954 年 12 月，国务院成立了一个直属机构——"中国文字改革委员会"，其主要职责是在全国推行文字改革政策，即简化汉字、推广普通话、制订和推行《汉语拼音方案》。1985 年 12 月 16 日，该机构改名为"国家语言文字工作委员会"。1956 年 1 月国务院还成立了"中央推广普通话工作委员会"，其工作机关设在中国文字改革委员会。全国地方设有文字改革、推广普通话机构的只有少数几个省份。

2. 工作方针和任务

中国文字改革的方针是：汉字必须改革，汉字改革要走世界文字共同的拼音方向，而在实现拼音化以前，必须简化汉字，以利目前的应用，同时积极进行拼音化的各项准备工作②。换言之，拼音化是文字改革的目标，其步骤是先简化汉字，同时为拼音化做准备，准备工作主要有推广普通话和制订汉语拼音方案。

根据这一方针，周恩来总理于 1958 年把文字改革的具体工作概括

① 国家语言文字工作委员会政策法规室：《国家语言文字政策法规汇编》（1949—1995年），语文出版社 1996 年版，第 7—9 页。

② 吴玉章：《文字改革文集》，中国人民大学出版社 1978 年版，第 129 页。

为三大任务："简化汉字，推广普通话，制订和推行汉语拼音方案。"①

第一，汉字简化。在传统封建社会中，繁体字往往是汉字的正体，简体字则被视为俗字。为了减少汉字的笔画和字数，国务院 1956 年 1 月 28 日通过了中国文字改革委员会拟定的《汉字简化方案》，后经 1986 年的个别调整，国家法定的简化字总字数为 2235 个。现在全国范围内已经普遍使用简化字，联合国文件中的中文文本也采用简化字。新加坡、马来西亚和泰国的华人社会也都将简化字作为他们的规范用字。

第二，推广普通话。1956 年 2 月 6 日《国务院关于推广普通话的指示》全面界定了普通话的定义和标准，这就是"以北京语音为标准音、以北方话为基础方言、以典范的现代白话文著作为语法规范"②。1957 年 6 月，教育部副部长韦悫在全国普通话推广工作汇报会议的总结报告中提出了推广普通话的 12 字方针，这就是"大力提倡，重点推行，逐步普及"③。1956 年国家成立了中央推广普通话工作委员会，陈毅任主任，郭沫若、吴玉章等任副主任。1958—1979 年，全国举办了五次普通话教学成绩观摩会；1956—1960 年，举办了 9 次全国性的普通话研究班和进修班，培训了 1666 名骨干；1957—1958 年，普查了全国 1800 多个汉语方言点，编写了 320 种方言区人民学习普通话的小册子。

当然，推广普通话并不是要人为地消灭方言，而是要求会说方言的公民，还要会说普通话，而且也并不要求公民在所有的场合都讲普通话，而是要求在一些正式场合，如学校、机关、服务场所等讲普通话。在推广普通话的同时，方言还将在一定领域和特定地区长期存在。

第三，制订和推行《汉语拼音方案》。《汉语拼音方案》是中国法定的拼音方案，而不是用来取代汉字的拼音文字。1952—1954 年，中国文字改革研究委员会拟订了四套以汉字草书笔画为字母形式的民族形式的拼音方案。根据毛泽东主席和周恩来总理关于采用拉丁字母的指示，1955—1957 年，中国文字改革委员会研制了一套拉丁字母形式的

---

① 《周恩来选集》（下卷），人民出版社 1984 年版，第 280 页。
② 国家语言文字工作委员会政策法规室编：《国家语言文字政策法规汇编》（1949—1995 年），语文出版社 1996 年版，第 12 页。
③ 王均主编：《当代中国的文字改革》，当代中国出版社 1995 年版，第 279 页。

《汉语拼音方案》，于 1958 年 2 月 11 日由全国人民代表大会批准公布。
1982 年国际标准化组织将其作为拼写汉语的国际标准。《汉语拼音方案》主要用于注音识字、编制索引、拼写我国人名地名、制定产品代号、设计手旗灯光通信、制定聋哑人汉语手指字母、草拟拼音报。并为我国少数民族创制、改革文字提供共同的基础。

（二）多样性：民族区域自治制度建设与使用和发展少数民族语言文字政策

中国的民族区域自治是在国家的统一领导下，各少数民族聚居地方实行区域自治，设立自治机关，行使自治权，少数民族人民当家做主，自己管理本自治地方的内部事务。1954 年《宪法》第三条规定："各民族都有使用和发展自己的语言文字的自由。"① 1982 年《宪法》第四条又重申了这一根本性原则。

少数民族语言往往是少数民族社会中的主要交际工具和思维工具，少数民族文字是少数民族传统文化的载体，民族认同、民族意识或民族感情往往通过民族语言文字的使用表现出来。如果没有一个自由平等地使用民族语言文字的社会环境，社会的不稳定因素就有可能增加，团结也会受到一定的影响。《宪法》第四条规定，坚持了各民族语言文字一律平等的原则，是实现民族平等，保障少数民族自治权利的一个重要标志。

1. 关于少数民族语言文字的使用

中华人民共和国成立初期，许多法律法规都曾做过具体规定。1952年《中华人民共和国民族区域自治实施纲要》第十五条规定："各民族自治区自治机关得采用一种在自治区内通用的民族文字，为行使职权的主要工具；对不适用此种文字的民族行使职权时，应同时采用该民族的文字。"② 第十六条规定："各民族自治机关得采用各民族自己的语言文字，以发展各民族的文化教育事业。"1952 年通过的《政务院关于保障一切散居的少数民族成分享有民族平等权利的决定》第五条规定："凡

---

① 董云虎、刘武萍编：《世界人权约法总览》，四川人民出版社 1991 年版，第 820 页。
② 国家民委办公厅、政法司、政策研究室编：《中华人民共和国民族政策法规选编》，中国民航出版社 1997 年版，第 2—3 页。

散居的少数民族成分，有其本民族语言、文字者，得在法庭上以本民族语言、文字进行诉辩。"① 该条内容于 1954 年纳入我国正式颁布的第一部《宪法》（第七十七条）。在国家政治生活中，从 1954 年全国第一届人民代表大会开始，就设有少数民族语言的同声翻译。另外在少数民族自治地区的法院、检察院、民族教育、新闻出版、广播、电视等领域也不同程度地使用一种或多种少数民族语言文字。

2. 关于少数民族语言文字的发展

中华人民共和国成立初期，中央政府认为，帮助少数民族创立能够代表自己语言的文字，将有利于少数民族普及教育，有利于少数民族有效地学习新的科学技术，有利于少数民族提高文化水平，对社会主义的经济建设和文化建设具有重要的意义。

（1）创制文字

1951 年 2 月 5 日《政务院关于民族事务的几项决定》第五项提出："帮助尚无文字的民族创立文字，帮助文字尚不完备的民族逐渐充实其文字。"② 为了完成这项任务，有关部门曾于 1950—1955 年、1956—1959 年两次组织调查组，先后调查了壮、布依、水、苗、瑶、彝、傣、傈僳、景颇、哈尼、佤、蒙古、维吾尔、侗、黎、毛南、仫佬、藏、羌、拉祜、纳西、白、阿昌、仡佬、土家、达斡尔、东乡、保安、土、哈萨克、柯尔克孜、塔塔尔、乌孜别克、撒拉、裕固、锡伯、赫哲、鄂温克、鄂伦春、京、塔吉克、畲、朝鲜 43 个民族的语言。

在语言调查的基础上，建立民族语文工作和研究机构，根据自愿自择的原则，政府帮助南方的壮、布依、彝、苗、哈尼、傈僳、纳西、侗、佤和黎 10 个民族，创制了 14 种拉丁字母形式的文字，其中苗文 4 种，哈尼文 2 种。

（2）改革和改进文字

帮助云南省的傣族、拉祜族和景颇族设计了文字改进方案；帮助新疆的维吾尔族和哈萨克族设计了文字改革方案。

在新创制的文字中，黎族没有坚持使用新创制的黎文，而是直接使

---

① 国家民委办公厅、政法司、政策研究室编：《中华人民共和国民族政策法规选编》，中国民航出版社 1997 年版，第 95 页。

② 史筠：《民族法律法规概述》，民族出版社 1988 年版，第 247 页。

用汉文；哈尼族只使用一种哈尼文（哈雅哈尼文），另一种弃而不用；彝族因不欢迎新创制的彝文，而使用经过整理和规范了的老彝文。

在改进和改革的文字中，景颇文、拉祜文和德宏傣文基本上保持了原有文字的形体结构，群众乐于接受，推行效果也比较好。西双版纳傣文、拉丁字母形式的新维吾尔文和新哈萨克文改动较大，经过一段时期的使用后，新疆维吾尔自治区政府决定于 1982 年在新疆恢复使用老维吾尔文和老哈萨克文，云南省西双版纳自治州政府决定于 1986 年在西双版纳恢复使用老傣文。

三 "左"倾思想路线对"主体多样"语言政策的影响

（一）"左"倾思想对少数民族语言政策的影响

1958 年"大跃进"期间，"左"倾思想占上风，在少数民族地区开展了一场整风和反对地方民族主义的斗争，许多民族语言工作者受到株连。

1958 年三四月间召开的全国"第二次少数民族语文科学讨论会"，率先批判了民族语文工作中的"三脱离"即脱离政治、脱离实际、脱离群众现象，同时还批判了民族语言研究中存在的"异、分、纯"倾向：

> 所谓"异"就是夸大不同语言间和同一语言中的方言土语间的差异性，抹杀共同性，认为语言差别越大越好，语言种类和创造文字的种类越多越好。所谓"分"，就是看不到文字对于一个民族内部各民族间所起的团结作用，强调一个民族内部不同方言使用不同的文字方案的困难……在民族语言的发展和新词术语问题上，强调民族语言的"纯化"，拒绝使用和排斥汉语借词，过分强调挖掘群众早已废弃不用的古老词汇，创造群众不理解并且不能正确表达原意的新词……①

民族语言工作开始"急刹车"。云南省景颇族的载瓦文和哈尼族的

---

① 中华人民共和国民族事务委员会文教司：《为正确贯彻执行党的民族语文工作方针而奋斗》，《民族研究》1958 年第 3 期。

碧卡方言新文字被取消了，因为一个民族使用两种文字不利于本民族的团结。到1959年以后，云南各地试行的新创文字，相继停止使用。1960年贵州民族出版社被撤销。另外，许多省份的民族学校也开始撤销或合并，民族教师下放，民族语文课程削减或取消。

（二）"文化大革命"与"主体多样"语言政策的终止

"文化大革命"期间，中国文字改革委员会停止工作，多数委员和专家受到迫害，地方上的推广普通话机构大多被撤销，社会上的语言文字运用严重混乱。少数民族语文机构也同样被撤销，民族语文的出版、广播事业被迫停办，民族语文的扫盲工作被迫中止，除新疆、内蒙古、吉林延边等地一小部分民族学校以外，其他大部分学校和其他省份所有民族学校中的民族语文课程几乎全都取消了①。

（三）"文化大革命"后期"主体多样"语言政策的曲折发展

1972年在周恩来总理的过问下，中国文字改革工作和少数民族语文工作有所恢复，主要表现为以下几个方面。

1. 着手拟订《第二次汉字简化方案（草案)》

中国科学院文字改革办公室1972年11月初步整理出新简化字方案的一个《初稿》，1975年5月，中国文字改革委员会提出《第二次汉字简化方案（草案)》（以下简称"二简"），并于两年后拟出修订稿，经国务院审批后，于1977年12月公开发表。"二简"草案发表后，受到诸多方面的批评，1986年6月1日国务院批准废止"二简"草案。

周有光认为，"二简"草案失败的原因主要有三条：一是技术性错误，"二简"草案中不少字来自民间，可是这些字"约而未定，俗而未成"，大量采用后，使人感到面目全非，很难接受；二是群众的心理发生变化，20世纪50年代公布"一简"时，革命情绪高涨，人心思变，而"二简"草案是在"文化大革命"之后发表的，此时人心思定，不希望汉字不断地简化和改革；三是"二简"草案的公布程序有误，未

---

① 周庆生：《语言与人类：中华民族社会语言透视》，中央民族大学出版社2000年版，第340页。

经中国文字改革委员会的"委员们"开会通过，就上报发表了①。

2. 删改宪法中的有关语言条款

如前所述，1954 年《宪法》第三条"各民族都有使用和发展自己的语言文字的自由"，在 1975 年《宪法》第四条中被改为"各民族都有使用自己的语言文字的自由"②，删除了 1954 年《宪法》中的"和发展"三个字，也就是说，在"文化大革命"后期，少数民族语言文字可以继续使用，但是不再使其得到发展。《宪法》作了较大的改动。

3. 成立民族语文翻译局

"文化大革命"后期，马克思列宁主义著作、毛泽东著作的少数民族文字翻译出版工作受到重视。1974 年经周恩来总理批准，中央马列著作毛泽东著作民族语文翻译局成立，1978 年在翻译局的基础上成立了"中国民族语文翻译中心"。这是我国唯一的一个国家级民族语文翻译机构。主要任务是，用蒙古、藏、维吾尔、哈萨克、朝鲜、彝、壮这七种少数民族文字翻译出版马列主义经典著作、党和国家项导人的专著、党和国家的重要文献，国家法律法规，以及中国共产党全国代表大会、全国人民代表大会，中国人民政治协商会议（以下简称政协）全国大会的文件，承担这些全国性重大政治会议的同声传译工作。

在党和国家的重大政治会议上，同时使用七种少数民族语言讲行翻译和同声传译，不论在中国还是在世界，都是史无前例的。

4. 新疆决定全面使用维吾尔、哈萨克新文字

"文化大革命"期间，全国各地的少数民族文字改革工作都停止了，唯独新疆维吾尔族和哈萨克族的拉丁化新文字改革工作仍在进行。1973 年 6 月新疆维吾尔自治区革命委员会在乌鲁木齐召开维吾尔、哈萨克新文字推行工作会议，决定在最短时间内完成维吾尔、哈萨克新文字的推行任务③。1976 年 8 月，新疆维吾尔自治区革命委员会决定，在新疆全面使用维吾尔、哈萨克新文字，停止使用维吾尔、哈萨克老文字。但是，"粉碎'四人帮'后，新文字被有些人当作极左路线和大汉

---

① 周有光：《中国的汉字改革和汉字教学》，载周有光《新语文的建设》，语文出版社 1992 年版，第 219 页。

② 董云虎、刘武萍编：《世界人权约法总览》，四川人民出版社 1991 年版，第 826 页。

③ 社论：《加速推行维吾尔、哈萨克新文字》，《新疆日报》1973 年 6 月 15 日第 1 版。

族主义的产物而加以否定"①。1982 年 9 月新疆维吾尔自治区五届人大常委第十七次会议通过了《关于全面使用维吾尔、哈萨克老文字的决议》，从此以后，上述两种新文字只是作为一种拼音符号予以保留。

四　现代化建设与"主体多样"语言政策的发展

党的十一届三中全会（1978 年 12 月）以后，国家实行对外开放、对内搞活经济的政策，社会经济发展由原来的"以阶级斗争为纲"向"以经济建设为中心"转型。经济建设、社会文化教育事业以及信息科学技术发展迅猛，急切呼唤加强语言文字的规范化和标准化。为了适应社会发展和形势变化的需要，国家及时调整了语言政策，规定了新时期（1986 年以后）语言文字工作方针和主要任务②。

（一）语言政策的调整

国家语言文字工作的首要任务已经不再是文字改革，而是"大力推广和积极普及普通话"③。为了适应改革开放和建设社会主义市场经济的需要，国家把推广普通话，实现汉字规范化放在特别重要的地位。现行《汉语拼音方案》是学习汉语汉字和推广普通话的注音工具，不是代替汉字的拼音文字，在汉字不便使用或不能使用的时候才使用汉语拼音。在今后相当长的时期，汉字作为国家的法定文字，还要继续发挥它的作用。

（二）主体性：国家推广普通话，推行规范汉字

1. 新时期的语言文字工作方针

新时期语言文字工作方针是：贯彻、执行国家关于语言文字工作的政策和法令，促进语言文字规范化、标准化，继续推动文字改革工作，

---

① 戴庆厦、贾捷华：《对民族文字"创、改、选"经验教训的一些认识》，《民族研究》1993 年第 6 期。

② 刘导生：《新时期的语言文字工作》，载《新时期的语言文字工作——全国语言文字工作会议文件汇编》（1986 年 1 月），语文出版社 1987 年版。

③ 许嘉璐：《开拓语言文字工作新局面，为把社会主义现代化建设事业全面推向 21 世纪服务——在全国语言文字工作会议上的报告》，《语文建设》1998 年第 2 期。

使语言文字在社会主义现代化建设中更好地发挥作用①。

第一，国家推广普通话。推广普通话主要是为了消除隔阂，以利社会交际，而不是要人为地消灭方言。20 世纪 50 年代确定的推广普通话方针是"大力提倡，重点推行，逐步普及"②。随着形势的发展，90 年代推广普通话的工作方针调整为"大力推行，积极普及，逐步提高"③。这种调整，既保持了原方针的连续性，又体现了新方针对新形势和新任务的适应性。20 世纪 50 年代的工作方针跟 90 年代的相比，主要变化表现为：50 年代，普通话主要在我国南方方言区推广，90 年代，北方方言区也要推广；50 年代工作重点是抓学校的推广，90 年代，既抓学校的推广，也抓社会的推广，旨在使普通话成为教学用语、工作用语、宣传用语、服务用语和交际用语；50 年代，重点抓普通话的语言规范，90 年代，既抓语言规范，也抓词汇等方面的规范。

第二，普通话的分级标准。现实生活中，来自不同地区、不同部门、不同行业、不同学校、不同年龄的群体使用普通话，可以分为三个层级。第一级是会说相当标准的普通话，语音、词汇、语法很少差错。第二级是会说比较标准的普通话，方音不太重，词汇、语法较少差错。第三级是会说一般的普通话，不同方言区的人能够听懂。这些分级既适用于南方方言区，也适用于北方方言区。

第三，国家推行规范汉字。规范汉字，主要是指 1986 年国家语言文字工作委员会重新发表的《简化字总表》所收录的简化字，1988 年国家语委和新闻出版署发布的《现代汉语通用字表》中收录的汉字。1992 年以来国家语委发布的通知规定，政府机关、学校教育、大众传媒、公共场合、信息处理和信息技术产品均应使用规范汉字。

第四，汉字的简化应极其慎重。应保持汉字形体在一个时期内相对稳定。《第二次汉字简化方案〈草案〉》自 1977 年发表后，引起社会的强烈反响，1986 年国务院明文宣布废止该草案。

第五，汉语汉字的信息处理。是一门新兴的边缘学科，有广阔的前

---

① 刘导生：《新时期的语言文字工作》，载《新时期的语言文字工作——全国语言文字工作会议文件汇编》（1986 年 1 月），语文出版社 1987 年版，第 23 页。

② 王均主编：《当代中国的文字改革》，当代中国出版社 1995 年版，第 279 页。

③ 国家语言文字工作委员会政策法规室编：《国家语言文字政策法规汇编》（1949—1995年），语文出版社 1996 年版，第 320 页。

景，加强这方面的研究，对经济、文化、科学技术的发展具有长远的意义。因此，当前语言文字工作的任务必须包括这项内容。

第六，《汉语拼音方案》是国家制定公布的法定标准，应当努力推行，不得另起炉灶。

2. 语言文字工作机构

"国家语言文字工作委员会"，简称"国家语委"，前身是"中国文字改革委员会"，1985年12月改为现名。其主要职责是：拟定国家语言文字工作的方针、政策；编制语言文字工作中长期规划；制定汉语和少数民族语言文字的规范和标准并组织协调监督检查；指导推广普通话工作；促进语言文字的规范化标准化。1998年"国家语言文字工作委员会"并入教育部（副部级），对外仍保留"国家语言文字工作委员会"的牌子。现行主任由教育部副部长李卫红兼任。

（三）多样性：使用和发展少数民族语言文字

党的十一届三中全会以后，在解放思想、实事求是思路线解的指引下，使用和发展少数民族语言文字的政策逐步得到恢复和落实。1991年4月国家民委向国务院呈报了一份《关于进一步做好少数民族语言文字工作的报告》（以下简称《报告》）。同年6月国务院批转了这份报告，并以国发〔1991〕32号文件下发①。这份文件系统地提出了中国民族语文工作的方针任务和措施。

1. 指导思想和主要任务

根据32号文件的规定，新时期民族语文工作的指导思想和基本方针是：坚持语言文字平等的原则，保障少数民族使用和发展自己语言文字的自由，从有利于各民族团结、进步和共同繁荣出发，实事求是，分类指导，积极、慎重、稳妥地开展民族语文工作，为推动少数民族地区政治、经济和文化事业的全面发展，促进国家的社会主义现代化建设服务②。

---

① 国家民委办公厅、政法司、政策研究室编：《中华人民共和国民族政策法规选编》，中国民航出版社1997年版，第390—392页。

② 国家民委办公厅、政法司、政策研究室编：《中华人民共和国民族政策法规选编》，中国民航出版社1997年版，第391页。

新时期民族语文工作的主要任务是：贯彻国家的民族语文政策；加强民族语文法制建设；搞好民族语文的规范化、标准化和信息处理；促进民族语文的翻译、出版、教育、新闻、广播、影视、古籍整理事业的发展；推进民族语文的学术研究、协作交流和人才培养；鼓励各民族互相学习语言文字①。

为了贯彻落实以上方针和任务，主要采取以下几项措施：第一，从实际出发，分类指导，切实做好少数民族文字的使用和推行工作。第二，鼓励各民族互相学习语言文字。第三，在以招收少数民族学生为主的学校，有条件的应当采用少数民族文字的课本，并用少数民族语言授课，在适当年级增设汉语文课程，实行双语文教学，推广全国通用的普通话。多渠道、多层次培养民族语文和双语文教师、翻译、编辑和研究人员，增加民族文字的教材和各种读物的数量，提高质量②。

2. 民族语文的使用和发展

跟 20 世纪 50 年代相比，自 80 年代以来民族语文使用领域已明显扩大。

（1）政治生活领域

中国共产党代表大会、全国人民代表大会、中国人民政治协商会议召开的重要会议和全国地区性重大活动，都提供蒙古、藏、维吾尔、哈萨克、朝鲜、彝、壮民族语言文字的文件译本，同时提供这七种语言的同声翻译。人民法院和人民检察院为不通晓当地通用语言文字的诉讼参与人提供翻译；许多自治地方的自治机关在执行职务时，自治机关的公文、印鉴等都使用民族文字和汉字两种文字。

（2）教育领域

新创文字和改进文字主要用于民族文字低年级的双语教育，帮助不懂汉语的学生向汉语教学过渡。创制年代久远的文字，如蒙古文、藏文、维吾尔文、哈萨克文、朝鲜文已进入中学和部分高等学校，建立起从小学到高中比较完整的以本民族语文为主，汉语文为辅的保持型双语

---

① 国家民委办公厅、政法司、政策研究室编：《中华人民共和国民族政策法规选编》，中国民航出版社 1997 年版，第 391 页。
② 国家民委办公厅、政法司、政策研究室编：《中华人民共和国民族政策法规选编》，中国民航出版社 1997 年版，第 392 页。

教育体制。

全国有 13 个省（自治区）21 个民族的 1 万余所学校使用民族语或双语授课；将民族语文正式列入中小学课程计划的有蒙古、藏、维吾尔、哈萨克、朝鲜、彝、壮、柯尔克孜、锡伯、傣、景颇、俄罗斯 12 个民族；在小学开展民族语文实验教学或扫盲教育的有白、苗、布依、纳西、侗、佤、哈尼、傈僳、拉祜 9 个民族。在校生达 600 余万人，使用民族语言达 60 余种，民族文字 29 种。有 10 个省（自治区）建立起相应的民族语文字教材编译出版机构，每年编译、出版中小学各种教材近 3000 种，总印数达 1 亿册。1997 年全国用少数民族文字出版的教材有 1464 种（其中新出版 231 种），比中华人民共和国成立初期增长 6.4 倍，比 1980 年增长 1.8 倍，印数达 3403 万册①。

（3）文化领域

国家设立了中央一级的民族语文翻译机构，自治区、自治州也有比较健全的翻译机构，全国的民族文字出版机构已有 36 家，1997 年用 20 多种民族文字出版的图书达 3429 种，比 1952 年的 621 种增加了 4.5 倍，出版民族文字报纸 88 种，比 1952 年的 20 种增加了 3.4 倍；杂志 184 种，比 1952 年的 15 种增加了 11 倍。中央人民广播电台开办了 5 种少数民族语言的广播，在民族自治地分的省、自治区、自治州、自治县建立了使用少数民族语言的无线电台有线广播站，一些自治地方还开办了民族语言电视频道；许多民族自治地方还建立了民族语电影电视节目译制机构，每年都有大量的民族语言影视节目上演②。

（4）民族语文的规范化、标准化和信息化

我国蒙古语、藏语、维吾尔语、哈萨克语、朝鲜语等已有专门从事名词术语和文字规范的机构，负责组织专家研究制定名词术语和社会用字的统一规范，规范后由语文工作部门公布执行。1995 年，全国术语标准化技术委员会少数民族语特别分委员会在京成立，随后在特别分委员会之下还先后成立了蒙古语、藏语、朝鲜语和新疆少数民族语四个术

---

① 图道多吉：《民族教育的光辉历程》，载《中国民族工作五十年》编委会《中国民族工作五十年》（1949—1999），民族出版社 1999 年版，第 43 页。

② 李晋有：《民族文化的发展与繁荣》，载《中国民族工作五十年》编委会《中国民族工作五十年》（1949—1999），民族出版社 1999 年版，第 60 页。

语工作委员会。各有关机构分别制定了相关语种的基础性术语标准。

我国已制定了民族名称的转写标准，少数民族的地名拼写标准。有关部门正在组织专家研制蒙古文的罗马字母转写标准（国际标准）。我国已有蒙古文、藏文、彝文、维吾尔文、哈萨克文、柯尔克孜文等文种制定了字符集、键盘和字模的国家标准，并于 20 世纪 90 年代初陆续推出了蒙古文、藏文、维吾尔文、哈萨克文、朝鲜文、彝文、壮文、柯尔克孜文和锡伯文等文字处理系统，开发了一批民族文字操作应用系统、排版系统和办公自动化系统，蒙古文、藏文等自动识别和机器辅助翻译系统也有一定进展，蒙古文、藏文、朝鲜文、维吾尔文、彝文等文种的网站或网页初步建成，建立了一批民族语文的数据库，藏文、蒙古文的字符集标准已通过了国际标准化组织的审定，成为国际标准。

五 市场经济初步建立与《国家通用语言文字法》的颁布和实施

改革开放以来，中国由计划经济体制向市场经济体制转变，21 世纪初，社会主义市场经济体制初步建立，但社会转型仍在进行之中，其主要特点是：城市化社会从初级向高级转变，包括从矛盾多发的不稳定社会向阶层和谐的稳定社会转变；从不协调、不全面发展的社会向以人为本、全面协调发展的社会转变。在语言方面，统一的市场要求统一的语言，高级城市化社会要求使用更规范、更统一、更普及的语言。

（一）主体性：语言立法

1. 立法背景

世纪之交的中国进入社会经济转型期，由于中国基本消除了语言隔阂，为社会主义市场经的建立奠定了基础。国家对语言文字的规范化、标准化提出了更高要求，需要加快推广普通话和推行规范汉字，但是，世纪之交时期，中国社会语言生活中，滥用繁体字，乱造简体字、音译字，滥用外文的现象比较多，这种混乱现象无法适应社会发展的要求。

为了有效纠正这些混乱现象，当时全国人民代表大会的一些代表和中国人民政治协商会议的一些委员提出提案和议案，要求国家制定一部语言法，把语言文字的管理工作纳入法制的轨道。健全社会主义法制、建设社会主义法治国家是中国共产党第十五次全国代表大会（1997年）提出的治国方略。在这样一种背景下，2000年10月31日第九届全国人民代表大会常务委员会第十八次会议审议通过了《中华人民共和国国家通用语言文字法》①（以下简称《语言法》）。

2.《语言法》的主要原则

《语言法》是中国历史上第一部有关语言文字的国家法律，《语言法》的颁行，对于促进祖国的统一、民族的团结、社会的进步具有重要的意义。《语言法》的主要原则有：第一，语言地位。《语言法》首次规定普通话和规范汉字是国家通用的语言文字（第二条），从而确立了普通话和规范汉字的法律地位和使用范围。第二，语言政策。《语言法》规定了国家通用语言文字的基本政策，就是"国家推广普通话，推行规范汉字"（第三条）。第三，语言权利。《语言法》规定了每一个公民都有学习和使用国家通用语言文字的权利（第四条）。第四，总原则。《语言法》规定了国家通用语言文字使用的总原则，即"国家通用语言文字的使用应当有利于维护国家主权和民族尊严，有利于国家统一和民族团结，有利于社会主义物质文明建设和精神文明建设"（第五条）。第五，语言义务。《语言法》规定了在党政机关、新闻媒体、教育教学和公共服务这四大领域的从业人员，有学习和使用国家通用语言文字的义务。第六，民族语言权利。重申了《宪法》中的规定，即"各民族都有使用和发展自己的语言文字的自由"（第八条）。

3.《语言法》的实施

（1）形成语言法律法规体系

《语言法》颁布后，各地根据当地情况，制定了《语言法》实施办法，对当地语言文字使用中出现的各种问题做出了规定，对语言文字的规范化、标准化提出了明确要求。

目前为止，总共出台了32个地方语言法规和规章。其中，修订老的地方语言法规的有西藏、黑龙江和新疆3个省（自治区）；颁布新的地方语言法规和规章的有北京、山西、四川、重庆、山东、湖北、天津、云

---

① 全国人大教科文卫委员会教育室、教育部语言文字应用管理司编写：《中华人民共和国国家通用语言文字法学习读本》，语文出版社2001年版。

南、辽宁、吉林、上海、江苏、湖南、福建、广西、安徽、宁夏、浙江、贵州、内蒙古、陕西、河北、海南以及汕头、太原、大连、西安、南昌、贵阳共计29个省（直辖市、自治区）①，语言文字法律法规体系框架已经形成。

（2）建立地方语言工作机构

《语言法》和地方法规规章的贯彻落实，促进了语言文字工作机构的建设和完善，截至2010年，全国省级（直辖市、自治区）语言文字工作委员会办公室有32个，专职或者兼职工作人员有207名，市级语言文字工作委员会办公室482个，工作人员1022人。②

（3）开展国家通用语言文字测试

开展国家通用语言文字测试，可以为国民语言素质的提高和培养，提供科学的评价手段。该测试体系由普通话水平测试、汉字应用水平测试、汉语能力测试这三个部分构成。普通话水平测试在全国范围内建立了较为完整的工作网络，已进入计算机智能化测试和管理阶段。截至2009年底，全国共建立测试站1296个，培养国家级和省级普通话水平测试员43291人，累计测试达3000万人次③；随着汉字应用水平测试、汉语能力测试体系的研发及测试试点工作顺利开展，参与这两项测试的人数稳步增加。

（4）城市语言文字工作评估

《语言法》规定"党政机关、学校、新闻媒体、公共服务行业"是语言文字工作的四大重点领域。城市语言文字工作评估，就是按照"目标管理，量化评估"的原则和标准，评估各级各类城市语言文字在四大领域中使用的规范化、标准化程度。到2009年底，通过达标认定的一类城市（直辖市、省会、自治区首府和计划单列市）有32个，占全国

---

① 魏丹：《地方语言文字立法》，《中国语言生活》2010年第3期，教育部门户网，2010年11月11日，http：//www. moe. edu. cn/publicfiles/business/htmlfiles/moe/s4841/201011/111921. html。

② 王登峰：《纪念〈国家通用语言文字法〉颁布10周年专栏》，教育部2010年第8次新闻发布会文字实录，中国教育网，2010年11月25日，http：//www. edu. cn/fa_ bu_ hui_ xin_ xi_ 906/20101125/t20101125_ 544409. shtml。

③ 《〈国家通用语言文字法〉的颁布实施十周年》，新华网，2010年11月25日，http：//news. xinhuanet. com/edu/2010 – 11/25/c_ 12815688. htm。

一类城市总数的89%，二类城市（地级市城区、地区行署所在地城区、一类城市所辖地级郊区、县政府所在城镇）191个，占全国二类城市总数的57%，三类城市（县级市城区、县和一类二类城市所限县级郊区、县政府所在城镇）240个，占全国三类城市总数的11%①。城市的语言文字使用面貌发生了根本性改观。从1998年开始，每年9月的第三周，被国务院确定为"全国推广普通话宣传周"，至今已经办了14届，已成为推广普通话贯彻落实《语言法》的一个重要平台。

（5）语言文字的规范化、标准化、信息化

自2000年以来的10年间，国家发布了语言文字规范标准近20项，涉及语文教学与研究、出版印刷、辞书编纂等方面。成立研究中心，实态监测语言使用，连续7年发布《中国语言生活状况报告》（2006—2012年）；开展中国语言资源有声数据库建设试点工作，有效保存和开发语言资源。设立语言文字应用研究项目130多项，设立少数民族语言文字标准化、信息化项目100多项。

4. 语言冲突：广州"撑粤语"事件

近年来，我国的社会文化环境复杂多变，转型期与全球化共生，后现代与多元化并存，的我国原来的语言平衡状态受到较大的影响和冲击，语言之间的矛盾逐渐显现，普通话与方言的和谐发展，成为语言生活和语言文字工作的又一重要问题。

2010年五六月，广州市政协在网络上进行"关于广州电视台播音情况"的问卷调查，拟建议增加广州电视台的普通话播出时间和节目，以便广州亚运会期间来访的国内外宾客能够更便利地了解亚运会及本地新闻。6月6日有位网友发出一条微博，称"广州市政协竟然想将广州电视台全部转成普通话啊：天理何在！"一时间"粤语危亡""保护母语"的呼声四起，结果引发了一场"粤语存废"的争辩。

7月5日，广州市政协提案委员会副主任向广州市人民政府提交了一份《关于进一步加强亚运会软环境建设的建议》，其中包括"关于广州电视台综合频道应增加普通话节目播出时段的建议"。又有政协委员发出微

---

① 王登峰：《纪念〈国家通用语言文字法〉颁布10周年专栏》，教育部2010年第8次新闻发布会文字实录，中国教育网，2010年11月25日，http：//www.edu.cn/fa_ bu_ hui_ xin_ xi_ 906/20101125/t20101125_ 544409. shtml。

博，称"母语危矣"，媒体评论进一步升级，出现"推普废粤""粤语危亡论"的命题，接着出现"捍卫粤语"的活动。7 月 19 日，广州市委副书记苏志佳向媒体表示，粤语是岭南文化的重要组成部分，个别人所说的"推普废粤"的情况并不存在，市委、市政府从未想过"废除粤语""弱化粤语"①。7 月 25 日，广州上千人在地铁江南西站 A 出口聚会"保卫粤语"。7 月 28 日广州市政府召开新闻发布会，再次重申市政府从未在任何时候、任何场合说过"推普废粤"，此说纯属子虚乌有，是一个彻头彻尾的伪命题。② 8 月 4 日，广东省委书记汪洋在"迎接亚运会倒计时 100 天誓师动员大会"上表示，"推普废粤"是子虚乌有，他说："我都在学广东话，谁敢废粤?"③ 从此，本次事件告一段落。

由于中国尚处于社会转型时期，社会阶层发生分化，社会关系出现变化，因社会转型而积累的各种社会问题和社会矛盾逐渐多发。"撑粤语"事件的发生实际是社会矛盾的一次小爆发，它源于一个"伪命题"，最终发酵成为一个"真事件"。此类事件表明，语言或方言也会变为政治的工具，语言问题也极有可能成为其他社会问题的导火索和发泄口。"撑粤语"事件表面看来是语言纠纷，其内部隐含着文化冲突和社会矛盾，从某种意义上讲，它体现了当地文化与外来文化的对抗，更体现了文化多元化与文化一体化在一个地区的抗争。

（二）多样性：保护和发展少数民族语言文字

随着经济全球化进程不断加快，国内改革发展进程日益推进，少数民族语言文字工作面临着新的形势：少数民族语言文字应用领域有所扩展的同时，也面临着一些新的问题；信息技术、互联网等现代通信技术的发展，为少数民族语言文字的使用带来了机遇和挑战；"双语"教育亟待加强。

1. 新政策

国家民族事务委员会 2010 年发布了《国家民委关于做好少数民族

---

① 刘海健：《广州市委副书记孙志佳接受记者采访时表示——"推普废粤"根本不存在》，《广州日报》2010 年 7 月 20 日第 1 版。

② 冯倩妮、唐智奇：《广州市政府重申："推普废粤"是根本不存在的伪命题》，2010 年 7 月 28 日，http://www.dayoo.com。

③ 汪洋：《我学广东话 谁敢废粤》，《台湾英文新闻》2010 年 8 月 5 日。

语言文字管理工作的意见》①（以下简称《意见》），《意见》共21条，内容包括做好少数民族语言文字管理工作的重要意义、指导思想、基本原则、主要任务、政策措施、保障机制等部分。

《意见》提出今后的主要任务是："贯彻国家关于少数民族语言文字的方针政策；推进少数民族语言文字法制建设；搞好少数民族语言文字的规范化、标准化和信息处理工作；促进少数民族语言文字的翻译、出版、教育、新闻、广播、影视、古籍整理事业；推进少数民族语言文字的学术研究、协作交流和人才培养；鼓励各民族互相学习语言文字"（第七条）。《意见》特别强调了"依法保障少数民族语言文字在相关领域的应用"（第九条），"加强少数民族濒危语言的抢救、保护工作"（第十五条），参与做好"双语"教学工作（第十条）。

这是继1991年《报告》之后，又一份全面指导中国民族语言文字工作的重要文件。

内蒙古、新疆和西藏三个民族自治区，制定（修订）和实施了使用和发展本民族语言文字的有关规定和实施细则。民族自治州地方颁布的当地语言文字工作条例，自治州一级的有13个，自治县一级的有9个。

2. 少数民族语言在广播电视出版领域的使用

目前，民族自治地方使用民族语言的广播电视机构有154个，中央和地方电台每天用21种民族语言进行广播。民族出版社有38家，出版的少数民族文字读物种类达26种，2008年出版少数民族文字图书5561种、6444万册。②

3. 抢救和保护少数民族濒危语言

同世界许多国家一样，中国也有一些少数民族语言如畲语、仡佬语、赫哲语、鄂伦春语、鄂温克语、裕固语、塔塔尔语、土家语、满语等正处于濒危状态。专家学者和各级政府达成共识，积极抢救保护濒危语言。包括相关专家调查、记录、整理一批濒危少数民族语言，出版了相关论著；将许多以濒危语言为载体的文学艺术形式列入国家或地方各

---

① 《国家民委关于做好少数民族语言文字管理工作的意见》，国家民族事务委员会网，2010 年 6 月 18 日，http：//www. seac. gov. cn/art/2010/6/18/art_ 142_ 103787. html。

② 中华人民共和国国务院新闻办公室：《中国的民族政策与各民族共同繁荣发展》，中央政府门户网站，2009 年 9 月 27 日，http：//www. gov. cn/zwgk/2009 – 09/27/content _ 1427930. htm。

级《非物质文化遗产保护名录》，进行抢救、整理和保护；国家民族事务委员会少数民族语文工作室分别在新疆维吾尔自治区察布查尔锡伯自治县和贵州省松桃苗族自治县，联合当地政府，共同建立了少数民族双语环境建设示范区；启动少数民族语言有声数据库建设项目，旨在采集整理保存中国各少数民族语言有声资料，以便将来深入研究开发和利用。

4. 少数民族语言文字规范化、标准化和信息化

目前，国家已制定了蒙古文、藏文、维吾尔文（哈萨克文、柯尔克孜文）、朝鲜文、彝文和傣文等文字编码字符集、键盘、字模的国家标准。在国际标准的最新版本中，正式收入了中国提交的蒙古文、藏文、维吾尔文（哈萨克文、柯尔克孜文）、朝鲜文、彝文和傣文等文字编码字符集。开发出多种电子出版系统和办公自动化系统，建成了一些少数民族文种的网站或网页，有些软件已经可以在 Windows 上运行。

5. 少数民族双语教学

为增进各民族间的了解和沟通，发展平等团结互助和谐的民族关系，促进各民族共同发展，多年来中国政府致力于在民族地区开展"双语"（民族语言和汉语）教学，并取得了良好效果。截至 2007 年，全国共有 1 万多所学校使用 21 个民族的 29 种文字开展"双语"教学，在校学生达 600 多万人[①]。

今后中国的双语教学将会发生重要变化，2010 年中共中央、国务院印发了《国家中长期教育改革和发展规划纲要（2010—2020 年）》，规定："大力推进双语教学。全面开设汉语文课程，全面推广国家通用语言文字。尊重和保障少数民族使用本民族语言文字接受教育的权利。全面加强学前双语教育。国家对双语教学的师资培养培训、教学研究、教材开发和出版给予支持。"[②]

---

① 中华人民共和国国务院新闻办公室：《中国的民族政策与各民族共同繁荣发展》，中央政府门户网站，2009 年 9 月 27 日，http：//www. gov. cn/zwgk/2009 – 09/27/content_ 1427930. htm。

② 中共中央、国务院：《国家中长期教育改革和发展规划纲要（2010—2020 年）》，中央政府门户网，2010 年 7 月 29 日，http：//www. gov. cn/jrzg/2010 –07/29/content_ 1667143. htm。

六 结语

综上所述，中国的语言政策，跟加拿大、比利时、瑞士等二分或三分社会国家相比，存在着明显的差异。中国在国家层面，推广一种国家通用语言文字，实行的是单语制；但在民族自治地方，根据当地不同情况和需要，分别实行双语制、多语制或单语制。而西方的二分或三分社会国家，跟中国正好相反，在国家层面，实行双语制或多语制；在地方层面，大多实行单语制。

（一）显性语言政策的变化

中国显性语言政策的最新表述是："大力推广和规范使用国家通用语言文字，科学保护各民族语言文字。"① 这是中国共产党第十七届中央委员会第六次全体会议（2011 年 10 月 18 日）通过的《中共中央关于深化文化体制改革、推动社会主义文化大发展大繁荣若干重大问题的决定》中的两句话，也是中国共产党第一次在中央全会的决定中对语言文字工作提出的明确要求，凸显了语言文字在社会主义文化建设中的战略地位，体现了党和国家对语言文字事业的高度重视和殷切希望。

半个多世纪以来，中国主体性语言政策的表述经历了以下演变过程："推广普通话→大力推广普通话→国家通用语言→大力推广国家通用语言简化汉字→实现汉字规范化→国家通用文字→规范使用国家通用文字。"上述政策的变化，还可从另一角度概括为："拼音化（文字改革）→规范化→法制化"的过程。2011 年国务委员刘延东提出"加强国家通用语言文字的推广和普及，是维护国家主权与尊严、体现国家核心利益的战略举措"②。

半个多世纪以来，中国多样性语言政策的演变历程大致如下："使

---

① 《中共中央关于深化文化体制改革推动社会主义文化大发展大繁荣若干重大问题的决定》，中央人民政府网，2011 年 10 月 25 日，http：//www.gov.cn/jrzg/2011 – 10/25/content_1978202.htm。

② 《刘延东在纪念〈国家通用语言文字法〉颁布 10 周年座谈会上强调，深入贯彻〈国家通用语言文字法〉，开创语言文字事业科学发展新局面》，中央人民政府网，2011 年 1 月 20 日，http：//www.gov.cn/ldhd/2011 –01/ 20/content_ 1789523.htm。

用和发展→使用→使用和发展→抢救和保护→科学保护。"进入新时期，中国"主体多样"语言政策的内涵出现了变化。主体性语言政策，经历了从《宪法》规定的"国家推广全国通用的普通话"，向"大力推广和规范使用国家通用语言文字"（中共十七届六中全会决定用语）的转变；多样性语言政策，经历了从《宪法》规定的："各民族都有使用和发展自己的语言文字的自由"，向"科学保护各民族语言文字"（中共十七届六中全会决定用语）的转变。

（二）语言政策新趋向

上述有关中国"主体多样"语言政策的最新表述，预示着中国语言政策发展的新趋向。在今后相当长的时期内，要尊重语言文字的发展规律，注重主体性和多样性的辩证统一，在发挥国家通用语言文字主导作用的前提下，依法处理好少数民族语言文字、方言和繁体字以及外国语言文字的学习使用问题，使它们按照法律的要求各得其所、各展所长。科学保护各民族语言文字，尊重各民族使用和发展自己的语言文字的自由。树立各民族语言文字都是国家宝贵文化资源的观念，有针对性地采取符合实际的保护措施，充分发挥语言文字在传承和弘扬中华优秀文化中的重要作用。

中国语言政策研究七十年 [*]

　　语言政策和语言规划是近 20 年来中国学界流行的术语，但自中华人民共和国成立以来，政府部门更多使用"语言文字工作"或"语文建设"，不用或偶用语言政策和语言规划。语言政策通常是指政府制定并实行的大规模的、国家层面的方针、措施、规划、改革，旨在改变全社会的说话方式或识字方式。语言规划跟语言政策的名称不同，但内涵多有重合，而且语言规划的内涵比语言政策更宽，语言规划除了包括国家层面，还包括非国家层面；除了包括政府层面，还包括非政府层面。

　　本部分旨在梳理中华人民共和国成立以来，研究中国境内语言政策的中文文献，不涉及境外的外文或中文文献，也不包括中国学者对境外国家及港澳台地区的语言政策研究文献。

　　70 年来，中国语言政策大致分为四个时期①。第一是形成期（1949—1986 年），中华人民共和国成立初期，国家实行文字改革和语言规范政策。第二是发展期（1986—2000 年），改革开放时期，国家实行语言文字规范化、标准化、信息化（简称"三化"）政策，明确

---

　　* 原载《新疆师范大学学报》2019 年第 6 期。

　　① 关于中国语言政策的分期，学界尚有分歧。其中，苏培成（主编《当代中国的语文改革和语文规范》，商务印书馆 2010 年版）将中国语文工作分为三个时期：第一时期（1949—1976 年）以语文改革为主，第二时期（1977—2000 年）以语文规范为主，第三时期（2001—2007 年）实施国家语文发展战略。周庆生（《中国"主体多样"语言政策的发展》，《新疆师范大学学报》2013 年第 2 期）将中国语言政策分为四个时期：第一时期（1949—1958 年）"主体多样"语言政策的确立，第二时期（1958—1978 年）语言使用受到挫折和限制，第三时期（1978—2000 年）语言规范化和标准化建设，第四时期（2000 年至今）颁布和实施《国家通用语言文字法》。李宇明［《中国语言文字事业 70 年——序〈中国语言生活状况报告（2019）〉》，载郭熙主编《中国语言生活状况报告（2019）》，商务印书馆 2019 年版］将中国语言规划分为三个时期：第一时期（1949—1980 年）完成文字改革三大任务，第二时期（1986—2005 年）标准化和法制化，第三时期（2005 年至今）语言生活治理。

提出了"三化"的任务。第三是成熟期（2000—2006 年），21 世纪初，实行语言立法政策，中国有史以来首次颁布《中华人民共和国国家通用语言文字法》（以下简称《国家通用语言文字法》），国家的语言治理，开始从人治走向法治。第四是拓展期（2006 年至今），该时期国家实行构建和谐语言生活、语言保护、语言服务和提升国家语言能力政策。这些政策的制定和实施，结束了此前长期实行的"主体多样"语言政策分流分管的状态，开创了"主体多样"语言政策合流统管的新时代。

中国语言政策的阶段性大致清晰，但各项具体语言政策跟语言政策的历史分期，并不完全对应，某些语言政策还具有跨阶段特征，比如推广普通话政策、语言规范化政策等。如果按照历史阶段来阐述，这些跨阶段的语言政策会显得琐碎不完整，不易看出其发展脉络和特色。

为了行文方便，大致展现各项语言政策的产生及发展脉络，本文从以下七大主题切入：文字改革，语言规范化标准化信息化，语言立法，语言保护，语言服务、语言能力，语言战略，语言政策流变。

一　文字改革

汉语"方块字"2000 多年内一直处于一种超稳定状态，官方没有推出过汉字改革的措施，民间也没有兴起过汉字改革的运动。但是，近代以来，民间的切音字运动、注音字母运动、国语罗马字运动和拉丁化新文字运动风起云涌，相继出现。中华人民共和国成立之后，政府实行文字改革政策，着手整理简化汉字、推广普通话、制订推行《汉语拼音方案》，在全国开展了一场史无前例的语言文字改革运动。

我国文字改革政策研究的文献比较丰富，其中比较重要、具有较强代表性的有，周恩来的《当前文字改革的任务》① 是中国文字改革政策的纲领性文件。胡乔木②、吴玉章③等既是国家语言文字工作的决策者、领导者，又是国家文字改革政策的执行者、研究者，他们的论著颇具权

---

① 《周恩来选集》（下卷），人民出版社 1984 年版，第 280—294 页。
② 《胡乔木传》编写组：《胡乔木谈语言文字》，人民出版社 1999 年版。
③ 吴玉章：《文字改革文集》，中国人民大学出版社 1978 年版。

威性、政策性。王均①、苏培成②等梳理了我国文字改革政策的制定、工作机构和实践，颇具系统性和描述性；王均只聚焦当代，苏培成还上推到近代。费锦昌③等收集整理了近百年来文字改革的重要事件，颇具史料性、生活性。傅懋勣④、戴庆厦和贾捷华⑤、孙宏开⑥、周庆生⑦、陈宗振⑧等总结了少数民族民族文字创制、改革和选择的原则、经验及教训，清格尔泰⑨则反思了少数民族的文字创制和改革政策。

早期的中国文字改革沿着"世界文字共同的拼音方向"⑩ 前行，不断摸索，不断改进，几上几下，终于走出一条适合中国国情的路子，取得了较大成功。

拼音化方向问题是文字改革中的一个重大问题，涉及文字改革的政策、理论和实践，曾引起过激烈的学术争议⑪。中央采取了"搁置争议"的稳妥态度⑫，及时做出政策调整，将汉语拼音方案定性为辅助汉语学习的工具，而不是取代汉字的汉语拼音文字。例如，1955 年研制的《汉语拼音文字（拉丁字母式）方案（草案）》，1956 年发表时，该《草案》标题中的"文字"二字被删掉，原标题中的"汉语拼音文字"改为现在的"汉语拼音"。《汉语拼音方案（草案）》名称的这一变化，

---

① 王均主编：《当代中国的文字改革》，当代中国出版社 1995 年版。

② 苏培成主编：《当代中国的语文改革和语文规范》，商务印书馆 2010 年版。

③ 费锦昌主编：《中国语文现代化百年纪事》（1892—1995 年），语文出版社 1997 年版。

④ 傅懋勣：《我国少数民族创造和改革文字的问题》，《民族研究》1979 年第 1 期。

⑤ 戴庆厦、贾捷华：《对民族文字创、改、选经验教训的一些认识》，《民族研究》1993 年第 6 期。

⑥ 孙宏开：《中国创制和改革少数民族文字工作》，载马丽雅、孙宏开、李旭练、周勇、戴庆厦编《中国民族语文政策与法律述评》，民族出版社 2007 年版，第 1—30 页。

⑦ 周庆生：《中苏建国初期少数民族文字创制比较》，《民族语文》2002 年第 6 期。

⑧ 陈宗振：《关于维吾尔、哈萨克文字改革》，载马丽雅、孙宏开、李旭练、周勇、戴庆厦编《中国民族语文政策与法律述评》，民族出版社 2007 年版，第 54—86 页。

⑨ 清格尔泰：《解决民族文字问题的一个途径》，《民族语文》1991 年第 4 期；清格尔泰：《民族文字与汉字》，《汉字文化》1992 年第 1 期。

⑩ 吴玉章：《文字必须在一定条件下加以改革——在全国文字改革会议上的报告》，载吴玉章《文字改革文集》，中国人民大学出版社 1978 年版，第 101 页。

⑪ 《1957 年文字改革辩论选辑》，新知识出版社 1958 年版；詹鄞鑫：《二十世纪文字改革争鸣综述》，《中国文字研究》（辑刊），2003 年 12 月 31 日。

⑫ 《周恩来选集》（下卷），人民出版社 1984 年版，第 280 页。

折射出中央对汉字改革的拼音化方向，已经发生根本性转变①。

文字改革的拼音化方向虽然已经"搁置"不提或者淡化处理，但文字改革的三大任务，即整理和简化汉字、推广普通话、制订和推行《汉语拼音方案》②，依然是国家语言政策的主流。这三大任务，既是对近代语文改革方略的继承，也是对此后 30 多年国家语文政策的奠基和引领。60 多年来，随着这三大任务的持续实施，亿万国民的语言生活方式彻底改变了。简化汉字已成为国家的通用文字；汉语拼音则是国内拼写汉语的工具和规范，是拼写中文人名、地名和文献的国际标准；普通话则成为国家的通用语言。随着普通话的不断普及，有史以来，中华大地从未出现过的"语同声"神话，当代终于可以梦想成真了。

二　语言规范化、标准化、信息化

中华人民共和国成立初期，国家实行文字改革政策，当时还从汉字改革中衍生出汉语规范化的需求。因为汉字要改革，要达到汉字拼音化的目标，首先要实现汉语规范化；要实现汉语规范化，首先则要实现语音标准化。汉语语音标准化和汉语规范化都是为了"给中国文字改革创造条件"③。

罗常培、吕叔湘的《现代汉语规范问题》④详细论证了现代汉语规范化的起因、问题、原则和方法，是中国语言规范理论、语言规范政策和语言规范实践研究中的奠基之作，成为此后几十年间许多重要语言规范理论思想的源头。戴昭铭论证了规范化就是对语言变化的评价和抉择，否定了单纯"匡谬正俗"的规范工作模式，提出"动态规范"观念和"动态规范"模式。⑤彭泽润指出：柔性原则只适合规范化，不适

---

① 王爱云：《中国共产党与新中国文字改革》（1949—1958 年），《党史研究与教学》2009 年第 6 期。

② 《周恩来选集》（下卷），人民出版社 1984 年版。

③ 黎锦熙：《汉语发展过程和汉语规范化》，载黎锦熙《汉语规范化论丛》，文字改革出版社 1963 年版，第 6 页。

④ 罗常培、吕叔湘：《现代汉语规范问题》，载现代汉语规范问题学术会议秘处编《现代汉语规范问题学术会议文件汇编》，科学出版社 1956 年版。

⑤ 戴昭铭：《规范化——对语言变化的评价和抉择》，《语文建设》1986 年第 6 期。

合标准化；语法和语义只能进行规范化，但是语音和文字必须进行标准化①。钱乃荣发文质疑"现代汉语规范化"，② 引发学界的大讨论。

戴庆厦等论述了 20 世纪下半叶的民族语文政策、工作进程、经验和教训③。李宇明等报告了全国十大民族地区少数民族语言文字规范化信息化调查④。

（一）语言规范化工作

现代汉语是汉民族的共同语，社会需要汉民族共同语具有"统一的、普及的""明确的"规范，但是民族共同语还不普及，方言还存在严重分歧，共同语在语音词汇语法方面的规范标准还不十分明确，还不十分精密，书面语使用中的混乱现象还很严重。因此要开展语言规范化工作，包括采取一些措施，开展宣传和科研工作等⑤。

为了维护汉语的纯洁和健康，纠正报刊在语言文字使用中的错误及混乱现象，中华人民共和国成立伊始，《人民日报》发表（1951 年 6 月6 日）社论《正确地使用祖国的语言，为语言的纯洁和健康而斗争!》，同时连载吕叔湘、朱德熙的《语法修辞讲话》，旨在"用这个讲话来帮助学习写文章的人解决一些实际问题，哪些格式是正确的，哪些格式是不正确的"⑥。

党报发表专题社论并连载语法修辞讲座，这是中国历史上的第一次，它对我国语言规范化工作的意义十分重大。该项举措虽被后人称为"匡谬正俗"的语言规范工作模式⑦，但 60 多年来该工作模式已成为中国语言规范化工作中的一条主线，此后开展的社会用语规范、社会用字整顿、行业领域用语规范、语文工作督察、城市语言文字工作评估、网

---

① 彭泽润：《标准不能有"柔性"》，《语文建设》1996 年第 5 期。

② 钱乃荣：《质疑"现代汉语规范化"》，《上海文学》2004 年第 4 期。

③ 戴庆厦、成燕燕、傅爱兰、何俊芳：《中国少数民族语言文字应用研究》，云南民族出版社 1999 年版。

④ 李宇明主编：《中国少数民族语言文字规范化信息化报告》，商务印书馆 2011 年版。

⑤ 罗常培、吕叔湘：《现代汉语规范问题》（1955 年），载现代汉语规范问题学术会议秘处编《现代汉语规范问题学术会议文件汇编》，科学出版社 1956 年版，转引自苏培成主编《当代中国的语文改革和语文规范》，商务印书馆 2010 年版，第 190—193 页。

⑥ 吕叔湘、朱德熙：《语法修辞讲话》，中国青年出版社 1979 年版。

⑦ 戴昭铭：《规范语言学探索》，上海三联书店 1998 年版，第 102 页。

络语言治理等项工作，在一定程度上，似可视为"匡谬正俗"工作的延伸、扩展或深化。

（二）语言文字规范标准

"语言规范"传统上有两种含义，一是指使语言规范的活动，罗常培、吕叔湘称其为"语言规范工作"。二是指关于语言的规定，罗常培、吕叔湘称其为关于语言的"标准"，即语言的语音、词汇、语法标准①。

进入 21 世纪，教育部语言文字信息管理司又引入一个"软性"规范的理念，因为"许多语言文字现象具有弹性，不宜在短期内达成共识或不宜做'硬性规定'；语言文字信息处理等领域急需相应的规范，但一时又难以妥帖制定"②，故先采用《中国语言生活绿皮书》的形式，发布一些"软性"规范，以适应语言文字规范制定的复杂情况，满足社会语言生活的多种需求。提出并实行语言文字"软性"规范，还为优化语言治理的结构，提供了一个新路径。

研究制定语言文字规范标准，是推动语言文字规范化的重要举措。60 多年来，已有几百项规范标准问世。其中，20 世纪五六十年代发布的《汉字简化方案》《汉语拼音方案》《简化汉字总表》等，在扫除文盲、普及文化教育中，发挥了重要作用。80 年代发布的《现代汉语常用字表》，为基础教育阶段确定识字量提供了科学依据。21 世纪发布的《公共服务领域英文译写规范》，有利于改善当前公共服务领域英文译写不规范现象，为国家改革开放事业提供语言文字方面的支持和保障；《通用规范汉字表》则集新中国成立以来汉字规范之大成，满足了信息时代社会各领域的汉字应用需要。

（三）语言文字信息化

语言文字信息化亦称语言信息处理，在国家语言文字工作委员会的

---

① 原话"语言的'规范'指的是某一语言在语音、词汇、语法各方面的标准"，参见罗常培、吕叔湘《现代汉语规范问题》，载现代汉语规范问题学术会议秘处编《现代汉语规范问题学术会议文件汇编》，科学出版社 1956 年版，转引自苏培成主编《当代中国的语文改革和语文规范》，商务印书馆 2010 年版，第 190 页。

② 教育部语言文字信息管理司：《〈中国语言生活绿皮书〉说明》，载周庆生主编《中国语言生活状况报告（2009）》（上编），商务印书馆 2010 年版，第 1 页。

文件中，曾表述为汉语汉字信息处理，或中文信息处理。中文信息处理的研究由来已久，但是，将中文信息处理写入国家语言文字工作，却是近30多年来也就是改革开放以来的事。

20世纪80年代初，为了实现"让古老的汉字进入计算机"的梦想，中央一位领导同志批示："解决汉字进入计算机的问题，由中国文字改革委员会负责。"① 中国文字改革委员会等部门组织全国专家集中攻关，在短时间内，先后成功解决了汉字在计算机中的输入输出和信息交换用编码问题。这为后来计算机和手机的全面普及、国家信息化进程的启动与腾飞奠定了重要基础，为维护我国在汉字信息处理方面的技术主权、文化主权、经济主权立下了汗马功劳。1986年，"汉语汉字的信息处理"首次被定为新时期国家语言文字工作的第五大任务②。此后该项任务不断更新发展，成为国家语言文字工作中的一个"新传统"。

在半个多世纪的发展过程中，经过几代人的艰苦努力，一系列国家标准、规范和理论模型及应用系统应运而生。这些成果大致可以归纳为：基本完成了汉字简化与规范化工作，汉语拼音方案被国际标准化组织接纳；已经解决了汉字编码、输入/输出、编辑、排版等相关技术；制定了面向信息处理的汉语分词规范；汉语词语自动切分、命名实体识别、句法分析、词义消歧、语义角色标注和篇章分析等自然语言处理的基础问题得到全面研究和推进；机器翻译、信息检索、舆情监测、语音识别和语音合成等应用技术在众多互联网企业、国家特定领域和机构中得到实际应用③。

三　语言立法

《〈国家通用语言文字法〉学习读本》④ 是语言立法方面的一部重要文献，提供了《国家通用语言法法》的立法过程、议案、说明、内容

---

① 傅永和、张日培：《语言文字事业助力国家改革发展》，载郭熙主编《中国语言生活状况报告》（2019年），商务印书馆2019年版，第34页。

② 刘导生：《新时期的语言文字工作》，载《新时期的语言文字工作——全国语言文字工作会议文件汇编》（1986年1月），语文出版社1987年版。

③ 宗成庆：《中文信息处理研究现状分析》，《语言战略研究》2016年第6期。

④ 全国人大教科文卫委员会教育室、教育部语言文字应用管理司：《〈中华人民共和国国家通用语言文字法〉学习读本》，语文出版社2001年版。

讲解等资料信息。魏丹①系统阐述了《国家通用语言文字法》的立法背景、立法经过、指导思想、要解决的主要问题、主要内容和调整对象、所体现的语言政策以及语言文字立法的意义和特点。王铁琨②、董琨③论述了《国家通用语言文字法》法律条款的"刚柔兼济"原则。刘红婴④探讨了语言法的范畴和意义，阐述了语言法的原则，界定了语言权的概念，提出了语言权的分类体系。

郭友旭⑤提出，中国《宪法》和有关法律不使用"国语"和"官方语言"这两个概念，旨在淡化这两个术语的国家象征和官方象征的色彩。李旭练提出，实施《国家通用语言文字法》，应注意保护和发展少数民族语言文字⑥。《民族语文政策法规汇编》包括法律、法规、规章、文件、革命导师论民族语文、领导讲话等内容⑦。

（一）语言立法助力语言治理转型

世纪之交，中国共产党第十五次全国代表大会明确提出健全社会主义法制、实施"依法治国"方略，这为制定一部语言文字专门法律提供了契机。2000 年《国家通用语言文字法》应运而生，这是我国第一部语言文字专项法律，具有重要的里程碑意义。该法为建立国家语言法律法规体系，奠定了坚实的基础；该法将我国的语言治理及国家通用语言文字的使用推广，纳入了法制轨道，助力语言治理转型，标志着我国成功迈入了世界为数不多的语言法治国家行列。

（二）语言法的名称选定

国家正式启动语言文字法的起草工作始于 1997 年 1 月，当时命以

---

① 魏丹：《语言立法与语言政策》，《语言文字应用》2005 年第 4 期；魏丹：《语言文字法制建设——我国语言规划的重要实践》，《北华大学学报》2010 年第 3 期。

② 王铁琨：《〈国家通用语言文字法〉的意义与特色》，载周庆生、王洁、苏金智主编《语言与法律研究的新视野》，法律出版社 2003 年版，第 77—78 页。

③ 董琨：《汉语规范中的弹性原则》，《语言战略研究》2019 年第 2 期。

④ 刘红婴：《语言法导论》，中国法制出版社 2006 年版。

⑤ 郭友旭：《语言权利的法理》，云南大学出版社 2010 年版，第 335 页。

⑥ 李旭练：《〈中华人民共和国国家通用语言文字法〉述评》，载马丽雅、孙宏开、李旭练、周勇、戴庆厦编《中国民族语文政策与法律述评》，民族出版社 2007 年版，第 254—271 页。

⑦ 国家民委文化宣传司：《民族语文政策法规汇编》，民族出版社 2006 年版。

《中华人民共和国语言文字法》，国家通用语言文字和少数民族语言文字都是该法规范的对象。但是，鉴于少数民族语言文字的复杂性和特殊性，全国人民代表大会委员长会议 2000 年 2 月决定，本法主要规范国家通用语言语言文字，少数民族语言文字的使用留待修改《中华人民共和国民族区域自治法》时另作规定。本法的名称也相应改为《中华人民共和国国家通用语言文字法》①。

关于语言法规范对象的名称，学界曾围绕"国语"和"普通话"哪种说法好的问题，展开过热烈讨论。当时主要有两种意见：一是建议用国语②；二是建议用普通话③。

然而，2000 年颁布的《国家通用语言文字法》并未给予积极回应，最终还是用"通用语"取代了"国语"及"普通话"。正如时任国家语委党组书记林炎志所说："'普通话'只是指汉民族语言的普及用语。'通用语'还赋有国家地位，在国际上也能接轨。同时，采用这一概念，也是符合宪法的。"④

（三）语言法解决了三大问题

第一，语言文字地位问题。《国家通用语言文字法》第二条规定，普通话、规范汉字是国家通用语言文字，在全国范围内通用，包括民族自治地方和少数民族聚居地方。

第二，语言权利和义务问题。《国家通用语言文字法》第四条规定："公民有学习和使用国家通用语言文字的权利"，第十九条及第二章规定了部分行业从业人员在使用国家通用语言文字方面的义务。

第三，社会用语用字管理问题。《国家通用语言文字法》第十四条、第十五条、第十八条至第二十条，对国家机关、学校、新闻出版、广播电视、公共服务行业、公共场所设施、招牌、广告、企业事业组织

---

① 汪家镠：《关于〈中华人民共和国国家通用语言文字法（草案）〉的说明》，载全国人大教科文卫委员会教育室、教育部语言文字应用管理司编《中华人民共和国国家通用语言文字法学习读本》，语文出版社 2001 年版，第 12—13 页。

② 周有光：《文字改革的新阶段》，《文字改革》1985 年第 5 期；张拱贵、王维周：《"普通话"，还是"国语"？》，《南京师范大学学报》1987 年第 10 期。

③ 杨应新：《关于"普通话"的问题》，《民族语文》1989 年第 3 期。

④ 成纯：《"普通话"将改"通用语"》，《咬文嚼字》1996 年第 2 期。

名称、在中国境内销售的商品包装和说明书以及信息技术产品的用语用字提出了要求；对不按规定使用的情况做出了处罚规定；另外，还提出了语言文字工作管理体制。

（四）语言法中的"刚柔兼济"原则

语言规范坚持刚柔相济的原则，成为《国家通用语言文字法》的一大特性。刚性又称强制性或硬性，柔性又称弹性或软性。在《国家通用语言文字法》中，刚柔兼济主要体现在该法的调整对象上。对社会使用语言文字，实行刚性原则，例如，对涉及国家机关、学校、出版物、广播电台、电视台、影视屏幕、公共设施及招牌、广告、商品包装和说明、企业事业组织名称、公共服务行业和信息技术产品用语用字的（第十四条、第十五条、第十八条至第二十条），该法规定多具刚性。对个人使用语言文字，该法规定则具柔性，只作引导，不予干涉。另外，该法第十六条、第十七条特许方言、繁体字、异体字，可以在一些特殊场合使用，这也体现了该法的柔性原则。

（五）小结

"刚柔兼济"的原则，为妥善处理社会与个人、普通话与方言、规范汉字与繁体字异体字等语用问题，提供了详尽可靠的法律依据；为此后十几年流行的语言和谐思想，提供了一种思路来源，为此后实行的"构建和谐语言生活"政策，奠定了坚实的法律基础。

四　语言保护

20世纪八九十年代以来，受后现代主义思潮的影响，国际语言学者越来越关注语言濒危、语言消亡、语言生态、语言人权和语言资源问题①。

邱质朴较早使用"语言资源"的术语，论述了语言资源的开发、语言工程和汉语国际推广等问题②。田立新阐述了中国语言资源保护工程

---

① 周庆生：《语言规划发展及微观语言规划》，《北华大学学报》2010年第6期。
② 邱质朴：《试论语言资源的开发——兼论汉语面向世界问题》，《语言教学与研究》1983年第3期。

的立项背景和依据，分析了该工程对于国家发展、社会进步、文化传承等方面的重大意义和作用①。曹志耘认为，科学保护各民族语言文字既包括语言保存，也包括语言保护，包括"通过各种有效的政策、措施、手段，保持语言、方言的活力，使其得以持续生存和发展，尤其是要避免弱势和濒危的语言、方言衰亡"②。周庆生提出，语言保护是指政府、社会群体和专家对不同语言状况采取的各种保护措施或治理措施，以应对语言生态受到的破坏③。

孙宏开论述了濒危语言产生的背景、抢救和保存濒危语言的重要性、语言濒危的主要特征及对策④。戴庆厦提出，要科学理智地面对濒危语言的复杂性，防止濒危语言扩大化，要根据中国国情界定语言濒危的标准，建立有中国特色的濒危语言研究理论发展体系⑤。道布提出，濒危语言走向消亡，是社会发展的规律⑥。

随着现代化城镇化的快速推进，"我国少数民族语言和汉语方言正以前所未有的速度发生变化，许多语言、方言趋于濒危或消亡，导致民族文化和地域文化走向衰微"⑦。这种变化引起社会各界的关注。我国各级人民代表大会的代表、政治协商会议的委员不断提交议案，建议保护语言资源。另外，国外一些机构和组织通过网站或在线协作平台，收集、记录汉语方言和少数民族语言语料，由此给国家安全带来一定隐患⑧。

2007 年，《国家语言文字工作"十一五"规划》首次提出，"重视语言资源的保护及开发利用"是基本工作原则之一⑨。2011 年，党的十七届六中全会的决定提出，要"大力推广和规范使用国家通用语言文

①　田立新：《中国语言资源保护工程缘起及意义》，《语言文字应用》2015 年第 4 期。

②　曹志耘：《中国语言资源保护工程的定位、目标与任务》，《语言文字语用》2015 年第 4 期。

③　周庆生：《语言保护论纲》，《新疆师范大学学报》2016 年第 2 期。

④　孙宏开：《中国濒危少数民族语言的抢救与保护》，《暨南学报》2006 年第 5 期。

⑤　戴庆厦：《科学理智地深入开展濒危语言保护的研究》，《北方民族大学学报》2015 年第 3 期。

⑥　道布：《"抢救（或保护）濒危语言"之我见》，《语言战略研究》2018 年第 4 期。

⑦　田立新：《中国语言资源保护工程缘起及意义》，《语言文字应用》2015 年第 4 期。

⑧　田立新：《中国语言资源保护工程缘起及意义》，《语言文字应用》2015 年第 4 期。

⑨　《国家语言文字工作"十一五"规划》，教育部网，2019 年 5 月 10 日，http://old. moe. gov. cn/publicfiles/business/htmlfiles/moe/moe_ 800/201001/xxgk_ 78577. html。

字，科学保护各民族语言文字"①。这是中国共产党第一次在中央全会的决定中，对语言文字事业提出明确要求，首次将普通话推广和二者在我国语言文字事业中的重要地位。

而后，国家还出台了一系列相关政策和法规，启动了"语言资源保护工程""少数民族濒危语言抢救和保护工程"等重大措施，取得了重要成绩。

（一）语言资源科学保护

"语言资源科学保护"旨在利用现代化技术手段，记录、整理和存储各民族的语言包括濒危语言、汉语方言和口头语言文化。记录保存下来的语言材料是一种语言资源，具有文化承载价值、文化展示价值、科学研究价值和经济开发价值。

为贯彻党的"科学保护各民族语言文字"的精神，落实《国家中长期语言文字事业改革和发展规划纲要（2012—2020 年）》（以下简称《语言文字规划纲要》）的任务要求，2015 年教育部、国家语言文字工作委员会决定启动中国语言资源保护工程，在全国范围开展以语言资源调查、保存、展示和开发利用等为核心的各项工作。五年来，该项目已完成 1495 个调查点，占总体规划的 99.7%②。

中国"语言资源保护工程"是继 20 世纪 50 年代开展全国汉语方言和少数民族语言普查以来，我国语言文字领域又一个由政府组织实施的大型国家工程，同时也是人类历史上规模最大的语言资源调查和保护工程。

（二）濒危语言抢救保护

国家民族事务委员会 2010 年发布的《国家民委关于做好少数民族语言文字管理工作的意见》第十五条规定"加强少数民族濒危语言的

---

① 《中共中央关于深化文化体制改革推动社会主义文化大发展大繁荣若干重大问题的决定》，中央人民政府网，2011 年 10 月 25 日，http://www.gov.cn/jrzg/2011–10/25/content_1978202.htm。

② 《教育部举行 2018 年中国语言文字事业发展状况发布会》，国务院新闻办公室网，2019 年 6 月 8 日，http://www.scio.gov.cn/xwfbh/gbwxwfbh/xwfbh/jyb/Document/1655840/1655840.htm。

抢救—保护工作"①。"少数民族濒危语言抢救和保护"已列入国家少数民族事业"十二五"规划，定名为"少数民族濒危语言抢救和保护工程"，由国家民族事务委员会主管，旨在调查20种少数民族濒危语言，抢救记录语言资料，汇集出版《中国少数民族语言文字保护丛书》②。据统计，2004—2014年，教育部、国家语委批准的有关濒危语言的人文社会科学项目有40多项，总金额超过1300万元③。

（三）语言文化遗产保护

《中华人民共和国非物质文化遗产法》（2011年）规定了非物质文化遗产包括"传统口头文学以及作为其载体的语言"④。"语言文化遗产"是指一个民族或族群世代相传的一种非物质文化遗产，是其文化遗产的组成部分，是以人为本，以语言作主要载体的一种传统口头文学表现形式⑤。该类语言文化遗产要经国家或地方政府文化主管部门批准，在"非物质文化遗产代表性项目名录"中公布，可以认定其代表性传承人，开展各种相关的传承、宣传、教育、媒体、出版、展示等活动。

（四）少数民族语言权利保护

语言权利既包括主体民族的语言权利，也包括少数民族的语言权利，但通常情况下是就"少数民族语言权利而言的"⑥。国家民族事务委员会2010年发布的《国家民委关于做好少数民族语言文字管理工作的意见》第九条规定"依法保障少数民族语言文字在相关领域的应用"，第十五条规定"加强少数民族濒危语言的抢救—保护工作"⑦。

---

① 《国家民委关于做好少数民族语言文字管理工作的意见》，国家民族事务委员会网，2010年6月18日，http：//www. seac. gov. cn/art/2010/6/18/art_ 142_ 103787. html。
② 《少数民族事业"十二五"规划》（国办发〔2012〕38号），中央政府门户网，2012年7月12日，http：//www. gov. cn/zwgk/2012 –07/20/content_ 2187830. htm。
③ 范俊军：《中国的濒危语言保存和保护》，《暨南学报》2018年第10期。
④ 《中华人民共和国非物质文化遗产法》第二条第一款，中央政府门户网，2011年2月25日，http：//www. gov. cn/flfg/2011 –02/25/content_ 1857449. htm。
⑤ 《中华人民共和国非物质文化遗产法》第二条。
⑥ 郭友旭：《语言权利的法理》，云南大学出版社2010年版，第74页。
⑦ 《国家民委关于做好少数民族语言文字管理工作的意见》，国家民族事务委员会网，2010年6月18日，http：//www. seac. gov. cn/art/2010/6/18/art_ 142_ 103787. html。

《国家"十二五"时期文化改革发展规划纲要》要求"依法保护各民族语言文字，推动文化遗产教育与国民教育紧密结合"①。

五 语言服务与语言能力提升

（一）语言服务术语的提出

国家语委主任刘导生 1986 年在"全国语言文字工作会议"的报告中提出，"加强语言文字的基础研究和应用研究，做好社会调查和社会咨询、服务工作"②。这里已经部分涉及"语言服务"这个术语。1997年，国家语委主任许嘉璐在"全国语言文字工作会议"的报告中，比较明确地提出了"语言服务"这个概念："语言文字工作的生命力在于为社会需求服务，为社会主义现代化建设服务。"③ 2003 年党的十六届三中全会提出，政府要从"全能型"向"服务型"转变④。服务型政府需要提供语言服务。

（二）语言服务五大方式

《语言文字规划纲要》⑤ 2012 年明确将"语言服务"列为国家语言文字主要工作任务之一，并大体区分了语言服务的类型和方式。

2016 年《国家语言文字事业"十三五"发展规划》则进一步提出并完善了语言服务的以下五种方式：一是社会咨询服务，"面向社会开展全方位的语言文字政策法规、规范标准、基础知识和社会应用等咨询

---

① 《国家"十二五"时期文化改革发展规划纲要》，中央政府门户网，2012 年 2 月 15日，http：//www. gov. cn/jrzg/2012－02/15/content_ 2067781. htm。

② 刘导生：《新时期的语言文字工作》，《新时期的语言文字工作——全国语言文字工作会议文件汇编》（1986 年 1 月），语文出版社 1987 年版。

③ 许嘉璐：《开拓语言文字工作新局面，为把社会主义现代化建设事业全面推向 21 世纪服务——在全国语言文字工作会议上的报告》（1997 年 12 月 23 日），《语文建设》1998年第 2 期。

④ 《中共中央关于完善社会主义市场经济体制若干问题的决定》，中国政府网，2019 年 5 月15 日，http：//www. gov. cn/gongbao/content/2003/content_ 62494. htm。

⑤ 教育部语言文字应用管理司：《国家中长期语言文字事业改革和发展规划纲要》（2012—2020 年），语文出版社 2012 年版。

服务"。二是"研究制定多语种外语规划"。三是储备关键语种人才，"创新语言文字服务和语言人才培养机制，推动高等学校完善外语语种结构，培养和储备关键语种复合型外语人才"。四是语言应急和语言援助服务，"建立应急和特定领域专业语言人才的招募储备机制，为大型国际活动和灾害救援等提供语言服务，提升语言应急和援助服务能力"。五是特定行业语言服务，"支持开展面向特定行业人群的语言文字服务"[①]。

（三）手语盲文服务

手语和盲文是我国 3000 多万听力残疾人和视力残疾人使用的特殊语言文字，是国家语言文字的重要组成部分。《语言文字规划纲要》（2012 年）首次提出，要"加快手语盲文规范标准的研制"和"推广运用"。《国家语言文字事业"十三五"发展规划》（2016 年）明确提出"把手语盲文规范化作为国家语言文字工作的重要内容"，"培育和发展手语、盲文社会服务机构。"《国家通用手语常用词表》和《国家通用盲文方案》作为语言文字规范，由中国残疾人联合会、教育部、国家语言文字工作委员会 2018 年发布。

（四）语言能力提升

语言能力包括国民语言能力和国家语言能力两部分。2012 年《国家语言文字规划纲要》首次提出，提升国民语言能力，旨在提升国民的普通话和规范汉字应用能力；同时，"提倡国民发展多语能力。在发挥国家通用语言文字主导作用的前提下，根据需要，合理规划，为提升国民多种语言文字应用能力创造条件"[②]。

国家语言能力是指国家处理海内外重大事务，诸如抢险救灾、反恐维稳、海外维和、远洋护航、联合军演、护侨撤侨以及其他国际合作，所需要的语言能力。2016 年《国家语言文字事业"十三五"发展规划》首次采用"国家语言能力"这个理念，指出我国的"国家语言能力"

---

① 《国家语言文字事业"十三五"发展规划》，教育部语言文字应用管理司网，2019 年 6 月 8 日，http://www.moe.gov.cn/srcsite/A18/s7066/201701/t20170113_ 294774.html。

② 教育部语言文字应用管理司：《国家中长期语言文字事业改革和发展规划纲要》（2012—2020 年），语文出版社 2012 年版。

"还不能完全适应经济、社会和文化发展的需求",仍然是我国当今语言文字事业中的一个薄弱环节①。

六　语言战略

（一）语言战略的提出

语言战略的提法大概是 21 世纪以来才开始在中国使用，在 20 世纪语言政策文件中，很难发现语言战略的表述，20 世纪末国家语委党组书记、国家语委副主任林言志提出："语言文字工作应有一面旗帜。这面旗帜的表述要简洁、明确、富有凝聚力和号召力，便于群众理解和支持。""这种表述可以和全国的主要战略思想、工作重点接轨，和四个现代化接轨，使我们能在党的工作全局中定一个位置。"② 林言志提出的"语言工作旗帜"跟后来使用的"语言战略"的内涵已经非常接近。

《国家语委关于印发〈国家语委语言文字应用科研工作"十一五"规划〉的通知》2007 年明确提出："语言战略是国家发展战略的有机组成部分"。"我国必须及时研究宏观语言战略，设计落实语言战略的行动计划，提出应对重大语言问题的科学预案。"③

不同历史时期，国家治国方略不尽相同，语言战略或语言文字工作的重心也存在差异。近几十年来，我国语言文字工作服务国家战略的意识越来越强烈，语言战略贴近国家战略的趋势越来越明显。改革开放早期，语言文字工作提出"语文现代化"战略，自觉用"语文现代化"与国家"社会主义现代化建设"战略对接。世纪之交，《国家通用语言文字法》颁布并实施，语言文字工作自觉将"语言立法"融入国家"依法治国"的战略之中。21 世纪之初，语言文字工作提出"构建和谐语言生活"，自觉用"构建和谐语言生活"战略服务国家"构建社会主义和谐社会"战略。

---

① 《国家语言文字事业"十三五"发展规划》，教育部语言文字应用管理司网，2019 年 6 月 8 日，http://www.moe.gov.cn/srcsite/A18/s7066/201701/t20170113_ 294774. html。

② 林言志：《语言文字工作的旗帜》，《语文建设》1995 年第 8 期。

③ 《国家语委语言文字应用科研工作"十一五"规划》，教育部官网，2019 年 5 月 11 日，http://old.moe.gov.cn//publicfiles/business/htmlfiles/moe/moe_ 1779/200710/27723. html。

（二）语文现代化战略

语文现代化提出的背景。1986 年全国语言文字工作会议以后，不再使用"文字改革"这个名称，但语文改革仍在进行，需要改用一个名称，当时有两种选择，就是"语言规划"和"语言现代化"。考虑到语文改革关系到千百万群众的参与，语言规划这个术语专业性很强，群众不易了解，不如采用"语文现代化"更有利[1]。

周有光提出，"语文现代化，就是中国的语言和文字要跟随时代的变化而发展""文字改革、语文现代化是中国现代化的一个方面，重要性也就体现在这个地方"[2]。语文现代化的理论体系，由八个方面构成：人类语言生活的历史进程、中国语文现代化的兴起与取得的成就、中国的双语言生活、汉字的两面性、比较文字学的研究、汉语拼音方案的制订与推行、中文信息处理的双轨制、现代文化研究八个方面构成[3]。

（三）构建和谐语言生活战略

语言生活包括各种复杂的语言关系和语言矛盾，如果不及时调整各种语言关系，化解各种语言矛盾，将会影响社会的和谐和稳定。2006年教育部副部长、国家语委主任赵沁平首次系统提出了"构建和谐的语言生活是语言文字工作的目标"，阐述了"建构和谐社会，语言文字工作者负有重要的历史使命。当前，我国的语言生活总体上看还是和谐的，但是也有许多问题需要科学看待、妥善处理。比如：①普通话和方言的关系；②中国各民族语言之间的关系；③母语教育和外语学习的关系；④濒危语言的保护问题；⑤汉语的国际传播同国内语言文字工作的关系；⑥海峡两岸语言生活的沟通问题；⑦世界华人社区的语言交往问题；⑧我国在虚拟空间中的语言文字问题等"[4]。

---

[1] 苏培成主编：《当代中国的语文改革和语文规范》，商务印书馆 2010 年版，第 592 页。

[2] 周有光：《周有光百岁口述》，广西师范大学出版社 2008 年版，第 156—157 页。

[3] 苏培成主编：《当代中国的语文改革和语文规范》，商务印书馆 2010 年版，第 596—600 页。

[4] 赵沁平：《加强语言文字应用研究，构建和谐的语言生活——在"国家语委'十一五'科研工作会议"上的讲话》，教育部网，2019 年 5 月 23 日，http：//www. moe. gov. cn/srcsite/A19/s7067/200611/t20061128_ 76009. html。

此后，国家语委的《国家语言文字工作"十一五"规划》（2007年）、《国家语言文字规划纲要》（2012年）和《国家语言文字事业"十三五"发展规划》（2016年），都将"构建和谐的语言生活"定为语言文字工作的一个重要指导思想和工作目标。

七　语言政策流变

主体性和多样性是中国语言政策的总原则。主体性就是《宪法》中规定的"国家推广全国通用的普通话"，多样性就是《宪法》中规定的："各民族都有使用和发展自己的语言文字的自由。"① 图1展现了中国主体性语言政策与"多样性语言政策"的分流与合流状况。

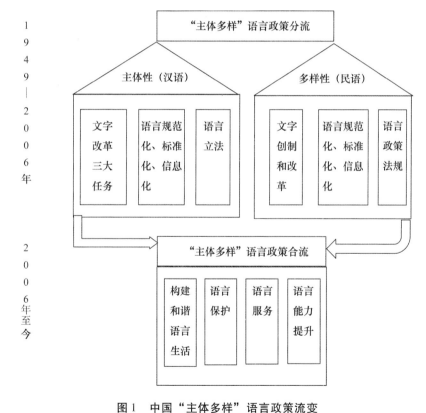

图1　中国"主体多样"语言政策流变

① 周庆生：《中国"主体多样"语言政策的发展》，《新疆师范大学学报》2013年第2期。

可以看出，在中国"主体多样"语言政策的流变中，"主体多样"的分流与"主体多样"的合流，分界线比较明显。2006 年之前，主体性语言政策跟多样性语言政策，各自独立，分流发展；2006 年以来，主体性语言政策跟多样性语言政策，开始合流，统筹发展。

八 结语

中华人民共和国成立以来的文字改革政策、语言规范化政策、语言立法政策，更多体现了语言政策的主体性特征；21 世纪以来的构建和谐语言生活政策、语言保护政策、语言服务政策、提升国家语言能力政策，则更多体现了语言政策的多样性特征。2006 年以前，主体性语言政策与多样性语言政策分流；2006 年以后，主体性语言政策与多样性语言政策合流。

实践表明，不同历史时期的语言政策目标，往往跟该时期的国家政治目标相一致，往往服务于国家政治目标。语言政策目标服务国家政治目标的趋势越来越明显。

未来中国语言政策的研究领域仍很宽广，研究问题十分复杂，国家和社会对语言文字的需求更加多元。传统语言政策研究，依然可以与时俱进，扬长避短，继续占据语言政策研究平台的中心；新兴语言政策研究，不论是在宏观层面还是微观层面①，均有较大发展空间。

宏观层面即国家层面，或称语言战略层面，该层面的语言政策研究包括语言与脱贫攻坚工程、推广普通话与铸造中华民族共同体意识、语言与中华文化认同、语言与一带一路建设、语言与人类命运共同体、语言与民心相通、语言与区域（大湾区、京津冀开发区、长三角开发区等）发展战略、汉语国际传播、语言与国家安全等。

微观层面是指非国家层面，特指某些领域、行业或家庭等方面的语言政策研究，例如，学校语言教学、语言景观、家庭语言、语言产业、跨国企业的语言政策、语言人工智能、多语种机器翻译、语言文化遗产

---

① 这里的宏观层面与微观层面的划分并不十分严格，个别研究论题可能兼具宏观和微观特性。

传承和保护、语言政策史、汉语学术话语走出去等。

上述宏观和微观语言政策研究方兴未艾，任务艰巨，意义重大，前途广阔，均有可能发展成为未来语言政策研究关注的热点。

参考文献

阿尔帕托夫：《苏联 20、30 年代的语言政策：空想与现实》，陈鹏译，《民族译丛》1994 年第 6 期。

《爱沙尼亚苏维埃社会主义共和国语言法》，杨艳丽译，载杨艳丽《前苏联各个加盟共和国社会语言状况与社会语言学研究》（打印稿），中国社会科学院民族研究所 1997 年版。

北京 2008 年奥运会申办委员会：《申奥专刊》2001 年 4 月。

曹昌、李永华：《高铁出海是国家实力的竞争，也是市场营销比拼》，《中国经济周刊》2014 年第 50 期。

陈黎明编：《最新 IT 术语现用现查》，石油工业出版社 2001 年版。

陈骞、邵朝阳：《澳门法律语言状况》，载周庆生主编《中国语言生活状况报告 2007》（上编），商务印书馆 2008 年版。

陈庆英：《元朝帝师八思巴》，中国藏学出版社 1992 年版。

陈章太：《语言规划研究》，商务印书馆 2005 年版。

程祥徽、郭济修：《澳门语言政策和语文状况》，载周庆生主编《中国语言生活状况报告 2009》（上编），商务印书馆 2010 年版。

程祥徽：《中文变迁在澳门》，三联书店（香港）2005 年版。

戴庆厦、贾捷华：《对民族文字"创、改、选"经验教训的一些认识》，《民族研究》1993 年第 6 期。

《当代中国民族工作大事记》编辑部：《当代中国民族工作大事记》（1949—1988 年），民族出版社 1989 年版。

道布：《关于创制少数民族文字问题的几点反思》，《三月三·民族语文论坛专辑》2000 年第 1 期。

《101 法案——法语宪章》（1997 年），李鹏飞译，载阮西湖主编《加拿大与加拿大人》（三），中国工人出版社 1993 年版。

费锦昌主编：《中国语文现代化百年记事》（1892—1995 年），语文出版社 1997 年版。

费孝通等：《中华民族多元一体格局》，中央民族学院出版社 1989 年版。

冯育林：《从"中华民族"到"中华民族共同体"的概念考察及其建设析论》，《西北民族大学学报》2018 年第 3 期。

傅才武、严星柔：《论建设 21 世纪中华民族文化共同体》，《华中师范大学学报》2016 年第 5 期。

傅懋勣：《傅懋勣先生民族语文论集》，中国社会科学出版社 1995 年版。

高盼望：《民国时期乡村教师的生活研究》，山东师范大学，博士学位论文，2015 年。

耿世民：《维吾尔族古代文化和文献概论》，新疆人民出版社 1983 年版。

宫达非主编：《中国著名学者：苏联剧变新探》，世界知识出版社 1998 年版。

《关于加强学校同生活的联系和进一步发展苏联国民教育制度的提纲》，中国社科院苏联东欧研究所和国家民委政策研究室编译，载《苏联民族问题文献选编》，社会科学文献出版社 1987 年版。

广西壮族自治区壮文工作委员会：《壮文推行情况简介》，提交第二次少数民族语文科学讨论会论文，第二次少数民族语文科学讨论会秘书处，1958 年。

郭济修：《澳门的中文回归之路——兼读〈中文变迁在澳门〉》，《澳门研究》2006 年第 36 期。

国家民委办公厅、政治司、政策研究室编：《中华人民共和国民族政策法规选编》，中国民航出版社 1997 年版。

国家语言文字工作委员会政策法规室编：《国家语言文字政策法规汇编》（1949—1995 年），语文出版社 1996 年版。

国家质量技术监督局：《中华人民共和国国家标准：道路交通标志和标线》（GB 5768—1999），中国标准出版社 1999 年版。

哈纳札罗夫：《苏联现代语言过程和语言共同体展望》，方允臧、何晓因译，《民族译丛》1984 年第 1 期。

郝时远、阮西湖主编：《苏联危机与联盟解体》，四川民族出版社 1993
　　年版。

郝文明主编：《中国民族工作五十年》，民族出版社 1999 年版。

胡奇光：《中国文祸史》，上海人民出版社 1993 年版。

胡奇光：《中国小学史》，上海人民出版社 1987 年版。

《胡乔木传》编写组：《胡乔木谈语言文字》，人民出版社 1999 年版。

胡乔木：《胡乔木回忆毛泽东》，人民出版社 1994 年版。

黄光学主编：《当代中国的民族工作》（上、下），当代中国出版社 1993
　　年版。

黄翊：《澳门语言研究》，商务印书馆 2007 年版。

徽主编：《澳门人文社会科学研究文选·语言翻译卷》，社会科学文献
　　出版社 2010 年版。

吉尔科夫：《论东方的文字改革》，《新东方》1925 年第 10—11 期。

江蓝生：《把北京建设成历史文化与现代文明交汇的国际大都市》，《中
　　国社会科学院院报》2001 年 10 月 25 日第 4 版。

教育部语言文字应用管理司编：《新时期语言文字法规政策文件汇编》，
　　语文出版社 2005 年版。

杰舍里也夫：《苏维埃时代苏联各族人民新创文字的语言的发展》，陈
　　伟译，载《少数民族语文论集》（第二集），中华书局 1958 年版。

黎锦熙：《国语运动史纲》，商务印书馆 1934 年版。

黎锦熙：《汉语规范化论丛》，文字改革出版社 1963 年版。

李宝贵、金志刚：《意大利孔子学院汉语教学的特色、问题与对策——
　　以米兰国立大学孔子学院为例》，《辽宁师范大学学报》2016 年第
　　1 期。

李宝贵、李辉：《"一带一路"沿线国家孔子学院发展现状、问题及对
　　策研究——以白俄罗斯孔子学院为个案》，《辽宁师范大学学报》
　　2016 年第 6 期。

李建国：《汉字规范史略》，语文出版社 2000 年版。

李里编：《英文标志错得笑死人》，《环球时报》2007 年 1 月 3 日，原载
　　美国《世界日报》2007 年 1 月 1 日，原题《商场标志错用英文闹笑
　　话》。

李鹏飞：《魁北克的语言法案演变及其影响》，载阮西湖主编《加拿大与加拿大人》（三），中国工人出版社 1993 年版。

李维汉：《有关民族政策的若干问题》（1951 年），载李维汉《统一战线问题与民族问题》，人民出版社 1982 年版。

李宇明：《中国语言规划论》，东北师范大学出版社 2005 年版。

联合国教科文组织濒危语言问题特别专家组：《语言活力与语言濒危》，《民族语文》2006 年第 3 期。

林焘：《从官话、国语到普通话》，《语文建设》1998 年第 10 期。

刘导生：《新时期的语言文字工作》，载全国语言文字工作会议秘书处编《新时期的语言文字工作——全国语言文字工作会议文件汇编》（1986 年 1 月），语文出版社 1987 年版。

陆南泉、姜长斌主编：《苏联剧变深层次原因研究》，中国社会科学出版社 1999 年版。

罗常培等：《国内少数民族语言文字的概况》，中华书局 1954 年版。

罗广武编著：《1949—1999 新中国民族工作大事概览》，华文出版社 2001 年版。

罗荣渠主编：《各国现代化比较研究》，陕西人民出版社 1993 年版。

罗选民、黎土旺：《关于公示语翻译的几点思考》，《中国翻译》2006 年第 4 期。

马祖毅：《中国翻译简史："五四"运动以前部分》，中国对外翻译出版公司 1984 年版。

麦克康奈尔主编：《世界的书面语：使用程度和使用方式概况》（第 4 卷第 1 册），拉瓦尔大学出版社 1995 年版。

孟照海：《美国双语教育法的历史演变》，《民族教育研究》2007 年第 1 期。

民族图书馆编：《中华人民共和国民族工作大事记》（1949—1983 年），民族图书馆 1984 年版。

内蒙古自治区人民委员会：《关于推行新蒙文的决定》，《内蒙古日报》1955 年 7 月 21 日第 1 版。

内蒙古自治区人民委员会：《加强领导大力开展蒙族干部的新蒙文学习运动的指示》，《内蒙古日报》1956 年 8 月 18 日第 1 版。

倪海曙编:《清末文字改革文集》，文字改革出版社 1958 年版。

倪海曙:《清末汉语拼音运动编年史》，上海人民出版社 1959 年版。

聂鸿音:《中国文字概略》，语文出版社 1998 年版。

欧洲理事会:《保护少数民族框架公约》，《民族理论研究》1995 年第 4 期。

潘喆等编:《清入关前史料选编》（第一集），中国人民大学出版社 1984 年版。

彭树智:《东方民族主义思潮》，西北大学出版社 1992 年版。

钱冠连:《语言：人类最后的家园——人类基本生存状态的哲学与语用学研究》，商务印书馆 2005 年版。

清格尔泰:《解决民族文字问题的一个途径》，《民族语文》1991 年第 4 期。

清格尔泰:《民族文字与汉字》，《汉字文化》1992 年第 1 期。

全国人大教科文卫委员会教育室、教育部语言文字应用管理司编:《〈中华人民共和国国家通用语言文字法〉学习读本》，语文出版社 2001 年版。

全国人大教科文卫委员会教育室、教育部语言文字应用管理司:《中华人民共和国国家通用语言文字法学习读本》，语文出版社 2001 年版。

荣孟源主编:《中国国民党历次代表大会及中央全会资料》，光明日报出版社 1985 年版。

上海译文出版社编:《新英汉词典》（世纪版），上海译文出版社 2000 年版。

石中华:《作者身份与中国古代文学活动》，华中师范大学，博士学位论文，2012 年。

史筠:《民族法律法规概述》，民族出版社 1988 年版。

宋恩常、章咸主编:《中华民国教育法规选编》（1912—1949 年），江苏教育出版社 1990 年版。

苏力:《文化制度与国家构成——以"书同文"和"官话"为视角》，《中国社会科学》2013 年第 12 期。

苏瑞、李海英:《中国历史上非汉族王朝的语言地位规划》，《长江学术》2011 年第 3 期。

孙海娜：《我国国家通用语——普通话推广的历史考察及其启示》首都师范大学，硕士学位论文，2006 年。

滕绍箴：《满族发展史初编》，天津古籍出版社 1990 年版。

滕绍箴：《明清两代满语文使用情况考》，《民族语文》1986 年第 2 期。

田继周等：《少数民族与中华文化》，上海人民出版社 1996 年版。

田有兰：《少数民族濒危语言理论与美国国家语言政策实践》，《云南民族大学学报》2013 年第 3 期。

王彬：《禁书·文字狱》，中国工人出版社 1992 年版。

王均主编：《当代中国的文字改革》，当代中国出版社 1995 年版。

王淑军：《教育能为北京奥运做什么》，《人民日报》2001 年 9 月 21 日第 8 版。

王义桅：《世界是通的——"一带一路"的逻辑》，商务印书馆 2016 年版。

王远新：《土耳其的语言规划》，《突厥语研究通讯》1992 年第 1—2 期。

魏丹：《关于地方制定〈国家通用语言文字法〉实施办法的有关问题》，载周庆生、王洁、苏金智主编：《语言与法律研究的新视野》，法律出版社 2003 年版。

魏建国：《中国古代"文字文化形态"政法秩序建构的历程与意义：媒介变迁视角》，《法学评论》2019 年第 5 期。

魏建国：《中国古代"文字文化形态"政法秩序建构的历程与意义：媒介变迁视角》，《法学评论》2019 年第 5 期。

吴玉章：《文字改革文集》，中国人民大学出版社 1978 年版。

肖建飞：《语言权利研究：关于语言的法律政治学》，吉林大学，博士学位论文，2010 年。

谢尔久琴柯：《关于创立民族文字和建立标准语的问题》，刘涌泉、阮西湖等译，民族出版社 1956 年版（内部发行）。

邢怒海：《话语模式迭嬗背景下的国家语言政策及其当代考量》，《楚雄师范学院学报》2016 年第 8 期。

邢欣、梁云：《"一带一路"背景下的中亚国家语言需求》，《语言战略研究》2016 年第 2 期。

徐杰舜主编：《雪球：汉民族的人类学分析》，上海人民出版社 1999

年版。

徐再荣：《当代魁北克民族主义初探》，载姜芃编《加拿大民主与政治》，社会科学文献出版社 1994 年版。

许洱多、李芹、申延宾、李锐：《机票没有机场中文标志 律师称侵犯乘客知情权》，《新闻晨报》2003 年 3 月 1 日。

许晋：《元代多民族语言文字图书形成探析》，《中国出版》2013 年 1 月下。

杨荣华、邢永革：《明代前期的语文政策与汉语的发展》，《求索》2011 年第 7 期。

杨亦鸣、赵晓群主编：《"一带一路"沿线国家语言国情手册》，商务印书馆 2017 年版。

叶籁士：《关于文字改革的几个问题》，《语文现代化》1981 年第 5 期。

应琳、高宝珍：《建国三十年民族语文工作纪要》，《民族语文》1979 年第 4 期。

于家富：《清乾隆朝强化"国语"法律保护问题研究》，中央民族大学，博士学位论文，2011 年。

余建华：《民族主义：历史遗产与时代风云的交汇》，学林出版社 1999 年版。

张桂菊：《澳门语言状况与语言政策》，《语言文字应用》2010 年第 3 期。

张治国：《中国周边国家通用语研究》，《外语教学与研究》2016 年第 2 期。

赵常庆、陈联璧、刘庚岑、董晓明：《苏联民族问题研究》，社会科学文献出版社 1996 年版。

赵磊主编：《"一带一路"年度报告：从愿景到行动（2016）》，商务印书馆 2016 年版。

赵磊主编：《"一带一路"年度报告：行者智见（2017）》，商务印书馆 2017 年版。

赵守辉：《澳大利亚语言政策与规划进程》，载周庆生主编，郭熙、周洪波副主编《中国语言生活状况报告2007》（上编），商务印书馆 2008 年版。

赵云泽、杨启鹏：《"书同文"：中国古代政治制度变化与媒介变革影响研究》，《现代传播》2019 年第 5 期。

中共中央统战部：《民族问题文献汇编》（1921 年 7 月—1949 年 9 月），中共中央党校出版社 1991 年版。

中国科学院民族研究所少数民族语言研究组：《我国少数民族创造、改革文字工作的情况和初步经验》，中国科学院民族研究所 1962 年版。

中国科学院语言研究所拟订：《中国少数民族拼音文字试行方案初稿》，内部铅印 1951 年版。

中国社会科学院法学研究所编译：《国际人权文件与国际人权机构》，社会科学文献出版社 1993 年版。

中国社会科学院苏联东欧研究所、国家民族事务委员会政策研究室编译：《苏联民族问题文献选编》，社会科学文献出版社 1987 年版。

中国文字改革委员会第一研究室编：《外国文字改革经验介绍》，文字改革出版社 1957 年版。

周南京：《关于同化论的若干问题》，《北大亚太研究》第 1 辑，北京大学出版社 1991 年。

周庆生：《北京"街改 St."工程应紧急叫停》，《中国社会报》2005 年 7 月 13 日第 5 版。

周庆生：《从外文招牌看人文奥运》，《中国社会科学院院报》2001 年 10 月 25 日第 4 版。

周庆生：《高校招生制度改革与内蒙古双语教学计划》，《中国教师》2004 年第 7 期。

周庆生：《关于语言环境建设的建议》，《办好北京奥运建议专刊》（中共北京市委宣传部编）2001 年第 11 期。

周庆生：《国外语言规划理论流派和思想》，《世界民族》2005 年第 4 期。

周庆生：《建外大街：一名多拼 亟待规范》，《中国社会报》2005 年 8 月 27 日第 7 版。

周庆生：《人口行为对语言保持的影响：以中国朝鲜语区为例》，《中国社会语言学》2004 年第 1 期。

周庆生：《人文奥运和语言规划》，载曹澄方等主编《清风明月八十秋：

庆祝王均先生八十诞辰语言学论文集》，吉林人民出版社 2002 年版。

周庆生：《"一带一路"建设呼唤双通人才》，《语言战略研究》2016 年第 2 期。

周庆生：《一种立法模式　两种政治结果——魁北克与爱沙尼亚语言立法比较》，《世界民族》1999 年第 2 期。

周庆生：《语言立法在加拿大》，《语文建设》1994 年第 4 期。

周庆生：《语言生活与语言政策：中国少数民族研究》，社会科学文献出版社 2015 年版。

周庆生：《语言与人类：中华民族社会语言透视》，中央民族大学出版社 2000 年版。

周庆生：《中国语言文化传统与古代语言政策流变》，《语言战略研究》2017 年第 5 期。

周庆生主编：《国家、民族与语言：语言政策国别研究》，语文出版社 2003 年版。

周庆生主编：《国外外语言政策与语言规划进程》，语文出版社 2001 年版。

周有光：《汉字改革概论》，文字改革出版社 1979 年版。

周有光：《世界文字发展史》，上海教育出版社 1997 年版。

周有光：《新时代的新语文》，生活·读书·新知三联书店 1999 年版。

周有光：《新语文的建设》，语文出版社 1992 年版。

［澳门］行政暨公职局人力资源厅编：《二〇〇三年澳门特别行政区公共行政人力资源报告》（*Recursos humanos da administracao pública da RAEM* 2003），［澳门］行政暨公职局，2004 年。

［美］沃什伯恩：《美国印第安人》，陆毅译，商务印书馆 1997 年版。

［苏］勃列日涅夫：《论苏维埃社会主义共和国联盟五十年》（节选）（1972 年 12 月 21 日），载《苏联民族问题文献选编》，中国社科院苏联东欧研究所和国家民委政策研究室编译，社会科学文献出版社 1987 年版。

［苏］谢尔久琴柯：《关于创立民族文字和建立标准语的问题》，刘涌泉、阮西湖等译，民族出版社（内部发行）1956 年版。

Bamgbose, A., *Language and the Nation：The Language Question in Sub-Saharan Africa*, Edinburgh：Edinburgh University Press for International

African Institute, 1991.

Bamgbose, A., "When is Language Planning not Planning?", *Journal of West African Languages*, 1987, 17(2).

Chumbow, B. A., "Towards a Language Planning Model for Africa", *Journal of West African Languages*, 1987, 17(1).

Deprez, K., "Toward an Independent Ethnically Pure Flanders", in Martin Putz (ed.), *Language Contact and Language Conflict*, Amsterdam: Benjamins, 1994.

Endleman, S., "The Politics of Language: The Impact of Language Legislation on French-and English-speaking Citizens of Quebec", *International Journal of the Sociology of Language*, 1995, 116.

Fishman, J. A. (ed.), *Advances in the Creation and Revision of Writing Systems*, The Hague: Mouton, 1977.

Fishman, J. A., "Modeling Rationales in Corpus Planning: Modernity and Tradition in Images of the Good Corpus", in J. Cobarrubias and Fishman (eds.), *Progress in Language Planning: International Perspectives*, 1983.

Fishman, Joshua A., "The Sociology of Language: An Interdisciplinary Social Science Approach to Language in Society", in Fishman, J. A. (ed.), *Advances in the Sociology of Language: Volume* 1, *Basic Concepts, Theories and Problems: Alternative Approaches*, The Hague: Mouton & Co, 1976.

Helander, E., "A Saami Strategy for Language Preservation", in Roger Kvist (ed.), *Readings in Saami History, Culture and Language* Ⅱ, Umea: Center for Arctic Cultural Research, University of Umea, 1991.

Jernudd, B. H. and J. V. Neustupny, "Multi-Disciplined Language Planning", in Marshall, D. F. (ed.), *Language Planning: Festschrift in Honor of Joshua A. Fishman*, Amsterdam and Philadelphia: John Benjamins, 1991.

Kozlov, Victor, *The Peoples of the Soviet Union*, Bloomington: Indiana University Press, 1988.

Lewis, E. G., *Multilingualism in the Soviet Union: Aspects of Language Poli-

cy and Its Implementation, The Hague: Mouton, 1972.

MacMillan, C. M., "Federal Language Policy in Canada and the Quebec Challenge", in Larrivée, P. (ed.), *Linguistic Conflict and Language Laws: Understanding the Quebec Question*, New York: Palgrave Macmillan, 2003.

Magga, O. H., "The Sami Language Act", in T. Skutnabb-Kangas, R. Phillipson, in collaboration with M. Rannut (eds.), *Linguistic Human Rights: Overcoming Linguistic Discrimination*, Berlin: Mouton de Gruyter, 1994.

Marainen, J., "Returning to Sámi Identity", in J. Cummins and T. Skutnabb-Kangas (eds.), *Minority Education: from Shame to Struggl*, Clevedon, UK: Multilingual Matters, 1988.

Nahaylo, Bohdan, and Swoboda, Victor, *Soviet Disunion: A History of the Nationalities Problem in the USSR*, New York: Free Press, 1990.

Ornstein, J., "SovietLanguage Policy: Theory and Practice", *Slavic and East European Journal*, 1959, 17 (1).

Rannut, M., "Beyond Linguistic Policy: The Soviet Union versus Estonia", in Skutnabb-Kangas, T., Phillipson, R. and Rannut, M. (eds.), *Linguistic Human Rights: Overcoming Linguistic Discrimination*, Berlin: Mouton de Gruyter, 1994.

Richler, M., "A Reporter at Large: Inside/Outside", *The New Yorker*, 23, September, 1991.

Smith, M. G., *Language and Power in the Creation of the USSR*, 1917 – 1953, New York: Mouton de Gruyter, 1998.

Szporluk, R., "The Imperial Legacy and Soviet Nationalities Problem", in L. Hajda and M. Bessinger (eds.), *The Nationalities Factor in Soviet Politics and Society*, Cambridge: Cambridge University Press, 1990.

后　　记

　　本书使用的"语言政策规划"这个术语,是学界通行的"语言政策与语言规划"的简称。关于语言政策规划方面的论著,十几年前,本人曾主编出版了《国外语言政策与语言规划进程》(2001 年)和《国家、民族与语言:语言政策国别研究》(2003 年);6 年前,出版了《语言生活与语言政策:中国少数民族研究》(2015 年),近一两年出版《论语言政策规划》。从某种意义上讲,上述第二本似可看作第一本的姊妹篇,上述第四本似可看作第三本的姊妹篇。

　　我读研究生时主攻少数民族语言社会语言学方向,未曾涉猎语言政策和规划领域。大约是在 25 年前,受中国社会科学院民族研究所副所长道布研究员之命,我有幸申请到国家社会科学基金重点项目"少数民族语言政策比较研究"(96AYY004)。未曾料到,上述 4 本书的问世,都跟该项目密切相关。该项目有 3 个子课题,其中第一、第二子课题的研究成果已经分别出版了两本书,即上述第一本书和第二本书。

　　世纪之交期间,国家着手起草我国第一部语言文字法,急需全面了解世界各国语言立法状况,需要借鉴参考国外诸国语言文字法的法律文本,当时,国家语委政策法规室编译的国外语言文字法律文本只有一两部,我们编的《国外语言政策与语言规划进程》一书,刊布了七八部。除了语言立法,该书还包括语言政策、语言规划和语言传播四大板块,共计 60 多篇国际经典文献,基本上满足了国家语言立法的急需。

　　从学术上讲,当时国内已有一些关于国外语言政策与语言规划的零散论文,但是按照学科内涵,把近半个世纪以来,世界有关语言政策、语言立法、语言规划、语言传播的经典文献或法律文本编译出版,编辑囊括了 20 多个国家的语言政策国别报告《国家、民族与语言:语言政策国别研究》，这在世纪之交并不多见。

该项目的第三子课题原拟完成一部专题论著，但最终成果的篇幅和框架尚嫌薄弱，出书之事就被搁置一边。该项目于 2002 年结项，但是，语言政策规划研究的情结却挥之不去，相关论文不断发表，迄今已经积累了二三十篇。

2018 年我以这些论文为基础，申请到国家语委语言文字科研优秀成果后期资助计划项目"语言政策规划论稿"（项目编号 HQ135 – 21）。该项目结项时，5 位匿名鉴定专家充分肯定了该项目的出版价值，并提出宝贵修改意见和建议。

鉴定专家认为，《语言政策规划论稿》是一部"古今中外式"的"语言政策和语言规划"专著，时空涉及古代和现代、中国和外国。该书采用文献分析法，在实证材料及相关研究的基础之上，构建了语言政策和语言规划的理论体系和分析框架，论证了中国通用语言文字共同体的理念、内涵和外延，提出了语言保护的定义、原则和措施。采用国别研究法，从文化和意识形态的视角，描述了四个大国的语言政策。以历时共时相结合的方法，阐述了中国语言政策的发展历程。采用国际比较法，论证了社会政治因素在文字创制和改革中的制约作用。采用实地调查法，提交了北京奥运会语言规划报告。

鉴定专家认为，该研究的创新点还包括：阐述了国际地区语言立法的双刃剑功能，可以促进分离主义政治结局出现，也能缓解语言冲突和民族矛盾；描述了一些发达国家的语言教育政策从双语转为单语的新动向；提出了澳门语言规划的新取向：中文"官方语言化"，葡萄牙文国际化；提出了"一带一路"沿线"通事语"和"通心语"的新分类等。

鉴定专家认为，有关"文字与政治"中外比较的研究成果，为突破中国文字改革、少数民族文字创制和少数民族文字改换等研究领域，长期存在的一些难点、盲点或禁区，提供了学术支撑。

有的鉴定专家提出，书稿个别章节结构的衔接还不太连贯，书稿某些部分的行文风格还不太统一，对此，我们已经做了一定的修改和完善。有的鉴定专家建议，将书稿第六部分"中国语言政策流变"独立出来，另写一部专书出版。这个建议非常好，但是，目前恐怕是心有余而力不足。将来如果各方面条件成熟，也不排除这种可能性。

该研究成果在我国语言政策规划研究中，具有一定的理论意义、方法论意义和应用价值，对从事语言学、民族理论、世界民族、民族学、人类学、政治学、社会学及国际关系等学科的有关专家学者也有一定的借鉴意义。

中国社会科学出版社的王衡编辑详细审读了全稿，提出了许多珍贵意见和建议，为本书的编辑出版付出了大量的心血，值此表示由衷的感谢。

限于编写时间和个人能力，书稿中的不当之处在所难免，诚望方家达人不吝指正。

周庆生

2021 年 4 月 6 日于北京灵通观寓所